Cycle 3

C

Caroline Larroche
Historienne de l'art

Histoire des arts

40 œuvres au choix en lien avec les programmes d'histoire

éditions mdi

Présentation du fichier

L'histoire des arts au cycle 3

Ce fichier a été conçu dans le cadre des programmes d'enseignement du cycle 3 (*BO* du 30 juillet 2020).

Extraits du programme d'histoire des arts

L'enseignement de l'histoire des arts structure la culture artistique de l'élève par l'acquisition de repères issus des œuvres et courants artistiques majeurs du passé et du présent et par l'apport de méthodes pour les situer dans l'espace et dans le temps, les interpréter et les mettre en relation. Il contribue au développement d'un regard sensible, instruit et réfléchi sur les œuvres.

Compétences travaillées

– Identifier : donner un avis argumenté sur ce que représente ou exprime une œuvre d'art.
– Analyser : dégager d'une œuvre d'art ses principales caractéristiques techniques et formelles.
– Situer : relier des caractéristiques d'une œuvre d'art à des usages, ainsi qu'au contexte historique et culturel de sa création.
– Se repérer : dans un musée, un lieu d'art, un site patrimonial.

Attendus de fin de cycle

– Décrire une œuvre en identifiant ses principales caractéristiques techniques et formelles à partir d'un lexique simple et adapté.
– Émettre une proposition argumentée, fondée sur quelques grandes caractéristiques d'une œuvre, pour situer celle-ci dans une période et dans une aire géographique, au risque de l'erreur.
– Exprimer un ressenti et un avis devant une œuvre, étayés à l'aide d'une première analyse.
– Se repérer dans un musée ou dans un centre d'art, adapter son comportement au lieu et identifier la fonction des principaux acteurs.
– Identifier la marque des arts du passé et du présent dans son environnement.

Un fichier lié au programme d'histoire

Le fichier d'histoire des arts propose **un enseignement pluridisciplinaire** en lien avec le programme d'histoire du cycle 3, dont il suit les six grands thèmes. Il s'agit d'**associer chaque grande période de l'histoire de France aux œuvres d'art qui en sont les plus représentatives**.
En effet, les œuvres d'art sont des sources privilégiées pour l'historien. Créations de leur temps, elles témoignent à la fois **des modes de vie, des gouts et de l'imaginaire** des sociétés qui les ont produites, mais aussi **de leurs savoir-faire et de leur maitrise technique**. Ayant traversé les siècles, elles donnent à « voir » et font « revivre » le passé : la Préhistoire, l'Antiquité ou le Moyen Âge sont des notions plus concrètes une fois qu'on a admiré la grotte de Lascaux, le théâtre antique d'Orange ou la tapisserie de la Dame à la licorne…
À l'inverse, pour aborder une œuvre d'art, **comprendre le contexte historique s'avère bien souvent nécessaire** : Henri IV met en scène ses victoires contre ses ennemis en se faisant représenter en Hercule terrassant l'hydre de Lerne ; le Panthéon, église devenue temple laïc, s'inscrit dans le contexte de la Révolution française.
L'esprit des programmes étant de rendre l'enseignement de l'histoire des arts transversal, il est bien sûr également possible d'associer l'étude d'une œuvre d'art à d'autres disciplines et de prévoir **un prolongement en séance d'arts plastiques**.
La plupart des œuvres sont par ailleurs **présentes sur le territoire français**, pour favoriser la possibilité de les voir *in situ*.

Comment construire sa programmation ?

Le fichier d'histoire des arts a été conçu pour laisser à l'enseignant-e la liberté de **construire sa propre programmation** en fonction de ses choix pédagogiques et de ses « coups de cœur ».
Chaque fiche peut s'insérer au début, au milieu ou à la fin d'une séquence d'histoire : une année d'histoire au cycle 3 se découpant en trois grands thèmes, il est possible d'**étudier trois ou quatre œuvres par thème**.

Les fiches peuvent aussi être traitées directement en « **histoire des arts** ». **Cinq sous-thèmes** permettent de construire une programmation dans cette discipline : le portrait (🟠), les innovations dans l'art (🟢), l'art, instrument de prestige (🔵), l'imaginaire dans l'art (🟡) et l'art dans l'espace public (🟣).

CM1

Thème 1 • Et avant la France

1 La « Vénus » de Lespugue 🟠
2 La grotte de Lascaux 🟡
3 Le casque d'Agris 🟢 🔵
4 Le théâtre antique d'Orange 🟣
5 La mosaïque de Saint-Romain-en-Gal 🟢
6 La parure de la reine Arégonde 🔵
7 Le psautier de Charles le Chauve 🔵
8 Les fresques de l'église de Saint-Savin-sur-Gartempe 🟣

Thème 2 • Le temps des rois

9 Les vitraux de la Sainte-Chapelle 🟢
10 *La Dame à la licorne* 🟡
11 *La Joconde* 🟠 🟢
12 Le château de Chambord 🟢 🔵
13 *Henri IV en Hercule terrassant l'hydre de Lerne* 🟠 🔵 🟡
14 *Famille de paysans dans un intérieur* 🟠
15 L'Académie royale de peinture et de sculpture 🔵 🟡
16 La galerie des Glaces du château de Versailles 🟢 🔵

Thème 3 • Le temps de la Révolution et de l'Empire

17 *Portrait de Marie-Antoinette à la rose* 🟠
18 Le Panthéon à Paris 🔵 🟣
19 *La Mort de Marat* 🟠 🟣
20 Le Museum central des Arts, l'ancêtre du musée du Louvre 🟣
21 *Napoléon Bonaparte franchissant le col du Grand-Saint-Bernard* 🟠 🔵
22 *Portrait de Juliette Récamier* 🟠

CM2

Thème 4 • Le temps de la République

23 *Le Radeau de la Méduse* 🟢
24 *La Liberté guidant le peuple* 🟡
25 *Portrait d'Alexandre Dumas* 🟠 🟢
26 *Régates à Argenteuil* 🟢
27 La Statue de la République 🔵 🟡 🟣

Thème 5 • L'âge industriel en France

28 *Les Raboteurs de parquet* 🟢
29 *La Gare Saint-Lazare* 🟢
30 La tour Eiffel 🟢 🔵 🟣
31 *La Danse au Moulin-Rouge* 🟠
32 *La Sortie des usines Lumière à Lyon* 🟢

Thème 6 • La France, des guerres mondiales à l'Union européenne

33 *Prismes électriques* 🟢 🟡
34 *La Partie de cartes* 🟠 🟢
35 *Le Faux Miroir* 🟡
36 La Vénus de Milo mise en caisse 🟣
37 *Compression* 🟢
38 Le Centre Pompidou 🟡 🟣
39 La Fontaine Stravinsky 🟡 🟣
40 Les *Space Invaders* 🟣

Sommaire du fichier (programme d'histoire de CM1)

– 20 000 – 10 000 – 3500 – 400 – 300 – 200

PRÉHISTOIRE

ANTIQUITÉ

1100 1000 900

MOYEN ÂGE

1200

1500

1600

TEMPS MODERNES

0 – 100 – 200 – 300 – 400 – 500 – 600 – 700

Sommaire du fichier (programme d'histoire de CM2)

1800 1810 1820 1830

ÉPOQUE CONTEMPORAINE

1910 1920 1930 1940 1950 1960 1970

Une séance-type d'histoire des arts en un coup d'œil !

Pour préparer sa séance

1 fiche enseignant claire et synthétique !

- Au recto : le contexte historique et l'analyse de l'œuvre
- Au verso : le déroulé pas-à-pas de la séance, le lexique et l'essentiel à retenir

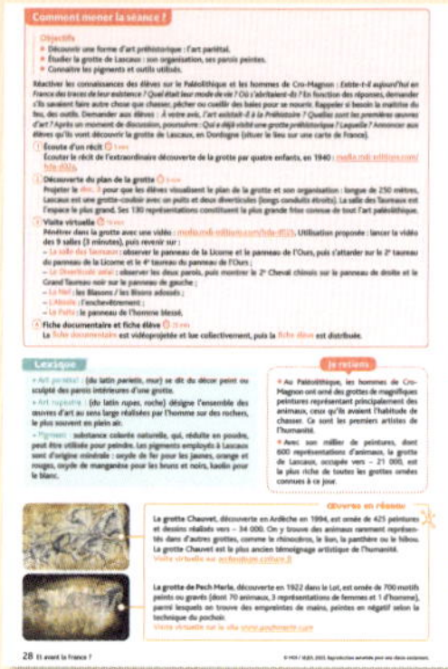

Pour mener sa séance en classe

Durée d'une séance-type :
1 heure environ

1 Introduction
- 5 à 10 minutes
- À l'oral, en collectif

2 Étude de l'œuvre
- 25 à 35 minutes
- À l'oral, en collectif

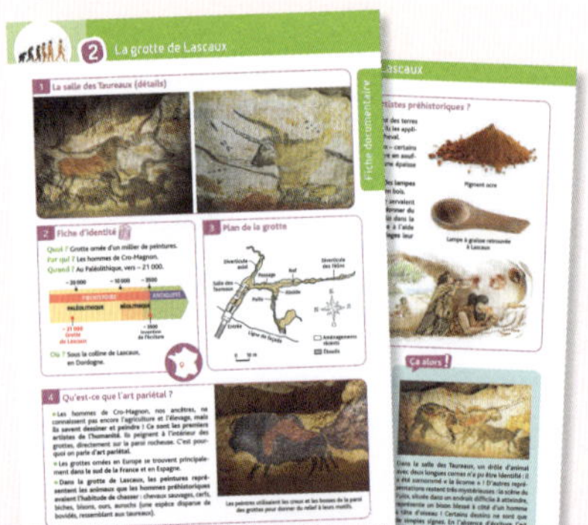

Discussion autour de l'œuvre et analyse (technique, matériaux…)

Découverte des documents :
- Fiche documentaire
- Liens multimédia

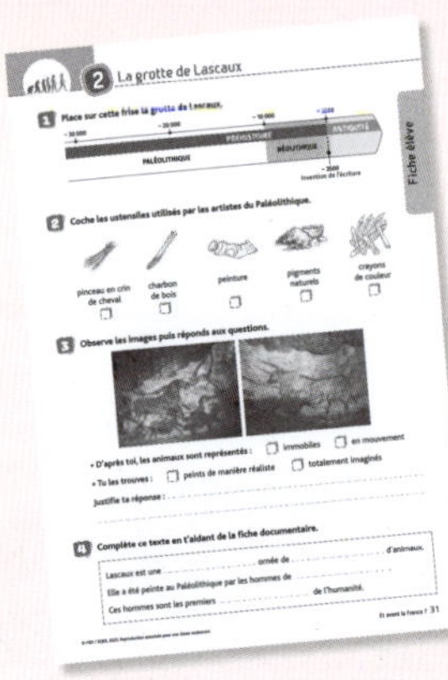

3 Trace écrite et jeu
- 15 à 20 minutes
- À l'écrit, en individuel

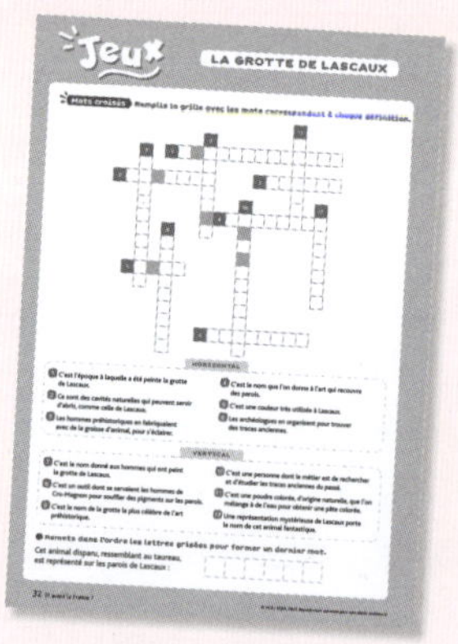

Inclus : la version numérique vidéoprojetable et ses ressources !

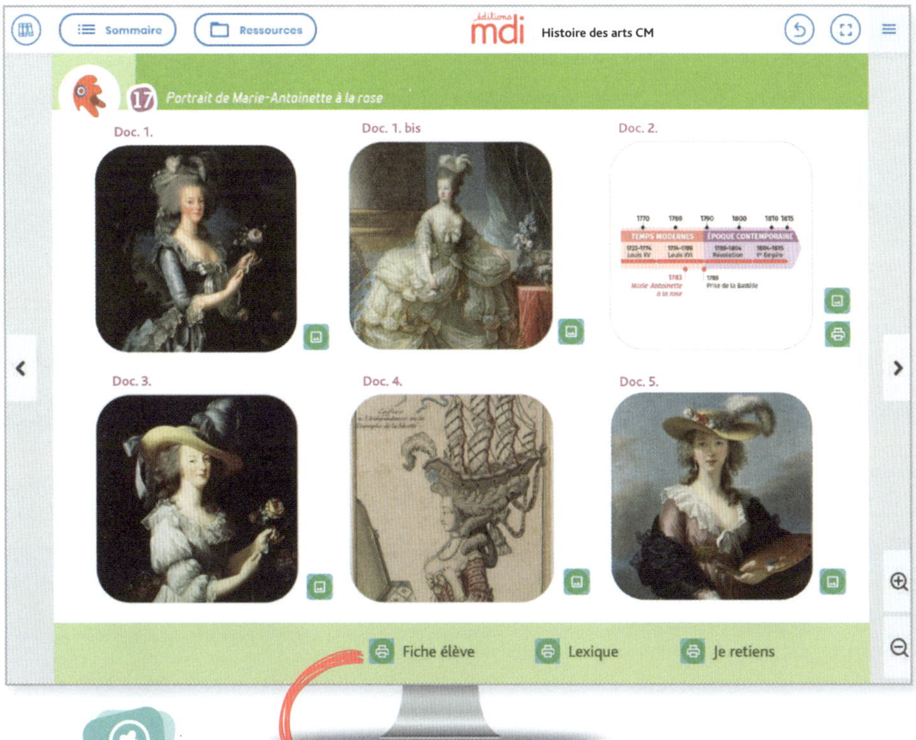

Toutes les images vidéoprojetables.

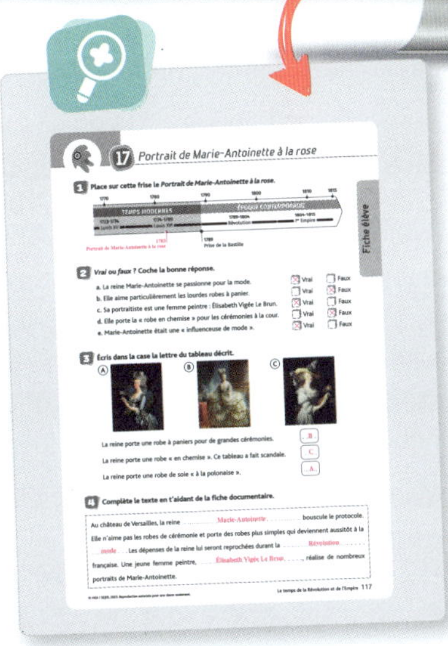

Possibilité d'afficher les **corrigés** des exercices !

Les autres ressources

- Les traces écrites et le lexique modifiables au format Word/Open Office.
- Des liens vers des fichiers média variés (fichiers vidéo, audio, PDF…) pour accompagner/prolonger la séance.
- Une frise vierge à compléter et à afficher en classe.

Rappel des conditions d'utilisation des ressources numériques

- Ce fichier à photocopier est destiné à l'usage exclusif d'une classe. Pour accéder aux ressources numériques, nous fournissons un code d'activation disponible à l'intérieur de chaque fichier, avec les instructions nécessaires.
- Si plusieurs enseignants interviennent dans une même classe, nous recommandons que le compte BiblioManuels soit associé à l'adresse mail de la classe ou de l'école, pour éviter la perte d'accès au manuel numérique en cas de changement d'équipe dans l'école.
- Les éditions MDI s'engagent à garantir la qualité de leurs produits et services dans le cadre d'un achat neuf. Attention : en cas d'achat d'occasion, il arrive fréquemment que les codes d'activation aient malheureusement déjà été consommés, les ressources ne vous seront alors pas accessibles.

L'histoire des arts : apprendre à regarder

Les œuvres d'art de l'humanité constituent notre patrimoine commun. Ce sont les traces du passé laissées par nos ancêtres, témoignant de leurs croyances, de leurs modes de vie et de leurs savoir-faire. L'enseignement de l'histoire des arts est avant tout l'occasion d'une rencontre avec des œuvres, créées pour porter un message et provoquer une émotion. Il a aussi pour objectif de donner certaines clés pour les comprendre et d'en montrer l'incroyable diversité de formes, de techniques, de sujets.

Qu'est-ce que l'art ? Quel est le rôle de l'art ?

- Au sens large, ce terme désigne toute pratique requérant un savoir-faire pour être accomplie. « Faire quelque chose selon les règles de l'art » revient à dire que l'on maitrise parfaitement l'ensemble des règles à suivre pour mener à bien une activité. Dans le sens qui nous intéresse ici, on entend les œuvres créées dans un but parfois utilitaire, mais dont la manière de les faire montre une volonté de toucher les sens et l'émotion de celui qui les contemple.

- Depuis que l'homme existe, il a éprouvé le besoin de représenter la réalité dans laquelle il évolue. Peindre sur les parois des grottes ou sculpter de petites statuettes n'était pas utile à la survie de l'homme de Cro-Magnon, pourtant il l'a fait… Ces pratiques ont été retrouvées sur tous les continents. Et si les historiens, les archéologues et les historiens de l'art ne sont pas encore en mesure de connaitre la signification exacte de cet héritage artistique, force est de constater qu'il est un témoignage important sur nos origines. Parce qu'elles sont nées de la main de l'homme, dans un contexte donné, et qu'elles sont parvenues jusqu'à nous, les œuvres d'art transmettent l'histoire des hommes et des civilisations, et donnent à voir concrètement leurs savoir-faire techniques, leurs usages et leurs coutumes. L'histoire des arts vient donc éclairer le travail des historiens, dont elle s'alimente à son tour pour mieux comprendre le sens des œuvres.

- Selon le philosophe Jean-Paul Sartre, le rôle de l'art est de proposer au spectateur un portrait de sa société à un instant T, qui lui permettra de développer une conscience des multiples réalités de son environnement. Souvent, l'art nous cueille par surprise, comme nous l'explique le philosophe Charles Pépin : « L'art nous permet de nous découvrir beaucoup plus multiples et complexes que prévu. Quand une œuvre nous saisit, nous vivons avec elle une vraie rencontre, comme avec un être humain. Comme toute rencontre, elle a sur nous un effet de transformation et de découverte de soi. À travers cette expérience esthétique, nous prenons conscience d'émotions singulières et personnelles insoupçonnées, nous affirmons notre personnalité. »

De l'histoire de l'art à l'histoire des arts

- L'histoire de l'art étudie les œuvres pour tenter d'en comprendre le sens, tout en explorant les conditions dans lesquelles les artistes les ont créées, à travers les contextes culturel, social, spirituel, idéologique et économique d'un espace-temps donné.

- L'histoire de l'art n'a longtemps concerné que les beaux-arts : architecture, peinture, sculpture, dessin, gravure – visant à l'expression sensible du beau. Elle s'intéresse désormais à toutes les formes d'art (photographie, cinéma, musique, danse, théâtre, bande dessinée, vidéo), y compris aux techniques les plus contemporaines. Les historiens de l'art étudient la singularité des œuvres, les différents styles, les écoles, les courants artistiques et leurs liens avec des faits historiques, des évènements politiques ou des mouvements sociaux, les faits de société que certaines œuvres entreprennent de valoriser ou de dénoncer.

- Comme l'histoire, l'histoire de l'art n'est pas une science exacte : l'analyse des historiens de l'art est empreinte des attentes et des enjeux de l'époque dans laquelle ils vivent – mais aussi de découvertes (vestiges anciens retrouvés lors de fouilles archéologiques, apparition d'une nouvelle œuvre d'un artiste, analyse d'une œuvre en laboratoire) qui peuvent modifier considérablement les connaissances acquises.

- Les objectifs généraux de l'enseignement de l'histoire des arts à l'école sont de plusieurs ordres :
  - d'ordre esthétique, c'est une éducation de la sensibilité des élèves : il s'agit avant tout de leur donner l'occasion de rencontrer les œuvres, de les laisser réagir et s'exprimer ;
  - d'ordre méthodologique : il s'agit d'apporter aux élèves du vocabulaire spécifique et des automatismes, par exemple, quelles questions se poser devant une œuvre (voir mémo n° 1 « Les questions à se poser devant une œuvre », page 18) ;
  - des objectifs de connaissance, destinés à donner à l'élève des repères qui construiront sa culture générale, sa capacité à faire le lien avec ce qu'il connait déjà.

Comment introduire l'histoire des arts ?

Introduction

Objectifs

- Découvrir la grande diversité des formes d'art et des savoir-faire.
- Comprendre que l'histoire des arts est reliée à l'histoire (transdisciplinarité).
- Donner un avis argumenté sur ce que représente ou exprime une œuvre d'art.
- Apprendre à échanger ses impressions.

1 Identifier des œuvres d'art ⏱ 15 min

- Projeter les 6 œuvres du doc. 1. Proposer aux élèves de les observer en silence pendant une minute.
- Demander : *« Que pouvez-vous dire de ces différentes images ? »* Laisser les élèves s'exprimer librement. La présence de la Joconde devrait permettre de parler d'œuvre d'art tandis que celle de la tour Eiffel ou du livre (un psautier) peut questionner.
- Dire : *« Toutes ces images ont un point commun. Lequel ? »* Écrire au tableau les réponses pertinentes : « art », « œuvre d'art », « artiste », « histoire » ... Encourager l'esprit critique des élèves : *« Quelles images représentent des œuvres d'art ? », « Est-ce que certaines n'en sont pas ? »* Parvenir à un consensus : toutes ces images représentent des œuvres d'art. Poursuivre : *« Qu'est-ce qui nous fait dire que c'est de l'art ? »* Les œuvres représentées provoquent une émotion (demander quelles émotions les élèves éprouvent), elles sont réalisées par un artiste (avec une intention artistique), on peut en penser ce qu'on veut (idée de subjectivité), etc. Lire collectivement le texte du doc. 1.
- Distribuer la fiche élève et lire la consigne de l'exercice 1. Laisser cinq minutes de rédaction et procéder à la mise en commun des réponses.

2 Situer des œuvres d'art dans l'espace ⏱ 10 min

- Projeter le doc. 2 et demander : *« Dans quel lieu peut-on trouver chaque œuvre ? »* Laisser une minute d'observation puis collecter les réponses : dans la rue, dans un musée, sur une place publique, chez quelqu'un. Poursuivre : *« Connaissez-vous d'autres lieux où on peut voir de l'art ? », « Y a-t-il des œuvres d'art chez vous ? »* Contextualiser en évoquant les éventuelles œuvres d'art accessibles dans l'environnement direct des élèves (à la mairie, dans une église, dans un jardin public...).
- Reprendre la fiche élève et faire réaliser l'exercice 2 en demandant aux élèves d'écrire sous chaque image le lieu où on peut voir l'œuvre d'art.
- Lire collectivement le texte du doc. 2.

3 Découvrir des techniques artistiques différentes ⏱ 10 min

- Projeter les définitions du lexique (voir p. 12). Constituer des groupes de 4 élèves, distribuer à chacun le doc. 3 et dire : *« Trouvez la technique utilisée pour chaque œuvre d'art. »* Laisser un temps de discussion et de recherche.
- Procéder à la mise en commun des réponses (peinture à l'huile, vitrail, mosaïque pour la première ligne, céramique, sculpture, tapisserie pour la seconde ligne) et faire réaliser l'exercice 3 de la fiche élève.

4 Comprendre que derrière toute œuvre d'art, il y a un ou une artiste ⏱ 5 min

- Projeter le doc. 4. Dire aux élèves : *« Observez ces artistes et lisez les légendes sous chaque image. Vous avez vu plus tôt dans la séance l'œuvre de l'un ou l'une d'entre eux. De qui s'agit-il, selon vous ? »* Faire associer Niki de Saint Phalle à ses Nanas. Demander : *« Est-ce important de connaître l'artiste, celui qui a produit l'œuvre d'art ? »* Laisser les élèves s'exprimer puis faire réaliser l'exercice 4 de la fiche élève.
- Lire collectivement le texte du doc. 4.

5 Trace écrite ⏱ 10 min

- Demander aux élèves : *« Parmi toutes les œuvres qui ont été présentées aujourd'hui, laquelle aimeriez-vous voir en vrai ? »* Il sera possible de projeter les œuvres découvertes au cours de la séance mais il peut être intéressant de faire appel à la mémoire des élèves. Les laisser s'exprimer quelques minutes puis leur faire expliquer leur choix en complétant l'exercice 5 de la fiche élève.

⑥ **Découverte des mémos** ⏱ 10 min

- Distribuer la page de garde (page 17) et les deux mémos (page 18), à insérer ou à coller au verso de la page de garde.
- Lire les questions du mémo n° 1 « Les questions à se poser devant une œuvre » et valider la compréhension des élèves. Leur dire qu'ils pourront se référer à cette liste pour chaque œuvre étudiée dans l'année. Certaines questions n'auront parfois pas de réponse (on ne sait pas toujours qui a réalisé une œuvre) et, pour d'autres questions, les réponses seront différentes pour chacun : on ne réagit pas tous de la même manière devant une œuvre, on peut aimer ou ne pas aimer, être étonné ou non, être indifférent...
- Lire le mémo n° 2 « Les grands domaines artistiques » et dire aux élèves qu'ils vont étudier des œuvres relevant de certains de ces domaines au cours de l'année.
- Faire colorier la page de garde sur un temps libre ou en devoir à la maison.

Les questions à se poser devant une œuvre

Les grands domaines artistiques

Lexique

- **Céramique :** technique permettant de façonner des poteries.
- **Mosaïque :** assemblage de petits cubes pour former un motif décoratif.
- **Peinture à l'huile :** peinture composée d'un mélange de pigments et d'huile.
- **Sculpture :** forme obtenue en façonnant un matériau (tailler un bloc de pierre, modeler de l'argile) ou en assemblant plusieurs matériaux entre eux.
- **Tapisserie :** ouvrage textile fabriqué sur un métier à tisser, à but décoratif.
- **Vitrail :** panneau constitué de morceaux de verre, assemblés et sertis au plomb.

Je retiens

- Une œuvre d'art est un objet conçu pour provoquer des émotions. L'art est subjectif, chacun peut avoir sa propre perception de ce qui est de l'art.
- L'art est destiné à être vu, lu ou écouté. Il se trouve aussi bien dans les musées que dans l'espace public ou chez des collectionneurs.
- Un artiste choisit sa technique, nécessitant souvent des années de maitrise. Aujourd'hui, les artistes signent leurs œuvres et leur style permet souvent de les identifier.

Qu'est-ce que l'histoire des arts ?

1 Qu'est-ce que l'art ?

Une **œuvre d'art**, c'est un objet réalisé de manière à **provoquer des émotions**. N'importe quel objet peut être une œuvre d'art, s'il est réalisé de manière à être **beau** (comme le livre ou le casque). L'art, c'est **subjectif** : un tableau, une sculpture, est-ce de l'art ? Une voiture, une belle robe, est-ce de l'art ? À chacun sa réponse !

2 Où se trouvent les œuvres d'art ?

L'art est fait pour être **vu, lu ou écouté**... **Les musées** mettent les œuvres à disposition de tous. Mais l'art est aussi dans **la rue, les jardins publics**... ou **chez un collectionneur** passionné !

Qu'est-ce que l'histoire des arts ?

3 Des techniques artistiques très variées !

Pour représenter ce qu'il a en tête, un artiste peut choisir entre différentes techniques et différents matériaux, par exemple, **la peinture**, **la sculpture**, **la tapisserie**, **la céramique**, **la mosaïque** ou **le vitrail**. Il doit maitriser sa technique, ce qui demande des années de travail.

4 Derrière chaque œuvre, un ou une artiste !

Une œuvre est faite par **un, une ou plusieurs artistes**. Parfois, on ne sait pas de qui il s'agit. C'est souvent le cas pour les œuvres très anciennes. **Aujourd'hui, les artistes signent leurs œuvres.** On peut aussi reconnaitre l'auteur d'une œuvre si on a déjà vu d'autres œuvres du même artiste.

Niki de Saint Phalle, artiste américaine connue pour ses nombreuses sculptures colorées.

La grotte de Lascaux, artiste inconnu.

Autoportrait du peintre Jacques-Louis David.

Les yeux dans les yeux, par le street artiste Seth.

Signature du photographe Nadar.

Qu'est-ce que l'histoire des arts ?

Fiche élève

1 **Choisis une image parmi les suivantes et explique pourquoi, selon toi, il s'agit d'une œuvre d'art.**

a

b

c

d

e

f

2 **Écris sous chaque image le lieu où se trouvent ces œuvres d'art.**

Qu'est-ce que l'histoire des arts ?

3 **Relie chaque œuvre à la technique artistique qui correspond.**

Mosaïque • Peinture • Céramique • Tapisserie • Vitraux • Sculpture

4 **Remets les lettres dans l'ordre pour trouver le nom de 3 artistes.**

DAANR : ....

QCJAUES–LUISO VADDI : ....

KINI ED SIATN HPLLAE : ....

5 **Quelle œuvre as-tu préféré découvrir ? Pourquoi ?**

....

....

....

....

....

HiSTOiRE
des
ARTS

Mémo n° 1 : Les questions à se poser devant une œuvre

Mémo n° 2 : Les grands domaines artistiques

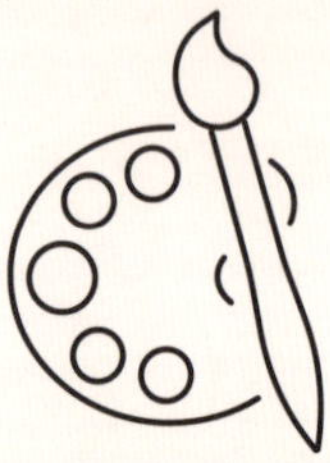

La peinture

La sculpture

L'architecture

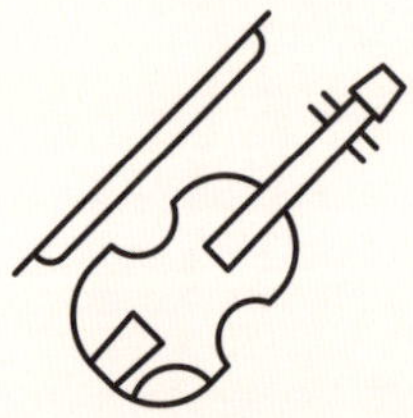

La musique

Les arts de la scène (théâtre, danse…)

La littérature (roman, poésie)

La photographie, le cinéma

Et avant la France ?

1 Les sculptures du Paléolithique
▸ La « Vénus » de Lespugue

2 Les grottes ornées
▸ La grotte de Lascaux

3 L'art du métal chez les Celtes
▸ Le casque d'Agris

4 L'architecture gallo-romaine
▸ Le théâtre antique d'Orange

5 Les mosaïques gallo-romaines
▸ La mosaïque de Saint-Romain-en-Gal

6 L'orfèvrerie à l'époque mérovingienne
▸ La parure de la reine Arégonde

7 Les manuscrits enluminés carolingiens
▸ Le psautier de Charles le Chauve

8 L'art roman
▸ Les fresques de Saint-Savin-sur-Gartempe

Et avant la France ?

L'art des hommes de la Préhistoire, de l'Antiquité et du premier Moyen Âge en France

- Le premier thème du programme d'histoire vise à faire découvrir aux élèves les traces, les héritages et la diversité de peuplement de « La France d'avant la France », selon les termes du préhistorien Jean Guilaine. La période étudiée couvre un temps très long, de la Préhistoire à la période gallo-romaine, puis l'avènement successif des dynasties mérovingiennes, carolingiennes et capétiennes, qui ont conduit à la constitution progressive du royaume de France. Ce programme insiste particulièrement sur les « traces spécifiques de la Préhistoire et de l'Histoire » dans l'environnement proche des élèves, et sur l'importance de « situer ces traces dans le temps et construire des repères historiques qui leur sont liés ». L'étude des traces artistiques, en écho aux séances d'histoire, est une manière particulièrement appropriée et efficace d'installer ces repères visuels.
- La période étudiée dans ce premier thème offre une richesse extraordinaire de témoignages de l'apparition de l'art sur notre territoire au Paléolithique, puisque la France possède 186 des 350 grottes ornées dans le monde, dont celle de Lascaux, qui compte parmi les chefs-d'œuvre de l'art préhistorique, et de nombreuses statuettes féminines (dites « Vénus »), elles aussi typiques des premiers artistes de l'humanité et empreintes de mystère. ➜ Œuvres 1 et 2
- L'art celte, puis gallo-romain, en plus de témoigner d'une maitrise particulièrement aboutie de techniques complexes telles que l'art du métal, l'architecture ou la mosaïque, permet de rendre les élèves sensibles à la diversité d'influences et de populations qu'a connu notre territoire durant l'Antiquité. ➜ Œuvres 3 à 5
- Enfin, l'apparition de dynasties royales, soucieuses d'asseoir leur pouvoir et capables de dépenses somptuaires, va favoriser la commande d'objets d'art raffinés, là encore témoins d'influences culturelles multiples. L'évolution des techniques, en parallèle de grandes évolutions culturelles telles que la diffusion de la religion chrétienne, va permettre une multiplication des images dans le quotidien des hommes et des femmes du Moyen Âge, en premier lieu dans les églises qui se multiplient à cette époque. ➜ Œuvres 6 à 8

- Au terme de ce premier thème, **plusieurs techniques auront donc été découvertes** : la peinture, la sculpture, l'orfèvrerie, l'architecture et la mosaïque.
- Les œuvres proposées peuvent être un support de réflexion sur **l'importance de ces traces historiques particulières que sont les œuvres d'art** : elles sont le témoignage d'une maitrise technique, mais également un récit visuel de la vie quotidienne et des préoccupations d'une société : la chasse, la guerre (le casque d'Agris), les travaux des champs, la religion, l'apparat.

Thèmes du programme d'histoire	Séances en histoire des arts
Quelles traces d'une occupation ancienne du territoire français ?	1. Les sculptures du Paléolithique > La « Vénus » de Lespugue 2. Les grottes ornées > La grotte de Lascaux
Celtes, Gaulois, Grecs et Romains : quels héritages des mondes anciens ?	3. L'art du métal chez les Celtes > Le casque d'Agris 4. L'architecture gallo-romaine > Le théâtre antique d'Orange 5. Les mosaïques gallo-romaines > La mosaïque de Saint-Romain-en-Gal
Les grands mouvements et déplacements de populations	
Clovis et Charlemagne, Mérovingiens et Carolingiens dans la continuité de l'Empire romain	6. L'orfèvrerie mérovingienne > La parure de la reine Arégonde 7. Les manuscrits enluminés carolingiens > Le psautier de Charles le Chauve 8. L'art roman > Les fresques de Saint-Savin-sur-Gartempe

1 Les sculptures du Paléolithique

Les hommes du Paléolithique maitrisaient la peinture, la gravure, la sculpture en bas-relief, ainsi que la représentation en trois dimensions. Les nombreuses statuettes retrouvées montrent des caractères communs de l'Europe de l'Ouest jusqu'à la Sibérie. Elles représentent pour la plupart des silhouettes féminines aux formes rondes.

Les Vénus préhistoriques

- De curieuses petites statuettes féminines ont été retrouvées dans toute l'Europe : appelées « Vénus » par les premiers archéologues qui les ont découvertes (en référence à la déesse romaine de la beauté féminine et de l'amour), ces représentations sont datées pour la plupart entre – 28 000 et – 22 000. La plus ancienne, découverte en 2008, est datée de – 35 000.
- 250 exemplaires environ de ces statuettes ont été retrouvés en Europe et jusqu'en Sibérie. Mesurant entre 4 et 25 centimètres de haut, elles sont sculptées en ronde-bosse, c'est-à-dire en trois dimensions, dans de l'ivoire de défense de mammouth ou des os de cervidés pour la majorité, mais aussi dans de la pierre tendre. Certaines de ces statuettes présentent une perforation qui laisse penser qu'elles étaient portées au cou.
- Toutes représentent des corps de femmes aux formes très arrondies. Bras et pieds ne sont souvent qu'ébauchés ou absents, la tête est petite et le visage non détaillé.

Quel était leur rôle ?

- Les hypothèses actuelles d'interprétation de ces statuettes convergent vers une représentation symbolique de la fécondité et de la maternité, indispensables à la survie du groupe à une époque où l'espérance de vie ne devait pas excéder 20 ans.
- Le professeur américain LeRoy McDermott émet l'hypothèse que ces figurines auraient été sculptées par les femmes elles-mêmes au moment où elles étaient enceintes. Elles se seraient représentées telles qu'elles se voyaient en baissant la tête. Au sujet de la Vénus de Lespugue, la préhistorienne française Nathalie Rouquerol précise : « une vue plongeante sur la figurine permet de penser que la femme est en train d'accoucher. »
- Ces statuettes mystérieuses, comme celles, nombreuses, représentant des animaux, et le très petit nombre de représentations masculines, montrent l'étendue de l'art du Paléolithique. Celui-ci s'exprime sur tous les matériaux à disposition par des représentations allant du symbolisme pur (signes graphiques, points...) au plus grand réalisme. Elles montrent également l'ampleur de ce qui reste à découvrir de ces cultures étendues sur des milliers d'années, qui ne nous sont connues que par fragments, depuis à peine 150 ans.

La « Vénus » de Lespugue

Une représentation typique...

- Cette statuette a été découverte en août 1922 lors de fouilles menées dans la grotte des Rideaux à Lespugue (Haute-Garonne), où elle reposait au sein d'une couche archéologique datée entre – 23 000 et – 22 000.
- Taillée dans un morceau d'ivoire de mammouth, elle mesure 14,7 cm de haut, ce qui en fait l'une des plus grandes de ce type connues. Elle correspond au schéma type des Vénus préhistoriques. Sur sa face dorsale, des stries longitudinales parallèles partent d'un trait horizontal situé sous les fesses : elles ont été interprétées comme pouvant être une sorte de pagne.
- Partiellement dégradée lors de sa découverte, la statuette a fait l'objet d'un moulage qui permet de mieux en apprécier la forme originelle.

... mais également mystérieuse

- Cette statuette interroge encore plus que d'autres. Elle semble représenter plusieurs personnages : quand on la regarde de dos et qu'on inverse le haut et le bas, le « pagne » devient alors une chevelure et le haut des fesses est marqué de manière réaliste.
- Il est important de noter avec les élèves, d'une part la grande similitude de ces statuettes sur une zone très étendue, à la même époque, mais également la dimension intentionnelle de ces représentations. Au-delà de la notion de « beau / laid » ou de l'aridité au premier abord de cette œuvre rendue difficilement lisible par sa détérioration et son oxydation, un enjeu est de faire comprendre aux élèves que la personne qui a sculpté cette représentation la voulait ainsi. On a retrouvé des Vénus au visage mieux marqué ou au corps plus réaliste, mais le fait, par exemple, que les bras soient légèrement détachés du corps au niveau des coudes est exceptionnel à cette époque. Les parties ébauchées ou déformées ne le sont pas parce que le créateur a raté son œuvre (ou parce que les femmes de cette époque ressemblaient à ces représentations !), mais parce que cela correspondait à une fonction vraisemblablement symbolique, que les archéologues et les chercheurs trouveront peut-être un jour.

Comment mener la séance ?

Objectifs

- Découvrir une forme d'art préhistorique : la sculpture.
- Identifier les caractéristiques des statuettes nommées Vénus.

Pour aborder cette séance, demander aux élèves : *C'est quoi, la sculpture ? De quand datent les premières sculptures, d'après vous ? À votre avis, les hommes de la Préhistoire étaient-ils des sculpteurs ?* On peut rappeler aux élèves l'existence des bifaces : l'être humain taille la pierre pour en faire des outils tranchants depuis plus de 3 millions d'années. Il a plus tard (vers – 25 000) affiné cette taille pour en faire des représentations, des sculptures.

1. **Découverte des sculptures préhistoriques** 5 min
Projeter le doc. 6 avec trois exemples de sculptures en bas-relief, haut-relief et ronde-bosse. Demander : *Quelles sont les différences entre ces représentations ? Laquelle est la plus proche d'une peinture ? À votre avis, comment ont-elles été réalisées ?* Préciser que toutes ces représentations datent de la Préhistoire, du Paléolithique, il y a environ 28 000 à 20 000 ans.

2. **Découverte des Vénus préhistoriques** 5 min
Projeter le doc. 1 et le doc. 5. Recueillir les réactions des élèves : *Que pouvez-vous dire de ces représentations ? À votre avis, en quelles matières sont-elles réalisées ? Quelle taille font-elles ?* Laisser les élèves réagir librement pendant quelques minutes. Il est possible qu'ils ne reconnaissent pas spontanément des figures féminines. Montrer pour chacune les bras, la tête, les jambes.

3. **Explication des différences et des points communs** 10 min
Constater avec les élèves que les Vénus sont en ronde-bosse (c'est-à-dire en trois dimensions) et leur demander : *Ces statuettes ont-elles des points communs ?* Les lister au tableau : elles sont petites, les traits du visage ne sont pas marqués, la poitrine et le ventre sont gonflés. Indiquer qu'on a trouvé environ 250 statuettes de ce type dans toute l'Europe et qu'on ne sait pas exactement pourquoi elles ont été créées.

4. **Découverte des particularités de la Vénus de Lespugue** 5 min
Projeter le doc. 1 et le doc. 4. Montrer les stries dans le dos qui ressemblent à une chevelure si on retourne la statuette. Montrer, sur la vue de dos, l'espace entre les coudes et le corps de la statuette : cette finesse est exceptionnelle à cette époque.

5. **Fiche documentaire et fiche élève** 25 min
La fiche documentaire est vidéoprojetée et lue collectivement, puis la fiche élève est distribuée. Pour l'exercice 4, questionner à l'oral avant de passer à l'écrit.

Lexique

- **Ronde-bosse :** technique de sculpture en trois dimensions où l'objet, totalement détaché du fond, est sculpté de tous les côtés.
- **Vénus :** nom de la déesse romaine de la beauté et de l'amour ; nom donné par les archéologues aux statuettes féminines du Paléolithique lors des premières découvertes.

Je retiens

- Entre – 28 000 et – 20 000, les hommes du Paléolithique ont taillé dans de l'ivoire de mammouth ou dans de la pierre des statuettes de femmes avec une petite tête mais des formes très arrondies. On les appelle des « Vénus », du nom de la déesse romaine de la beauté et de l'amour.
- Découverte en France, la Vénus de Lespugue est l'une des plus célèbres de ces petites statuettes.

Œuvres en réseau

Les bisons du Tuc d'Audoubert, découverts en 1912 en Ariège, sont le seul exemple connu à ce jour d'une sculpture préhistorique réalisée par modelage. Ils ont été modelés à la main avec de l'argile sur un rocher de la grotte, vers – 14 000. Bien que très fragile, ce couple de bisons nous est parvenu dans un état de conservation exceptionnel.
Conservés *in situ* et reproduits au musée d'archéologie nationale de Saint-Germain-en-Laye.

La Dame de Brassempouy, découverte en 1894, est la plus ancienne représentation de visage humain connue à ce jour. Elle date de 21 000 ans avant J.-C., mesure 3,6 cm (c'est un fragment d'une statuette plus grande) et a été fabriquée en ivoire de mammouth. À la différence des autres Vénus préhistoriques, son cou est bien différencié et son visage marqué. Son étrange coiffure lui vaut le surnom de « Dame à la capuche ».
Conservée au musée d'archéologie nationale de Saint-Germain-en-Laye.
Site *www.musee-archeologienationale.fr*

1 La « Vénus » de Lespugue

1 La statuette vue de face et de dos

2 Fiche d'identité

Quoi ? Statuette sculptée dans de l'ivoire de mammouth.

Par qui ? Les hommes du Paléolithique.

Quand ? Vers – 25 000.

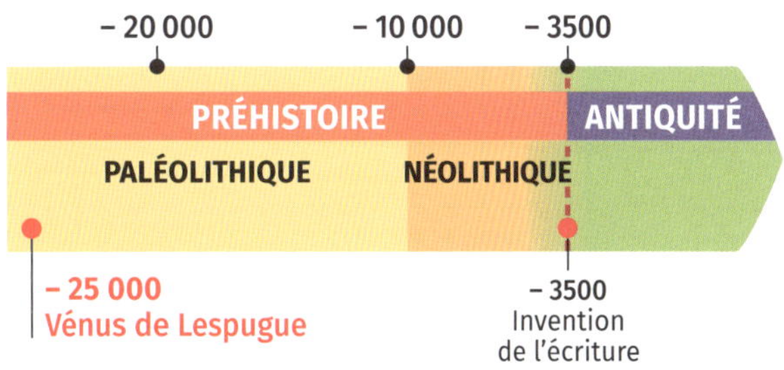

Où ? Découverte dans la grotte des Rideaux à Lespugue, Haute-Garonne. Aujourd'hui conservée au musée de l'Homme, à Paris.

3 Le récit de la découverte

En **1911**, **René de Saint-Perrier**, archéologue, entreprend des fouilles dans une grotte difficilement accessible, **près du village de Lespugue, en Haute-Garonne**. Il découvre des traces d'occupation préhistorique, mais une grande partie des vestiges est détruite. Il abandonne donc le site. **En 1922, il reprend les fouilles** dans une partie plus profonde de la grotte, moins abimée. Voici son récit de la découverte : « Le 9 août 1922, je mettais à jour la couche archéologique en faisant enlever des éboulements lorsqu'un de mes ouvriers découvrit, sous une roche, la partie supérieure de la statuette, à 15 cm seulement de profondeur. Elle avait été séparée par un coup de pioche de la partie inférieure, que je trouvai aussitôt. [...] La fragilité de la statuette était si grande, au moment de la découverte, que des morceaux d'ivoire se détachaient de sa surface au moindre contact. » Immédiatement reconnue comme **une découverte exceptionnelle**, la statuette rentre dans les collections nationales.

4 Une star de la Préhistoire

- La « Vénus » de Lespugue est l'une des **statuettes les plus célèbres de l'art préhistorique**. Elle a été sculptée dans un morceau **d'ivoire de mammouth** et mesure **14,7 centimètres**, à peu près la taille d'un stylo. C'est pourtant l'une des plus grandes de ce type.
- Elle représente **une femme aux seins et aux fesses volumineux**. En revanche, **sa tête est petite**, **sans yeux**, **ni bouche**, **ni nez**, et ses jambes sont courtes et **sans pied**. Lorsqu'on la regarde de dos, on voit des stries qui partent des fesses : on pense qu'il pourrait s'agir d'une sorte de pagne. Mais si on retourne la statuette le bas vers le haut, ce « pagne » ressemble à une longue chevelure.
- **Sur la statuette originale, on voit que les bras sont légèrement détachés du corps** au niveau des coudes, marquant la taille. Ce détail est exceptionnel à cette époque et montre l'habileté de celui ou de celle qui l'a sculptée.

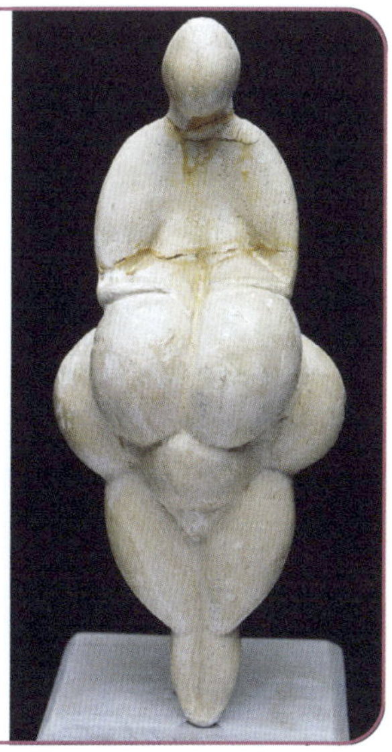

Reconstitution de la statuette.

5 Des statuettes nommées Vénus

- Environ **250 statuettes**, sculptées par les hommes du Paléolithique, ont été retrouvées **un peu partout en Europe**. Presque toutes sont datées entre – 28 000 et – 22 000. Elles mesurent entre **4 et 25 centimètres**.
- La plupart présente les mêmes caractéristiques : elles représentent des **femmes nues aux formes très arrondies**, comme si elles étaient enceintes.
- Comme leur visage n'est pas détaillé, les archéologues pensent qu'elles ne représentent pas des femmes en particulier mais **la femme en général**. Ce serait une **image de la maternité**, indispensable à la survie du groupe à une époque où l'espérance de vie ne devait pas dépasser 20 ans. Les personnes qui ont fait les premières découvertes **les ont appelées « Vénus »**, du nom de la déesse romaine de la beauté et de l'amour.

Ces deux statuettes datent de – 25 000.
Celle de gauche, découverte en France, mesure 5 cm.
Elle a été sculptée dans une roche volcanique, légèrement translucide.
Celle de droite, découverte en Autriche, mesure 11 cm.
Elle a été sculptée dans une roche calcaire.

6 Les trois types de sculpture

bas-relief

haut-relief

ronde-bosse

Métier

Le matériel du parfait sculpteur !

Au Paléolithique, les outils sont taillés dans du silex ou de l'os. Les artistes du Paléolithique disposent de **grattoirs** pour gratter la pierre de la roche, de **burins** pour l'entailler plus largement ou creuser dans l'ivoire des défenses de mammouth, de **pointes à cran ou à dos courbe** pour retoucher leur travail.

grattoir

burin

pointe

Ça alors !

Les Vénus du Paléolithique ont fasciné de grands artistes du XXe siècle, comme Pablo Picasso (1881-1973). Il possédait deux moulages de la Vénus de Lespugue et s'en est inspiré pour sculpter, en 1931, ce drôle de buste de femme !

1 La « Vénus » de Lespugue

1 Place sur cette frise la « Vénus » de Lespugue.

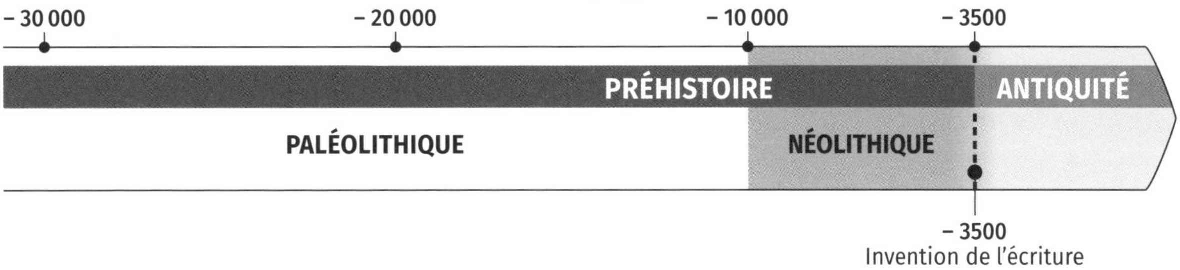

2 *Vrai* ou *faux* ? Coche la bonne réponse.

	Vrai	Faux
a. La « Vénus » de Lespugue date de – 50 000 ans.	☐	☐
b. Elle a été retrouvée en Chine.	☐	☐
c. C'est une sculpture en ronde-bosse (trois dimensions).	☐	☐
d. Elle n'a pas de pied.	☐	☐
e. Vénus est le nom de la déesse romaine du feu.	☐	☐

3 Entoure la bonne hauteur de la Vénus de Lespugue.

environ 15 centimètres　　environ 5 centimètres　　environ 30 centimètres

4 Parmi ces statues, coche celles qui datent du Paléolithique, d'après toi.

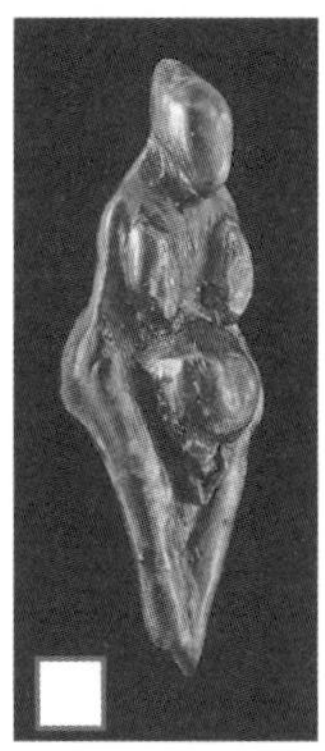

Justifie ta réponse : ....

....

5 Complète ce texte en t'aidant de la fiche documentaire.

La « Vénus » de Lespugue est sculptée dans de l'.................................... de mammouth.

Elle a des formes très .... et symbolise la ....

Ses .... sont légèrement détachés du corps, ce qui est exceptionnel.

Jeux

LA « VÉNUS » DE LESPUGUE

Dessin **D'après ce que tu sais des statuettes féminines du Paléolithique, imagine la partie manquante de cette autre statuette préhistorique, la Dame de Brassempouy.**

Rébus

Indice : cette matière a été sculptée pour créer la statuette trouvée à Lespugue.

....

2 Les grottes ornées

Au Paléolithique (période avant – 10 000 environ), les hommes ne connaissent ni l'agriculture ni l'élevage, mais ils savent dessiner et peindre. Ils peignent à l'intérieur des grottes qui leur servent d'abris, directement sur la paroi rocheuse, d'où le terme d'« art pariétal ».

Les grottes ornées en Europe

En France, les 186 grottes ornées aujourd'hui connues se trouvent dans le sud du pays : Lascaux et Cussac en Dordogne, Chauvet en Ardèche, Pech Merle dans le Lot, Cosquer à Marseille… Le climat de ces régions étant moins rude qu'ailleurs, c'est là que les hommes étaient le plus concentrés (de même qu'en Espagne, où sont situées les autres grottes ornées connues à ce jour en Europe).

La grotte de Lascaux

Une grotte exceptionnelle

- La grotte de Lascaux est la première grotte peinte à avoir été connue en Europe : sa découverte, en septembre 1940, fait sensation et bouleverse les connaissances sur l'art préhistorique et sur nos origines.
- On sait aujourd'hui que son occupation par les hommes de Cro-Magnon remonte environ à – 21 000. La plus ancienne des grottes ornées retrouvées à ce jour est toutefois la grotte Chauvet, découverte en 1994, et dont l'occupation remonte à – 34 000.
- Avec son millier de figures peintes, ses innombrables signes gravés, Lascaux est la plus riche de toutes les grottes ornées. Près de 600 animaux y sont représentés, ceux que les hommes chassaient : chevaux sauvages, cerfs, aurochs, bouquetins et bisons. Outre ces représentations, un millier de vestiges a été retrouvé au sol : des outils en silex et en os de cervidés, des restes d'animaux chassés, mais aussi des charbons, des restes végétaux, des fragments de colorants et des lampes à graisse – témoins des techniques alors utilisées pour peindre les parois rocheuses.

Technique et interprétation

- Les peintures de Lascaux relèvent en effet d'un vrai savoir-faire technique : utilisation de pigments naturels mélangés à de l'eau, application de la couleur au doigt ou au pinceau pour les contours, projection des aplats de couleurs avec une sarbacane ou couleur tamponnée avec une touffe d'herbe, recours à des échafaudages pour atteindre les hauteurs, utilisation des creux et des bosses de la paroi pour donner du relief aux motifs représentés.
- Ces représentations d'animaux sont-elles de simples décors ? Des traces de pas de danse ayant été retrouvées dans certaines grottes, les préhistoriens pensent qu'elles faisaient peut-être partie de rituels magiques liés à la chasse, si nécessaire à la survie de Cro-Magnon. De nouvelles découvertes permettront peut-être un jour de préciser l'usage de ces décors peints, car les spécialistes en sont persuadés : d'autres grottes restent à découvrir.

L'âge de Lascaux : une datation récente

Les peintures de Lascaux n'ont jamais pu être directement datées, faute de charbon de bois ou d'os dans la composition des pigments (utilisés dans d'autres grottes peintes). L'occupation de la grotte, elle, a fait l'objet de plusieurs datations successives, que le programme de recherche archéologique « LAsCO » a récemment permis d'affiner, en analysant certains vestiges trouvés sur le sol. Entre 2018 et 2020, le projet s'est concentré sur l'analyse de 5 restes de rennes : les datations au carbone 14 ont permis d'établir qu'ils résulteraient d'une ou plusieurs occupations entre – 21 500 et – 21 000.

La grotte de Lascaux en chiffres

- **Longueur** : 250 m.
- **Profondeur** : 20 m.
- **7 espaces peints** : la salle des Taureaux, le Diverticule axial, le Passage, la Nef, le Diverticule des Félins, l'Abside, le Puits.

Chrono : de Lascaux I à Lascaux IV

- **Septembre 1940** : quatre jeunes garçons et leur chien découvrent par hasard la grotte de Lascaux. La découverte fait sensation.
- **Juillet 1948** : la grotte ouvre au public ; elle va accueillir un million de visiteurs en quinze ans.
- **1963** : la grotte est fermée au public : en respirant, les visiteurs ont causé une importante pollution de l'air. Les peintures, dégradées, doivent être protégées.
- **1983** : ouverture de **Lascaux II**, un fac-similé à 40 % de la grotte originale (dite **Lascaux I**). Il s'agit principalement d'une réplique de la salle des Taureaux.
- **2012** : création de **Lascaux III**, une réplique de Lascaux I destinée à voyager dans le monde.
- **2016** : ouverture de **Lascaux IV**, fac-similé intégral, qui accueille près de 400 000 visiteurs par an.

Comment mener la séance ?

Objectifs

- Découvrir une forme d'art préhistorique : l'art pariétal.
- Étudier la grotte de Lascaux : son organisation, ses parois peintes.
- Connaitre les pigments et outils utilisés.

Réactiver les connaissances des élèves sur le Paléolithique et les hommes de Cro-Magnon : *Existe-t-il aujourd'hui en France des traces de leur existence ? Quel était leur mode de vie ? Où s'abritaient-ils ?* En fonction des réponses, demander s'ils savaient faire autre chose que chasser, pêcher ou cueillir des baies pour se nourrir. Rappeler si besoin la maitrise du feu, des outils. Demander aux élèves : *À votre avis, l'art existait-il à la Préhistoire ? Quelles sont les premières œuvres d'art ?* Après un moment de discussion, poursuivre : *Qui a déjà visité une grotte préhistorique ? Laquelle ?* Annoncer aux élèves qu'ils vont découvrir la grotte de Lascaux, en Dordogne (situer le lieu sur une carte de France).

1. **Écoute d'un récit** 5 min
Écouter le récit de l'extraordinaire découverte de la grotte par quatre enfants, en 1940 : media.mdi-editions.com/hda-d02a.

2. **Découverte du plan de la grotte** 5 min
Projeter le doc. 3 pour que les élèves visualisent le plan de la grotte et son organisation : longue de 250 mètres, Lascaux est une grotte-couloir avec un puits et deux diverticules (longs conduits étroits). La salle des Taureaux est l'espace le plus grand. Ses 130 représentations constituent la plus grande frise connue de tout l'art paléolithique.

3. **Visite virtuelle** 10 min
Pénétrer dans la grotte avec une vidéo : media.mdi-editions.com/hda-d02b. Utilisation proposée : lancer la vidéo des 9 salles (3 minutes), puis revenir sur :
– La salle des Taureaux : observer le panneau de la Licorne et le panneau de l'Ours, puis s'attarder sur le 2e taureau du panneau de la Licorne et le 4e taureau du panneau de l'Ours ;
– Le Diverticule axial : observer les deux parois, puis montrer le 2e Cheval chinois sur le panneau de droite et le Grand Taureau noir sur le panneau de gauche ;
– La Nef : les Blasons / les Bisons adossés ;
– L'Abside : l'enchevêtrement ;
– Le Puits : le panneau de l'homme blessé.

4. **Fiche documentaire et fiche élève** 25 min
La fiche documentaire est vidéoprojetée et lue collectivement, puis la fiche élève est distribuée.

Lexique

- **Art pariétal :** (du latin *parietis*, mur) se dit du décor peint ou sculpté des parois intérieures d'une grotte.
- **Art rupestre :** (du latin *rupes*, roche) désigne l'ensemble des œuvres d'art au sens large réalisées par l'homme sur des rochers, le plus souvent en plein air.
- **Pigment :** substance colorée naturelle qui, réduite en poudre, peut être utilisée pour peindre. Les pigments employés à Lascaux sont d'origine minérale : oxyde de fer pour les jaunes, orange et rouges, oxyde de manganèse pour les bruns et noirs, kaolin pour le blanc.

Je retiens

- Au Paléolithique, les hommes de Cro-Magnon ont orné des grottes de magnifiques peintures représentant principalement des animaux, ceux qu'ils avaient l'habitude de chasser. Ce sont les premiers artistes de l'humanité.
- Avec son millier de peintures, dont 600 représentations d'animaux, la grotte de Lascaux, occupée vers – 21 000, est la plus riche de toutes les grottes ornées connues à ce jour.

Œuvres en réseau

La grotte Chauvet, découverte en Ardèche en 1994, est ornée de 425 peintures et dessins réalisés vers – 34 000. On y trouve des animaux rarement représentés dans d'autres grottes, comme le rhinocéros, le lion, la panthère ou le hibou. La grotte Chauvet est le plus ancien témoignage artistique de l'humanité.
Visite virtuelle sur *archeologie.culture.fr*

La grotte de Pech Merle, découverte en 1922 dans le Lot, est ornée de 700 motifs peints ou gravés (dont 70 animaux, 3 représentations de femmes et 1 d'homme), parmi lesquels on trouve des empreintes de mains, peintes en négatif selon la technique du pochoir.
Visite virtuelle sur le site *www.pechmerle.com*

2 La grotte de Lascaux

1 La salle des Taureaux (détails)

2 Fiche d'identité

Quoi ? Grotte ornée d'un millier de peintures.

Par qui ? Les hommes de Cro-Magnon.

Quand ? Au Paléolithique, vers – 21 000.

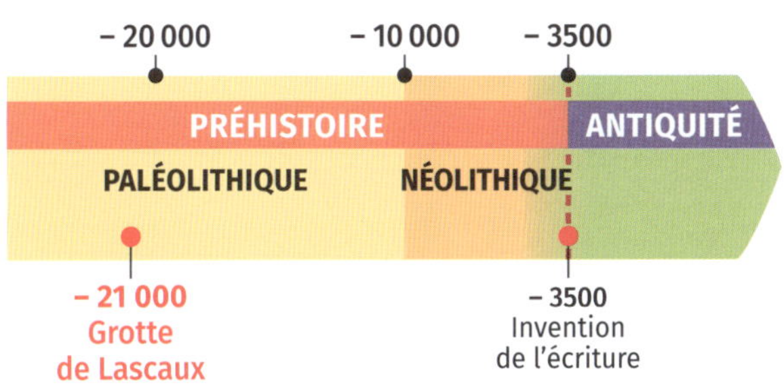

Où ? Sous la colline de Lascaux, en Dordogne.

3 Plan de la grotte

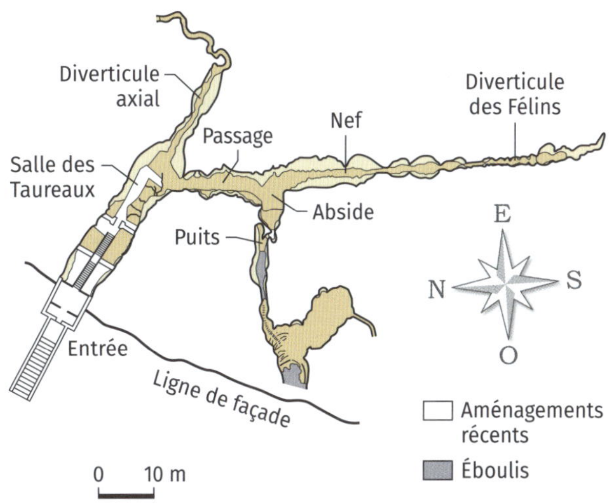

4 Qu'est-ce que l'art pariétal ?

- Les hommes de Cro-Magnon, nos ancêtres, ne connaissent pas encore l'agriculture et l'élevage, **mais ils savent dessiner et peindre ! Ce sont les premiers artistes de l'humanité.** Ils peignent à l'intérieur des grottes, directement sur la paroi rocheuse. C'est pourquoi on parle d'**art pariétal**.
- Les grottes ornées en Europe se trouvent principalement **dans le sud de la France** et en Espagne.
- **Dans la grotte de Lascaux, les peintures représentent les animaux que les hommes préhistoriques avaient l'habitude de chasser :** chevaux sauvages, cerfs, biches, bisons, ours, aurochs (une espèce disparue de bovidés, ressemblant aux taureaux).

Les peintres utilisaient les creux et les bosses de la paroi des grottes pour donner du relief à leurs motifs.

2 La grotte de Lascaux

5 Quelles techniques utilisaient les artistes préhistoriques ?

- Pour peindre, les hommes de Cro-Magnon utilisaient des terres colorées. Après avoir mélangé ces pigments à de l'eau, ils les appliquaient avec le **doigt** ou avec un **pinceau** en crin de cheval.
- Pour remplir de couleur les corps des grands animaux – certains mesurent près de 5 mètres ! – ils projetaient la matière **en soufflant dans une sarbacane** ou la tamponnaient avec une épaisse **touffe d'herbe**.
- Pour s'éclairer dans le noir de la grotte, ils utilisaient des **lampes** fonctionnant avec de la graisse animale ou des **torches** en bois.
- **Ces artistes ne peignaient pas n'importe où :** ils se servaient des endroits plus épais ou plus plats de la pierre pour **donner du relief à leurs animaux**. Pour ajouter de fins détails (plis dans la peau des animaux), ils incisaient directement la pierre à l'aide d'un **silex**. On a même retrouvé des traces **d'échafaudages** leur servant à atteindre le plafond !

Pigment ocre

Lampe à graisse retrouvée à Lascaux

Métier

Les archéologues, détectives de l'Histoire !

Les archéologues étudient les traces anciennes laissées par les hommes depuis la Préhistoire. Leur travail consiste à faire des fouilles sur place et des datations au carbone 14 : ce procédé scientifique permet de calculer l'âge des fossiles – végétaux ou animaux – contenant des restes de carbone et de remonter ainsi jusqu'à 50 000 ans !

Depuis 2018, une équipe d'une trentaine d'archéologues et de scientifiques tente de résoudre un mystère : de quand datent précisément les peintures de Lascaux ? Pour cela, ils étudient les éléments recueillis sur le sol de la grotte : restes d'animaux, objets... et leur appliquent les techniques les plus pointues dignes de la police scientifique !

Ça alors !

Dans la salle des Taureaux, un drôle d'animal avec deux longues cornes n'a pu être identifié : il a été surnommé « la licorne » ! D'autres représentations restent très mystérieuses : la scène du Puits, située dans un endroit difficile à atteindre, représente un bison blessé à côté d'un homme à tête d'oiseau ! Certains dessins ne sont que de simples signes. En l'absence d'écriture, l'art préhistorique garde encore une très grande part de secrets !

2 La grotte de Lascaux

1 Place sur cette frise la grotte de Lascaux.

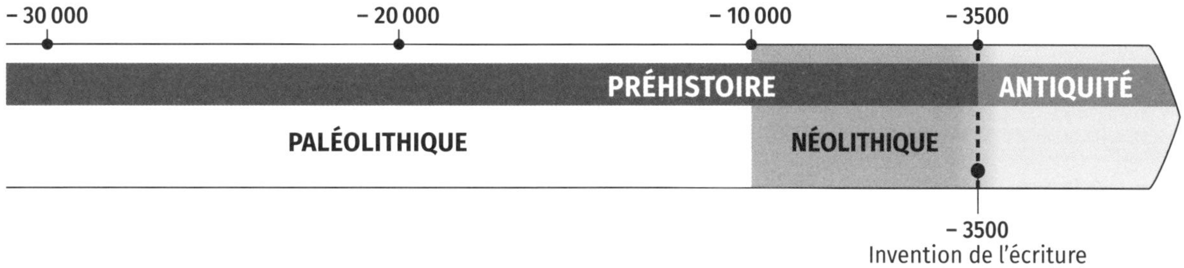

2 Coche les ustensiles utilisés par les artistes du Paléolithique.

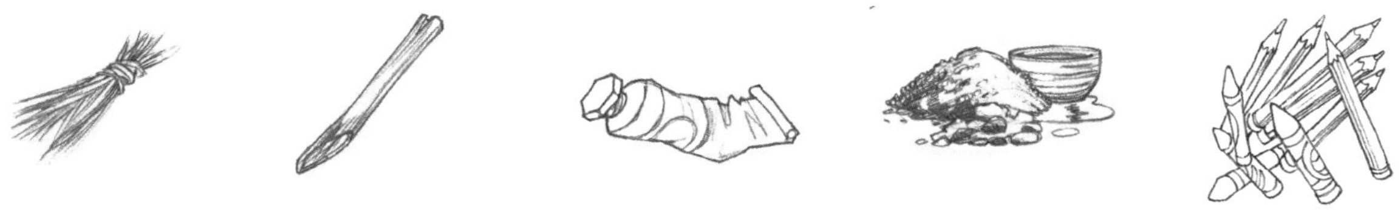

pinceau en crin de cheval	charbon de bois	peinture	pigments naturels	crayons de couleur
☐	☐	☐	☐	☐

3 Observe les images puis réponds aux questions.

- **D'après toi, les animaux sont représentés :** ☐ immobiles ☐ en mouvement
- **Tu les trouves :** ☐ peints de manière réaliste ☐ totalement imaginés

Justifie ta réponse : ....

....

4 Complète ce texte en t'aidant de la fiche documentaire.

Lascaux est une .... ornée de .... d'animaux.

Elle a été peinte au Paléolithique par les hommes de ....

Ces hommes sont les premiers .... de l'humanité.

Fiche élève

Jeux

LA GROTTE DE LASCAUX

Mots croisés **Remplis la grille avec les mots correspondant à chaque définition.**

HORIZONTAL

1. C'est l'époque à laquelle a été peinte la grotte de Lascaux.
2. Ce sont des cavités naturelles qui peuvent servir d'abris, comme celle de Lascaux.
3. Les hommes préhistoriques en fabriquaient avec de la graisse d'animal, pour s'éclairer.
4. C'est le nom que l'on donne à l'art qui recouvre des parois.
5. C'est une couleur très utilisée à Lascaux.
6. Les archéologues en organisent pour trouver des traces anciennes.

VERTICAL

7. C'est le nom donné aux hommes qui ont peint la grotte de Lascaux.
8. C'est un outil dont se servaient les hommes de Cro-Magnon pour souffler des pigments sur les parois.
9. C'est le nom de la grotte la plus célèbre de l'art préhistorique.
10. C'est une personne dont le métier est de rechercher et d'étudier les traces anciennes du passé.
11. C'est une poudre colorée, d'origine naturelle, que l'on mélange à de l'eau pour obtenir une pâte colorée.
12. Une représentation mystérieuse de Lascaux porte le nom de cet animal fantastique.

Remets dans l'ordre les lettres grisées pour former un dernier mot.

Cet animal disparu, ressemblant au taureau, est représenté sur les parois de Lascaux :

3 L'art du métal chez les Celtes

Les Celtes, qui occupent la Gaule à partir du ve siècle avant J.-C., et que les Grecs et les Romains voient comme des barbares chevelus, sont en réalité des artisans ingénieux dans le travail des métaux (casques, épées, chars...) mais aussi dans celui de l'orfèvrerie. Un témoignage de cet art est parvenu jusqu'à nous : un casque d'apparat retrouvé en 1981 à Agris (Charente).

De la maitrise des arts du feu...

- Les artisans celtes – forgerons et orfèvres, potiers et verriers – excellent dans les « arts du feu », techniques permettant de fixer durablement des matières aussi diverses que le métal, l'argile et le verre en tirant parti au mieux de la puissance calorifique du feu.
- Pour fabriquer outils et armement, ce peuple de guerriers se lance dans le développement de forges. L'entretien du feu exige beaucoup de bois, que l'on trouve alors en abondance dans les forêts, de même que le minerai de fer dans les sols.
- Le fer – que l'on martelle – permet de réaliser des objets résistants (casques) et faciles à affuter (épées, couteaux). En revanche, il nécessite des températures élevées : il entre en fusion à 1 530 °C, tandis que le bronze (alliage de cuivre et d'étain) – que l'on coule dans un moule – fond à 800 °C et l'or à 1 064 °C.

... à celle de l'extraction et du travail de l'or

- Les Celtes savent extraire le minerai d'or des alluvions des rivières ou des couches rocheuses des montagnes, au prix parfois d'un travail de titan, qui peut consister à détourner des cours d'eau ou modifier la pente d'une colline ! Une fois concassé, grillé, broyé, lavé, le minerai livre la poudre d'or, fondue en lingot. Celui-ci est ensuite laminé pour obtenir une plaque ou tréfilé pour en faire du fil.
- Les orfèvres celtes adoptent les techniques et les motifs des peuples avec lesquels ils commercent – notamment les Étrusques, peuple de l'actuelle Italie – et combinent toutes sortes de procédés (soudure, moulage, filigrane, etc.) pour multiplier les effets décoratifs.

Le casque d'Agris

Une découverte exceptionnelle !

- Le casque d'Agris a été découvert en 1981 par l'historien José Gomez de Soto dans la grotte des Perrats, située sur la commune d'Agris (Charente). Un fragment de métal doré, ancien, est d'abord trouvé dans un trou de blaireau par des spéléologues à l'entrée d'une grotte. M. de Soto, contacté, vient fouiller le site en mai 1981. Rapidement, un second morceau est trouvé, puis la quasi-totalité du casque, d'un seul tenant ! L'un de ses deux protège-joues a été retrouvé en 1983.
- Daté vers 350 avant J.-C., ce casque est doublement exceptionnel. Au-delà de sa beauté, son intérêt historique est majeur : avant de faire cette découverte, on pensait que les Celtes étaient arrivés beaucoup plus tard dans l'ouest de la Gaule !
- Des études géologiques ont permis de déterminer que le site a été occupé depuis – 5 000 jusqu'au Moyen Âge. Lors de son occupation celte, à partir du ve siècle avant J.-C., il aurait servi de lieu de culte, sans que l'on puisse déterminer la (ou les) divinité(s) révérée(s).

Une prouesse technique et artistique...

- La calotte du casque (le timbre) est constituée d'une seule pièce de fer martelée (la coque), à l'arrière de laquelle un couvre-nuque est fixé par des rivets. Toute la surface est recouverte de bandes en bronze moulé, dont le décor, en léger relief, est lui-même recouvert de feuilles d'or martelées. Les parties inférieure et supérieure sont décorées de petites pièces de corail de forme bombée (les cabochons) fixées par des rivets en argent, dont la tête est en bronze plaqué d'or.
- Le protège-joue (appelé paragnathide, du grec *para*, à côté, et *gnathos*, mâchoire) est décoré d'esses (motifs en forme de doubles « S » inversés) qui évoquent un serpent ; il est ajouré : les jours sont décorés de fils d'or bouletés formant des motifs, dont un serpent à tête de bélier, attribut de Cernunnos (dieu celte de la nature).

... au service de l'apparat

- Le casque retrouvé à Agris est exceptionnel par les matériaux précieux utilisés. L'analyse récente d'échantillons de l'or recouvrant la calotte révèle qu'il s'agit d'un or pur (99 % d'or, 0,5 % d'argent et 0,2 % de cuivre). Il est très probable que cet or provienne de mines du Massif central, exploitées depuis le ve siècle avant J.-C. La fabrication du casque d'Agris par un orfèvre celte est donc quasi certaine.
- Le casque d'Agris est l'objet du monde celtique qui présente le plus grand nombre de cabochons en corail : il devait en comporter à l'origine plus de 500 ! La variété des formes témoigne du soin extrême apporté au décor. La réalisation du casque a nécessité un stock important et couteux de branches de corail, dont la provenance n'est toutefois pas établie.
- On peut en conclure que ce casque fragile et précieux n'est pas un casque de combat : c'est une pièce d'apparat, possédée par un guerrier puissant et portée lors de cérémonies, sans doute en hommage à une victoire ou dans le cadre d'un culte rendu aux dieux. L'absence d'autres objets à proximité, comme le fait qu'il n'a pas été retrouvé dans une tombe qui aurait donné des renseignements précieux sur son propriétaire, empêche une interprétation plus précise.

Comment mener la séance ?

Objectifs
- Découvrir le savoir-faire des Celtes : l'orfèvrerie.
- Comprendre le travail du métal.
- Distinguer un simple casque de combat d'un casque d'apparat.

Pour aborder la séance, réactiver les connaissances sur les Celtes : *Qui sont les Celtes ? D'où viennent-ils ? Où se sont-ils installés ?* Rappeler le lien entre les Celtes et les Gaulois : les Celtes sont nommés *Galates*, c'est-à-dire « les envahisseurs », par les Grecs. Ce mot est devenu *Galli* en latin, d'où découle le nom de « Gaulois » et celui de « Gaule ». Les Celtes sont donc, pour les Romains, des Gaulois, des habitants de la Gaule. Puis demander : *À votre avis, les Celtes étaient-ils habiles pour travailler les métaux : l'or, l'argent, le fer, le cuivre ? Comment le savez-vous ?* (Astérix sera sans doute mentionné !) *Savez-vous ce que veut dire le mot « orfèvrerie » ? Connaissez-vous l'expression « un travail d'orfèvre » ?* (préciser si besoin qu'il s'agit d'un travail minutieux, rigoureux et d'une grande précision).

1. **Découverte d'un casque celte utilisé pour le combat** 5 min
Rappeler que les Celtes ont été un peuple guerrier : ils avaient besoin d'armes (épées) et de protections (boucliers, casques) lors des combats. Projeter l'image du casque de Berru (media.mdi-editions.com/hda-d03a) en insistant sur sa simplicité.

2. **Découverte du casque d'apparat d'Agris et observation du décor** 15 min
Dire aux élèves qu'on va s'intéresser maintenant à un casque d'apparat : c'est un casque très précieux, qui va montrer le grand art des Celtes dans la maitrise du travail du métal et de l'ornementation.
Projeter le doc. 1 et le doc. 2. Zoomer sur certains détails. Demander aux élèves de quand date le casque, à leur avis, en leur rappelant que c'est un casque celte, retrouvé en France, en Charente. Dire qu'il date du IVe siècle avant J.-C., c'est-à-dire il y a 2 500 ans à peu près, et qu'il a été découvert dans une grotte il y a 40 ans.
Le casque et son protège-joue sont richement décorés de divers motifs (palmettes et esses) et de cabochons de différentes formes, en corail.
Projeter la vidéo montrant l'archéologue José Gomez de Soto (media.mdi-editions.com/hda-d03b) et expliquer en quoi ce casque et sa découverte sont exceptionnels.

3. **Fiche documentaire et fiche élève** 25 min
La fiche documentaire est vidéoprojetée et lue collectivement, puis la fiche élève est distribuée.

4. **Prolongement éventuel** : vidéo de la reconstitution de l'atelier d'un forgeron forgeant un couteau à la manière des Celtes (media.mdi-editions.com/yt/hda-d03c).

Lexique

- **Apparat :** (du latin *apparatus*, préparatifs) luxe particulier dans la tenue de quelqu'un ou dans le décor d'une cérémonie ; un casque d'apparat n'était pas porté au combat, mais à l'occasion de cérémonies.
- **Cabochon :** dans l'art de l'orfèvrerie, pierre dure polie avec la face supérieure bombée et la face inférieure plane.
- **Corail :** animal marin des mers chaudes qui sécrète un squelette calcaire, de couleur rouge ou blanche.
- **Orfèvrerie :** (du latin *auri* et *faber*, qui signifie « artisan de l'or ») art de fabriquer des objets en or (ou en argent).
- **Palmettes :** décor en forme de feuilles de palmier.

Je retiens

- Les Celtes, présents sur notre territoire à partir du Ve siècle avant J.-C., maitrisent parfaitement les arts du feu et sont d'excellents artisans dans le travail des métaux (fer, bronze, cuivre…).
- Ils fabriquent des épées et des casques pour le combat, mais nous avons aussi retrouvé quelques casques richement décorés, comme le casque d'Agris : ce sont des casques d'apparat portés lors de cérémonies.

Œuvres en réseau

Le casque d'Amfreville-sous-les-Monts, trouvé à la fin du XIXe siècle à 30 kilomètres de Rouen, est daté du milieu du IIIe siècle avant J.-C. Longtemps considéré comme unique, il est désormais comparé au casque d'Agris, plus ancien et en meilleur état.
Conservé au musée de Saint-Germain-en-Laye.
Visible sur *musee-archeologiquenational.fr*

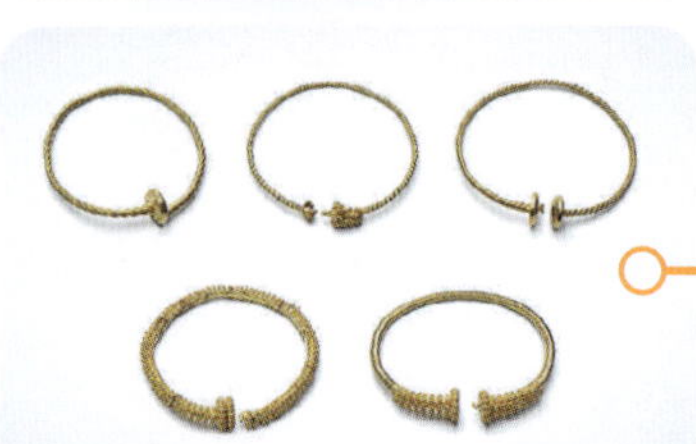

Cinq torques celtes en or de la fin du IIIe siècle avant J.-C., découverts en 1841, près de Toulouse. D'abord portés par des femmes, ces colliers deviennent, entre – 800 et – 450, l'apanage des princes et des guerriers. Ils les déposaient dans des sanctuaires, sous la protection des dieux, puis les récupéraient avant de partir à la guerre, pour être plus ardents au combat.
Conservés au musée Saint-Raymond de Toulouse.
Visibles sur *saintraymond.toulouse.fr*

Le casque d'Agris

1 Un casque celte très précieux

- Le casque est composé de quatre parties :
  1. la **calotte**, appelée aussi le **timbre** ;
  2. un **couvre-nuque**, destiné à protéger le cou ;
  3. deux **protège-joues**, dont **un seul a été retrouvé** ;
  4. un **bouton** qui orne le sommet.
- Il est constitué de **trois métaux** : la structure est en **fer** ; elle a été recouverte de bandes de **bronze** (cuivre + étain) comportant un décor en relief puis de feuilles d'**or** qui mettent en valeur ce **décor** !
- Il a été réalisé par un **forgeron** (pour le travail du fer et du bronze) et un **orfèvre** (pour le travail de l'or).

2 Les détails du décor

- Toute la surface du casque est recouverte de motifs décoratifs, en léger relief.
- La bande centrale est décorée d'**esses**, c'est-à-dire de **doubles « S » inversés**.
- La bande inférieure est décorée de **palmettes**, motifs inspirés de feuilles de palmier.
- Le protège-joue est également décoré d'esses qui évoquent un **serpent**. De plus, il est **ajouré** : les creux sont décorés de fils d'or constitués de petites boules, qui forment des motifs, dont un **serpent avec des cornes**. Ce serpent à tête de bélier est un attribut du **dieu celte Cernunnos**.

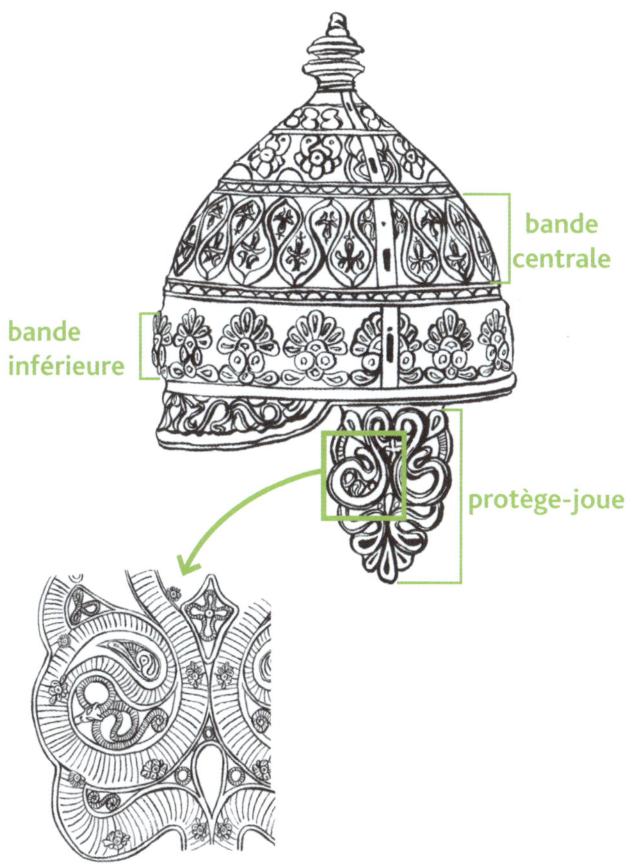

3 Fiche d'identité

Quoi ? Casque en fer et bronze plaqué d'or.
Par qui ? Forgeron et orfèvre celtes.
Où ? Découvert en 1981 à Agris (Charente).
Conservé au musée d'Angoulême.

Quand ? IVe siècle avant J.-C.

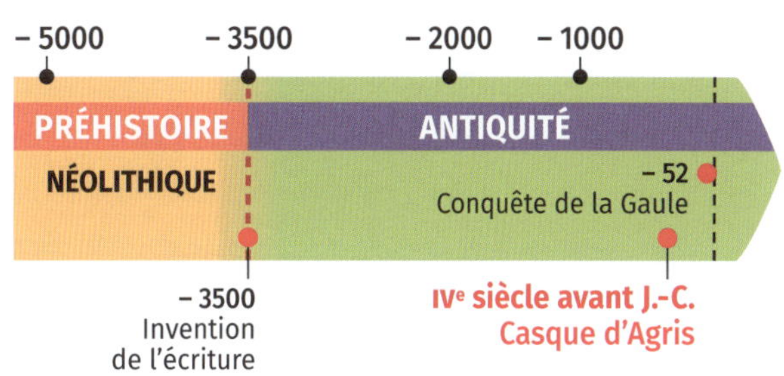

3 Le casque d'Agris

4 L'or et le corail, symboles de pouvoir

Détail de la bande inférieure du casque.

- Les parties inférieure et supérieure du casque sont décorées de petites pièces bombées de différentes formes, des « cabochons » en **corail**. Beaucoup ont disparu mais **il devait en comporter plus de 500** ! Cela a nécessité un stock important de corail, très couteux car il vient de loin.
- Dans l'Antiquité, l'**or** est le plus luxueux des métaux, c'est un signe de richesse et de pouvoir mais aussi un **symbole d'immortalité** car il ne s'altère pas. L'or possède une autre qualité exceptionnelle : sa très grande capacité à être déformé une fois chauffé. **Un gramme d'or permet de tirer un fil de deux kilomètres de long** !
- La présence de ces matériaux précieux indique que le casque d'Agris n'était pas fait pour le combat. Il s'agit d'un **casque d'apparat**, porté lors de cérémonies, pour célébrer une victoire ou rendre un culte aux dieux.

5 Les Celtes, artistes du métal

- Les Celtes étaient de grands maitres dans **l'art du métal**. Ils en faisaient des outils et des armes, mais aussi des objets magnifiquement décorés. Le métal existe à l'état naturel sous différentes formes (fer, or, argent, cuivre... qu'il faut aller chercher sous terre), il doit être d'abord **fondu à très haute température** pour devenir liquide et se travaille ensuite de multiples façons.
- Travaillé **à froid**, sous forme solide, il est étendu en feuilles ou en fils très fins : on peut alors les inciser pour les décorer, ou les étendre sur un décor en relief, dont ils prennent la forme : c'est ce qui a été fait avec les feuilles d'or sur le casque d'Agris.
- Sous forme **liquide**, il peut être coulé dans des moules : en refroidissant, il prend la forme et les décors voulus. C'est le cas des bandes de bronze du casque.

La feuille de métal est martelée avec des outils.

Le métal liquide est coulé dans des moules.

Métier

Écrire et dessiner des bandes dessinées historiques

Le casque d'Agris est au cœur d'une BD en 4 tomes, où le précieux objet est volé par des guerriers ennemis... Pour être fidèles à ce que l'on sait des Celtes, les auteurs (un scénariste et deux dessinateurs) se sont appuyés sur les dernières découvertes archéologiques. Tout est vérifié et « historique » dans les moindres détails : armement des guerriers, bijoux des femmes, animaux, etc. Ils ont d'ailleurs appris que les chevaux et les bœufs étaient, à l'époque, plus petits !

D.R.

Ça alors !

Sais-tu pourquoi Astérix, le célèbre guerrier gaulois de bande dessinée, a un casque ailé ? Pour créer ce personnage en 1959, le dessinateur Albert Uderzo s'est inspiré des premiers dessins de casques celtes découverts au XIXe siècle : les archéologues s'étaient trompés, ils avaient représenté les protège-joues vers le haut, ce qui leur donnait une forme d'ailes !

3 Le casque d'Agris

1 Place sur cette frise le casque d'Agris.

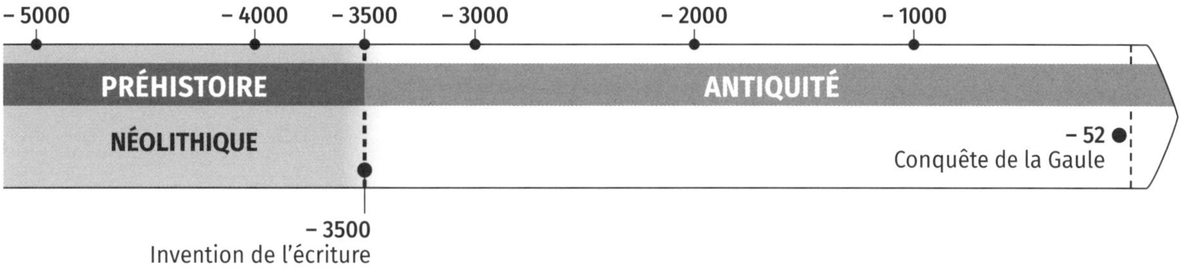

2 *Vrai* ou *faux* ? Coche la bonne réponse.

	Vrai	Faux
a. Le casque d'Agris est un casque romain.	☐	☐
b. Il est en fer, en bronze et en or.	☐	☐
c. Il est décoré de petits morceaux de corail.	☐	☐
d. C'était un casque utilisé à la guerre.	☐	☐
e. Le protège-joue est orné d'un serpent à cornes.	☐	☐

3 Relie les étiquettes au bon numéro sur le casque, puis colorie les palmettes.

calotte

protège-joue

protège-nuque

4 Complète ce texte en t'aidant de la fiche documentaire.

Le casque d'Agris a été découvert en 1981 en Charente. Sa découverte prouve la présence des .... dans cette région de la Gaule dès le IVe siècle avant J.-C. Il a été fabriqué par un forgeron, qui a réalisé les parties en .... et en bronze, et par un orfèvre, qui savait travailler l'or et le corail.

C'est un casque d'.............................. : il était porté lors de cérémonies.

Jeux

LE CASQUE D'AGRIS

Dessin **Inspire-toi du décor du casque retrouvé à Agris et de ces autres armes gauloises pour créer ton propre casque.**

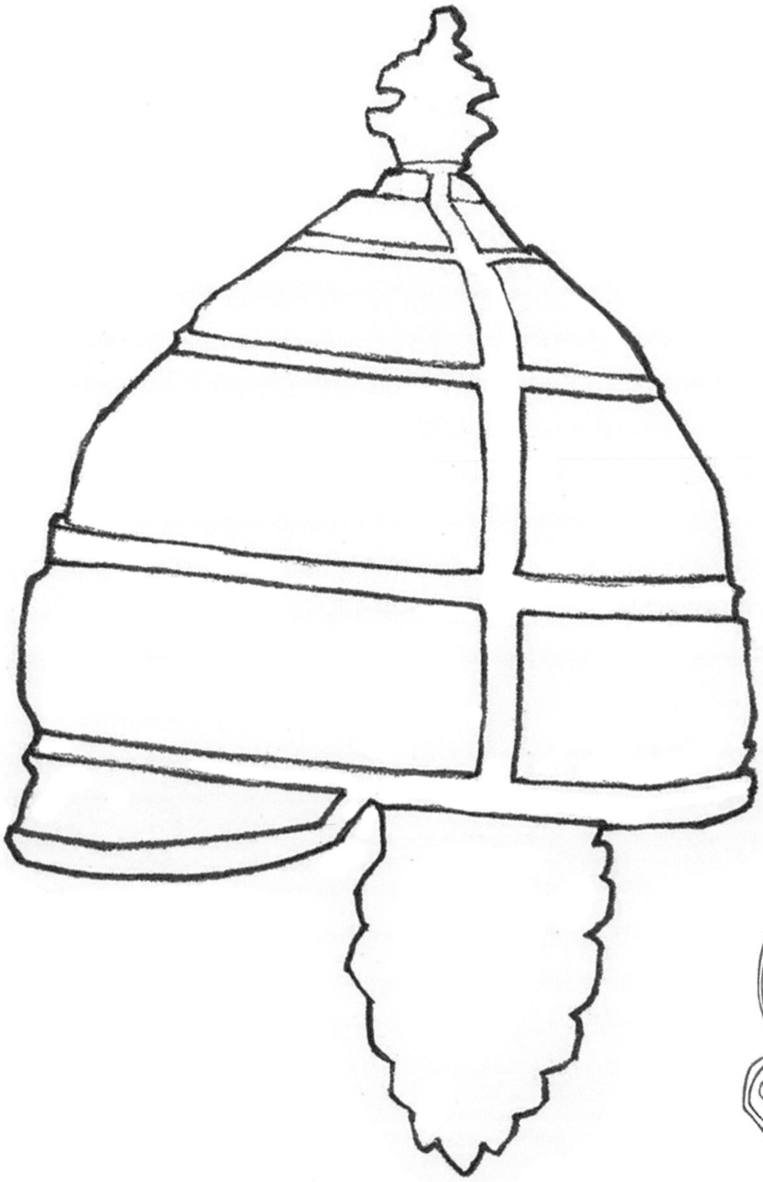

Cuirasse du VIIIe siècle avant J.-C., Autriche.

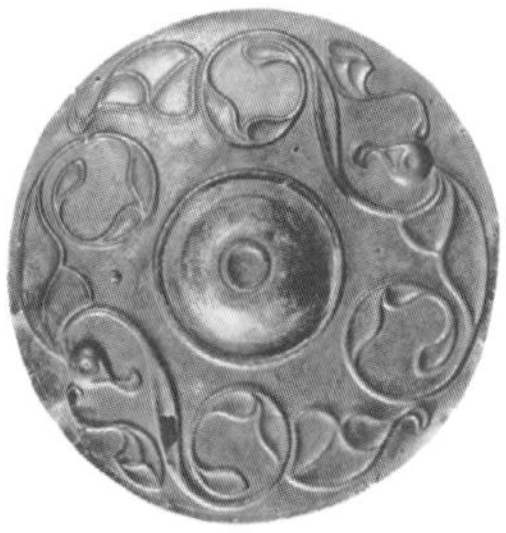

Bouclier retrouvé en Angleterre (IIe siècle avant J.-C.).

Charade

▸ Mon premier est un instrument à vent utilisé à la chasse : ....

▸ Mon deuxième est un petit bulbe au gout fort, très utilisé en cuisine : ....

Mon tout est un animal marin au squelette rouge, utilisé comme décoration sur le casque d'Agris :

....

4 L'architecture gallo-romaine

Lorsque la Gaule devient une province de l'Empire romain, en – 52, de nouvelles villes sont construites, où forums, thermes, temples, arcs de triomphe, théâtres et arènes créent un nouvel art de vivre. Orange (appelée *Arausio* dans l'Antiquité) est fondée en 40 avant J.-C. Au début du Ier siècle, un gigantesque théâtre y est édifié : son mur de scène demeure aujourd'hui l'un des mieux conservés de ces lieux de spectacles « à la romaine ».

Le théâtre antique d'Orange

Un théâtre dans la ville

- Orange a été construite selon le plan en damier des villes romaines, avec deux axes principaux perpendiculaires – le *cardo* (du nord au sud) et le *decumanus* (d'est en ouest). C'est au sud du *cardo* que le théâtre est élevé au tout début du Ier siècle après J.-C. Construit en pierres locales, calcaire jaune et calcaire blanc, il occupe une superficie de 95 000 m^2, soit l'équivalent d'une vingtaine de terrains de foot !
- Comme nombre de théâtres romains, il n'est pas bâti sur un terrain plat, mais implanté au pied d'une colline : les gradins bénéficient ainsi d'un adossement naturel.

Un mur de scène « à la romaine »

- Alors que les théâtres grecs sont ouverts sur le paysage, les théâtres romains sont fermés par un monumental mur de scène, vers lequel les spectateurs ont le regard tourné. Celui d'Orange, exceptionnellement bien conservé, mesure 37 mètres de haut sur 103 mètres de long. Il présentait un décor imposant, avec trois étages de colonnes, des placages en marbre et stucs colorés, des statues de marbre ou de granit. Celle supposée de l'empereur Auguste, replacée en 1951 dans la niche centrale, mesure 3,50 mètres de haut.
- Côté scène, trois portes servent à l'entrée des acteurs sur scène, la porte centrale étant réservée au personnage du roi dans les tragédies. Les figurants entrent par les tours latérales, les *basilicae*, qui servent aussi à ranger les décors.

Des gradins à la scène

- Le théâtre proprement dit est constitué de trois parties :

1 : la *cavea* désigne l'ensemble des 34 gradins, en demi-cercles ; l'accès aux différentes rangées est assuré par des passages voutés, appelés « vomitoires ». Une toile dépliable (*velum*) permet d'abriter les spectateurs.
2 : l'*orchestra* est situé entre scène et gradins : dans les théâtres grecs, cet espace accueillait les chœurs des tragédies ; dans les théâtres romains, il est réservé aux spectateurs de marque.
3 : la *scaena* (scène) est en bois ; elle est surmontée d'un auvent servant d'abat-son, d'un système de décors amovibles et d'une fosse servant à ranger le rideau, lequel ne se lève pas mais s'abaisse.

Des pièces gratuites

- À la différence des arènes où sont donnés des spectacles de gladiateurs ou de chasses aux fauves, les théâtres présentent des pièces, traduites du grec ou écrites par des auteurs romains (Plaute, Sénèque, Térence) : tragédies et comédies, mimes et pantomimes joués et dansés en musique.
- Les tragédies sont jouées uniquement par des hommes. Les acteurs en déclament les vers, portent des masques qui rendent les personnages immédiatement reconnaissables, même de loin. Les comédies classiques sont jouées par des acteurs et des actrices, avec ou sans masque.
- Jouées d'avril à septembre, surtout lors de fêtes données en l'honneur des dieux, ces pièces sont gratuites afin que tous puissent y assister.

De nombreux spectateurs

- Le théâtre d'Orange peut accueillir jusqu'à 9 000 spectateurs. Le public se répartit en fonction de son rang social :

– les sénateurs et personnalités de la ville s'installent à l'*orchestra* sur des sièges mobiles ;
– les trois premiers rangs sont réservés aux chevaliers ;
– les rangs suivants sont occupés par des commerçants, artisans et simples citoyens, les derniers rangs par des esclaves.

- On y vient souvent en famille, avec de quoi manger – les représentations sont longues – et un coussin pour le confort !

Chrono : de l'Antiquité à aujourd'hui

- **Ier siècle :** construction du théâtre.
- **391 :** le théâtre ferme, les représentations théâtrales étant interdites depuis que le christianisme est devenu, en 380, la religion officielle de l'Empire romain.
- **Moyen Âge :** des maisons sont construites dans l'enceinte et sur les gradins.
- **1869 :** le théâtre retrouve sa vocation : on y présente une fois par an les « Fêtes romaines » (théâtres et opéras), qui prendront ensuite le nom de « Chorégies », prestigieux festival d'art lyrique.
- **1981 :** classement au patrimoine mondial de l'Unesco.
- **2006 :** un toit de scène en verre de 1 000 m^2 protège désormais le mur de scène des intempéries.

Comment mener la séance ?

Objectifs

- Découvrir l'importance du théâtre pour les Gallo-Romains.
- Étudier l'architecture d'un théâtre antique et son organisation.
- Savoir distinguer une tragédie d'une comédie.

Pour aborder cette séance, réactiver les connaissances des élèves sur la romanisation de la Gaule : après la guerre des Gaules, qui voit la victoire de César en 52 avant J.-C., le mode de vie romain est adopté et de nombreuses villes sont créées, dont Lugdunum (Lyon), en 43 avant J.-C., la « capitale des Gaules ». Demander aux élèves : *Les villes changent-elles dans la Gaule romaine ? Quels bâtiments typiquement romains sont construits ?* Orienter la question sur les loisirs : *Que faisaient les Romains (et donc les Gallo-Romains) pour se divertir ? Quels bâtiments accueillaient ces divertissements ?* (les arènes seront peut-être citées spontanément). Puis demander : *Est-ce que l'un/e d'entre vous a déjà visité un théâtre antique ?* (expliquer que c'est le nom donné à un théâtre construit durant l'Antiquité), *Dans quelle ville ?* (situer la ville sur la carte de France). Poursuivre : *Nous allons découvrir les vestiges d'un théâtre construit à Orange, dans le sud de la France, il y a 2 000 ans, au début du ɪᵉʳ siècle, à l'époque de la Gaule romaine. Les théâtres étaient alors en plein air et pouvaient accueillir des milliers de spectateurs.*

1. **Découverte du théâtre d'Orange** 10 min
   Projeter le doc. 1 ou passer le début de la vidéo (media.mdi-editions.com/yt/hda-d04a), qui propose un panorama de l'édifice actuel et une reconstitution. Recueillir les réactions des élèves : *Quelles sont les différences avec un théâtre actuel ?* Évoquer les dimensions (37 m de haut, 100 m de long, la statue centrale mesure 3,5 m de haut).

2. **Compréhension de l'architecture d'un théâtre antique** 5 min
   Projeter le doc. 3 ou la vidéo sur le théâtre d'Arles (media.mdi-editions.com/yt/hda-d04b, s'arrêter à 1'55), qui livre une excellente explication de l'organisation d'un théâtre antique romain.

3. **Fiche documentaire et fiche élève** 30 min
   Vidéoprojetée et lue collectivement, la fiche documentaire est discutée en classe entière. Insister sur la notion de vestiges avec le premier document. Demander aux élèves quels monuments semblables ils connaissent. À la fin de l'étude de la fiche, informer les élèves que depuis 150 ans (1869) le théâtre sert de nouveau, avec le festival des Chorégies d'Orange. Distribuer ensuite la fiche élève.

Lexique

- **Acoustique :** ensemble des caractéristiques relatives à la propagation du son dans un édifice ; une bonne acoustique permet de bien entendre.
- **Comédie :** pièce de théâtre drôle, destinée à divertir.
- **Gradins :** bancs disposés sur plusieurs étages et en demi-cercles pour accueillir un vaste public ; dans l'Antiquité, dans les théâtres et les arènes, de nos jours, dans les stades.
- **Tragédie :** genre théâtral né en Grèce ; le texte, écrit en vers, raconte l'histoire de personnages légendaires ou historiques au destin malheureux.

Je retiens

- Lorsque la Gaule devient une province de l'Empire romain, au ɪᵉʳ siècle avant J.-C., on y construit des villes avec des édifices typiquement romains, comme le théâtre d'Orange.
- Bâti au début du ɪᵉʳ siècle, sous le règne de l'empereur Auguste, ce théâtre peut accueillir jusqu'à 9 000 spectateurs. D'avril à septembre, ils viennent voir des tragédies et des comédies.
- Le théâtre d'Orange possède une excellente acoustique naturelle. Son imposant mur de scène est le mieux conservé de tous les théâtres de l'Empire romain.

Œuvres en réseau

Reconstitution du théâtre de Delphes (à l'arrière-plan le temple d'Apollon), édifié en Grèce au ɪᴠᵉ siècle avant J.-C. Cette image montre l'ouverture des théâtres grecs sur le paysage, à la différence des théâtres romains refermés, d'un côté par le mur de scène, de l'autre par les gradins.

Le théâtre d'Arles (Bouches-du-Rhône) a été construit vers 20 ou 10 avant J.-C., quelques années avant celui d'Orange. Son mur de scène (disparu) était décoré sur trois niveaux de colonnes, dont seulement deux ont résisté au temps.

4 Le théâtre antique d'Orange

Fiche documentaire

1 Un monument construit il y a 2 000 ans

- Le théâtre d'Orange a été construit **au début du Ier siècle après J.-C., sous le règne de l'empereur Auguste**. Il pouvait accueillir jusqu'à 9 000 spectateurs.
- Durant 400 ans, **des tragédies et des comédies y ont été jouées**, puis il a été abandonné. Aujourd'hui, un grand festival y a lieu chaque année.
- C'est **l'un des théâtres antiques les mieux conservés**.

2 Fiche d'identité

Quoi ? Théâtre gallo-romain d'Orange.
Par qui ? Des architectes romains.
Où ? Dans la ville d'Orange (Vaucluse).
Quand ? Début du Ier siècle.

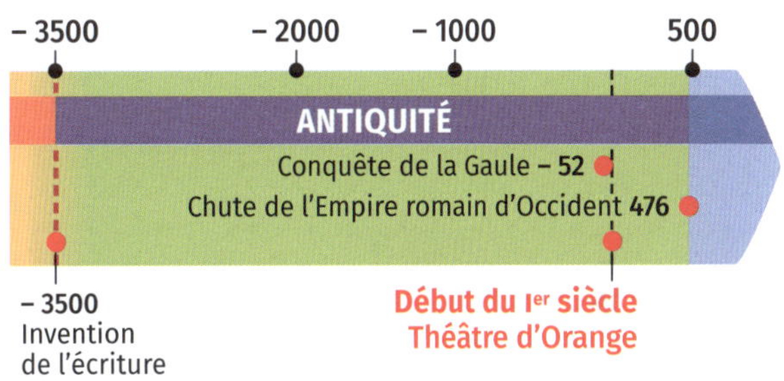

3 L'organisation d'un théâtre romain

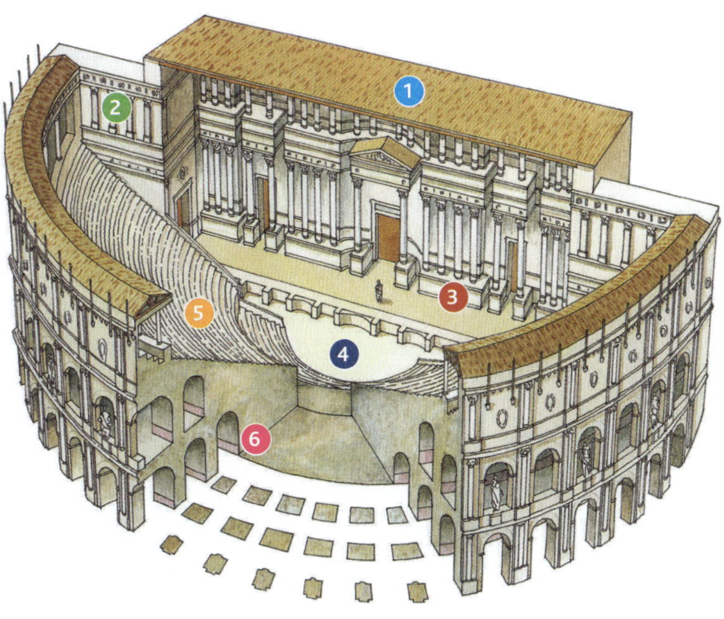

1. **Le mur de scène** : il est décoré et percé de trois portes par lesquelles entrent les acteurs.
2. **Les *basilicae*** : sortes de tours situées de chaque côté de la scène. Figurants et décors y sont rassemblés avant leur entrée en scène.
3. **La scène** : un plancher en bois.
4. **L'orchestre** : espace en demi-cercle servant à asseoir les spectateurs de marque, sur des fauteuils en bois mobiles.
5. **Les gradins** : les spectateurs s'y répartissent en fonction de leur statut social.
6. **Les vomitoires** : passages voûtés permettant la circulation des spectateurs sans qu'ils ne se mélangent.

4 Le théâtre antique d'Orange

4 Une construction à flanc de colline pour la solidité et l'acoustique

- Comme la plupart des théâtres de l'Empire romain, le théâtre d'Orange est construit sur le **flanc d'une colline**. Les gradins bénéficient ainsi d'un **appui naturel et solide** !
- Pour amplifier la résonnance des voix, l'architecte a choisi un site où « **la voix** prend régulièrement appui, sans être repoussée » et il a respecté une **pente régulière des gradins**. Cela permet une excellente acoustique, renforcée par **l'épaisseur et la hauteur du mur de scène**.

5 Au théâtre, les spectateurs viennent voir… des pièces de théâtre !

- Ces pièces sont traduites du grec ou écrites en latin par des auteurs romains. Le spectacle est gratuit.
- Il en existe plusieurs sortes :
  – **les tragédies** racontent l'histoire de personnages légendaires ou historiques au destin malheureux. Tous les rôles, même féminins, sont joués par des hommes ;
  – **les comédies** sont des pièces drôles, destinées à divertir. Des actrices y tiennent les rôles féminins ;
  – **les mimes** et **les pantomimes** sont des petites pièces sans paroles et jouées en musique : les paroles sont remplacées par des gestes accentués – des mimiques – pour faire comprendre des situations souvent drôles. Un peu comme les clowns aujourd'hui !
- Sur scène, les acteurs portent de lourds masques de terre cuite. Ces masques ont deux utilités :
  – ils permettent aux spectateurs de reconnaitre les personnages ;
  – ils amplifient la voix des acteurs.

Mosaïque représentant un masque de comédie (à droite) et un masque de tragédie (à gauche).

Métier

Architecte des monuments historiques

En 1995, un bloc de pierre de 80 kg se détache du mur et transperce la scène du théâtre d'Orange. Une vérification montre alors la très grande fragilité du mur, laissé à nu depuis l'incendie du toit de bois, il y a… 1 000 ans. Didier Repellin, architecte en chef des monuments historiques, est chargé de créer une nouvelle toiture. Il choisit le verre, plus léger que le bois, et une poutre d'acier de plus de 60 m de long. Cette structure ne doit pas toucher le mur antique, trop fragile : elle prend appui uniquement sur deux tours ajoutées de chaque côté, au XIXe siècle. Ce chantier a duré 10 ans et a fait appel aux techniques les plus modernes de construction.

Ça alors !

Les Chorégies d'Orange

En 1869, un festival d'art lyrique (opéras) a été créé dans le théâtre d'Orange. C'est un succès et, aujourd'hui, près de 1 500 ans après son abandon, le lieu accueille de nouveau des milliers de spectateurs chaque été. Le nom de ce festival, les « Chorégies », vient du grec *choreos*, la danse.

4 Le théâtre antique d'Orange

1 **Place sur cette frise la date de la construction du théâtre gallo-romain d'Orange.**

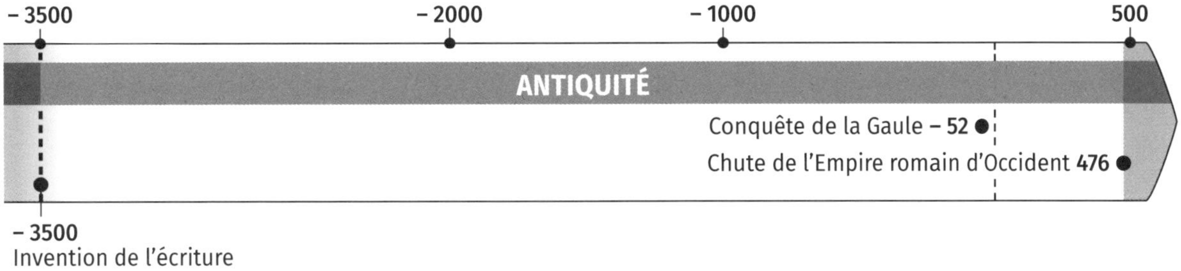

2 **Indique le bon numéro en face de chaque étiquette.**

mur de scène	◯
scène	◯
orchestre	◯
gradins	◯

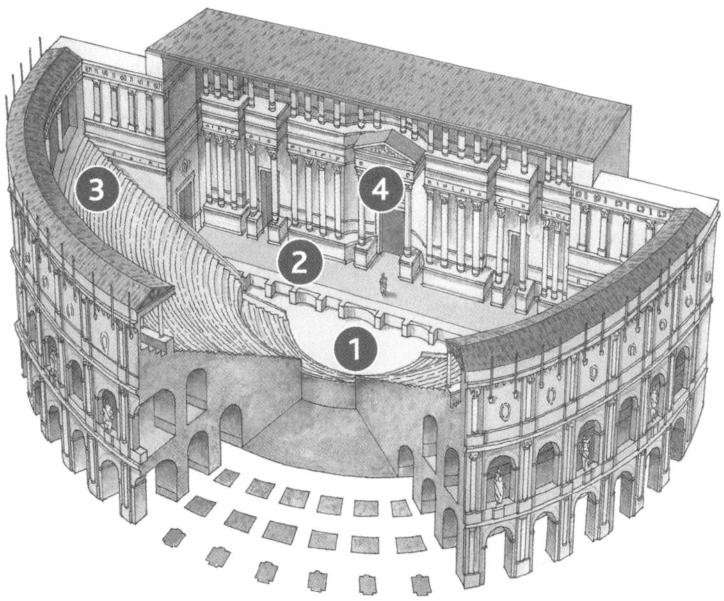

3 **Entoure les masques de tragédie en rouge et les masques de comédie en vert.**

4 **Complète ce texte en t'aidant de la fiche documentaire.**

Le théâtre d'Orange a été construit au Ier siècle, sous le règne de l'empereur romain .... Il peut accueillir 9 000 ....
On y présente des tragédies, des ...., des mimes et des pantomimes.
Les acteurs portent des .... pour amplifier la voix et être vus de loin.

Jeux

LE THÉÂTRE ANTIQUE D'ORANGE

Mots mêlés **Retrouve les mots de la liste. Utilise les lettres restantes pour retrouver le mot mystère.**

T	H	E	A	T	R	E
A	G	A	U	G	N	C
N	R	M	A	E	O	H
T	A	A	C	T	R	O
I	D	S	O	R	A	R
Q	I	Q	U	A	N	E
U	N	U	S	G	G	G
I	S	E	T	E	E	I
T	M	S	I	D	V	E
E	I	M	Q	I	O	S
U	M	U	U	E	I	S
T	E	R	E	S	X	E
C	O	M	E	D	I	E

THEATRE
ORANGE
COMEDIE
TRAGEDIES
MASQUES
ANTIQUITE
SCENE
GRADINS
ACOUSTIQUE
CHOREGIES
VOIX
MIME
MUR

Mot mystère : ....

C'est le nom de l'empereur durant le règne duquel le théâtre a été construit.

Énigme **Trouve le genre théâtral dont parlent ces textes.**

Toi qui viens au théâtre,
Regarde venir les acteurs
Avec leurs lourds masques.
Garde-toi bien de rire !
Encourage-les !
Distingue chaque personnage, et
Imagine la fin de leur histoire
En assistant au drame.

....

Cher spectateur,
Ô toi qui es venu nous voir,
Montre ton enthousiasme,
Exprime ta joie !
Drapé dans sa toge, l'acteur est là pour te faire rire.
Il pleure et fait des cabrioles
En jouant son histoire sous tes yeux.

....

INDICE
Observe bien le premier mot de chaque vers !

5 Les mosaïques gallo-romaines

Du Ier au IVe siècle, la diffusion de la mosaïque – technique utilisée par les Romains les plus aisés pour décorer leurs villas – témoigne de la profonde romanisation de la Gaule. L'une des plus grandes mosaïques retrouvées en Gaule est appelée « Le Calendrier rustique ». Elle provient d'une villa située à Saint-Romain-en-Gal (Isère), dans un quartier résidentiel de Vienne (l'une des grandes villes de la Gaule romaine).

Une technique du Moyen-Orient perfectionnée par les Romains

- Née en Mésopotamie (Irak) il y a environ 6 000 ans pour créer des objets décoratifs, la mosaïque est ensuite utilisée en pavements par les Grecs. Inspirés par le savoir-faire des Grecs, les Romains ont perfectionné la technique : ils s'en sont servi pour décorer leurs maisons – surtout sous la forme de pavements de sol mais aussi sur les murs et parfois les plafonds – et en ont répandu l'usage dans toutes les provinces de leur vaste Empire.
- La technique consiste à découper, à l'aide d'un petit marteau pointu appelé « marteline », de petits cubes de différentes couleurs et matériaux (pierre, marbre, brique ou pâte de verre), les tesselles, et à les assembler sur un mortier pour former un motif décoratif.
- Le travail du mosaïste se fait en plusieurs étapes :

1. Il doit d'abord préparer sa surface. Pour un sol, trois couches sont nécessaires : une couche de cailloux, bien aplanie ; une couche intermédiaire, faite de mortier et de petits cailloux ; enfin, une couche fine de mortier, composé de chaux, de sable et de poudre de marbre mélangés à de l'eau.
2. Il dessine sur le mortier encore frais le schéma des motifs.
3. Il juxtapose ensuite les tesselles en les enfonçant dans le mortier, qui se solidifie en séchant.

- En fonction des pièces à décorer, du budget et du gout du commanditaire, la mosaïque peut être un simple pavement uni, un décor de motifs géométriques ou encore former un ensemble de scènes figuratives puisées dans la mythologie ou la vie quotidienne.
- Outre sa dimension décorative, un sol en mosaïque est pratique : il est solide et peut être facilement lessivé.

L'art de la mosaïque, un témoignage de la romanisation de la Gaule

- À l'époque gallo-romaine, l'intégration des populations dans le monde romain passe par l'adoption d'un nouveau style de vie, notamment dans la forme et le décor de certaines demeures urbaines. La richesse des habitants s'exprime par de fastueuses maisons, décorées de mosaïques.

Le calendrier de Saint-Romain-en-Gal

Un « calendrier rustique » des saisons

- Découverte en 1891, la mosaïque appelée « Le Calendrier rustique » ornait la pièce de réception d'une luxueuse villa de Saint-Romain-en-Gal, vaste quartier résidentiel et commercial de la colonie romaine de Vienne. Fondée au Ier siècle sous l'empereur Auguste, sur la rive droite du Rhône, Vienne est un axe majeur pour le transit des marchandises entre la Méditerranée et les provinces du Nord.
- Cette immense mosaïque de plus de 39 m^2 date des années 200-225 après J.-C. Constitué de tesselles de pierre, de marbre et de verre, le décor était composé à l'origine de quarante panneaux, délimités entre eux par un motif de tresse. Seuls vingt-sept sont conservés.
- Quatre panneaux (situés à l'origine au centre) représentent les saisons :
  – l'hiver est figuré par une femme enroulée dans un manteau bleu, assise sur un sanglier ;
  – le printemps, par un enfant couronné de feuillage, juché sur le dos d'un taureau ;
  – l'été, par un enfant tenant une couronne de blé, porté par un lion ;
  – l'automne, par un enfant coiffé d'une corbeille de raisins, sur le dos d'une panthère.
- Autour de ces panneaux sont représentées des activités liées à la saison concernée, pour la plupart agricoles, d'où le nom de Calendrier rustique. En hiver, on sème les fèves, on transporte le fumier, on tresse les paniers, on cuit le pain, on honore les dieux lares, protecteurs du foyer. Au printemps, on observe l'arrivée des cigognes, on greffe les arbres. En été, on honore le dieu gaulois Taranis en prévision des moissons. L'automne est le temps des vendanges et de la cueillette des olives.

Une technique parfaitement maitrisée

- La plupart des personnages sont vêtus à la romaine. Certains portent néanmoins le *cucullus*, manteau à capuche typiquement gaulois.
- Par la richesse de ses couleurs, la précision des détails, le rendu des volumes et des ombres portées, cette œuvre montre que les artisans gallo-romains ont su s'approprier la technique romaine de la mosaïque.
- Elle fait partie des quelque 200 pavements mis au jour sur les deux rives du Rhône, qui font de Vienne un haut lieu de l'art de la mosaïque.

Comment mener la séance ?

Objectifs

- Découvrir la technique de la mosaïque et son usage dans les villas gallo-romaines.
- Étudier la mosaïque de Saint-Romain-en-Gal : sa composition, ses motifs et leur signification.

Réactiver les connaissances sur les Gallo-Romains en interrogeant les élèves : *Que devient la Gaule après la victoire de Jules César à Alésia en – 52 ?* (une province romaine), *Qui sont les Gallo-Romains ?* (des Gaulois qui vivent en Gaule romaine), *Que savez-vous d'eux ?* (ils ont adopté le mode de vie des Romains, comment en témoignent de nombreux édifices). Puis demander : *À votre avis, comment les maisons des riches gallo-romains étaient-elles décorées, sur les murs, les sols, etc. ? Savez-vous ce qu'est une mosaïque ?* Expliquer rapidement le terme et indiquer aux élèves que la séance va porter sur une immense mosaïque datant de l'époque gallo-romaine.

1. **Découverte de la technique de la mosaïque** 5 min
Pour familiariser les élèves avec la technique, regarder la vidéo d'un atelier réalisé au domaine archéologique de Plassac (Gironde) par des élèves : media.mdi-editions.com/yt/hda-d05a.

2. **Découverte de la mosaïque de Saint-Romain-en-Gal** 15 min
Projeter le doc. 1 ou regarder une partie de la vidéo du musée de Saint-Germain-en-Laye : media.mdi-editions.com/yt/hda-d05b. Préciser que cette mosaïque avait une taille de 39 m², la taille d'une très grande pièce, et que sur les 40 panneaux d'origine, seuls 27 sont conservés. Elle ornait la pièce de réception d'une riche villa gallo-romaine de Vienne, aux alentours de 200 après J.-C. Expliquer la répartition des panneaux (voir légende du doc. 1) et zoomer sur les 4 panneaux centraux (les 4 saisons) et quelques panneaux latéraux. Rappeler aux élèves la technique de la mosaïque et leur faire prendre conscience du temps, des prouesses techniques et de l'argent que cette réalisation a dû demander. Pour expliquer le choix du thème, indiquer que les riches habitants de la ville de Vienne vivent à cette époque du commerce du vin, de l'huile d'olive et du blé, dont les cultures sont célébrées ici.

3. **Fiche documentaire et fiche élève** 25 min
La fiche documentaire est vidéoprojetée et lue collectivement, puis la fiche élève est distribuée.

Lexique

- **Mosaïque :** technique consistant à assembler de petits cubes pour former des motifs décoratifs, notamment sur les sols ou les murs dans l'Antiquité. Cette technique est née en Mésopotamie, a été adoptée par les Grecs, puis perfectionnée par les Romains.
- **Mortier :** mélange pâteux de briques pilées et de chaux (dans l'Antiquité) servant de colle.
- **Tesselles :** petits cubes colorés, de pierre, de marbre, de brique ou de verre, utilisés pour former des motifs décoratifs.

Je retiens

- Avec la romanisation de la Gaule, la technique de la mosaïque est adoptée par les riches Gallo-Romains : elle est utilisée pour décorer le sol ou les murs de leurs maisons.
- Grâce aux recherches archéologiques, de nombreux sols en mosaïque ont été retrouvés dans de luxueuses maisons des anciennes villes gallo-romaines.
- Certaines mosaïques sont à décors géométriques, d'autres représentent des scènes de la vie quotidienne. Celle de la villa de Saint-Romain-en-Gal est illustrée de scènes de la vie à la campagne.

Œuvres en réseau

Détail de la mosaïque de la « Villa au paon », construite à Vaison-la-Romaine au Iᵉʳ siècle. Cette mosaïque de sol de près de 200 m² est l'une des plus fines retrouvée en Gaule romaine : les **tesselles** utilisées ne mesurent parfois que 5 mm de côté. Le paon est au centre d'un décor géométrique et animalier exceptionnel.
Conservée au musée Théo Desplans de Vaison-la-Romaine.

Détail d'une mosaïque de la villa gallo-romaine de Montcaret (Dordogne), construite entre le Iᵉʳ et le VIᵉ siècle. Cette villa possédait des thermes privés. Une mosaïque pavait le fond de la piscine et représentait des animaux marins : poissons, seiches, coquillages. On retrouve la disposition en carrés séparés de tresses.
Site archéologique de Montcaret.

5 La mosaïque de Saint-Romain-en-Gal

1 Un calendrier grand comme un salon !

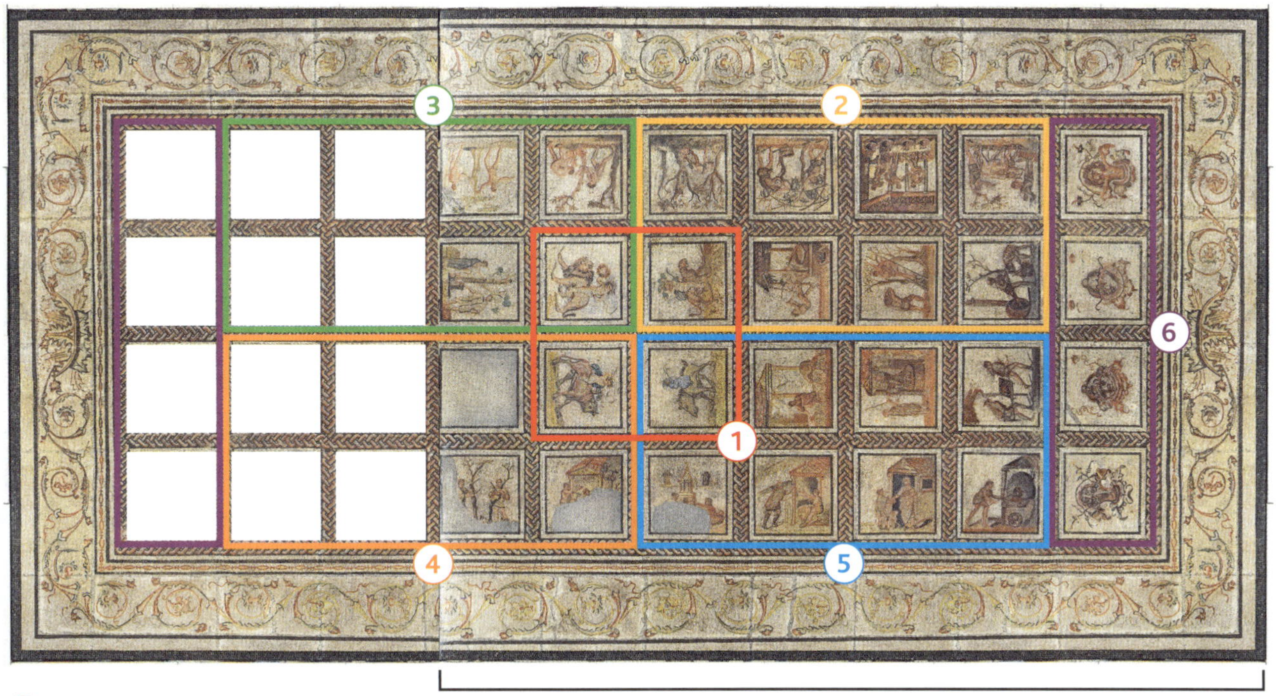

① **Les 4 saisons :** l'hiver, le printemps, l'été, l'automne.

② **Scènes de l'automne :** cueillette des pommes, vendanges, foulage du raisin, labour et semailles, poissage des jarres à huile, cueillette des olives, pressage des olives.

③ **Scènes de l'été :** offrande à Taranis, entrainement au javelot, ramassage du bois (4 manquantes).

④ **Scènes du printemps :** l'arrivée des cigognes, la greffe des arbres (5 manquantes).

⑤ **Scènes de l'hiver :** célébration des morts, tressage des paniers, une cérémonie, cuisson du pain, transport du fumier, pressage des grains à la meule, semaille des fèves.

⑥ Têtes dans un décor végétal.

2 Fiche d'identité

Quoi ? Mosaïque dite des Saisons.

Par qui ? Des artisans mosaïstes gallo-romains.

Dimensions ? 8,86 × 4,48 m.

Où ? Découverte en 1891 à Saint-Romain-en-Gal (Isère).

Quand ? Vers 200-225 après J.-C.

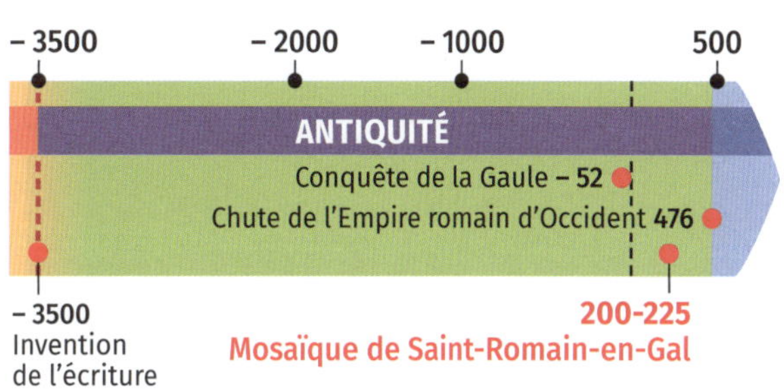

5 La mosaïque de Saint-Romain-en-Gal

3 Les travaux agricoles

- Cet immense pavement de sol de plus de 40 m² se trouvait dans la salle principale d'une grande villa gallo-romaine de la ville de Vienne, au IIIe siècle après J.-C. Voici quatre exemples de panneaux :

– **L'hiver** : deux hommes vêtus d'un manteau à capuchon typiquement gaulois *(cucullus)* transportent du fumier, destiné à enrichir les champs.

– **Le printemps** : deux hommes sont en train de greffer des arbres (faire pousser une branche d'arbre sur un autre).

– **L'été** : une femme et un homme font une offrande à un dieu, dont la statue brandit la foudre. C'est Taranis, le dieu gaulois du ciel.

– **L'automne** : deux hommes sont en train de cueillir des olives.

4 Des tesselles et du mortier

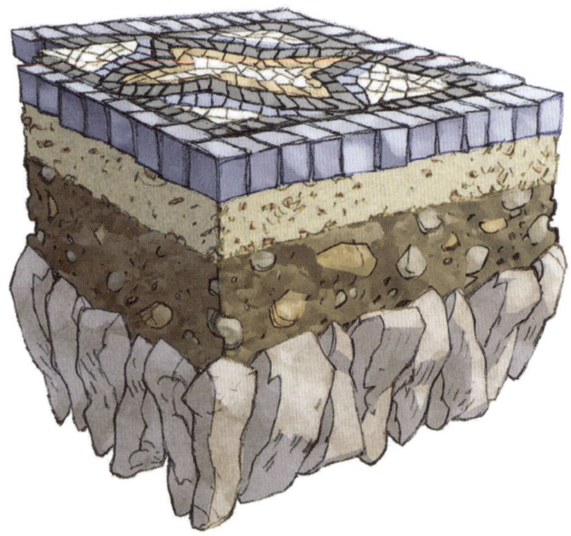

- Les Gallo-Romains apprennent la mosaïque auprès d'artistes romains itinérants. La technique consiste à assembler de **petits cubes de différents matériaux et couleurs**, appelés **tesselles**, pour créer un **motif décoratif**.

- Le mosaïste découpe les tesselles avec un petit marteau pointu, appelé **marteline**. Mais il doit d'abord préparer la surface à décorer. Pour un sol, il faut une couche de cailloux, puis un mélange de sable et de petits cailloux, et enfin un **mortier** fin, une sorte de colle composée de chaux, de sable et de poudre de marbre mélangés à de l'eau.

- Sur ce mortier encore frais, le mosaïste dessine les motifs. Ensuite, il juxtapose les tesselles et les enfonce légèrement dans le mortier. **En séchant, le mortier se solidifie et les tesselles ne bougent plus.**

Métier

Mosaïste

De nombreux artistes du XXe siècle, comme Marc Chagall, Fernand Léger ou Niki de Saint Phalle, ont renoué avec la technique de la mosaïque. L'architecte Gaudí en a créé d'immenses à Barcelone, en Espagne.

Parc Güell à Barcelone.

Ça alors !

La mosaïque du Calendrier rustique a été réalisée avec des tesselles de moins de 1 cm de côté. Puisqu'elle occupait une surface de près de 40 m², les mosaïstes ont manipulé et mis en place plus de 450 000 tesselles pour la réaliser !

5 La mosaïque de Saint-Romain-en-Gal

1 Place sur cette frise la mosaïque de Saint-Romain-en-Gal.

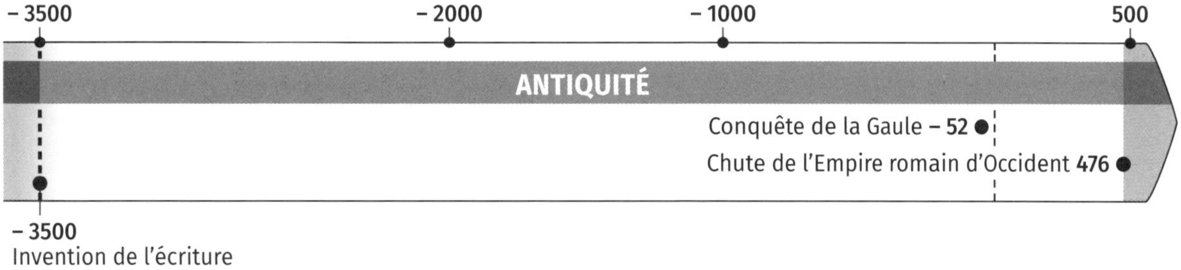

2 Entoure le thème principal de cette mosaïque.

les animaux • le théâtre • les saisons • la ville

3 Barre les deux affirmations fausses parmi ces phrases.

a. Une mosaïque est composée de petits cubes de pierre appelés tesselles.

b. Les tesselles sont assemblées sur un mortier encore frais.

c. Les tesselles sont assemblées sur un mortier bien sec.

d. La mosaïque n'existe plus de nos jours.

e. La mosaïque est une technique décorative romaine adoptée par les Gallo-Romains.

4 Retrouve la saison représentée dans chaque scène.

....

....

....

....

5 Complète ce texte en t'aidant de la fiche documentaire.

La .... de Saint-Romain-en-Gal décorait le ....
de la villa d'un riche Gallo-Romain.
On lui a donné le nom de *Calendrier rustique* car y sont représentées des scènes des
.... agricoles pendant les quatre ....
Cette mosaïque montre la maitrise des artisans ....

Jeux

LA MOSAÏQUE DE SAINT-ROMAIN-EN-GAL

Coloriage Colorie cette mosaïque comme tu le souhaites.

6 L'orfèvrerie à l'époque mérovingienne

À partir de la fin du ve siècle, l'avènement de la dynastie mérovingienne (de 481 à 751) a entrainé des changements importants dans le domaine des arts. L'orfèvrerie est un art clé du pouvoir mérovingien : de grands personnages (dont le fameux Saint-Éloi, conseiller de Dagobert Ier) sont orfèvres, et l'utilisation de métaux précieux montre la puissance de cette nouvelle dynastie. L'origine de ces métaux ainsi que les styles utilisés sont la marque d'une époque d'intenses échanges commerciaux et culturels.

La parure de la reine Arégonde

Une découverte inattendue !

En 1959, des fouilles sont entreprises dans le sous-sol de la basilique Saint-Denis près de Paris, où, à partir de la dynastie mérovingienne et jusqu'à Louis XVIII, rois et reines ont pris l'habitude de se faire inhumer, à proximité de la tombe de saint Denis (premier évêque de Paris au iiie siècle). Parmi la centaine de sarcophages mérovingiens découverts, l'un d'eux contient les restes d'un squelette identifié comme celui d'une femme de haut rang grâce à la présence de ses bijoux, caractéristiques de l'époque mérovingienne.

Des bijoux luxueux

La parure que portait la défunte comprend :
– une bague en or pur ;
– une ceinture, dont la boucle est en argent massif et recouverte, dans les parties en creux, d'une plaque d'or décorée de grenats sertis et de filigranes ;
– deux fibules circulaires (broches pour fermer une tunique ou un manteau) en or cloisonné et grenats ;
– trois épingles (servant à maintenir un voile) : une grande, en argent et or, incrustée de grenats, et deux petites, en or ;
– une paire de boucles d'oreilles « en corbeille », en or.

Un nom sur la bague !

- La bague attire aussitôt l'attention. C'est un anneau sigillaire – bague plate sur laquelle est gravé un motif. Disposées en cercle, les lettres composent le nom de la défunte, ARNEGUNDIS (Arégonde), et encadrent un monogramme dans lequel on peut lire REGINE (reine).
- Aucun doute possible : il s'agit de la bague de la reine Arégonde, mentionnée dans l'*Histoire des Francs* écrite à la fin du vie siècle par l'évêque Grégoire de Tours comme l'une des épouses du roi Clotaire Ier (règne 511-561), le quatrième fils de Clovis (fondateur de la dynastie mérovingienne).
- Cette découverte fait d'Arégonde le seul personnage historique identifié à ce jour parmi les tombes mérovingiennes de Saint-Denis, et la plus ancienne reine de France dont le tombeau a été identifié !

L'orfèvrerie cloisonnée, une technique byzantine en vogue

- À l'époque mérovingienne (481-751), les techniques d'orfèvrerie ont atteint une grande perfection. L'orfèvrerie cloisonnée a la faveur de l'aristocratie, en particulier au vie siècle.
- Originaire de l'Empire romain d'Orient (Empire byzantin), cette technique consiste à insérer entre des cloisons d'or des pierres semi-précieuses, notamment des grenats, venues d'Inde ou de Ceylan (Sri Lanka actuel) ; les pierres sont disposées sur une feuille d'or striée afin de leur donner plus d'éclat.

Des modèles vraisemblablement étrangers…

- On ignore si ce sont des orfèvres francs ou étrangers qui ont fabriqué ces bijoux, mais les fibules et les boucles d'oreilles permettent quelques hypothèses. La forme des fibules est d'origine byzantine, et l'une est une copie de l'autre, de meilleure facture. On pense que la reine aurait fait faire un double d'un bijou byzantin pour être fidèle à la mode franque de porter les fibules par deux. La forme « en corbeille » des pendants d'oreilles est également de type byzantin. L'un étant, là encore, une copie de l'autre, on pense cette fois que la reine aurait perdu une boucle et l'aurait faite refaire par un orfèvre local !
- Il est donc probable que ces bijoux soient de provenance lointaine, à une époque où les hommes et les objets circulaient communément d'un bout à l'autre de la Méditerranée.

… pour une reine à la mode !

- En portant deux fibules, Arégonde souscrivait à la mode franque, mais avec leur forme circulaire et ses boucles d'oreilles « à corbeille », elle devançait la mode mérovingienne de quelques décennies !
- De même, la boucle de ceinture ne s'étant diffusée qu'à partir de la fin du vie siècle, on peut considérer que la reine, morte à 60 ans, vers 580, est l'une des premières à avoir porté cet accessoire !
- Ses vêtements, que l'on peut imaginer grâce aux restes de textiles entourant le squelette, étaient de couleur pourpre, la couleur royale dans l'empire byzantin. Elle portait également un voile de soie brodé de fils d'or.

Comment mener la séance ?

Objectifs

- Découvrir une technique d'orfèvrerie : le cloisonné.
- Étudier une parure mérovingienne, témoin du statut social de sa propriétaire.
- Comprendre l'importance du travail des archéologues.

Réactiver les connaissances des élèves sur la dynastie mérovingienne : *Qui était Clovis ? À quelle dynastie appartient-il ? Quand est-il mort ? Qui a hérité de son royaume ?* Rappeler qu'à sa mort en 511, le royaume de Clovis a été divisé entre ses fils. Clotaire Ier devient roi de Soissons puis il est, entre 558 et 561, seul à la tête du royaume des Francs réunifié. C'est donc un roi puissant qui a contracté plusieurs mariages pour agrandir son royaume. Demander aux élèves : *À votre avis, comment était-on habillé à cette époque ? Comment peut-on le savoir ? Quels types de bijoux portaient les femmes nobles ? En quels matériaux ?* Si ce n'est pas spontanément évoqué, dire aux élèves que les tombes sont de précieuses sources de renseignements : dans certaines conditions, les tissus se conservent en partie et les bijoux, en métaux précieux, peuvent parfois être retrouvés intacts.

1. **Vidéo de la découverte du sarcophage à Saint-Denis** 5 min
   Dire aux élèves que l'on va s'intéresser à l'une des nombreuses femmes de Clotaire (qui en a eu 7 !) : Arégonde, parce que c'est la plus ancienne reine dont on ait trouvé la sépulture. Donner ses dates de vie (de 520 à 580 environ) et le contexte de la découverte du sarcophage, enfoui parmi des dizaines d'autres de l'époque mérovingienne sous le sol de la basilique de Saint-Denis (non loin du Stade de France !). Projeter ensuite la vidéo des fouilles menées en 1959 : media.mdi-editions.com/yt/hda-d06a (de 1'12 à 2'13).
2. **Découverte de la parure** 10 min
   Dire aux élèves qu'on a trouvé dans le sarcophage un squelette, des restes de ses vêtements et plusieurs bijoux très luxueux. Projeter le doc. 1 : *À quoi chacune de ces pièces pouvait-elle servir, à votre avis ? En quels matériaux sont-elles faites ?* Demander aux élèves : *Comment, à votre avis, a-t-on pu savoir qui était enterré là ? Comment a-t-on pu identifier la femme de Clotaire ?* Si possible, projeter l'image en 3D de la bague pour visualiser et décrypter l'inscription du nom de la défunte (media.mdi-editions.com/hda-d06b) sinon, montrer le doc. 2.
3. **Découverte du costume de la reine** 5 min
   Dire que l'analyse des restes de textiles contenus dans le sarcophage ont permis de préciser qu'Arégonde portait un voile de soie brodé de fils d'or, un long manteau de couleur pourpre (couleur royale) et des chaussures en cuir. Projeter le doc. 4.
4. **Fiche documentaire et fiche élève** 25 min
   La fiche documentaire est vidéoprojetée et lue collectivement, puis la fiche élève est distribuée.

Lexique

- **Fibule :** agrafe en métal servant à fermer le haut d'un vêtement ; utilisée depuis l'Antiquité jusqu'à la fin de l'époque mérovingienne.
- **Orfèvrerie cloisonnée :** l'orfèvrerie est l'art de fabriquer des bijoux en or (et en argent) ; la technique du cloisonné consiste à créer dans le métal de petites cloisons destinées à accueillir des pierres semi-précieuses, de la nacre ou des verres de couleur.
- **Pourpre :** substance extraite du murex, un mollusque marin, servant à teindre des tissus et donnant un rouge-violet, couleur réservée aux rois et aux reines à l'époque mérovingienne.
- **Sarcophage :** cuve en pierre servant à recueillir une personne décédée ; placé au sol ou parfois enterré, il est utilisé depuis l'Antiquité jusqu'au Moyen Âge, où il est progressivement remplacé par un cercueil en bois.

Je retiens

- À l'époque mérovingienne, les personnalités de haut rang – reines et princesses – portaient de luxueux bijoux en or, incrustés de pierres. La reine Arégonde, morte vers 580, a été placée dans son sarcophage avec ses bijoux. C'est grâce à l'inscription gravée sur sa bague qu'elle a été identifiée, 1 500 ans après sa mort.
- Les bijoux d'Arégonde sont d'influence byzantine et montrent la richesse et la puissance des rois mérovingiens.

Œuvres en réseau

Fibule mérovingienne du VIe siècle, découverte à Humbécourt (Haute-Marne, dans l'ancien royaume des Francs de l'Est). La technique est proche de celle employée pour les bijoux d'Arégonde, mais sa forme particulière la différencie de la fibule circulaire.
Paris, musée du Louvre.

Anneau sigillaire en or trouvé en 1653 dans la tombe du roi Childéric Ier, le père de Clovis, à Tournai (actuelle Belgique). L'anneau à l'effigie du roi porte l'inscription *Childerici Regis*.
Paris, Bibliothèque nationale de France.

6 La parure de la reine Arégonde

Fiche documentaire

1 Bijoux trouvés dans la sépulture d'Arégonde, reine mérovingienne

1. Grande épingle en or, argent et grenats, servant à fixer un voile sur la tête.
2. Boucle de ceinture en or, argent et grenats.
3. Boucles d'oreilles à pendants en or.
4. Deux fibules (agrafes ou broches servant à fermer le haut d'un vêtement) en or et grenats.
5. Deux petites épingles en or pour retenir le voile.
6. Fermoirs en argent retenant les chaussures en cuir.
7. Bague en or.

- Cet exceptionnel ensemble de bijoux a été trouvé en 1959 dans un sarcophage de l'époque mérovingienne, dans la basilique de Saint-Denis, près de Paris.
- Réalisés en matériaux précieux, parfois venus de pays lointains, ces bijoux marquent la richesse de leur propriétaire.

2 La bague, au nom de sa propriétaire

- L'inscription gravée sur la bague en or trouvée au pouce gauche de la défunte a permis de l'identifier. Les lettres disposées en cercle composent un nom en latin : **ARNEGUNDIS (Arégonde)**. Au centre se trouve un monogramme (dessin formé de lettres) dans lequel on peut lire : **REGINE (reine)**. La bague est celle de la reine Arégonde, l'une des épouses du roi Clotaire Ier.

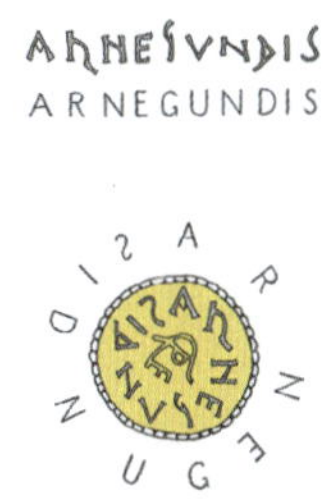

3 Fiche d'identité

Quoi ? Bijoux de la parure de la reine Arégonde, épouse de Clotaire Ier.

Par qui ? Orfèvres de l'époque mérovingienne.

Où ? Retrouvés sous le sol de la basilique Saint-Denis, près de Paris.

Quand ? Mort d'Arégonde vers 580.

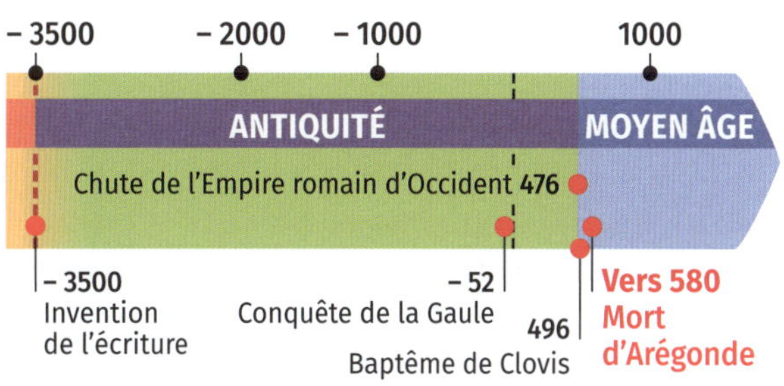

6 La parure de la reine Arégonde

4 Une tenue d'apparat

- L'étude des restes de textiles retrouvés dans le sarcophage a permis de préciser comment Arégonde était habillée : elle portait un voile en soie brodé de fils d'or et d'argent, et un long manteau de soie **teinté à la pourpre**, une substance extraite du murex (un mollusque marin) permettant d'obtenir un **rouge-violet**, une couleur réservée aux personnages de haut rang comme les rois et les reines ou les évêques.
- Cette reconstitution montre également comment Arégonde portait ses bijoux. Ceux-ci étaient usés : elle avait l'habitude de s'en parer.
- Comme le voulait la coutume mérovingienne, Arégonde a donc quitté le monde **en tenue d'apparat**, avec ses plus beaux bijoux.

5 La technique du cloisonné

- La grande épingle, la boucle de ceinture et les deux fibules ont en commun d'être réalisées selon une **technique d'orfèvrerie appelée le « cloisonné »**, qui consiste à créer dans l'or ou l'argent de **petites cloisons** pour y placer des **pierres semi-précieuses**, comme les grenats, de la nacre ou des verres de couleur. Ces pierres viennent souvent de très loin, d'Inde ou du Sri Lanka.
- Les boucles d'oreilles, avec **leurs pendants dits « en corbeille »**, et les fibules, avec leurs formes **circulaires**, sont proches de modèles en usage dans les pays autour de la Méditerranée. On pense donc que ces bijoux ont été réalisés par des orfèvres mérovingiens à partir de modèles étrangers ou bien qu'ils proviennent directement de l'étranger.

Fibule en cloisonné (or et grenats) du début du VIIe siècle, en forme d'aigle (musée de Madrid).

Métier — Un travail d'orfèvre !

Le métier d'orfèvre, vieux de plusieurs milliers d'années, existe toujours aujourd'hui. L'orfèvre travaille les métaux précieux pour réaliser toutes sortes d'objets : des couverts pour la table, de précieux bijoux, ou encore des trophées pour les championnats de sport. Il restaure aussi des objets anciens. C'est un travail de précision – il faut être très minutieux pour ne pas abimer le métal – et un travail d'artiste. C'est pourquoi l'expression « un travail d'orfèvre » désigne une tâche difficile particulièrement réussie.

Ça alors !

Dans les années 1960, une partie du contenu du sarcophage de la reine Arégonde – ossements et restes de tissus – disparait… jusqu'en 2003, où il est retrouvé par hasard dans une armoire destinée à la décharge !

Aussitôt analysés, les ossements ont montré qu'Arégonde mesurait environ 1 m 60 et qu'elle est morte vers l'âge de 60 ans.

Cette mésaventure montre l'importance de faire des relevés très précis des éléments trouvés lors des fouilles et d'organiser leur conservation.

La parure de la reine Arégonde

1 Place sur cette frise la date de la mort de la reine Arégonde.

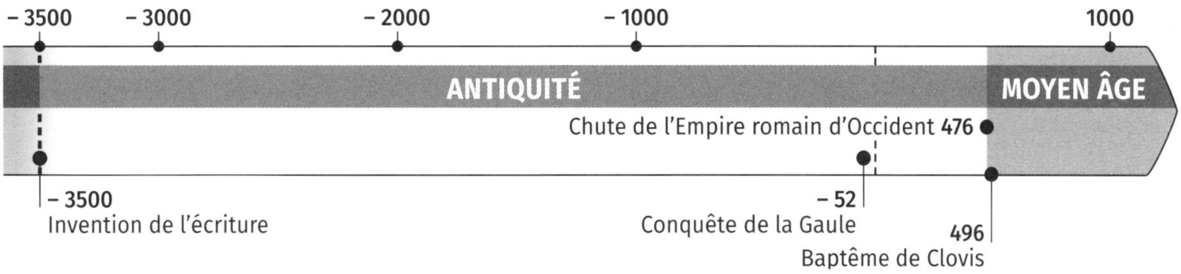

2 Coche la case des bijoux appartenant à la reine Arégonde.

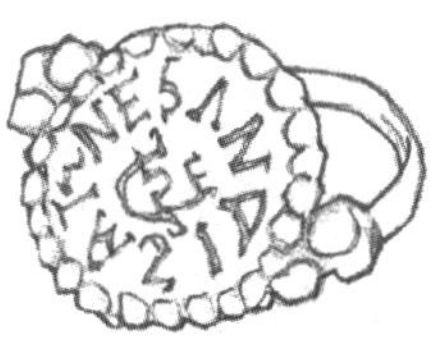 ☐

 ☐

 ☐

 ☐

 ☐

3 *Vrai* ou *faux* ? Coche la bonne réponse.

	Vrai	Faux
a. Les bijoux de la reine Arégonde ont été retrouvés dans son sarcophage.	☐	☐
b. Ce sont les boucles d'oreilles qui ont permis d'identifier la reine.	☐	☐
c. Les bijoux ont été fabriqués selon la technique du cloisonné.	☐	☐
d. Ils ont été fabriqués par des orfèvres dont on connait le nom.	☐	☐
e. Arégonde portait un long manteau de couleur pourpre.	☐	☐

4 Écris le nom en latin de la reine, comme sur sa bague.

___ ___ ___ ___ ___ ___ ___ ___ ___ ___

5 Complète ce texte en t'aidant de la fiche documentaire.

La parure de la .... Arégonde est composée de deux .... servant à fermer le haut de son manteau, d'une boucle de ...., d'une paire de boucles d'oreilles et d'.................................. servant à fixer un voile.
Ces bijoux sont réalisés selon la technique d'.................................. en cloisonné et datent de l'époque de la dynastie ....

Fiche élève

Jeux

LA PARURE DE LA REINE ARÉGONDE

Jeu des doubles **La reine Arégonde a fait faire une copie de sa précieuse fibule, mais l'artisan s'est trompé plusieurs fois. Retrouve la copie identique à l'original et amuse-toi à la colorier : en jaune pour les parties en or, en rouge foncé pour les grenats.**

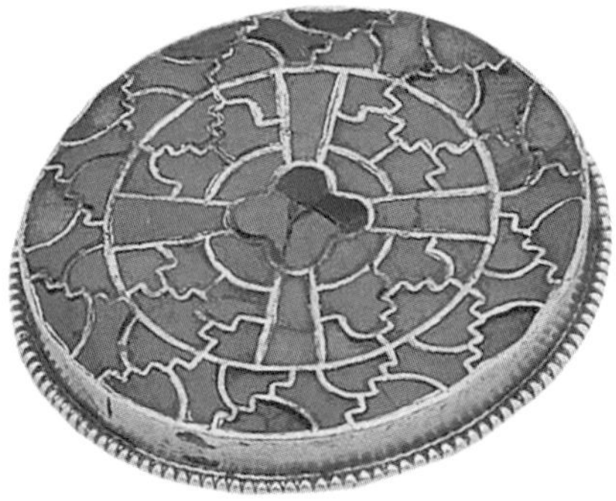

7 Les manuscrits enluminés carolingiens

La dynastie carolingienne, qui prend la suite des Mérovingiens entre le VIIIe et le Xe siècle, s'appuie sur l'Église et sur l'écrit pour asseoir son pouvoir et unifier les vastes territoires conquis. Les *scriptoria* des monastères et abbayes fondés à cette époque produisent des manuscrits précieux, copies de textes de la Bible, et participent au renouveau culturel de cette époque.

L'art d'enluminer les textes

- Si les premiers manuscrits enluminés sont des rouleaux de papyrus égyptiens, c'est l'adoption du parchemin, né en Turquie au Ier siècle avant J.-C. et réalisé à partir de peaux animales (veau, chèvre, mouton), qui favorise leur essor en Europe : du fait de sa résistance, il offre l'avantage de se plier en cahiers de plusieurs feuilles (appelés « codex »).

Des manuscrits comme des œuvres d'art

- Les manuscrits carolingiens, textes sacrés destinés aux membres de la famille royale ou impériale, aux évêques et aux abbayes, sont de véritables œuvres d'art : les meilleurs artisans et artistes de l'époque y participent, des matériaux précieux sont utilisés.
- La possession de ces manuscrits est une marque de pouvoir mais aussi un hommage rendu à Dieu ; leur splendeur doit faire honneur à la grandeur divine. Remarquablement conservés, ceux qui nous sont parvenus, comme le psautier de Charles le Chauve, ne devaient pas être « lus », mais plutôt gardés dans des coffres et montrés en de rares occasions comme des trésors précieux.

Le psautier de Charles le Chauve

Qu'est-ce qu'un psautier ?

- Un psautier est un recueil associant les Psaumes – ensemble de poèmes, qui composent l'un des livres de l'Ancien Testament, très important dans la liturgie chrétienne – et un calendrier liturgique ou des litanies (prières).
- La version des Psaumes est issue de la Vulgate (traduction latine de la Bible établie entre 386 et 389 par Jérôme de Strabon).

Pour qui et par qui ?

- Ce psautier a été réalisé pour Charles II, dit le Chauve, petit-fils de Charlemagne, qui règne alors sur la Francie occidentale (il sera sacré empereur d'Occident en 875). Le nom de sa femme, Ermentrude d'Orléans, y figurant, le manuscrit est antérieur à 869, l'année où elle meurt.
- Destiné à la dévotion privée, il comprend 346 pages. Le folio 172 porte la mention *« Hic calamus facto Liuthardi fine quievit »*. C'est la signature de Liuthard, le chef de l'atelier de manuscrits que Charles le Chauve crée dans son palais à la fin des années 860 (on n'en connait pas la localisation). Cet atelier réunit copistes et peintres, mais aussi sculpteurs sur ivoire et orfèvres ; ils suivent les déplacements de la cour.

Un objet précieux

- **Le texte** est écrit à l'or, comme s'il était écrit de lumière pure, en onciale (écriture en majuscules mérovingiennes), sauf 6 pages écrites en minuscule caroline (créée par Alcuin sous Charlemagne pour unifier et simplifier l'écriture dans le royaume franc).
- **Trois enluminures** ouvrent le psautier, légendées en or sur des bandes pourpres – couleur du pouvoir. Elles représentent **le roi David** (roi d'Israël auquel sont alors attribués les Psaumes) et ses musiciens ; **Charles le Chauve** sur un trône, tenant sceptre et globe ; et **saint Jérôme**, le traducteur des Psaumes.
- **La reliure est d'origine, ce qui est un cas presque unique.** Elle est constituée de deux plaques d'ivoire montées sur les planchettes de chêne qui relient les cahiers de parchemin, encadrées de motifs floraux (argent doré) enchâssés de pierres précieuses et de verre. Les scènes sculptées dans l'ivoire illustrent l'histoire de David.
- Le prestigieux destinataire de ce psautier, la beauté de ses enluminures peintes et sa reliure d'origine en font l'un des chefs-d'œuvre de l'art carolingien.

Chrono : de Charles le Chauve à la BnF, en passant par Colbert !

- **869** : couronné à Metz roi de Lotharingie, Charles le Chauve offre le psautier, avec une Bible, à la cathédrale de la ville.
- **1674** : le psautier entre en possession de Colbert. Collectionneur impénitent, le ministre de Louis XIV se constitue une bibliothèque prestigieuse (la plus importante après celles du Vatican et de Louis XIV !). Pour acquérir de précieux manuscrits, il sollicite les grands commis du royaume, qui les repèrent, puis il propose un « échange » : c'est ainsi que le psautier est cédé à Colbert contre un portrait de Louis XIV.
- **1732** : la « Colbertine » est acquise par la bibliothèque royale… l'ancêtre de la Bibliothèque nationale de France, où les manuscrits de Charles le Chauve sont aujourd'hui conservés.

Comment mener la séance ?

Objectifs

- Découvrir comment les livres étaient fabriqués au Moyen Âge.
- Décrire un psautier carolingien : reliure, écriture et enluminures.
- Analyser une enluminure et identifier les symboles du pouvoir royal.

Pour aborder la séance, réactiver les connaissances sur la dynastie carolingienne : Pépin de Herstal, Charles Martel et Pépin le Bref, père de Charlemagne, prennent peu à peu le pouvoir jusqu'à se faire élire rois. Charlemagne se fait sacrer empereur d'Occident en 800 par le Pape. Il favorise un renouveau culturel appuyé entre autres sur le christianisme et la diffusion de l'écrit. Son empire est divisé en 843 à la mort de son fils, mais la dynastie se maintient jusqu'à la fin du xe siècle. Puis demander : *À votre avis, les livres existaient-ils à cette époque ? Savez-vous comment ils étaient écrits ? À quoi servaient-ils ?* En fonction des réponses, préciser qu'ils étaient réservés aux rois, à leur entourage et au clergé.

1. **Découverte du psautier** 15 min
Télécharger le psautier : media.mdi-editions.com/hda-d07a. Expliquer ce qu'est un psautier et que celui-ci appartenait à un roi : Charles le Chauve. Faire observer la reliure (d'origine) en orfèvrerie et ivoire. Afficher le PDF en doubles pages pour découvrir l'organisation de l'ouvrage. Préciser que tout a été écrit et peint à la main, et que le psautier comporte plus de 300 pages. Mesurer l'ampleur du temps et de la minutie nécessaires. S'arrêter sur quelques pages :
– p. 10 et 11 du PDF : observer les bordures, l'illustration, le texte écrit en or. Préciser aux élèves la langue utilisée : le latin.
– p. 14 à 17 du PDF : observer de nouvelles illustrations et le travail sur les lettres.
– p. 181 du PDF : observer la différence entre les deux écritures : onciale (lettres majuscules) et minuscule caroline. Préciser aux élèves que l'imprimerie ne sera inventée que 600 ans plus tard, en 1450. Jusque-là les livres sont très rares et précieux.

2. **Arrêt sur l'enluminure de Charles le Chauve** 5 min
Décrire l'image du doc. 5 : le roi est assis sur un trône, tenant sceptre et globe ; la main de Dieu est représentée au-dessus de sa tête en signe d'élection divine. Expliquer le terme d'enluminure (voir Lexique) et préciser qu'une enluminure peut orner une pleine page ou une lettre, former une bordure autour du texte. L'enlumineur utilise des pigments d'origine minérale ou animale.

3. **Fiche documentaire et fiche élève** 25 min
La fiche documentaire est vidéoprojetée et lue collectivement, puis la fiche élève est distribuée.

Lexique

- **Enluminure :** (du latin *illuminare*, éclairer) toute image (initiale, vignette, bordure ou pleine page) peinte dans un livre pour accompagner le texte ; le peintre est appelé un « enlumineur ».
- **Parchemin :** peau de mouton (chèvre ou veau) traitée pour devenir un support d'écriture ou de peinture.
- **Psautier :** recueil de textes religieux contenant les Psaumes, l'un des livres de la Bible.

Je retiens

- Les livres de l'époque carolingienne recopient les textes de la Bible. Ce sont des manuscrits, car ils sont écrits à la main. Ils contiennent des images peintes, que l'on appelle des « enluminures ».
- Ce sont de véritables œuvres d'art, comme le psautier de Charles le Chauve, car leur splendeur doit faire honneur à Dieu. Seuls les religieux et les personnages les plus puissants savaient lire. Les manuscrits étaient des objets précieux, très longs et chers à réaliser.

Œuvres en réseau

L'Évangéliaire de Charlemagne, daté de 781, est le seul témoignage conservé des premières réformes liturgiques décidées par l'empereur d'Occident. Signé de son maitre d'œuvre Godescalc, il témoigne des multiples influences culturelles à la cour de Charlemagne, entre héritages celtes, romains et byzantins. Téléchargeable sur *gallica.bnf.fr*

La Bible de Charles le Chauve, datée de 845, contient la première représentation d'un souverain dans un ouvrage religieux. Charles le Chauve, sur un trône monumental, est tourné vers trois moines qui lui présentent la Bible. Cette Bible provient de l'abbaye Saint-Martin de Tours, l'un des plus importants centres de production de manuscrits depuis Charlemagne. Téléchargeable sur *gallica.bnf.fr*

7 Le psautier de Charles le Chauve

1 Un livre qui a plus de mille ans !

- Ce livre a été réalisé pour Charles le Chauve, petit-fils de Charlemagne et roi d'une partie du royaume franc.
- Il s'appelle un **psautier** car il contient **les Psaumes**, des poèmes religieux qui font partie des textes de l'Ancien Testament, dans la Bible.
- Il comprend 173 feuilles (appelées **« folios »**) : chaque folio ayant un recto et un verso, cela fait 346 pages !
- La plupart des livres de l'époque carolingienne sont des **livres religieux** : soit la **Bible** en entier, soit une partie, comme le psautier ou l'évangéliaire (qui contient les Évangiles).
- **Rares et très chers à réaliser**, ils sont commandés pour et/ou par les membres de la famille royale.

2 Des lettres en or !

- Tous les textes sont **en latin**, et l'« encre » utilisée est de **l'or liquide** ! L'or symbolise à la fois la puissance du roi et la lumière de Dieu.
- L'écriture utilisée est **l'onciale** : une écriture difficile à lire, en lettres majuscules, qui date des Mérovingiens. Six pages sont écrites en **minuscule caroline**, la nouvelle écriture créée à la demande de Charlemagne : elle est nettement plus simple à lire… et c'est l'ancêtre de **notre écriture** !
- Toutes les parties peintes en couleurs s'appellent des **enluminures**. Ce mot vient du latin, *illuminare*, qui veut dire **éclairer**. Les enluminures servent à repérer les différentes parties du texte ou à différencier les chapitres.

3 Fiche d'identité

Quoi ? Psautier du roi carolingien Charles II, dit le Chauve.

Par qui ? Liuthard, chef d'atelier du palais royal.

Quand ? Vers 869.

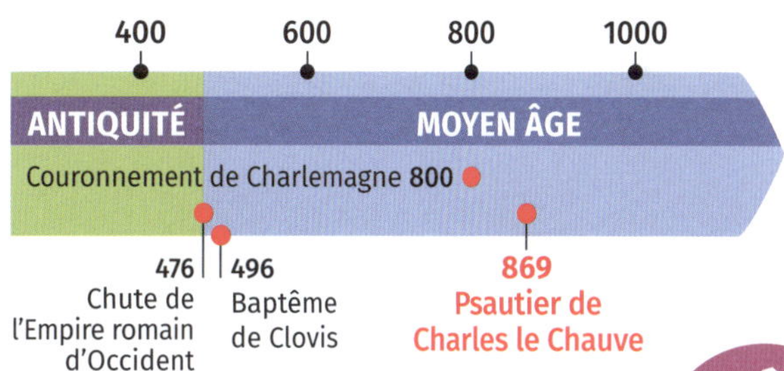

Où ? Paris, Bibliothèque nationale de France.

Écriture caroline

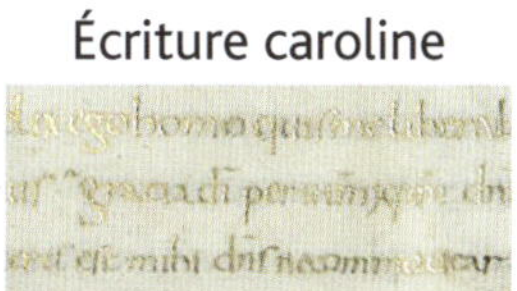

Écriture onciale

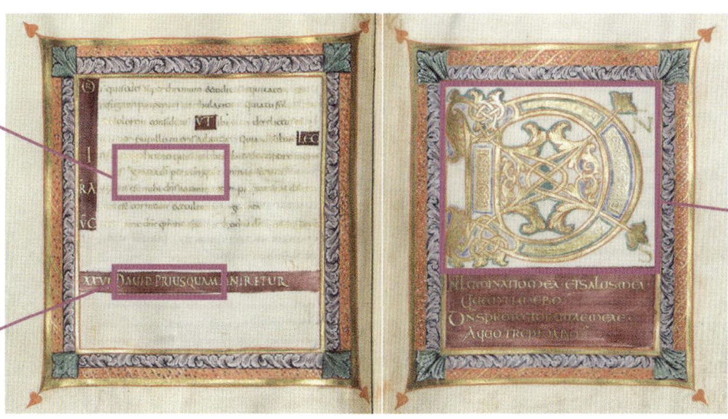

Lettre enluminée

7 Le psautier de Charles le Chauve

4 Des manuscrits en parchemin

- Avant l'invention de l'imprimerie en 1450, tous les livres sont écrits à la main, d'où le nom de « **manuscrits** ». Ceux qui les écrivent sont des **copistes** car ils recopient les textes à partir d'un **modèle**.
- Les copistes sont généralement des moines. Ils travaillent à plusieurs sur un même manuscrit, dans un atelier appelé **le *scriptorium*** (du latin *scribere*, écrire), que dirige un **chef** qui corrige leur travail. Copistes et enlumineurs **écrivent et peignent** avec une **plume d'oie** ou un **roseau taillé (appelé calame)**.
- Ils écrivent sur des feuilles de **parchemin**. Le parchemin est fabriqué à partir de **peaux de moutons** : une fois les poils enlevés, la peau est amincie et lissée, puis blanchie avec de la poudre de craie ; elle est prête à recevoir les textes et les enluminures !

5 Charles, représentant de Dieu

Voici l'une des trois grandes enluminures du psautier.

- C'est **Charles le Chauve, assis sur un trône**. Il tient le sceptre royal et un globe orné d'une croix, symbole de la religion chrétienne.
- L'enlumineur a principalement utilisé de l'or, symbole à la fois du pouvoir et de la lumière. Pour les autres couleurs, il a utilisé des pigments en poudre.
- On reconnait sur le sceptre **la fleur de lys**. C'est sous le règne de Charles le Chauve que cette fleur est définitivement adoptée comme symbole de la royauté française, ce qu'elle restera jusqu'à la Révolution. On voit aussi que Charles « le Chauve » ne l'était pas réellement : ce surnom lui a été donné car il aurait, un jour, décidé de se raser en signe de soumission à Dieu.

Métier

Maquettiste

Aujourd'hui, c'est le « maquettiste » qui réalise un livre ou un journal destiné à être imprimé. Il sait organiser la place des images par rapport aux textes et aux encadrés, la grosseur des titres et des lettres, la répartition des blancs (marges). Sa mise en pages vise à rendre le livre harmonieux et à en favoriser la lecture. Ses principaux outils sont l'ordinateur, les logiciels de mise en pages et les polices de caractères, qui offrent un large choix d'écritures possibles, et son principal atout, la créativité !

Ça alors !

Le travail du copiste est fatigant car il ne doit jamais reposer sa main sur le parchemin pour ne pas le salir ! Il écrit une à deux pages par jour. Avec ses 346 pages, le psautier de Charles le Chauve a ainsi nécessité presque un an de travail !

7 Le psautier de Charles le Chauve

1 Place sur cette frise le psautier de Charles le Chauve.

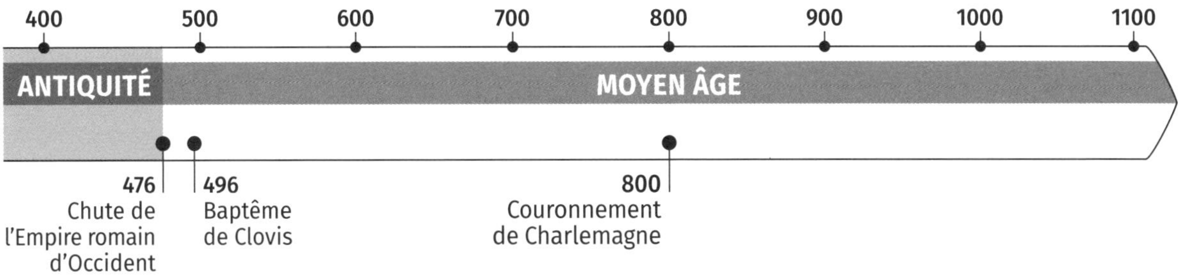

2 Coche les propositions qui conviennent.

Le psautier de Charles le Chauve est :

- ☐ écrit par Charles le Chauve.
- ☐ un livre imprimé.
- ☐ orné d'images peintes, appelées enluminures.
- ☐ réalisé sous Charlemagne.
- ☐ écrit avec de l'or liquide.

3 Colorie les images qui peuvent provenir du psautier de Charles le Chauve.

①

②

③

④

⑤

Justifie ta réponse : ....

....

....

4 Complète ce texte en t'aidant de la fiche documentaire.

Le .... de Charles le Charles est un manuscrit en lettres d'or et orné d'images peintes en ...., qui le rendent très précieux : les .... Il comprend .... pages. Ce livre est conservé à la .... nationale de France, à Paris.

Jeux

LE PSAUTIER DE CHARLES LE CHAUVE

Arts plastiques **Inspire-toi de ces modèles pour créer la lettre de ton choix.**

Mot mystère **Complète les phrases pour trouver le nom des images que l'on trouve dans le psautier.**

- Lorsqu'on se rend sur une ile, on y va .... bateau.
- Quand on a terminé un livre, on l'a ....
- Dans la gamme, il vient après DO et RÉ, c'est le ....
- Quand on n'est pas habillé, on est ....
- Quand on se sert deux fois, on se ....ssert.

Mot mystère : ....

8 L'art roman

Depuis que Charlemagne a imposé la religion chrétienne, des églises se construisent pour en assurer le rayonnement. Quand, à la fin du Xe siècle, il faut reconstruire celles incendiées lors des invasions barbares, les églises se couvrent de voutes en pierres, reposant sur des piliers. Comme les murs, ces voutes sont ornées de fresques. Achevées au début du XIIe siècle, celles de l'église abbatiale de Saint-Savin-sur-Gartempe (Vienne) constituent le plus vaste ensemble de fresques romanes conservées en France.

L'art roman au service de la religion chrétienne

- Le mouvement architectural et décoratif qui se produit en Occident aux XIe et XIIe siècles porte le nom d'« art roman » (nom donné en 1818 par un archéologue qui y voyait un héritage de l'art romain !). Les édifices conservés de cette époque sont en grande majorité religieux – abbayes, églises, monastères –, les châteaux et ponts de cette époque étant pour la plupart détruits.
- Comme les sculptures qui ornent chapiteaux et façades, les peintures (sur les voutes et/ou les murs) mettent « en images » le message chrétien. Ces images, qui donnent à voir des épisodes de la Bible, ont pour but d'éduquer les fidèles qui ne savent pas lire.

Les fresques de Saint-Savin-sur-Gartempe

Une immense Bible illustrée

- L'église de Saint-Savin a été construite au XIe siècle, et ses peintures sont achevées au début du XIIe siècle. Surnommée par André Malraux la « Sixtine de l'époque romane », l'église est inscrite au patrimoine mondial de l'Unesco en 1983.
- À l'origine, tous les espaces intérieurs sont peints : porche, tribune, nef, chœur et crypte. C'est dans la nef, haute de plus de 17 mètres, que se trouvent les peintures les plus remarquables. Elles se déploient sur toute la voute, longue de 42 mètres, et occupent une superficie d'environ 500 m^2.
- Ces peintures illustrent pour la plupart des épisodes de la Genèse et de l'Exode, les deux premiers textes de la Bible (Ancien Testament). Sur les 61 scènes d'origine, 15 ont disparu et 3 ont été déposées ailleurs pour les préserver. L'ordre des scènes représentées n'est pas celui des épisodes de la Bible et certaines scènes, trop endommagées, ne sont pas compréhensibles.

Un style adapté au support

- Les peintres de la voute se sont adaptés au support et à la distance (17 m !) depuis laquelle les peintures seraient regardées : les scènes sont réparties de part et d'autre d'une frise (en partie effacée) et chacune est séparée des autres par un motif d'arbre différent à chaque fois pour plus de clarté. Les personnages, dont certains font plus de 2 mètres de haut, ont le corps artificiellement allongé pour s'adapter à la courbe de la voute et à sa hauteur. Les couleurs, ocre, vert et bleu, sont traditionnelles à cette période. Les personnages sont habillés à la mode du Moyen Âge, ce qui fait des peintures un témoignage de la vie quotidienne au XIIe siècle (de même que le chantier de construction pour la scène de la Tour de Babel). Les drapés, particulièrement travaillés, servent à donner du mouvement aux personnages.

A fresco ou *a secco* ?

- La principale technique de peinture murale (sur de la pierre) est la « fresque », au moins jusqu'à la fin de la Renaissance. Le mot « fresque » vient de l'italien *fresco*, qui signifie frais. Pour recevoir la peinture, la surface est enduite d'un mortier frais et lissé qui, en séchant, absorbe les couleurs – diluées à l'eau – et les fixe sur la paroi.
- On distingue la technique *a fresco* de la technique *a secco* : appliquées sur un enduit sec, les couleurs sont mélangées à un liant ; on parle alors de peinture *a tempera*. À Saint-Savin, les deux techniques sont utilisées, d'après les analyses de pierres et de pigments.

Qui fait quoi ?

- Les peintres et leurs apprentis procèdent selon les étapes suivantes :
  – le décor est dessiné sur un papier épais ; les contours du dessin sont ensuite perforés ;
  – la zone à peindre est divisée en sections, correspondant chacune à une journée de travail ;
  – des apprentis aspergent le mur d'eau, puis le recouvrent d'un crépi de sable ;
  – ils appliquent un enduit fin ;
  – positionné sur le mur, le papier avec ses dessins est tamponné avec du noir de charbon : le noir traverse les perforations et le dessin apparait en pointillés ;
  – le peintre n'a plus qu'à peindre, une zone chaque jour, en travaillant vite pour que l'enduit ne sèche pas !

Comment mener la séance ?

Objectifs

- Étudier l'art roman et une de ses particularités : la voute de pierre.
- Décrire les fresques d'une église romane.
- Comprendre l'usage des images pour transmettre des messages religieux.

Pour aborder cette séance, préciser qu'elle s'inscrit dans la continuité de l'étude de l'Empire carolingien. Charlemagne impose dans son empire la religion chrétienne et des monastères, des abbayes et des églises sont massivement construits aux IXe et Xe siècles. Ces constructions se poursuivent sous les Capétiens aux XIe et XIIe siècles. Apparait alors un nouvel art de bâtir, que l'on appelle l'art roman. Une des particularités de cet art est que les anciennes charpentes en bois sont remplacées par des voutes de pierre. Demander : *Avez-vous déjà visité une église ?* Poser des questions sur les décors : *À votre avis, comment les églises étaient-elles décorées à l'origine ?* La plupart des peintures ont aujourd'hui disparu, les élèves qui sont déjà rentrés dans des églises n'évoqueront sans doute que les sculptures. Expliquer que les murs et les plafonds étaient en général presque entièrement peints. *De quelles sortes de scènes, d'après vous ?*

1. **Découverte de l'art roman et du principe de la voute** 5 min
Projeter le doc. 2 et expliquer aux élèves qu'ils vont étudier des peintures appartenant à une église, réalisées au XIe siècle. Montrer avec le document la nouveauté de la construction des églises à l'époque : la voute de pierre remplace la charpente en bois.

2. **Découverte de l'église de Saint-Savin-sur-Gartempe** 10 min
Projeter la vidéo (media.mdi-editions.com/yt/hda-d08a) ou le doc. 1. S'assurer que les élèves comprennent où se trouvent les peintures (sur la voute de la nef), leur expliquer la répartition des scènes (de part et d'autre d'une frise décorative centrale qui court tout le long de la nef). Préciser qu'à l'époque romane, les peintures recouvraient l'ensemble de l'église.

3. **Observation d'une partie de la voute** 10 min
Projeter le doc. 4 et le doc. 5. Ces scènes, qui représentent respectivement la construction de la tour de Babel et l'arche de Noé durant le déluge, sont les mieux conservées de la voute. Faire identifier Dieu, l'architecte et le treuil qui soulève un seau sur le document 4 ; Noé, les membres de sa famille, les couples d'animaux et l'oiseau à droite de l'arche parti en quête d'une terre émergée sur le document 5.

4. **Fiche documentaire et fiche élève** 25 min
La fiche documentaire est vidéoprojetée et lue collectivement, puis la fiche élève est distribuée.

Lexique

- **Art roman :** nom donné au nouvel art de bâtir et de décorer (peintures et sculptures), qui est apparu en Europe à la fin du XIe siècle et qui s'est développé jusqu'au XIIe siècle.
- **Bible :** nom des textes sacrés juifs et chrétiens ; la Bible chrétienne est divisée en deux parties : l'Ancien Testament, qui comprend les textes hérités du judaïsme, et le Nouveau Testament, qui témoigne de la vie de Jésus.
- **Christianisme :** religion monothéiste (un seul Dieu) basée sur la vie et les enseignements de Jésus-Christ.
- **Fresque :** peinture murale faite de couleurs sur un enduit de chaux et de sable, encore humide ; l'enduit, en séchant, fixe les couleurs.
- **Voute :** ouvrage fait de pierres taillées, s'appuyant sur des murs, des piliers ou des colonnes et servant de couverture à un édifice ; une voute dont la courbure est régulière est une voute dite « en berceau » ; elle peut être consolidée d'arcs-doubleaux.

Je retiens

- L'art roman se développe de la fin du Xe siècle au XIIe siècle. Il concerne surtout les édifices religieux.
- Il se caractérise par la construction de voutes en pierre (à la place du bois) pour couvrir les édifices et par le développement sur les murs de peintures décoratives, appelées « fresques ».
- Les fresques de l'église de Saint-Savin-sur-Gartempe constituent le plus bel ensemble de peintures murales romanes de France parvenu jusqu'à nous.

Œuvres en réseau

La basilique Sainte-Marie-Madeleine de Vézelay (dans l'Yonne), datant du XIIe siècle, est dotée d'une succession de voutes en pierre, non peintes et renforcées par des arcs-doubleaux, qui alternent des pierres blanches et grises.

Chapiteau représentant un moine et un diable. On réunit également sous l'appellation « art roman » les sculptures des XIe-XIIe siècles qui partent à l'assaut des façades des églises et des chapiteaux qui ornent les piliers-colonnes. Elles sont souvent très expressives, comme cet exemple de chapiteau que l'on peut également admirer à Vézelay.

8 Les fresques de l'église de Saint-Savin-sur-Gartempe

1 Un plafond comme un livre d'images : la voute de l'église

- À l'origine entièrement peinte, la voute de l'abbaye de Saint-Savin-sur-Gartempe comprenait **61 scènes de la Bible**. On peut toujours en voir 43 aujourd'hui.
- Pour être visibles des fidèles placés **17 m plus bas**, les personnages font plus de 2 m de haut et **leurs corps sont volontairement allongés**.
- Les peintures sont des **fresques** : elles ont été réalisées sur l'**enduit encore frais** recouvrant la pierre.

2 L'art roman, un art de la pierre

- De la fin du Xᵉ au XIIᵉ siècle, les architectes inventent une nouvelle manière de bâtir de façon plus solide : les églises sont couvertes par **une voute en pierre**, dite « en berceau », soutenue par des piliers-colonnes. Cet art, qui associe architecture en pierre, peinture et sculpture, s'appelle l'« art roman ».

Le principe de la voute

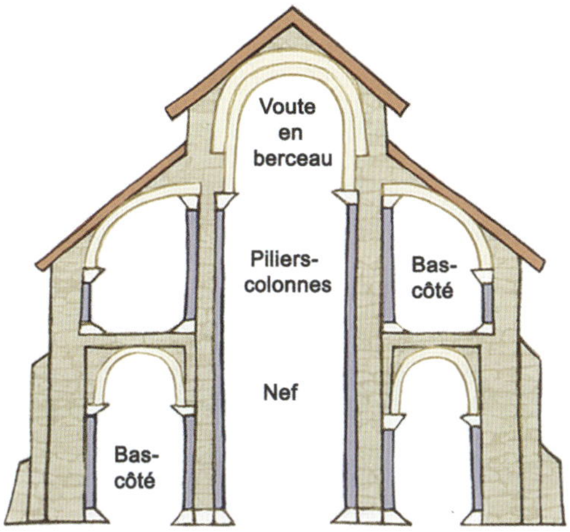

Organisation d'une église romane

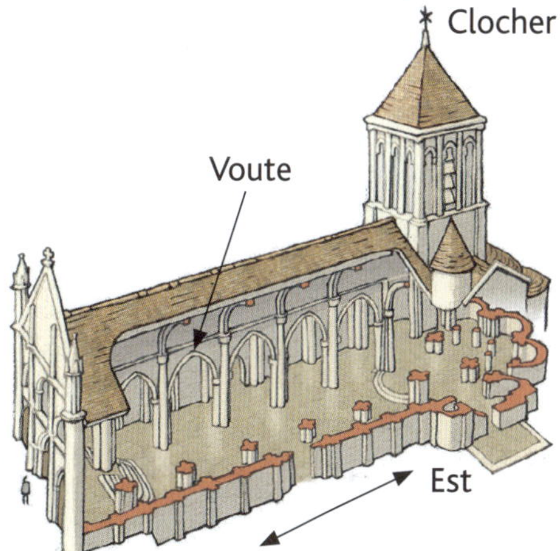

3 Fiche d'identité

Quoi ? Peintures romanes.

Par qui ? Une équipe de peintres et d'apprentis.

Où ? À Saint-Savin-sur-Gartempe (Vienne, Nouvelle-Aquitaine).

Quand ? Vers 1100.

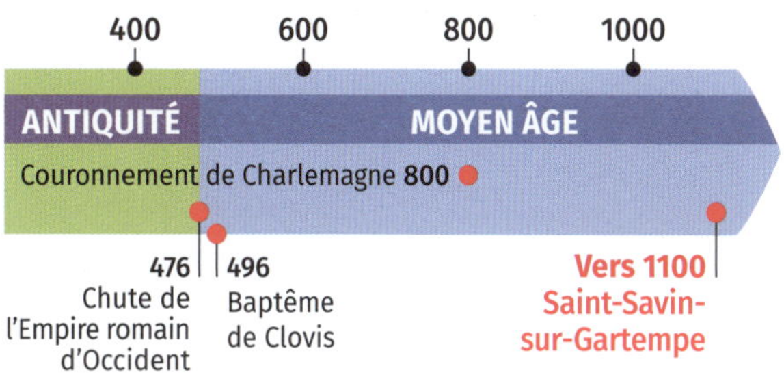

8 Les fresques de l'église de Saint-Savin-sur-Gartempe

4 La construction de la tour de Babel

- Cette scène illustre un épisode de la Genèse (la création du monde par Dieu selon la Bible) : celui où Dieu crée les différentes langues parlées par les humains.
- L'histoire raconte que des hommes se sont mis d'accord pour construire une immense tour, si grande qu'elle atteindrait le royaume de Dieu ! Dieu (à gauche, avec son auréole autour de la tête) intervient pour punir ces prétentieux et décide de créer plusieurs langues afin que les hommes ne se comprennent plus entre eux !
- Cette scène est un **précieux témoignage** car les peintres ont représenté ce qu'ils connaissaient : un **chantier de construction au XIe siècle**, avec les blocs de pierre portés sur les épaules et un treuil pour soulever un seau. On y voit même un architecte (en tenue marron, face à Dieu) qui tient son équerre.

5 L'arche de Noé

- Dans cet épisode, Dieu, mécontent des hommes, déclenche un immense déluge. Juste avant, il a chargé Noé de construire un grand bateau destiné à accueillir un couple de chaque espèce animale. On voit ici Noé, sa femme, ses fils et ses belles-filles, des couples d'oiseaux et de quadrupèdes. Avec sa proue à tête de dragon, l'arche de Noé ressemble aux drakkars des tribus vikings du Moyen Âge.
- Sous le bateau, des hommes sont ensevelis par les flots. À droite de l'image, un oiseau, relâché par Noé, va chercher une terre accessible. Au bout de 150 jours, Dieu fait que les eaux se retirent et les espèces sont sauvées !

Métier

Sauveur de vieilles pierres !

- En 1834, Prosper Mérimée est nommé inspecteur des monuments historiques : son rôle est de parcourir toute la France pour observer l'état des monuments anciens.
- En 1835, il visite l'église de Saint-Savin et fait aussitôt voter des crédits et des travaux de préservation des peintures.
- Prosper Mérimée est donc le premier sauveur des peintures de Saint-Savin ! Leur restauration se poursuit de nos jours car elles constituent l'ensemble de peintures romanes le plus exceptionnel de France, et même d'Europe !

Ça alors !

La fable « Le corbeau et le renard » est illustrée sur la voute de Saint-Savin ! Mais ce n'est pas celle de La Fontaine puisqu'il a vécu 600 ans plus tard ! C'est celle d'Ésope, auteur de l'Antiquité grecque (dont La Fontaine s'est inspiré). Chez Ésope, le corbeau ne tient pas un fromage mais un morceau de viande.

8 Les fresques de l'église de Saint-Savin-sur-Gartempe

1 **Place sur cette frise les peintures de Saint-Savin.**

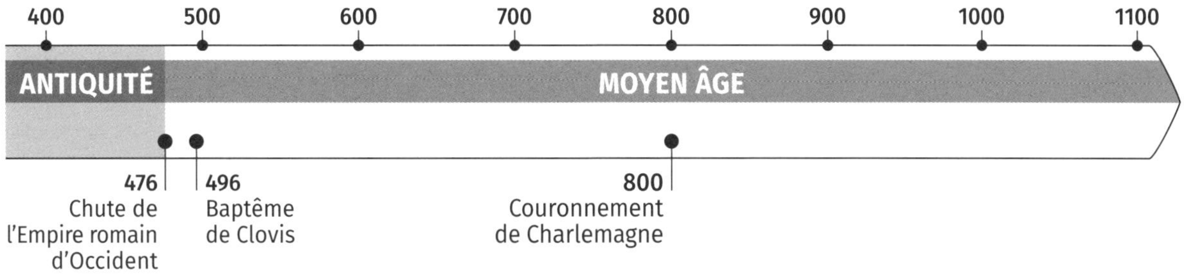

2 ***Vrai* ou *faux* ? Coche la bonne réponse.** Vrai Faux

a. Les peintures de Saint-Savin occupent toute la longueur de la voute de l'église. ☐ ☐

b. Les scènes illustrent des épisodes de la Bible. ☐ ☐

c. Les architectes des églises romanes utilisent le bois plutôt que la pierre. ☐ ☐

d. Certaines scènes ont disparu au fil du temps. ☐ ☐

3 **Légende ce schéma à l'aide des étiquettes.**

voute

nef

clocher

façade

piliers

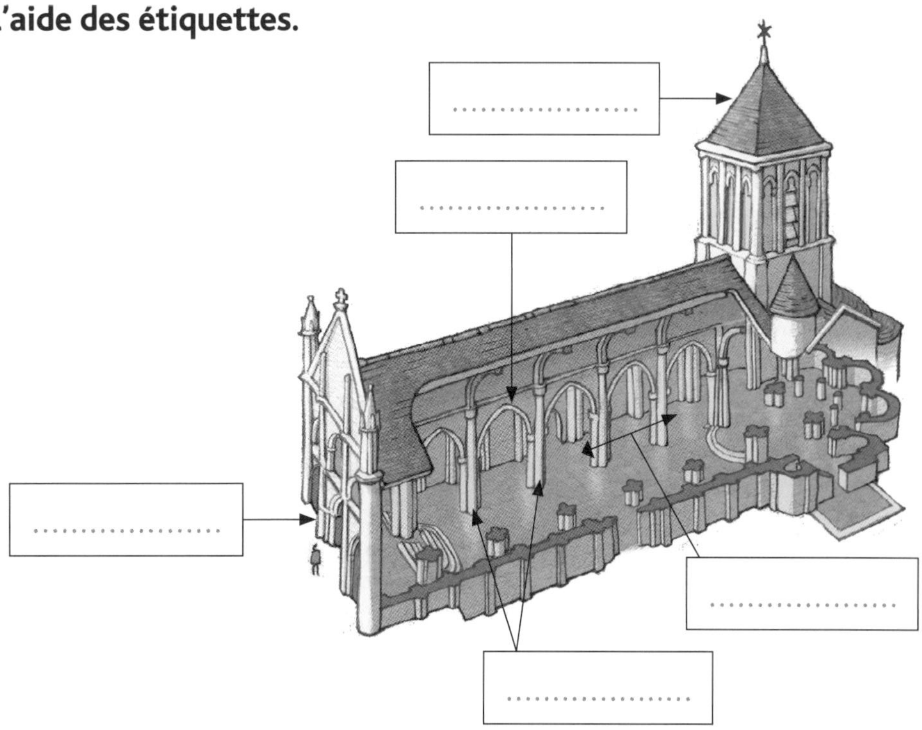

4 **Complète ce texte en t'aidant de la fiche documentaire.**

L'église de Saint-Savin-sur-Gartempe a été construite au XIe siècle et ses peintures achevées vers l'an .... L'église était entièrement peinte, mais les peintures les plus spectaculaires sont celles de la ...., située à .... mètres du sol. Ces fresques représentent des scènes de la ....

Jeux

LES FRESQUES DE L'ÉGLISE DE SAINT-SAVIN-SUR-GARTEMPE

Arts plastiques Quels animaux emporterais-tu dans ton arche ? Complète le dessin.

Message codé Retrouve ce que dit le guide en utilisant le code.

■ = L ✆ = Q ✕ = C ✍ = F ♣ = P

☞ = U ● = E ♥ = R ✌ = S ✏ = T

Les ✍ ♥ ● ✌ ✆ ☞ ● ✌ et les ✌ ✕ ☞ ■ ♣ ✏ ☞ ♥ ● ✌

_ _ _ _ _ _ _ _ _ _ _ _ _ _ _ _ _ _

de l'art roman sont comme de grands livres d'images.

Le temps des rois

9 Le vitrail au Moyen Âge
▶ Les vitraux de la Sainte-Chapelle

10 L'art de la tapisserie aux xve-xvie siècles
▶ *La Dame à la licorne*

11 La Renaissance : Léonard de Vinci et François Ier ▶ *La Joconde*

12 L'architecture de la Renaissance
▶ Le château de Chambord

13 L'art au service de la propagande royale
▶ *Henri IV en Hercule terrassant l'hydre de Lerne*

14 La représentation du monde paysan au xviie siècle
▶ *Famille de paysans dans un intérieur*

16 Versailles, centre du pouvoir de Louis XIV
▶ La galerie des Glaces du château de Versailles

15 La création des académies royales au xviie siècle
▶ L'académie royale de peinture et de sculpture

Le temps des rois

Les rois de France mécènes et protecteurs des arts… à leur gloire

- Ce second thème du programme d'histoire couvre une période de près de cinq siècles, du début du XIIIe à la fin du XVIIe. Durant cette période, le territoire français est unifié sous un pouvoir royal de plus en plus centralisé. Il connait également, sous l'influence notamment de l'Italie, une Renaissance culturelle et artistique foisonnante. Le programme d'histoire s'attache à quatre figures royales importantes : Louis IX, François Ier, Henri IV et Louis XIV.
- Les arts sont utilisés par les rois de France pour chanter leur gloire. Ce sont d'abord des bâtisseurs : écrin de lumière abritant les saintes reliques, la Sainte-Chapelle est construite par Louis IX pour son usage personnel, préfigurant la galerie des Glaces du château de Versailles, éclatant jeu de lumières également. François Ier, qui concentra à Chambord tout ce que la Renaisssance française savait réaliser, sans y vivre plus de quelques jours, compta lui aussi sur la magnificence de bâtiments éternels pour assurer sa gloire. ➜ Œuvres 9, 12 et 16
- Avec l'invention de la peinture à l'huile et du tableau de chevalet, la peinture devient mobile et un vecteur très apprécié de la diffusion des arts : *La Joconde*, chef-d'œuvre de Léonard de Vinci, voyagera jusqu'en France avec son auteur et sera achetée par François Ier. Henri IV, qui a conquis son trône par la guerre, a saisi tous les enjeux de cet art du portrait et de l'allégorie. ➜ Œuvres 11 et 13
- Les pouvoirs royaux ont soutenu, mais également cherché à contrôler les artistes : par leurs commandes et, après la Renaissance, par la création des Académies, maitresses du bon gout. Les artistes se spécialisent désormais dans le « grand genre », la peinture d'histoire, le portrait (de commanditaires importants), la représentation de la nature (souvent plus imaginée que réelle). Les « scènes de genre », représentations de la vie quotidienne des gens ordinaires, très prisées dans les pays du Nord, le sont moins en France. Elles y trouvent cependant certains représentants sous le règne de Louis XIV, comme les frères Le Nain. ➜ Œuvres 14 et 15
- L'art de cette période, enfin, nous fait entrevoir un pan de la culture et de la philosophie de cette époque : la mystérieuse *Dame à la licorne* est un bel exemple de l'utilisation de l'allégorie par les artistes du Moyen Âge. Le portrait d'Henri IV en Hercule, ainsi que l'allégorie de la fondation de l'Académie royale de peinture et de sculpture, par leurs références antiques, montrent l'importance du symbolique à ces périodes.
➜ Œuvres 10, 13 et 15

- Au terme de ce deuxième thème, et selon les œuvres choisies, **de nouvelles techniques auront été abordées** : le vitrail, la tapisserie, la peinture à l'huile. Les deux premières sont emblématiques du Moyen Âge et on en trouve encore des témoignages partout en France. L'invention de la peinture à l'huile permet une révolution dans le monde des images : elles sont désormais mobiles.
- Les œuvres proposées peuvent être un support de réflexion avec les élèves **sur les conditions d'existence d'une œuvre d'art, sur le message qu'elle porte** : au « temps des rois », mais encore aujourd'hui pour la plupart des œuvres visibles dans l'espace public, **une œuvre est commandée à son auteur**. On peut sensibiliser les élèves aux questions suivantes : *Par qui cette œuvre a-t-elle été commandée ? Pour quoi ? Pour être vue par qui ?*

Thèmes du programme d'histoire	Séances en histoire des arts
Louis IX, le « roi chrétien » au XIIIe siècle	9. Le vitrail au Moyen Âge > Les vitraux de la Sainte-Chapelle
François Ier, un protecteur des Arts et des Lettres à la Renaissance	10. L'art de la tapisserie aux XVe-XVIe siècles > *La Dame à la licorne* 11. La Renaissance : Léonard de Vinci et François Ier > *La Joconde* 12. L'architecture de la Renaissance > Le château de Chambord
Henri IV et l'édit de Nantes	13. L'art au service de la propagante royale > *Henri IV en Hercule terrassant l'hydre de Lerne* 14. La représentation du monde paysan au XVIIe siècle > *Famille de paysans dans un intérieur*
Louis XIV, le Roi-Soleil à Versailles	15. La création des académies royales au XVIIe siècle > L'académie royale de peinture et de sculpture 16. Versailles, centre du pouvoir de Louis XIV > La galerie des Glaces du château de Versailles

9 Le vitrail au Moyen Âge

Aux côtés de la fresque et de l'enluminure, le vitrail est la troisième grande technique qui s'épanouit au Moyen Âge avec l'essor, à partir du XIIe siècle, du style architectural dit « gothique ». Grâce aux vitraux, les édifices religieux se transforment en architecture de lumière, symbole de la présence divine.

L'architecture gothique

- À partir du XIIe siècle, avec la croissance démographique, l'essor de la religion chrétienne et le culte grandissant des reliques, les églises deviennent trop petites. On en construit alors de plus vastes, dont d'immenses cathédrales, d'abord en Ile-de-France, puis dans tout le royaume.
- L'ampleur de ces édifices repose sur deux techniques :
– la voute en arc brisé (dite « croisée d'ogives »), portée par des colonnes ;
– des contreforts extérieurs, appelés « arcs-boutants », qui viennent étayer la structure.
- Ces principes combinés permettent de gagner en hauteur – jusqu'à 60 ou 80 mètres pour les cathédrales –, tout en allégeant les murs. Ceux-ci sont percés d'immenses fenêtres qui font pénétrer la lumière.

L'art du vitrail, au service de la lumière

- Avec la réduction des surfaces murales, la peinture à fresque disparait au profit de l'art du vitrail.
- Filtrée par les couleurs des vitraux et magnifiée par les scènes de la Bible qu'ils représentent, la lumière – symbole de la présence divine – crée une atmosphère propre au recueillement.
- La technique du vitrail consiste à assembler des morceaux de verre maintenus par un réseau de plomb. Aux XIIe-XIIIe siècles, on utilise de minces plaques de verre teinté dans la masse avec des oxydes de métaux : cobalt (bleu), fer (vert), manganèse (jaune), rouge (cuivre). Chaque plaque est d'une seule couleur.
- La fabrication se déroule en 6 étapes :

(1) **le dessin** (ou maquette) : le maitre-verrier réalise le « dessin » à l'échelle 1/10, détaillant formes et couleurs, qu'il présente au commanditaire pour validation ;
(2) **le carton** : le dessin est agrandi sur du parchemin à l'échelle 1/1 (grandeur nature), appelé « carton ». Tout y est indiqué : formes, couleurs, numéros des pièces de verre, lignes de plomb ;
(3) **la coupe** : le maitre-verrier pose sur le carton la plaque de verre : par transparence, il voit les formes à découper, sur lesquelles il passe une pointe de fer rougie au feu ; il la jette ensuite dans l'eau froide : le choc thermique fait qu'elle casse… en autant de formes prédécoupées !
(4) **la peinture (ou grisaille)** : sur les pièces découpées sont peints en noir les détails : traits des visages, volumes des vêtements, etc. Au XIIIe siècle, pour peindre de la « grisaille », on utilise un mélange composé de colorant (oxyde de cuivre ou fer), de fritte (verre pilé) et d'un fluidifiant (vinaigre, gomme arabique) ;
(5) **la cuisson** : la grisaille est fixée par cuisson, à 630 °C ;
(6) **le réseau de plomb** : chaque pièce de verre est sertie d'une baguette de plomb rainurée, puis les baguettes sont soudées entre elles avec de l'étain fondu.
(7) Une fois assemblé, le vitrail (appelé alors « verrière ») est renforcé par une armature de fer, que le maitre-verrier commande à un serrurier.

Les vitraux de la Sainte-Chapelle

Un édifice à portée religieuse et politique

- En 1241, Louis IX lance à Paris la construction de la Sainte-Chapelle, au sein du palais de l'ile de la Cité, la résidence des rois de France depuis le Xe siècle. Elle est destinée à abriter les précieuses reliques de la Passion (liées aux supplices que Jésus-Christ a subis avant et pendant sa mort sur la Croix) qu'il a acquises : la couronne d'épines que Jésus portait sur la Croix (achetée à l'empereur de Constantinople pour la somme de 135 000 livres tournois, soit la moitié des revenus annuels du royaume !), un morceau de la Sainte-Croix et 7 autres objets.
- Pour le très croyant Louis IX, posséder les plus précieuses reliques de la chrétienté est un acte religieux mais aussi politique : il s'affirme ainsi comme le chef de tous les chrétiens.
- Réalisée en un temps record, la Sainte-Chapelle est achevée au printemps 1248 : Louis IX l'inaugure le 28 avril, juste avant de partir pour sa première croisade.
- On sait qu'elle a couté 40 000 livres tournois (3,5 fois moins cher que la couronne d'épines !) mais on ne connait pas le nom de son architecte ni celui du maitre-verrier en charge des vitraux.
- L'édifice est constitué de deux chapelles superposées : la chapelle basse, qui sert de lieu de prière aux domestiques du palais ; la chapelle haute, réservée au roi et à son entourage, aux chanoines et… aux reliques, installées dans une châsse dans le chœur.
- Conçue comme un immense écrin de verre, la chapelle haute se distingue par la hauteur de sa voute, qui s'élève à 20,50 mètres (elle pourrait accueillir un immeuble de 8 étages !). Ses 15 très hautes fenêtres entièrement ornées de vitraux aux dominantes rouge et bleue contiennent plus de mille récits de la Bible.

Comment mener la séance ?

Objectifs

- Comprendre l'importance des vitraux dans l'art gothique.
- Étudier la technique du vitrail.
- Connaitre les éléments qui constituent un vitrail.

Réactiver les connaissances sur Louis IX, dit Saint Louis. *Qui était-il ?* (Neuvième roi capétien, Louis IX a vécu de 1214 à 1270 et a régné à partir de 1226.) *Pourquoi a-t-il été appelé Saint Louis ?* (Très chrétien, il a participé à deux croisades et a acheté plusieurs reliques du Christ. Il a été canonisé – déclaré saint – en 1297.) Préciser qu'il a fait construire la Sainte-Chapelle, à Paris, pour abriter les reliques du Christ puis demander : *Qui a déjà visité la Sainte-Chapelle ? Quelle est sa particularité ? Qui a déjà vu des vitraux ailleurs ? Dans quel édifice ?*

1 Découverte de la Sainte-Chapelle 10 min

- Dire aux élèves qu'on va s'intéresser à l'art du vitrail, qui s'est développé sous le règne de Louis IX, notamment dans les cathédrales, à travers les vitraux de la Sainte-Chapelle.
- Dire que l'art du vitrail est caractéristique de l'architecture religieuse « gothique » qui permet de construire des édifices plus hauts (jusqu'à 80 m) et de percer de grandes fenêtres.
- Projeter la vidéo du Centre des monuments nationaux (media.mdi-editions.com/yt/hda-d09a) d'une durée de 2 minutes et découvrir l'extérieur, l'intérieur et les immenses fenêtres de la chapelle haute. Insister sur la quasi-absence de murs et constater avec les élèves combien l'édifice est inondé de lumière.

2 Découverte de la technique du vitrail 20 min

- Projeter le doc. 4. Expliquer la technique du vitrail. Zoomer sur les différentes parties pour montrer les lignes noires (le plomb) et qu'à chaque couleur correspond un morceau de verre coloré. Demander aux élèves comment, à leur avis, on découpait le verre à l'époque. Expliquer la technique à la pointe de fer rougie, puis celle de la peinture à la grisaille pour représenter les détails des visages et les plis des vêtements.
- Projeter la vidéo montrant le travail d'une créatrice de vitraux aujourd'hui (media.mdi-editions.com/yt/hda-d09b).

3 Fiche documentaire et fiche élève 25 min

La fiche documentaire est vidéoprojetée et lue collectivement, puis la fiche élève est distribuée.

Lexique

- **Architecture gothique :** architecture des édifices religieux qui se développe d'abord en France puis en Europe aux XIIe-XIIIe siècles, caractérisée par la grande hauteur des édifices, de larges ouvertures laissant pénétrer la lumière à travers des vitraux.
- **Grisaille :** peinture sombre allant du noir au brun, utilisée pour peindre les vitraux.
- **Plomb :** métal gris-bleu, mou et facile à travailler, parfait pour entourer les morceaux de verre d'un vitrail.
- **Vitrail :** panneau constitué de morceaux de verre, assemblés et sertis au plomb pour former une décoration.

Je retiens

- À partir du XIIe siècle, les édifices religieux deviennent de plus en plus grands et leurs immenses fenêtres sont décorées de vitraux. C'est une caractéristique de l'architecture gothique.
- L'art du vitrail consiste à assembler des morceaux de verre de couleur, avec des baguettes de plomb. Il permet de présenter aux fidèles des récits en images. Les vitraux diffusent à l'intérieur des édifices religieux une belle lumière colorée.
- La Sainte-Chapelle, construite à Paris à la demande de Louis IX, présente un ensemble exceptionnel de vitraux.

Œuvres en réseau

La cathédrale de Chartres, construite entre 1194 et 1252, possède le plus grand ensemble de vitraux du XIIIe siècle : 2 600 m^2 de verre, soit 4 fois plus qu'à la Sainte-Chapelle. Réalisés sur trente ans, ces vitraux sont célèbres pour la qualité de leur bleu, très lumineux, appelé « bleu de Chartres ».

Le style gothique se caractérise également par l'essor de la sculpture à l'intérieur ou à l'extérieur des églises. Sous Louis IX, l'intérieur de la Sainte-Chapelle était notamment décoré de **douze grandes statues représentant les Apôtres**. À la Révolution, ces statues ont été enlevées. Six d'entre elles ont retrouvé leur place d'origine, les six autres ont été remplacées par des copies en plâtre (les originaux, abimés, sont conservés au musée de Cluny, à Paris).

9 Les vitraux de la Sainte-Chapelle

Fiche documentaire

1 Des récits lumineux

- La Sainte-Chapelle, à Paris, avec ses 15 fenêtres de 15 mètres de haut, est un témoignage exceptionnel de l'art du vitrail. Un vitrail est un panneau constitué de morceaux de verre de couleur assemblés avec des baguettes de plomb.
- Les vitraux des églises ont deux rôles importants : donner à voir les récits de la Bible (à la Sainte-Chapelle, il y a plus de 1 000 scènes !) et faire entrer une belle lumière colorée dans l'édifice.

Détail de l'histoire de Josué.

2 Le style gothique

L'intérieur de la Sainte-Chapelle.

- La Sainte-Chapelle est caractéristique de l'architecture gothique.

À partir du XIIe siècle, deux techniques de construction sont adoptées :

1. à l'intérieur : la voute **en arcs brisés** (dite « croisée d'ogives »), qui repose sur de minces colonnes ;
2. à l'extérieur : des **arcs-boutants**, doublés de **contreforts**, viennent soutenir l'édifice.

- Ces deux principes permettent de gagner en hauteur et de réduire la surface des murs au profit d'**immenses fenêtres**.

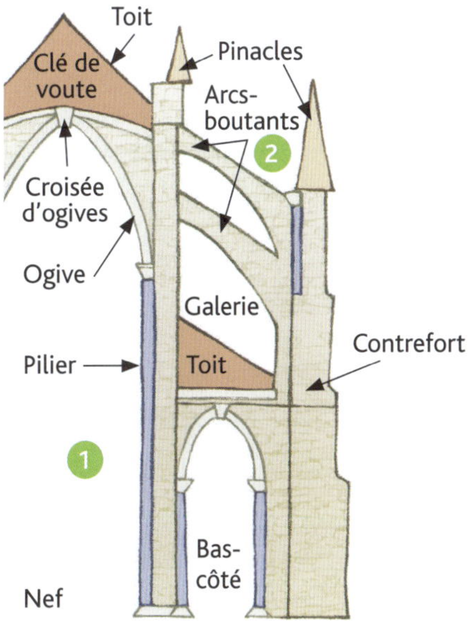

3 Fiche d'identité

Quoi ? Vitraux de la Sainte-Chapelle.

Par qui ? Un maitre-verrier (on ne connait pas son nom) travaillant pour le roi Louis IX.

Quand ? Au Moyen Âge, entre 1241 et 1248.

Où ? Paris, au sein de l'ancien palais des rois de France, sur l'ile de la Cité.

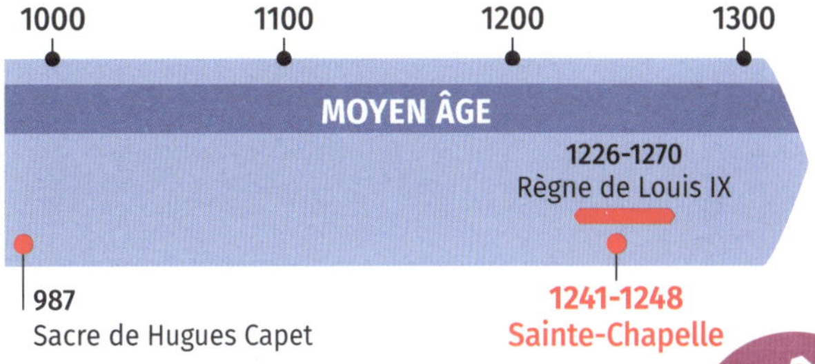

9 Les vitraux de la Sainte-Chapelle

4 La fabrication d'un vitrail au Moyen Âge

- C'est le maitre-verrier qui est chargé de la fabrication du vitrail, avec l'aide d'apprentis. Voici les 6 étapes de fabrication :

1. **le dessin** (ou maquette) : le maitre-verrier réalise le dessin en petit, détaillant formes et couleurs, pour que les autorités religieuses valident les scènes à représenter ;
2. **le carton** : le dessin est agrandi sur du parchemin grandeur nature. Tout y est indiqué : formes, couleurs, numéros des pièces de verre, lignes de plomb ;
3. **la coupe** : le maitre-verrier utilise pour chaque couleur une plaque de verre de couleur différente. En la posant sur le carton, il voit par transparence les formes à découper, dont il suit les contours avec une pointe de fer rougie au feu ; il jette ensuite la plaque de verre dans l'eau froide : le choc thermique fait qu'elle casse… en autant de formes prédécoupées ;
4. **la peinture** : sur chaque pièce, on ajoute les détails à la peinture noire, marron ou grise appelée la « grisaille » ;
5. **la cuisson** : la peinture est fixée par cuisson ;
6. **le réseau de plomb** : chaque pièce de verre est insérée dans une baguette de plomb rainurée.

Les cavaliers d'Holopherne, histoire de Judith.

Détail de *La trahison du Christ par Judas*, avec les visages peints à la grisaille.

Métier

Restaurateur de vitraux

Les vitraux sont très fragiles. Ceux de la Sainte-Chapelle ont été plusieurs fois restaurés, c'est-à-dire nettoyés et réparés. La dernière restauration a eu lieu en 2008-2014 ; elle a été confiée à une équipe de maitres-verriers spécialisés (hommes et femmes).
Ils ont d'abord retiré toute la pollution en grattant délicatement chaque pièce au scalpel (petit couteau plat et fin). Puis ils ont examiné de très près les détails peints. Lorsque le dessin avait totalement disparu, ils l'ont « repeint » sur un verre neuf, posé sur le verre ancien. Sur d'autres pièces, ils ont repeint certains détails à même le verre ancien. Enfin, ils ont remplacé tous les plombs, très abimés par la pollution.

Ça alors !

La Sainte-Chapelle a été voulue par Louis IX comme un immense écrin de verre pour abriter les précieuses reliques du Christ. Elles étaient installées dans une sorte de grand coffre-fort en or et rubis dont il portait en permanence les clés sur lui !
Les rois qui lui ont succédé ont vendu une partie de l'or et des pierres précieuses – et même une épine de la couronne du Christ ! – afin de renflouer le budget du royaume.

9 Les vitraux de la Sainte-Chapelle

1 **Place sur cette frise la date de construction de la Sainte-Chapelle.**

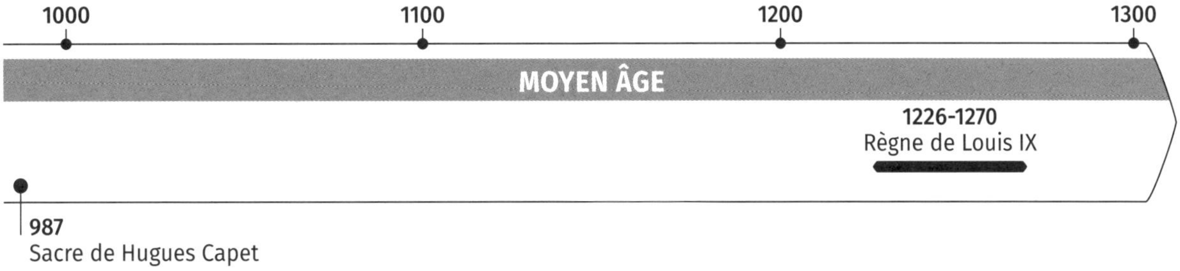

2 **Le maitre-verrier a oublié une étape. Écris ce qui manque.**

....

....

3 **Barre les trois éléments qui ne sont pas nécessaires pour fabriquer un vitrail.**

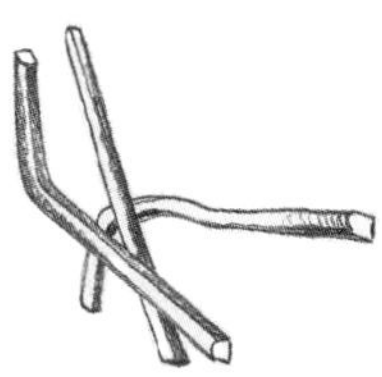

baguettes de plomb

eau chaude

plaques de verre

eau froide

pointe rougie au feu

paire de ciseaux

peinture noire ou « grisaille »

peinture de couleur

4 **Complète ce texte en t'aidant de la fiche documentaire.**

À partir du XIIe siècle, les édifices religieux deviennent de plus en plus grands et leurs immenses fenêtres sont décorées de .... Cette technique consiste à assembler des morceaux de .... de couleur avec des baguettes de plomb. Les détails des visages et les plis des vêtements sont peints. La Sainte-Chapelle, construite à Paris à la demande du roi .... présente un ensemble exceptionnel de vitraux.

Jeux

LES VITRAUX DE LA SAINTE-CHAPELLE

Jeu d'observation **Parmi ces scènes, lesquelles ne peuvent pas provenir de la Sainte-Chapelle ? Colorie les détails étonnants.**

ÉNIGME **Lis le texte et complète l'énigme.**

année où a été achevée la Sainte-Chapelle	....
moins le nombre de scènes représentées	– ....
	= ....
moins la hauteur du bâtiment	– ....
	= ....
moins le nombre de fenêtres	– ....
	→ A = ...

Numéro du roi qui a construit la chapelle	....
× nombre d'années de construction	× ....
	→ B = ...

Haute de 42 m, la Sainte-Chapelle a été achevée en 1248, après seulement 7 ans de travaux. Louis IX (9), dit Saint-Louis, a voulu créer un écrin de lumière. Les 15 fenêtres de la salle haute ne comportent pas moins de 1 113 scènes !

A – B = ... C'est la hauteur, en mètres, des fenêtres de la Sainte-Chapelle.

10 L'art de la tapisserie aux XVe-XVIe siècles

Fiche enseignant

L'art de la tapisserie, connu depuis l'Antiquité, nait véritablement en France et en Europe au milieu du XIVe siècle. Les commandes proviennent des cours royales et des églises, des grands seigneurs et des bourgeois, pour qui posséder ces ensembles de tapisseries est une marque de richesse et de pouvoir.

Fonctions et usage des tapisseries et tentures

- Les tapisseries de la fin du Moyen Âge sont destinées à orner les riches demeures et les édifices religieux. Un ensemble de plusieurs pièces constitue une « tenture », le plus souvent à scènes narratives, profanes ou religieuses.
- Ces tentures font partie du mobilier : faciles à rouler, elles sont parfaitement adaptées aux besoins de la noblesse qui se déplace entre ses résidences en transportant ses meubles. Les tapisseries sont déployées sur les murs, les fenêtres et les portes, pour se préserver des courants d'air, mais avant tout pour décorer et témoigner de la richesse des propriétaires. Leur confection est en effet très couteuse : elle nécessite des matières au prix élevé (laine, soie) et plusieurs années de travail. Une tenture agrémentée de fils d'or et d'argent constitue aussi un trésor monétaire, et il n'est pas rare d'en trouver dans les dots des jeunes mariées.
- Par rapport à la plupart des techniques artistiques en vogue au Moyen Âge (enluminure, vitrail, orfèvrerie), la tapisserie est une industrie « jeune » mais, dès le départ, très dynamique. De grands centres de production émergent rapidement dans les Pays-Bas du Sud, en France du Nord et en Rhénanie.

Du modèle au tissage de lice

- Pour réaliser une tapisserie, il faut d'abord, comme pour le vitrail, un « modèle », peint par un artiste, qui est ensuite agrandi aux dimensions réelles : c'est le carton. La technique de tissage sur métier est dite « de lice » (par opposition aux motifs réalisés à l'aiguille, ou canevas). Il existe deux types de métiers à tisser : de « haute lice », vertical, et de « basse lice », horizontal.
- Dans les deux cas, le licier tend d'abord une armature de « fils de chaine » entre deux rouleaux ; puis, à l'aide de navettes, il passe les « fils de trame » colorés. Le licier avance motif par motif, et non ligne par ligne, et travaille sur le revers de la tapisserie. Il ne voit donc pas le motif dans son ensemble : pour vérifier son travail, il s'aide d'un miroir.

La tenture de *La Dame à la licorne*

Pour qui et par qui ?

- *La Dame à la licorne*, datée autour de 1500, est une tenture composée de six tapisseries de haute lice, en laine et soie. La vivacité du rouge indique que la laine a été teintée avec un pigment de très haute qualité. La famille qui l'a commandée a pu être identifiée grâce aux armoiries qui y figurent : celles des Le Viste, juristes de père en fils au service des rois de France. Les dernières études concluent à une commande d'Antoine II Le Viste (vers 1470-1534). Passée de famille en famille par une série de mariages et d'héritages, la tenture est vendue dans les années 1830 avec le château où elle se trouve depuis le XVIIe siècle, à la ville de Boussac, dans la Creuse. Elle est acquise en 1882 par l'État.
- Les cartons ont été réalisés à Paris par un peintre dont l'identité n'est pas certaine : il pourrait s'agir de Jean d'Ypres. Le tissage, très soigné, a très certainement été réalisé dans un atelier de Bruxelles ou de Tournai (mais l'hypothèse d'un atelier parisien n'est pas écartée).

Une allégorie des cinq sens

- Chaque pièce met en scène une jeune femme et sa suivante, une licorne et un lion qui portent sur des étendards les armoiries du commanditaire. Le fond décoré de plantes, de fleurs et de petits animaux, appartient au style « mille-fleurs » très en vogue alors, qui crée un espace familier et merveilleux : familier car la flore représentée est celle des jardins de l'époque ; merveilleux car ce motif symbolise un printemps éternel, où les animaux cohabitent en paix ; dans l'esprit de l'homme médiéval, cette harmonie n'est possible que dans le jardin du Paradis. Le merveilleux est ici renforcé par la licorne, créature fabuleuse avec son corps de cheval, ses pattes de chèvre et sa dent de narval en guise de corne.
- L'ensemble représente une allégorie des sens. Sur cinq des tapisseries, le geste de la dame indique le sens concerné : elle nourrit un oiseau (gout) ; joue de l'orgue (ouïe) ; charme la licorne avec un miroir (vue) ; tresse une couronne de fleurs odorantes (odorat) ; ses mains se posent sur l'étendard et sur la corne de la licorne (toucher).
- Dans la sixième tapisserie, la dame se tient devant une tente entrouverte sur laquelle est inscrite la devise : « Mon seul désir ». L'interprétation généralement retenue aujourd'hui est la suivante : contrairement aux autres tapisseries, la dame ne porte pas de collier, et semble même en remettre un dans le coffret que tient sa suivante. La mention « Mon seul désir » donne une portée morale à la tenture : celle du renoncement aux plaisirs des sens évoqués par les autres pièces.

Comment mener la séance ?

Objectifs

- Découvrir l'art de la tapisserie.
- Analyser la tenture de *La Dame à la licorne*.
- Comprendre la notion d'allégorie.

Réactiver les connaissances sur le royaume de France au tout début du XVIe siècle. Alors que la Renaissance débute en Italie aux XIVe-XVe siècles, cette période correspond en France à la fin du Moyen Âge car le système féodal y est encore très prégnant. Puis demander : *À votre avis, les châteaux du Moyen Âge étaient-ils habités en permanence ? Étaient-ils bien chauffés ? Avec quoi étaient-ils décorés ?* Les élèves parleront sans doute de tableaux : préciser que les tableaux sur bois étaient rares à l'époque et introduire la technique que l'on va étudier : la tapisserie. *Qui a déjà vu des tapisseries ? Qui a déjà vu un métier à tisser ?*

1 Découverte de *La Dame à la licorne* 15 min

- Dire aux élèves que l'art de la tapisserie s'est développé aux XVe et XVIe siècles en France, et qu'ils vont découvrir un ensemble de très grande qualité, daté autour de 1500. Préciser que cette tapisserie est parvenue jusqu'à nous entière et en très bon état, ce qui en fait un témoignage exceptionnel de la fin du Moyen Âge. Expliquer qui possédait de telles tentures et à quoi elles servaient.
- Projeter les six tapisseries (media.mdi-editions.com/hda-d10a). Demander aux élèves quels sont leurs points communs et leurs différences. Donner le sens des armoiries. Évoquer le décor de « mille fleurs », et le côté merveilleux du jardin et surtout de la licorne. Dire que la tenture représente une allégorie des cinq sens : expliquer le terme d'« allégorie » (voir Lexique). Demander aux élèves de rappeler quels sont les cinq sens, puis les identifier avec eux.

Le toucher : la dame tient la bannière d'une main et caresse la corne de la licorne de l'autre.
Le gout : la dame saisit une friandise pour l'offrir à un perroquet. Le singe mange un fruit.
L'odorat : la dame fabrique une couronne de fleurs ; derrière elle, le singe hume une rose choisie dans la corbeille.
L'ouïe : la dame joue d'un orgue portatif (décoré d'un lion et d'une licorne sculptés).
La vue : la dame tient de la main droite un miroir dans lequel se regarde la licorne.

- Observer la 6e tapisserie, au sens plus mystérieux. Lire la devise inscrite sur la tente. Montrer aux élèves le geste de la dame : on ne peut pas vraiment savoir si elle prend ou dépose le collier dans le coffre. Cette deuxième interprétation est privilégiée aujourd'hui.

2 Découverte de la technique 10 min

Dire que la tenture a été réalisée sur un métier à tisser. Préciser que cette technique est toujours pratiquée (voir vidéo media.mdi-editions.com/yt/hda-d10b). Expliquer la technique (voir fiche enseignant et doc. 5).

3 Fiche documentaire et fiche élève 25 min

La fiche documentaire est vidéoprojetée et lue collectivement, puis la fiche élève est distribuée.

Lexique

- **Allégorie :** représentation figurée d'une idée abstraite.
- **Armoiries :** ensemble composé de signes, de couleurs, de devises ou d'ornements qui constitue l'emblème d'une famille (d'une ville ou d'un État).
- **Commanditaire :** personne (ou entreprise, État) qui commande et finance une œuvre.
- **Licier (ou lissier) (du latin *licium*, qui signifie « fil ») :** personne qui procède au tissage de tapisseries sur un métier à tisser.
- **Tapisserie :** ouvrage textile tissé à la main.

Je retiens

- Entre la fin du Moyen Âge et le début de la Renaissance, l'art de la tapisserie se développe en France. Les tapisseries sont commandées par les rois et les princes, mais aussi par les grands seigneurs et les bourgeois. Elles leur servent à la fois à isoler des courants d'air, à décorer et à montrer leur richesse.
- Un ensemble de plusieurs tapisseries qui racontent une histoire est appelée une « tenture ». *La Dame à la licorne* est une tenture composée de six tapisseries de très grande qualité. Elle a été réalisée autour de 1500 et représente une allégorie des cinq sens.

Œuvre en réseau

La Tenture de l'Apocalypse, est l'un des plus anciens témoignages de cet art nouveau : réalisée vers 1375 pour le duc **Louis Ier d'Anjou**, elle mesurait à l'origine 140 mètres de long (dont 100 aujourd'hui conservés) ! Jusqu'au XIXe siècle, ces tapisseries sont utilisées comme décor éphémère lors de grandes fêtes.
Conservée au château d'Angers.

10 *La Dame à la licorne*

Fiche documentaire

1 *Mon seul désir,* la tapisserie centrale

La Dame à la licorne est un ensemble de six tapisseries, tissées vers 1500 avec de la laine et de la soie de très grande qualité. Elles sont réalisées pour un membre de la famille Le Viste : cette famille a pu être identifié grâce à ses armoiries (ci-dessous).

Armoiries de la famille Le Viste.

2 Une allégorie des cinq sens

Une belle jeune femme et sa dame de compagnie sont représentées entourées d'un lion et d'une licorne. C'est une « allégorie » (la représentation de quelque chose d'abstrait) des cinq sens :

– dans cinq tapisseries, le geste de la dame illustre l'un des sens : le toucher, le gout, l'odorat, l'ouïe, la vue ;

– dans la sixième tapisserie (doc. 1), la dame est devant une tente qui porte l'inscription : « Mon seul désir ». Elle semble remettre un collier dans le coffret à bijoux qui lui est présenté. Ce geste peut vouloir dire qu'elle renonce aux biens matériels, et peut-être même aux plaisirs que procurent nos sens.

L'Ouïe, tenture de *La Dame à la licorne*.

3 Fiche d'identité

Quoi ? *La Dame à la licorne*, six tapisseries de laine et soie.

Par qui ? Jean d'Ypres et atelier de tissage à Bruxelles ou Tournai.

Dimensions : 3 m à 3,80 m de haut.

Où ? Paris, musée de Cluny – musée national du Moyen Âge.

Quand ? Autour de 1500.

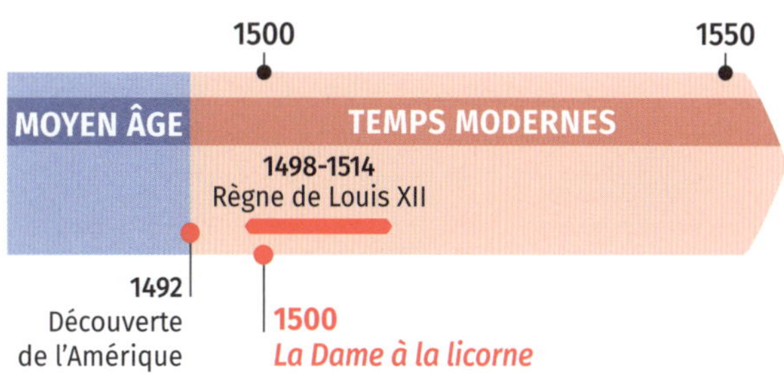

4 Le merveilleux dans un jardin aux mille fleurs

- *La Dame à la licorne* fait partie des tapisseries de style « mille-fleurs », nom provenant du décor du fond rempli de fleurs, de plantes et de petits animaux des champs ou des forêts.
- Ce type de décor est fréquent dans les tapisseries réalisées aux XVe et XVIe siècles, car il constitue un décor à la fois familier et merveilleux :
  – les fleurs appartiennent à des espèces fréquentes dans les jardins de l'époque ;
  – ce décor évoque le jardin du Paradis, où les animaux cohabitent en paix. La licorne (à droite) est une créature fabuleuse chère à l'imaginaire médiéval, avec son corps de cheval, sa tête et ses pattes de chèvre et sa dent de narval en guise de corne.

5 La technique de la haute lice

- La tapisserie est un art qui consiste à tisser des fils de laine, souvent de soie, et parfois même d'or ou d'argent, pour obtenir des « tapis » à motifs. Elle se développe en France à partir de la fin du Moyen Âge. Ces pièces sont destinées à orner les murs.
- L'artisan chargé du tissage est un licier. Il procède de la manière suivante :
  – il tend d'abord des « fils de chaine » sur un grand cadre ;
  – puis, à l'aide d'une navette, il passe les fils de trame (laine et soie de couleur) entre les fils de chaine pairs et impairs : c'est l'entrecroisement des fils (un à un !) qui permet de « monter » le tissage ;
  – il tasse régulièrement les fils de trame avec un peigne ; un tissage fin et serré est signe de qualité ;
  – le licier travaille sur le revers de la tapisserie : pour vérifier son travail, il s'aide d'un miroir.

Métier

Licier

Le métier de licier existe toujours, mais il est très rare : 200 environ seulement sont encore en activité aujourd'hui en France, qui sont pour la plupart… des licières ! Quelques manufactures, comme celle des Gobelins, créée sous Louis XIV à Paris, ou celle d'Aubusson, produisent des tapisseries de prestige pour les bâtiments de la République française, comme le palais de l'Élysée. Une licière peut travailler 6 ans sur une seule pièce !

Ça alors !

C'est en Inde, vers 2500 avant J.-C., qu'on trouve les premières représentations d'un animal à corne unique. En Europe, la licorne est évoquée depuis l'Antiquité grecque. Au Moyen Âge, avec d'autres animaux fantastiques, la licorne est très présente dans les textes et les images. On croyait à son existence, d'autant plus que des marchands vendaient des cornes de cet animal fantastique, qui étaient en fait… des cornes de narval, un mammifère marin proche du dauphin !

10 La Dame à la licorne

1 Place sur cette frise *La Dame à la licorne*.

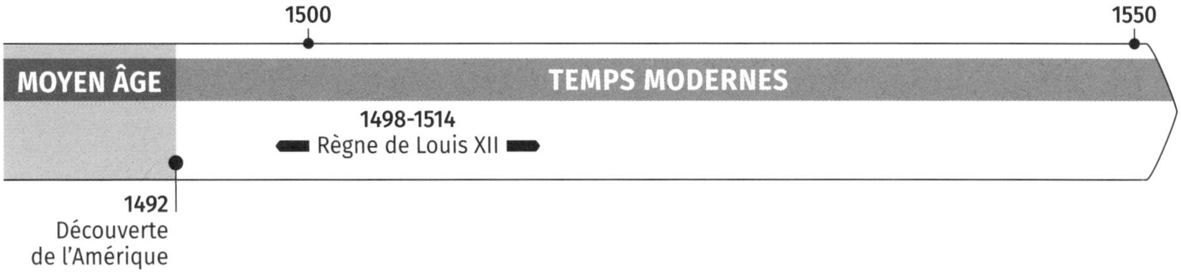

2 Colorie parmi ces armoiries celles de la famille Le Viste, commanditaire de la tenture.

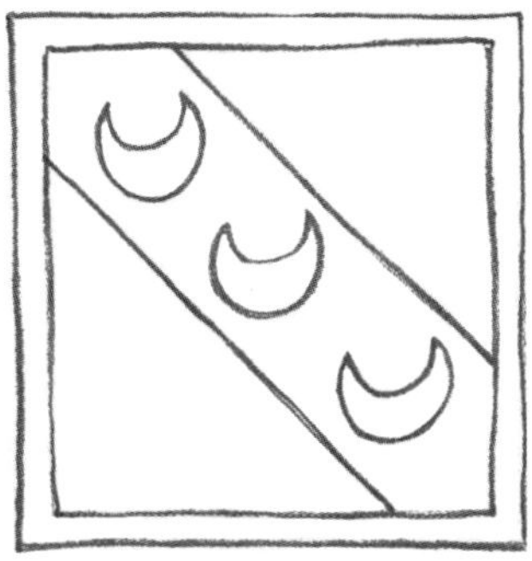

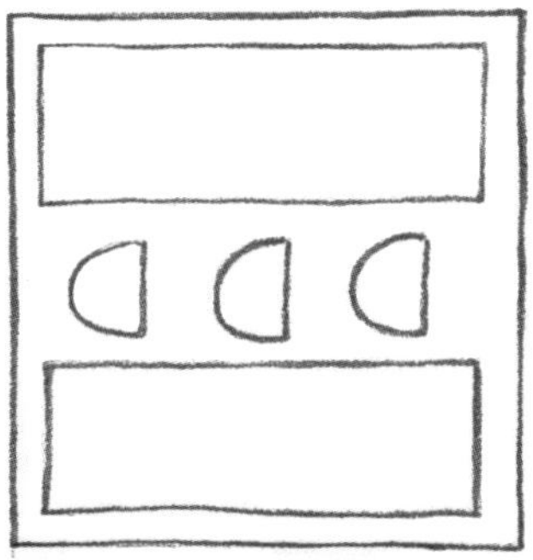

3 Retrouve à quel sens correspondent ces détails de chacune des tapisseries.

(1) la vue (2) le toucher (3) le gout (4) l'odorat (5) l'ouïe

4 Complète ce texte en t'aidant de la fiche documentaire.

L'art de la .... se développe en France à la fin du Moyen Âge. Ces grands panneaux, tissés avec des fils de laine et de soie, servent à protéger les riches demeures des courants d'air. Ce sont aussi de beaux décors, qui témoignent de la richesse de leurs propriétaires. *La Dame à la licorne* est composée de .... tapisseries. Elle évoque les cinq ....
Son fond fleuri est appelé ....

Jeux

LA DAME À LA LICORNE

Dessins à légender **Lis les descriptions de ces animaux fantastiques qui peuplaient l'imaginaire médiéval, puis écris leur nom sous le bon dessin.**

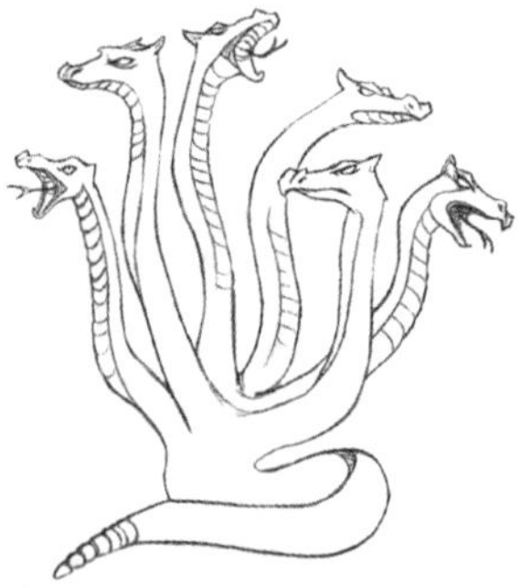

La sirène
Femme-poisson, elle attire par son chant les marins au fond de la mer.

Le centaure
Mi-homme mi-cheval, cette créature nous vient de l'Antiquité grecque.

L'hydre
Ce serpent à multiples têtes était réputé invincible. Au Moyen Âge, c'est parfois le symbole du diable.

Le griffon
Mi-aigle mi-lion, cette créature est présente dans plusieurs cultures anciennes et sur des armes du Moyen Âge.

Le phénix
Cet animal, symbole de l'immortalité, a la capacité de renaitre de ses cendres.

Le basilic
Mélange de coq et de serpent, cette bête fantastique, très présente dans les textes du Moyen Âge, pouvait pétrifier ses adversaires.

Rébus

11 La Renaissance : Léonard de Vinci et François Ier

La Renaissance est un mouvement intellectuel et artistique qui commence en Italie au XVe siècle et rayonne en France au XVIe siècle, à la faveur des guerres d'Italie, initiées par Charles VIII. En invitant de nombreux artistes italiens à travailler pour lui – à commencer par le grand Léonard de Vinci – François Ier participe pleinement à l'épanouissement de ce grand mouvement.

Une nouvelle manière d'appréhender le monde

- À la chute de Constantinople en 1453, des savants byzantins se réfugient à Florence, apportant avec eux les textes des grands auteurs grecs. Les Italiens découvrent alors les valeurs philosophiques de l'Antiquité, qu'ils vont faire « renaitre » en plaçant l'homme et la nature (et non plus Dieu) au centre de leurs préoccupations.
- L'invention de la presse à imprimer (vers 1450) facilite la diffusion des idées et l'exploration de nouveaux continents (l'Amérique par Christophe Colomb, en 1492, les Indes par Vasco de Gama, en 1498) entraine un formidable essor de la navigation et du commerce.

L'effervescence des arts

- Ces progrès transforment profondément les mentalités :
– les princes d'Italie puis les cours européennes vont faire de la culture et des arts l'instrument de leur puissance. Ils assurent aux artistes des revenus mais surtout la reconnaissance de leur valeur : ceux-ci gagnent le statut de « créateur » à part entière ;
– la commande de portraits devient une pratique plus courante auprès des plus aisés : le tableau « mobile » (peinture sur panneau de bois, puis sur toile montée sur chassis) fait son apparition ;
– les peintres adoptent la peinture à l'huile (mise au point en Flandre au XVe siècle) qui permet détails infimes et somptueux coloris.
- Les artistes s'attachent à une représentation plus réaliste des choses, basée sur :
– les lois de la perspective ;
– une étude accrue de la nature, et notamment de l'anatomie, qui va permettre une figuration plus juste des corps et des expressions ;
– la notion de « beauté idéale », inspirée des sculptures de l'Antiquité grecque et romaine.

La Joconde

Un sourire inédit et une technique particulière

- Emblématique de la Renaissance, le tableau intitulé *La Joconde* a été peint à l'huile sur panneau de bois en 1503-1506 par Léonard de Vinci (né en 1452 à Vinci, près de Florence – le berceau de la Renaissance). Il représente Monna (« Madame ») Lisa, l'épouse d'un riche marchand de soie de Florence, Francesco del Giocondo (d'où le nom francisé de « Joconde »).
- D'après Giorgio Vasari (auteur en 1550 d'une biographie), Léonard de Vinci aurait mis quatre ans à peindre ce portrait, qui fit grande impression auprès de ses contemporains, à la fois pour la manière inédite dont Monna Lisa est peinte et pour le sourire que Léonard a esquissé sur son visage : à l'époque, c'est la première fois qu'une telle émotion humaine est représentée.
- Grand observateur de la nature, Léonard de Vinci veut restituer au plus près la façon dont notre œil perçoit les volumes et les formes, c'est-à-dire sans contours. Il invente le *sfumato* (de l'italien *fumo*, fumée), un procédé lui permettant de peindre « sans lignes ni contours, à la manière de la fumée »... Son *sfumato* consiste à superposer, sur des couleurs déjà sèches, des dizaines de glacis (très fines couches de couleurs presque transparentes). Il obtient ainsi un passage quasi imperceptible de l'ombre à la lumière sur le visage (et les mains) de Monna Lisa, ce qui lui permet d'animer mystérieusement son expression et lui donne l'air si naturel, presque vivant !
- Léonard de Vinci est l'incarnation même de ces artistes, lettrés et savants qui se lancent dans la construction d'un savoir moderne. Créer une nouvelle invention, peindre un tableau ou dessiner des croquis d'anatomie relevait pour lui de la même démarche.

François Ier, mécène et ami de Léonard

- À la faveur des premières guerres d'Italie, initiées par Charles VIII et poursuivies par Louis XII, l'humanisme de la Renaissance italienne commence à rayonner en France au moment où François Ier reçoit son éducation.
- Tout juste roi de France, à 20 ans, il remporte en 1515 la victoire de Marignan : elle lui permet de récupérer le duché de Milan, mais aussi de faire la connaissance de Léonard de Vinci. Il l'invite à s'installer en France, où il pourra travailler en toute liberté. Léonard de Vinci ne dit ni oui ni non... Mais à 64 ans, il est désormais en butte à la concurrence de Michel-Ange et de Raphaël, de jeunes rivaux fort talentueux. Et lorsque son mécène Julien de Médicis meurt, Léonard accepte fin 1516 la protection que lui offre le jeune roi.
- Dans ses bagages, Léonard de Vinci a emporté avec lui trois tableaux : parmi eux, sa précieuse *Joconde*, dont il ne s'est jamais séparé. François Ier s'en porte acquéreur en 1518 (pour la somme de 4 000 écus d'or), un an avant la mort de Léonard de Vinci.

Comment mener la séance ?

Objectifs

- Découvrir les innovations picturales à l'époque de la Renaissance.
- Étudier une œuvre et un artiste emblématiques de cette période.

Réactiver les connaissances sur la Renaissance et le rôle de François Ier : *Qu'est-ce que la Renaissance ? Pourquoi François Ier est-il surnommé « le prince de la Renaissance » ? De quel grand artiste est-il devenu le mécène ? Cet artiste est-il italien ou français ?* Puis demander : *Connaissez-vous le nom de son tableau le plus célèbre ? L'avez-vous déjà vu ?*

1 Présentation de Léonard de Vinci 5 min

Dire que l'on va s'intéresser à *La Joconde* de Léonard de Vinci et expliquer : c'est un tableau (mobile), un portrait (une pratique devenue courante à la Renaissance pour les plus aisés). Préciser qui est représenté : Lisa del Giocondo, femme d'un notable de Florence, qui a commandé le tableau. Mais Léonard l'a conservé avec lui et retouché pendant des années. Donner quelques informations sur Léonard de Vinci : ses dates, son statut reconnu de son vivant de génie universel ; il était peintre et sculpteur, architecte et musicien, mais aussi ingénieur et scientifique.

2 Découverte de *La Joconde* 5 min

Projeter le doc. 1. Laisser réagir les élèves : *Est-ce que ce portrait vous plait ? Pourquoi ?* Attirer leur attention sur les deux plans du tableau : le portrait et le paysage.

3 Comparaison avec un portrait antérieur 10 min

Faire prendre conscience de la nouveauté à l'époque de ce portrait en le comparant au doc. 3. Projeter les deux tableaux côte à côte et observer avec les élèves les différences :

– la princesse est peinte de profil (comme sur une médaille), elle parait un peu raide et figée, sans expression, elle est représentée devant un fond plat ;

– Monna Lisa est représentée de face, elle nous regarde, un léger sourire aux lèvres, ce qui lui donne un air très naturel ; elle est peinte devant un paysage : il donne de la profondeur au tableau. Expliquer la technique du *sfumato*. Montrer aux élèves la finesse des détails, comme le voile transparent, à peine visible, qu'elle porte sur les cheveux.

4 Célébrité de *La Joconde* 5 min

Évoquer avec les élèves le statut de ce tableau : dès sa création, il n'a pas été livré à son commanditaire, Léonard l'a gardé avec lui des années pour le perfectionner. Son acquisition par François Ier lui donne une aura de prestige. Son vol au début du XXe siècle (voir encadré *Ça alors !* de la fiche documentaire) accroit encore sa notoriété.

5 Fiche documentaire et fiche élève 25 min

La fiche documentaire est vidéoprojetée et lue collectivement, puis la fiche élève est distribuée.

Lexique

- **Perspective :** procédé permettant de représenter sur une surface plane (en deux dimensions) l'illusion de la profondeur.
- ***Sfumato*** **(de l'italien, *fumo*, qui signifie « fumée ») :** technique inventée par Léonard de Vinci, consistant à superposer une multitude de couches très fines de peinture, presque transparentes, afin de modeler les formes sans lignes ni contours.
- **Renaissance :** à la fois une période de l'Histoire (qui suit le Moyen Âge) et un mouvement culturel né en Italie au XVe siècle et qui se diffuse en Europe au XVIe siècle. Elle se caractérise par une effervescence nouvelle dans les arts.

Je retiens

- La Renaissance commence en Italie au XVe siècle et rayonne en France au XVIe siècle. C'est une période d'une grande effervescence culturelle, qui donne à l'art une place de premier plan. Princes et rois deviennent des mécènes, c'est-à-dire les protecteurs des artistes.
- L'artiste italien Léonard de Vinci, qui a exercé son talent dans tous les domaines de la connaissance, est reconnu de son vivant comme le grand génie de la Renaissance.
- En 1516, François Ier l'invite en France et devient pendant trois ans son mécène et ami. Le roi lui achète *La Joconde*, tableau pour lequel Léonard de Vinci a inventé la technique du *sfumato*.

Œuvre en réseau

Sainte Anne, la Vierge et l'Enfant jouant avec un agneau (1503-1519) est l'un des trois tableaux que Léonard de Vinci emporte avec lui en France. Léonard de Vinci travaillait lentement ses tableaux et ne cessait jamais de les perfectionner. Celui-ci est resté inachevé : il manque notamment au visage de la Vierge les subtiles transitions de l'ombre à la lumière, permises par la technique du *sfumato*, pour mieux animer son expression.

Conservé au musée du Louvre, Paris.

11 La Joconde

Fiche documentaire

1 La Joconde

• *La Joconde* est le plus célèbre tableau de Léonard de Vinci. C'est le portrait de **Monna Lisa** (Monna est la contraction de l'italien *ma donna*, « madame »), l'épouse de Francesco del Giocondo, un riche marchand de tissus à Florence (Italie). Le portrait fut surnommé « la Gioconda », du nom de son mari.

• Cette œuvre date de l'époque de la **Renaissance**, la période qui suit le Moyen Âge. La Renaissance désigne aussi un **mouvement culturel et artistique** qui nait en Italie au XVe siècle et rayonne en Europe au XVIe siècle.

2 Fiche d'identité

Quoi ? *La Joconde*, dit aussi *Le Portrait de Monna Lisa*, panneau de bois et peinture à l'huile.

Par qui ? Léonard de Vinci (1452-1519).

Quand ? 1503-1506.

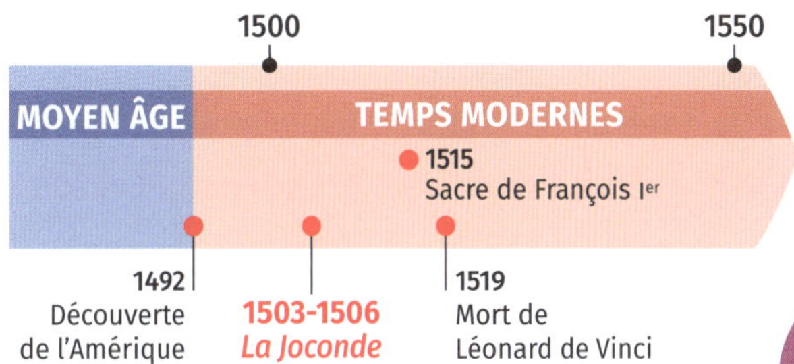

Où ? Paris, musée du Louvre.

3 Léonard de Vinci, le novateur

• Les contemporains de Léonard de Vinci ont été impressionnés par ce portrait car tout y était nouveau :
– Monna Lisa est représentée devant un paysage lointain, qui créé une illusion de profondeur ;
– elle nous regarde, un sourire aux lèvres (le premier dans l'histoire de la peinture !). En représentant une émotion sur son visage, Léonard de Vinci s'inscrit dans l'**humanisme**, ce courant de pensée de la Renaissance, qui place les êtres humains au cœur des préoccupations.

• Léonard de Vinci a utilisé la **technique du glacis**, qui consiste à appliquer une ou deux couches de couleur presque transparente sur les couleurs déjà sèches pour leur donner plus d'éclat et de brillant. Mais lui a superposé des dizaines de couches très fines ! C'est le ***sfumato*** (de l'italien *fumo*, fumée), une technique qu'il a inventée pour modeler les formes « sans lignes ni contours, à la façon de la fumée ». Il obtient ainsi un passage quasi imperceptible de l'ombre à la lumière sur le visage de Monna Lisa, ce qui lui donne l'air presque vivant !

Portrait de princesse, par Pisanello, 1435.

En comparant La Joconde *à ce tableau réalisé 70 ans avant, on voit combien Léonard de Vinci a bouleversé les règles du portrait.*

4 Un cercle magique !

- Voici un autre des secrets de *La Joconde* : sa lèvre inférieure et les coins extérieurs de ses yeux sont placés sur un même cercle ! L'œil du spectateur va ainsi de la bouche aux yeux et revient des yeux à la bouche.
- C'est pourquoi le sourire et le regard de Monna Lisa fascinent autant. D'ailleurs, quand on se déplace légèrement devant le tableau, on a l'impression qu'elle nous suit du regard !

5 Pourquoi *La Joconde* est-elle en France ?

- À peine couronné roi de France, en 1515, François Ier poursuit les guerres d'Italie engagées avant lui. Ces campagnes, victorieuses, lui permettent de rencontrer le grand Léonard de Vinci : le jeune roi de 21 ans lui propose alors de venir en France.
- En 1516, Léonard de Vinci, à 64 ans, accepte : François Ier le nomme aussitôt « premier peintre et ingénieur » à sa cour, lui offre une importante pension annuelle et le château du Clos Lucé, tout près de la résidence royale d'Amboise (dans la vallée de la Loire).
- Dans ses bagages, Léonard avait emporté avec lui trois de ses tableaux, dont *Le Portrait de Monna Lisa*. François Ier l'achète en 1518, un an avant la mort du grand artiste. Après la Révolution, l'œuvre entrera au musée du Louvre (avec l'ensemble des collections royales).

Saint Jean-Baptiste, autre tableau emporté par Léonard de Vinci en France.

Métier

Scientifique pour les musées de France

- Entre 2004 et 2010, une équipe de 39 scientifiques du Centre de recherche et de restauration des musées de France ont analysé *La Joconde*, notamment en la radiographiant aux rayons X, qui émettent une lumière invisible capable de traverser la matière sans l'abimer.
- Ils ont ainsi découvert que les dizaines de couches de glacis superposées par Léonard sont d'une finesse extrême : elles ne mesurent que 1 à 3 microns d'épaisseur, c'est-à-dire entre 0,001 et 0,003 millimètres !

Ça alors !

On a volé *La Joconde* !

En 1911, *La Joconde* disparait du musée du Louvre. La France est en émoi : qui a osé voler Monna Lisa ? On accuse le poète Guillaume Apollinaire avant de la retrouver, deux ans plus tard… en Italie ! Le voleur était un Italien qui avait voulu la rendre à son pays d'origine ! Le gouvernement italien la restitue à la France en 1914. *La Joconde*, qui n'était « que » célèbre, devient avec ce vol le tableau le plus connu du monde.

11 La Joconde

1 Place sur cette frise *La Joconde* de Léonard de Vinci.

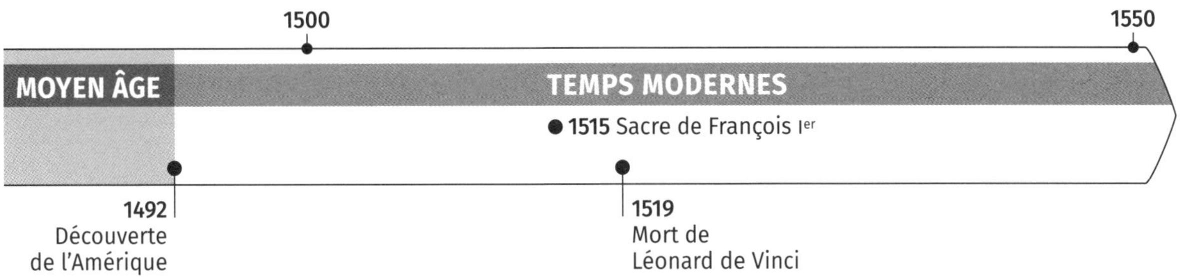

2 Parmi ces dates, trouve celle qui correspond à chacune des phrases.

1516 • 1503 • 1518 • 1911

Léonard de Vinci a commencé à peindre *La Joconde*. → ....

Léonard de Vinci s'installe en France. → ....

La Joconde est achetée par François Ier. → ....

La Joconde est volée au musée du Louvre. → ....

3 Relie ces mots qui caractérisent la technique de Léonard à leur définition.

sfumato •

glacis •

perspective •

• Technique permettant d'ajouter de la profondeur à une image, en donnant l'impression d'un paysage disparaissant dans le lointain.

• Effet obtenu en superposant des couches très fines de peinture. Les contours du dessin sont atténués, presque invisibles.

• Technique consistant à appliquer une fine couche de couleur, presque transparente, sur une couleur déjà sèche pour la rendre plus brillante.

4 Complète ce texte en t'aidant de la fiche documentaire.

La Joconde est un tableau peint par ...., à l'époque de la .... C'est le portrait de Lisa del Giocondo, ou Monna (madame) Lisa. Léonard a inventé la technique du ...., qui donne au portrait son air si naturel et vivant. L'artiste italien a vécu les trois dernières de sa vie en France, invité par .... C'est ce roi qui a acheté *La Joconde*, aujourd'hui conservée au musée du Louvre, à Paris.

Jeux

LA JONDE

Jeu d'observation **De nombreux artistes au XXᵉ siècle se sont amusés à parodier *La Joconde*. Retrouve qui a peint quoi en t'aidant des indices suivants.**

Yin Xin *est un artiste chinois.*

Fernand Léger *ou la clé du mystère.*

Marcel Duchamp*, c'est poilant !*

Message codé **Léonard de Vinci était gaucher. Il écrivait de droite à gauche comme dans un miroir. À toi de déchiffrer ce message !**

Ce portrait de
Monna Lisa est
mon chef-d'œuvre !

12 L'architecture de la Renaissance

À l'époque du couronnement de François Ier, le système féodal a quasiment disparu et les progrès dans le domaine de l'artillerie rendent les châteaux forts obsolètes. De retour d'Italie, le jeune roi – épris des arts et des idées de la Renaissance et passionné d'architecture – lance la construction d'un édifice digne de lui : le château de Chambord, joyau de la Renaissance française.

François Ier, prince de la Renaissance française

François Ier est couronné à vingt ans, en 1515, alors que les souverains français sont impliqués depuis l'année de sa naissance dans les guerres d'Italie, suite aux conflits de succession des duchés de Naples et de Milan. Le jeune roi part lui aussi en campagne. Influencé dans son éducation par les idées nouvelles de la Renaissance italienne, il découvre avec émerveillement l'harmonie des bâtiments antiques et des palais princiers, et l'excellence des artistes de la Renaissance. Conscient que la France doit se doter d'une telle magnificence, il convainc en 1516 Léonard de Vinci de s'installer en France. Celui-ci devient le peintre, l'ingénieur et l'architecte attitré du roi.

Le château de Chambord

Le rêve de François Ier

- Le roi rêve d'un château destiné à montrer son pouvoir et son gout pour les arts. Il choisit Chambord pour en faire sa résidence de chasse en annexe des châteaux de Blois et d'Amboise. En 1519, il ordonne toutes les dépenses nécessaires.
- Le terrain choisi, en bordure de rivière, est très marécageux. De longs mois sont nécessaires pour construire les fondations (où de nombreux ouvriers meurent de la fièvre). Les travaux vont durer plus de 25 ans et, à la mort du roi, en 1547, l'aile royale est à peine achevée.

Un donjon médiéval... à l'italienne

- Avec l'installation de la paix en France, le château fort perd sa vocation défensive, mais il demeure un symbole de pouvoir. Ainsi, Chambord est prévu, dans un premier temps, comme un château fortifié : donjon de forme carrée, 4 tours d'angle dotées d'un chemin de ronde, mur d'enceinte et douves en eau. Il permet à François Ier d'entretenir son image de roi-chevalier.
- En revanche, son plan est typique des idées de la Renaissance. Il est organisé autour d'une croix grecque (à branches égales), jusque-là utilisée dans les églises d'Orient et que Chambord est le premier édifice civil à reprendre, et il est entièrement basé sur des figures géométriques. Un carré de 9 mètres de côté, multiplié ou divisé, est le « module » de référence de chacune des parties : le donjon s'inscrit à l'intérieur d'un carré de 45 m de côté (9 × 5), le rayon des tours d'angle est de 9 m, etc. Chacune des parties est identique aux autres.
- Les décors extérieurs – pilastres (piliers plats rythmant les murs), incrustations d'ardoises contrastant avec les murs blancs, grandes fenêtres – sont d'inspiration italienne.

Des créations inédites

- Enfin, le roi fait doter le château de deux créations particulièrement originales :

– un escalier « à double révolution », au centre du donjon. Il est constitué de deux volées de marches qui s'enroulent l'une au-dessus de l'autre autour d'un noyau central creux et percé d'ouvertures. Cet escalier impressionne par sa prouesse technique et sa dimension « magique » : lorsque deux personnes empruntent une volée différente, elles peuvent s'apercevoir par les ouvertures mais elles ne peuvent pas se rencontrer ! À son sommet, l'escalier donne accès à une terrasse qui fait le tour du donjon. Agrémentée de nombreux décors, elle offre un cadre merveilleux et une vue spectaculaire sur la nature environnante ;

– une tour-lanterne qui surmonte l'escalier et permet de l'éclairer par ses larges ouvertures : haute de 32 m, en forme de couronne magnifiquement ouvragée d'incrustations en ardoise et de monogrammes du roi en bas-reliefs, coiffée d'une grande fleur de lys, elle symboliserait la place du roi au centre de son royaume.

- Les archives concernant le château ont été détruites au XVIIIe siècle, mais les spécialistes considèrent qu'il serait un projet imaginé, avec François Ier, par Léonard de Vinci, qui en aurait dessiné les premiers plans et l'escalier central quelques mois avant sa mort.

Un château somptueux mais très peu habité

- Vers 1526, François Ier fait ajouter deux ailes reliées au donjon par une galerie et une grande enceinte. Mais le roi, préférant rapidement Fontainebleau, plus proche de Paris, ne séjourne que très peu à Chambord : pas plus de 42 jours en 32 ans ! Il y vient principalement pour y surveiller les travaux ou recevoir des hôtes de prestige, comme, en 1539, l'empereur Charles Quint. Ébloui, celui-ci aurait déclaré : « J'ai vu à Chambord un abrégé de toute l'industrie humaine ! »
- Inachevés à la mort du roi, en 1547, les travaux se poursuivent lentement sous le règne d'Henri II, puis sont délaissés. C'est Louis XIV qui achèvera le plus grand des châteaux de la Loire, avec ses 442 pièces.

Comment mener la séance ?

Objectifs

- Comprendre les caractéristiques d'un château de la Renaissance.
- Étudier des symboles de la royauté.

Réactiver les connaissances des élèves sur François Ier, son règne, sa première victoire à Marignan. Situer la Renaissance en Italie, rappeler la venue de Léonard de Vinci auprès du roi. Puis demander aux élèves : *Qui a déjà visité les châteaux de la Loire, construits à cette époque ? Connaissez-vous celui de Chambord ? Qu'en savez-vous ? À quoi servaient ces châteaux, d'après vous ?*

1 Écoute d'un récit 10 min

Écouter le récit d'une conversation imaginaire entre François Ier et Léonard de Vinci, auquel le roi confie son souhait de construire un nouveau et grandiose château (media.mdi-editions.com/hda-d12a). Expliquer aux élèves que ce château est celui de Chambord, et qu'on va l'étudier pour savoir en quoi il était très novateur au moment de sa construction (de 1519 à 1547).

2 Visite virtuelle du château de Chambord (extérieur) 10 min

Projeter la vidéo à partir de 1'37 (media.mdi-editions.com/yt/hda-d12b). Demander aux élèves ce qu'ils en retiennent et si ce château les étonne. Projeter une deuxième fois la vidéo, en faisant des arrêts sur images pour commenter les différentes parties :

– 1'37 : montre que le château est au milieu d'une grande forêt. C'est un domaine dédié à la chasse royale. Chambord est le seul château à avoir conservé son domaine et son mur d'enceinte d'origine. La vue extérieure montre les différentes tours et la taille du château.
– 1'46 : vue d'extérieure plus rapprochée. On peut commenter les décorations extérieures.
– 1'50 : vue plongeante du donjon : bâtiment central, le seul prévu au départ.
– 2'06 : l'escalier à double révolution : une prouesse architecturale, au centre du donjon.
– 2'25 : les décorations du toit, visibles grâce à une terrasse accessible depuis l'escalier, qui fait le tour du donjon.
– 2'30 : la salamandre, emblème de François Ier.
– 2'49 : le haut de la tour-lanterne, orné d'une couronne et d'une fleur de lys.

Expliquer que ce château devait servir de résidence de chasse, mais que le roi l'a voulu aussi somptueux pour affirmer sa puissance et son gout pour les arts de la Renaissance.

3 Découverte des différentes parties du château et de l'évolution de la construction 10 min

Projeter le doc. 3. Expliquer la légende des différentes couleurs/parties du château. Montrer que le projet d'origine a évolué et que, sous le règne de François Ier, seule une partie a été achevée. Indiquer que le roi y a en fait très peu séjourné : seulement une quarantaine de jours en 30 ans !

4 Fiche documentaire et fiche élève 25 min

La fiche documentaire est vidéoprojetée et lue collectivement, puis la fiche élève est distribuée.

Lexique

- **Escalier à double révolution :** escalier constitué de deux volées de marches s'enroulant en hélice l'une au-dessus de l'autre.
- **Renaissance :** à la fois une période de l'Histoire (qui suit le Moyen Âge) et un mouvement culturel et artistique qui voit le jour au XVe siècle en Italie, puis se répand en Europe au XVIe siècle.
- **Tour-lanterne :** tour comportant des ouvertures par lesquelles la lumière peut pénétrer dans l'édifice.

Je retiens

- La construction du château de Chambord a été lancée par François Ier en 1519, d'après des plans dessinés par l'artiste italien Léonard de Vinci. Son architecture et son décor sont caractéristiques des idées de la Renaissance.
- François Ier, dont la cour était itinérante, s'en servait de résidence pour aller chasser dans les forêts environnantes, mais l'a voulu somptueux pour montrer sa grande culture et son amour des arts et de l'architecture. C'est le plus grand des châteaux de la Loire, et la première création architecturale de la Renaissance française.

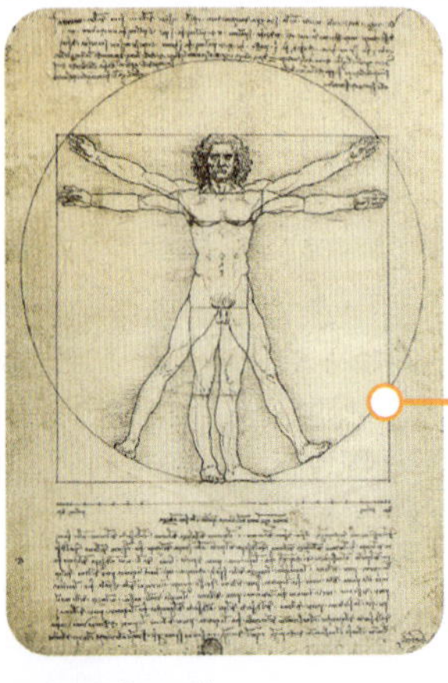

Œuvre en réseau

L'***Homme de Vitruve*** (vers 1490) est un célèbre dessin (annoté), réalisé par Léonard de Vinci d'après une étude approfondie du *Traité d'architecture* de Vitruve. Pour de Vinci, tout est en effet question de proportions, et pas seulement en architecture ! Il a représenté ici les proportions idéales du corps humain, parfaitement inscrit dans un cercle. Ce dessin est le symbole de l'humanisme de la Renaissance, qui met l'homme au centre de tout, et de la représentation du monde.
Conservé à la Galleria dell'Academia, Venise.

12 Le château de Chambord

1 Un château de la Renaissance française

- François Ier, couronné à 20 ans, s'entoure tout au long de son règne de nombreux artistes. Il s'intéresse particulièrement à l'architecture : construire est le moyen de montrer sa richesse et sa puissance.
- En 1519, il commande la construction du château de Chambord, sans doute d'après des plans de Léonard de Vinci. Chambord conserve des caractéristiques des châteaux forts du Moyen Âge, avec son donjon carré et ses douves. Mais son architecture et ses décors sont typiques de la Renaissance.

2 Fiche d'identité

Quoi ? Château de Chambord.

Par qui ? Commandé par François Ier.

Quand ? 1519-1547 (achevé au XVIIe siècle).

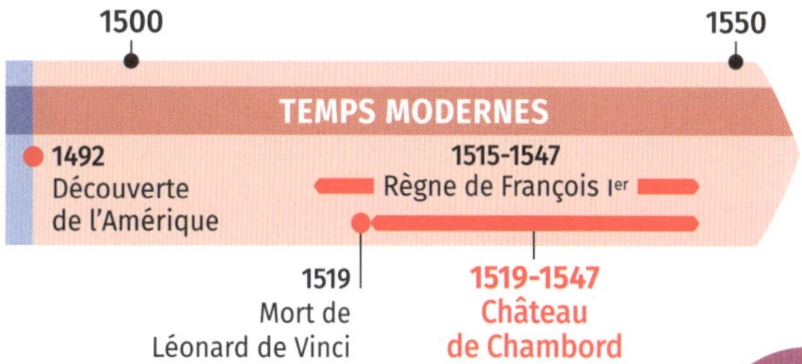

Où ? Département du Loir-et-Cher.

3 150 ans de chantier !

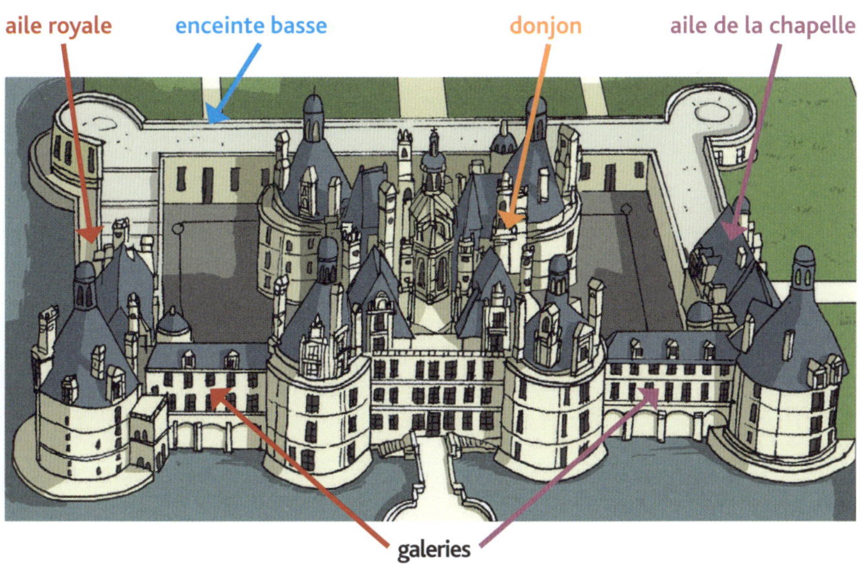

- Le château prévu à l'origine est carré et compte quatre tours. Puis de nouveaux bâtiments sont ajoutés et les travaux durent tout le règne de François Ier. À sa mort, le chantier est inachevé. Il sera poursuivi par le roi Henri II mais c'est Louis XIV qui en fera le plus grand château de la Loire.
- donjon : 1519-1539.
- aile royale et sa galerie : 1526-1545.
- aile de la chapelle et sa galerie : elle reste longtemps inachevée.
- enceinte basse : 1668-1685.

4 L'escalier magique de Léonard de Vinci !

- Le château de Chambord compte plus de 80 escaliers, mais celui situé au centre du donjon est une véritable prouesse : c'est un escalier à « double révolution » : il est constitué de deux escaliers en spirale imbriqués l'un dans l'autre. Très pratique pour éviter de se rencontrer !
- Cet escalier a été réalisé d'après un dessin de Léonard de Vinci : son projet prévoyait quatre escaliers emboités les uns dans les autres, mais les maçons, devant une telle complexité, se limitèrent à deux !
- Par cet escalier, on accède à une grande terrasse sur le toit, qui offre un décor merveilleux et une vue spectaculaire sur la nature environnante, où se déroulaient les chasses royales.

5 Partout, des emblèmes de François !

De très nombreuses fleurs de lys (symbole de la royauté française) sont sculptées à Chambord, mais on trouve aussi les deux emblèmes de François Ier :

– **le « F » couronné :** c'est son « monogramme », composé de l'initiale de « François » et surmonté de la couronne royale ;

– **la salamandre surgissant au milieu des flammes**, l'emblème personnel du roi. Aux XVe-XVIe siècles, on croyait cet animal (de la même famille que la grenouille) capable de survivre au milieu des flammes, voire d'éteindre le feu ! Le roi en fit son emblème pour illustrer sa propre devise : en latin *Nutrisco et extingo*, « Je me nourris [du bon feu] et j'éteins [le mauvais feu] ». Le roi signifiait ainsi qu'il se battait pour le Bien contre le Mal.

Métier

Les tâcherons

- Sur les chantiers de construction, certains ouvriers étaient payés en fonction du nombre de pierres qu'ils taillaient. On les appelait les « tâcherons » car ils travaillaient « à la tâche ».
- Pour justifier leur travail et donc se faire payer, ils gravaient sur « leurs » pierres une marque personnelle – un signe géométrique ou une lettre initiale – qui tenait lieu de signature.
- Lorsqu'on en trouve dans un édifice ancien, c'est souvent la garantie que la pierre est d'origine ! À Chambord, ces marques sont très nombreuses sur les pierres de l'aile royale.

Ça alors !

Le plan du donjon est organisé autour d'une croix à 4 branches égales, dite croix grecque.
Un carré de 9 mètres de côté, multiplié ou divisé, est le « module » de référence de chacune des parties. En faisant pivoter le plan, rien ne change : chacune des parties est identique !

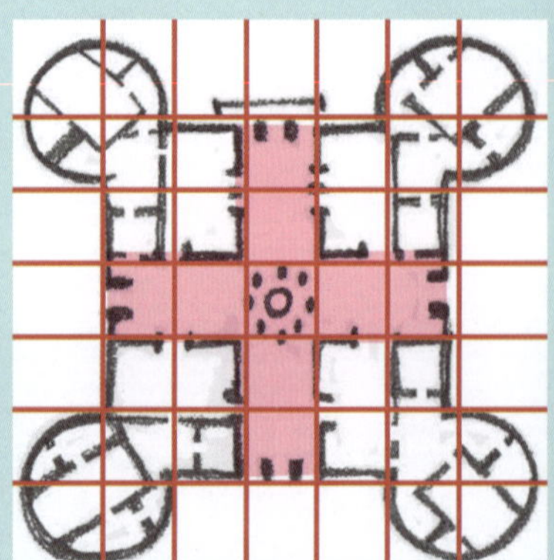

12 Le château de Chambord

1 **Place sur cette frise le début de la construction du château de Chambord.**

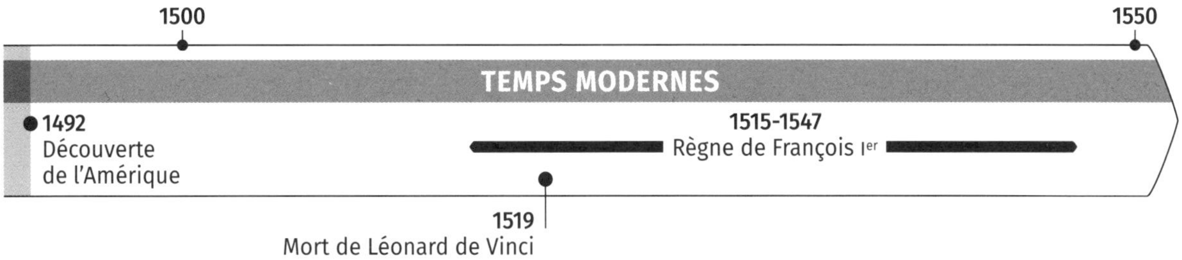

2 **Réponds aux questions suivantes.**

a. Quel est le nom du bâtiment principal du château ?

....

b. Quelle est la caractéristique de l'escalier central ?

....

c. Quel animal est sculpté sur les plafonds du château ?

....

d. Quel grand artiste italien en a fait les premiers plans ?

....

3 **Parmi ces trois plans, colorie celui du donjon de Chambord.**

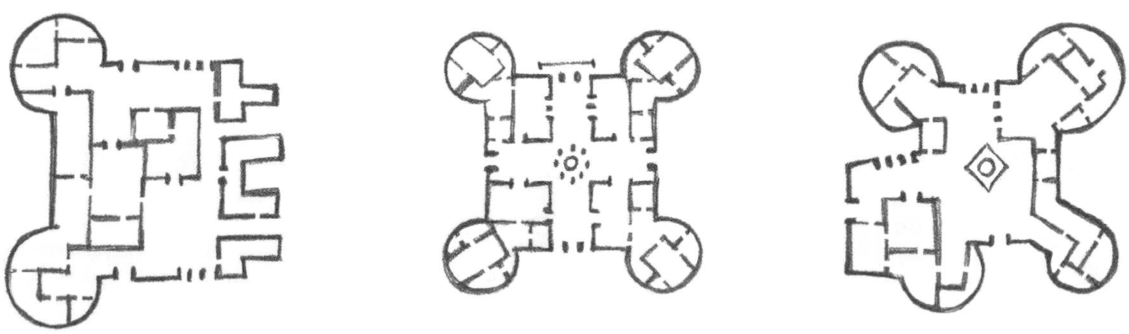

4 **Complète ce texte en t'aidant de la fiche documentaire.**

Le château de Chambord a été commandé par le roi ...., d'après des plans sans doute dessinés par l'artiste italien .... Le roi l'a voulu somptueux pour montrer sa grande culture et son amour des arts et de l'architecture. Ses décors sont typiques de la .... italienne, mais il conserve des caractéristiques du Moyen Âge, avec son .... carré. C'est le plus grand des châteaux de la Loire.

LE CHÂTEAU DE CHAMBORD

Arts plastiques **Entoure parmi ces dessins le monogramme et l'animal emblème de François Ier. Inspire-toi de ces dessins pour créer tes propres signatures.**

Ton animal

Ton monogramme

13 L'art au service de la propagande royale

Lorsqu'il succède à Henri III, en 1589, Henri de Navarre doit faire face aux catholiques, majoritaires dans le royaume, qui le considèrent illégitime parce qu'il est protestant. Malgré ses victoires qui lui permettent d'asseoir son autorité, il décide de se convertir à la religion catholique afin de pacifier le royaume. Dans le même temps, il met en place une propagande par l'image, en s'identifiant au demi-dieu Hercule, héros victorieux de la mythologie grecque.

Un roi illégitime ?

- Lorsqu'Henri III meurt assassiné en 1589, il n'a pas de fils, et la couronne revient à son cousin, Henri de Navarre, qui prend le titre d'Henri IV. Celui-ci étant protestant, la majorité catholique du royaume le considère comme illégitime.
- La guerre de religion entre catholiques et protestants se double dès lors d'une guerre civile : les catholiques se regroupent derrière la famille de Guise, à la tête de la Ligue catholique, à laquelle se rallie le roi d'Espagne Philippe II, qui tente d'imposer sur le trône de France sa fille Isabelle, petite-fille de l'ancien roi Henri II.
- L'armée catholique est battue par Henri IV à Arques puis à Ivry, en 1590. Comprenant toutefois que ses victoires ne lui permettront pas de se rallier la majorité du royaume, celui-ci décide de se convertir à la religion catholique en 1593.
- L'année suivante, il se fait sacrer roi à Chartres et rentre triomphalement dans Paris. Il promulgue en 1598 l'édit de Nantes, par lequel il autorise la minorité protestante à pratiquer son culte. Cet édit de tolérance lui permet de restaurer la paix en France.

Portrait d'Henri IV en Hercule terrassant l'hydre de Lerne

Le roi en héros de la mythologie antique

- Ce portrait d'Henri IV, peint à l'huile sur toile, a été réalisé vers 1600 par l'atelier du peintre Toussaint Dubreuil (1561-1602), un des peintres de prédilection du roi. Henri IV est représenté en Hercule terrassant l'hydre de Lerne. C'est le deuxième des fameux « douze travaux » qu'Hercule se voit imposer par son cousin Eurysthée, roi de Mycènes, selon la mythologie grecque. L'hydre est un monstre au corps de serpent et à l'haleine pestilentielle, dont les multiples têtes ont la capacité de renaitre quand elles sont coupées.
- Les éléments anachroniques qui se télescopent dans cette effigie royale en font au premier regard une image curieuse, voire amusante :

– le roi est habillé à l'antique, dans un décor évoquant l'architecture de la Renaissance ;
– son visage souriant d'homme à la barbe grisonnante (il a alors 47 ans) contraste avec son corps vigoureux ;
– en équilibre sur le monstre à la gueule encore ouverte mais terrassé, le roi est figuré avec les attributs d'Hercule : nouée sur son épaule, la peau du lion de Némée – référence au premier des travaux – et, dans la main gauche, sa massue.

Pourquoi l'hydre de Lerne ?

- Dans l'Antiquité, les travaux d'Hercule avaient pour but de mettre en avant les qualités athlétiques de ce héros demi-dieu. À la Renaissance, l'hydre est un symbole du désordre, de la rébellion, de l'ennemi insidieux qui se déplace, disparait pour renaitre et semer la discorde.
- Dans le climat de violence et de déstabilisation du pouvoir des guerres de religion, l'hydre est d'abord associée, par les défenseurs de la religion catholique, à la menace que représentent les protestants. Henri IV reprend alors habilement l'allégorie mythologique pour, cette fois, l'assimiler à la Ligue catholique qui, en s'opposant à son titre de roi, incarne l'insoumission et la division. Le nouvel Hercule, c'est lui, le roi réconciliateur et pacificateur.

L'art au service de la propagande politique

- La diffusion de l'image royale était un enjeu crucial depuis le renforcement des grandes dynasties régnantes en Europe. Avec ce portrait en demi-dieu Hercule, largement diffusé à travers des gravures, des pièces de monnaie et des décors éphémères, Henri IV s'inscrit en précurseur de la « propagande politique » destinée à asseoir son pouvoir. Si, dans d'autres de ses portraits, il pose selon la tradition avec ses attributs royaux, il se fera aussi représenter, nu, en Jupiter, le dieu souverain.
- En outre, l'image d'Hercule – propre à construire une représentation du roi comme un être surhumain – sera reprise par son fils Louis XIII, puis largement présente dans les décors du château de Versailles, sous Louis XIV.

Comment mener la séance ?

Objectifs

- Analyser un portrait royal et étudier sa fonction.
- Étudier l'influence des représentations antiques sur l'art du XVIIe siècle.

Réactiver les connaissances des élèves sur Henri IV : *Que savez-vous d'Henri IV ? Quelle était sa religion ? Qu'a-t-il fait pour être accepté comme roi ?* (Roi de 1589 à 1610, héritier indirect, Henri IV était protestant et a dû faire face aux guerres de religion. Il a été assassiné.) Puis demander : *Savez-vous à quoi il ressemblait ?* Dire aux élèves qu'ils vont découvrir un portrait d'Henri IV, sous une représentation particulière.

① Découverte du *Portrait d'Henri IV en Hercule terrassant l'hydre de Lerne* 15 min

Projeter le doc. 5 et dire qu'il s'agit d'un portrait réaliste du roi. Observer la pose, les vêtements, le décor. Puis projeter le doc. 1. Laisser les élèves réagir et guider leur observation : *Qu'est-ce qui vous étonne dans ce tableau ? Est-ce que c'est comme cela que vous imaginiez un portrait de roi ? Que fait Henri IV* (orienter le regard sur le monstre en bas de tableau) *? Comment est-il habillé ? Que regarde-t-il ? Est-ce que cette image est réaliste, d'après vous ?* Expliquer qu'Henri IV s'est fait représenter non pas de manière réaliste (à part le visage, car le roi doit être reconnaissable), mais à la manière dont on représente Hercule depuis l'Antiquité : un héros, dont les exploits sont donnés en exemple de force et de courage. Il porte un vêtement court, comme dans l'Antiquité. Zoomer sur l'hydre, puis sur le visage vieillissant qui contraste avec le corps jeune, sur la peau du « lion de Némée » (conquise par Hercule lors du premier de ses douze travaux) et la massue, autre « attribut » d'Hercule. Insister sur l'anachronisme du décor architectural de la Renaissance. Expliquer que l'hydre représente symboliquement la Ligue catholique, que le roi a victorieusement combattue, et que cette image est un élément de propagande politique, destinée à montrer Henri IV en triomphateur du désordre que l'opposition des catholiques engendrait dans le royaume.

Montrer la gravure (media.mdi-editions.com/hda-d13a). Expliquer qu'il s'agit d'une image de Louis XIII, fils de Henri IV, qui, comme son père, a été représenté en Hercule, cette fois-ci pour commémorer une victoire contre le royaume d'Espagne.

② Découverte d'une amphore grecque illustrant le même thème 10 min

Projeter le doc. 3. Expliquer que ce document est une image datant de l'Antiquité (VIe siècle avant J.-C.) représentant Hercule et l'hydre, et que ces images ont influencé celles du XVIIe siècle. Faire exprimer les ressemblances : la peau de lion, la massue, le vêtement court, le monstre ; et les différences : la technique et la représentation, Hercule est en pleine action, il n'est pas de face.

③ Fiche documentaire et fiche élève 25 min

La fiche documentaire est vidéoprojetée et lue collectivement, puis la fiche élève est distribuée.

Lexique

- **Hercule :** héros de la mythologie grecque et romaine, d'une force extraordinaire, qui accomplit « douze travaux » considérés comme irréalisables.
- **Huile sur toile :** procédé de peinture inventé à la fin du XIVe siècle utilisant des pigments de couleurs mélangés à de l'huile, et qui permet de peindre sur bois ou sur toile.
- **Hydre de Lerne :** monstre de la mythologie, au corps de serpent et doté de têtes ayant la capacité de renaitre d'elles-mêmes ; tuée par Hercule lors du deuxième de ses douze travaux.

Je retiens

- Lorsqu'Henri IV devient roi de France en 1589, les catholiques le considèrent comme illégitime car il est protestant. Pour asseoir son pouvoir et mettre fin aux guerres de religion, il combat l'armée de la Ligue catholique et remporte la victoire.
- Une fois son pouvoir affermi, pour montrer sa victoire, il se fait représenter en Hercule terrassant l'hydre de Lerne : Hercule, héros de la mythologie, symbolise la force d'Henri IV ; l'hydre, les troupes de la Ligue.

Œuvre en réseau

Henri IV en Mars. Cette grande huile sur toile (186 × 135 cm), peinte vers 1605-1606 par Jacob Bunel, représente Henri IV en dieu Mars – le dieu romain des guerriers, fondateur de Rome –, triomphateur d'ennemis dont il foule aux pieds les dépouilles (armures, casques, armes). La tête couronnée de lauriers, la main droite tenant le bâton de commandement, le roi est revêtu d'une armure d'un rose soutenu qui contraste avec le vert du fond. Le visage, doté d'un léger sourire, est aussi celui d'un souverain bienveillant dont le règne se veut pacificateur.
Conservé au musée national du château de Pau.

13 Henri IV en Hercule terrassant l'hydre de Lerne

1 Henri IV en Hercule terrassant l'hydre de Lerne

- Dans ce tableau, Henri IV est vêtu et armé comme le héros de l'Antiquité Hercule (voir doc. 3). Il piétine un serpent monstrueux à plusieurs têtes qui symbolise les armées catholiques. Le seul élément réaliste est le visage du roi : il doit être reconnu.
- Cette image a été largement diffusée sous son règne, sous forme de gravures et de pièces de monnaie.

2 Fiche d'identité

Quoi ? Tableau peint à l'huile sur toile.

Par qui ? Atelier de Toussaint Dubreuil.

Dimensions ? 91 × 74 cm.

Quand ? Vers 1600.

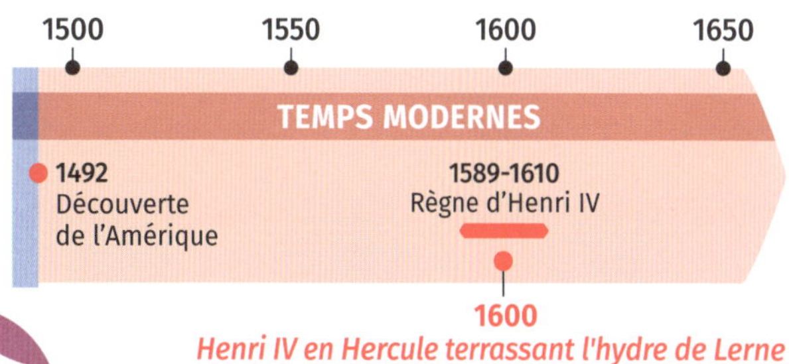

Où ? Paris, musée du Louvre.

3 Hercule, un héros depuis 2 000 ans !

- Le portrait représente Henri IV dans la même posture qu'Hercule, un héros de la mythologie grecque, puis romaine, qui a été condamné à effectuer douze travaux réputés impossibles. Ses exploits deviennent célèbres en Europe dès le Moyen Âge. À la Renaissance, l'intérêt nouveau porté à l'Antiquité renforce cette célébrité.
- Le second des travaux d'Hercule fut de tuer l'hydre de Lerne. Ce monstre possédait plusieurs têtes qui avaient le pouvoir de repousser lorsqu'elles étaient coupées. Aidé de son neveu, Hercule parvient à bruler les têtes et à tuer le monstre.

Hercule et l'hydre, sur une amphore fabriquée en Grèce vers 500 avant J.-C., hauteur 20 cm.

Henri IV en Hercule terrassant l'hydre de Lerne

4 Les statues antiques, une source d'inspiration pour les rois de la Renaissance

- Le portrait d'Henri IV en Hercule s'inspire des statues antiques, considérées comme le « beau idéal » depuis le début de la Renaissance. Henri IV a fait aménager dans son palais du Louvre une « salle des Antiques » où ses plus belles pièces étaient présentées.
- On y trouvait cette statue de la déesse de la chasse, Diane (ci-dessous, à droite). Le cerf a été ajouté à la demande d'Henri IV par un sculpteur français.
- Sur cette statue de l'empereur romain Titus (ci-dessous, à gauche), provenant aussi de la « salle des Antiques » d'Henri IV, on retrouve des vêtements courts proches de ceux portés par le roi dans le tableau.

5 À quoi ressemblait vraiment Henri IV ?

- Ce petit *Portrait d'Henri IV* par Frans Pourbus le Jeune, qui date de 1610, donne une image beaucoup plus simple du roi : en habit noir éclairé seulement par la fraise, une sorte de col blanc caractéristique de l'époque, le roi n'est plus un héros mythologique. Le collier qu'il porte et son épée sont les seuls éléments qui indiquent son statut de roi. Ce tableau était destiné à la « petite galerie » du palais du Louvre, où étaient exposés les portraits des membres passés et présents de la famille royale.

Portrait d'Henri IV, par Frans Pourbus le Jeune, 1610, musée du Louvre.

Métier

Iconographe

Une « icône », c'est une image. Les iconographes sont des spécialistes des images : ils connaissent très bien l'histoire de l'art et savent reconnaitre les symboles. Ils savent par exemple qu'un personnage représenté avec une massue et une peau de lion a voulu se faire passer pour Hercule ! Leur métier consiste à trouver les images qui illustreront le mieux un texte dans des livres, des journaux, des articles sur Internet…

Ça alors !

À la naissance d'Henri IV, son grand-père paternel est fou de joie que ce soit un garçon, et un beau bébé, aussi vigoureux qu'un lion !
Pour le rendre encore plus fort, il lui fit boire trois gouttes de vin et lui frotta les lèvres avec une gousse d'ail ! À l'époque, l'ail et le vin étaient utilisés pour éviter aux enfants d'avoir des maladies.

13 Henri IV en Hercule terrassant l'hydre de Lerne

1 Place sur cette frise le portrait d'Henri IV en Hercule.

1500	1550	1600	1650
TEMPS MODERNES			
1492 Découverte de l'Amérique		1589-1610 Règne de Henri IV	

2 Pourquoi Henri IV s'est-il fait représenter en Hercule terrassant un monstre ?

- ☐ Parce qu'il avait, enfant, un livre sur les héros de la mythologie.
- ☐ Pour montrer qu'il était fort et victorieux.
- ☐ Pour montrer qu'il n'avait pas peur des gros serpents.

3 Observe cette image, puis :

- entoure la seule partie qui ressemble à la réalité vue par le peintre ;
- colorie en rouge les attributs d'Hercule : la massue et la peau de lion ;
- colorie en bleu l'hydre.

4 Complète ce texte en t'aidant de la fiche documentaire.

Lorsqu'.......................... devient roi de France en 1589, les catholiques le considèrent comme illégitime car il est de religion protestante. Après sa victoire contre les troupes armées de la Ligue catholique, il se fait représenter en .... terrassant l'hydre de Lerne. À travers l'image de ce héros de la ...., Henri IV montre sa force et son pouvoir. Ce tableau est inspiré des œuvres d'art datant de l'............................... .

Jeux

HENRI IV EN HERCULE TERRRASSANT L'HYDRE DE LERNE

Images à relier **Voici le récit de quatre autres travaux d'Hercule, ainsi que leur représentation. Entoure de la même couleur l'image, le texte et la technique qui se correspondent.**

gravure

dessin

sculpture

mosaïque

Capturer Cerbère, le chien des Enfers
Cerbère était un chien monstrueux à trois têtes, qui gardait l'entrée des Enfers. Hercule devait le capturer sans armes : il parvint à serrer son cou si fort que les têtes étaient incapables de mordre. Pour prouver son exploit, il le montra à son cousin Eurysthée, qui fut si effrayé qu'il se cacha dans une jarre !

Tuer le lion de Némée
C'est le premier des travaux d'Hercule. Ce lion possédait une peau qu'aucune flèche ne pouvait percer et que rien ne parvenait à bruler. Hercule parvint à étouffer le lion. Il utilisa les griffes du lion mort pour découper sa peau et s'en revêtit.

Les oiseaux du lac Stymphale
Ces oiseaux mangeurs d'hommes, aux plumes dures comme le métal, infestaient le lac. Hercule tenta de les tuer avec son arc, mais échoua. Il parvint finalement à les tuer d'épuisement.

Dompter le taureau de Crète
Hercule devait dompter un énorme taureau offert par Poséidon au roi de Crète, Minos. La bête ravageait l'ile de Crète. Hercule parvint à lui monter sur le dos en l'attrapant par les cornes.

14 La représentation du monde paysan au XVIIe siècle

Peu représentés dans les œuvres d'art jusqu'alors, les paysans deviennent visibles en France dans la première moitié du XVIIe siècle, notamment avec les tableaux des frères Le Nain. Redécouverte au XIXe siècle, leur production reste entourée de mystère. On attribue en général aujourd'hui à Louis les tableaux qui portent un regard plein d'humanité sur le monde rural de leur temps.

Fiche enseignant

Un sujet nouveau en France

- Avant le XVIIe siècle, les paysans sont très peu représentés dans l'art, bien qu'ils constituent la majorité de la population. Au Moyen Âge, ils sont montrés au labeur dans les « calendriers des mois » sculptés aux portails des églises puis apparaissent sur les tapisseries et surtout les enluminures des ouvrages liturgiques commandés par la noblesse (*Les Très Riches Heures du duc de Berry*, 1416, musée Condé, Chantilly).
- Aux XVIe et XVIIe siècles, des représentations de fêtes paysannes se développent aux Pays-Bas (avec Pieter Brueghel l'Ancien, Frans Hals et leurs suiveurs). Ces petites œuvres sont diffusées en France par le biais de gravures, mais aussi par une colonie de peintres flamands et hollandais installés à Paris. Toutefois, c'est avec les frères Le Nain que les paysans font véritablement leur entrée dans la peinture française.

Le « mystère Le Nain »

- On sait si peu de choses de ces trois frères peintres – Antoine (v. 1588-1648), Louis (v. 1593-1648) et Mathieu (1607-1677) – qu'on parle de « mystère Le Nain ». Nés dans une famille de vignerons aisés de Laon (alors dans les Flandres), ils s'installent à Paris en 1629, peignent dans le même atelier et signent leurs peintures – quand ils les signent ! – de leur seul patronyme : « Lenain ». Leurs styles sont si proches qu'il est aujourd'hui difficile de savoir qui a peint quoi, d'autant qu'ils ont réalisé à plusieurs mains certains de leurs tableaux – sujets religieux, portraits de groupe, scènes paysannes.
- Dans les années 1630-1640, le marché de la peinture est en pleine expansion et déborde le cadre des commandes de scènes religieuses. La bourgeoisie montante se tourne vers les portraits et les scènes de genre qui décrivent les aspects de la vie quotidienne, urbaine ou rurale. Les frères Le Nain vont répondre à ce marché avec succès et acquérir la réputation d'excellents peintres : leur production est estimée à plus de 2 000 œuvres, dont 75 seulement sont parvenues jusqu'à nous. En mars 1648, ils sont admis à l'Académie royale de peinture et de sculpture tout juste créée. Louis et Antoine meurent trois mois plus tard, Mathieu continuant seul à produire.
- Les frères Le Nain tombent progressivement dans l'oubli avant d'être redécouverts au XIXe siècle, puis largement étudiés. Les tableaux les plus beaux sont attribués à Louis Le Nain.

Famille de paysans dans un intérieur

Trois générations de paysans sont réunies

- *Famille de paysans dans un intérieur* est une huile sur toile (113 × 159 cm), peinte vers 1642. Elle est conservée au musée du Louvre.
- Une famille nombreuse est rassemblée autour d'un coffre servant de table. Assis, les adultes (le mari, la femme et la mère de l'un d'eux) regardent le peintre. Deux enfants, dont un jouant de la flute, se tiennent debout, tandis qu'un plus jeune est assis sur le sol en terre battue, le regard dans le vague. Un chat, à demi-caché derrière une marmite, surveille le petit chien situé dans l'angle inférieur gauche du tableau. Sur la gauche, un effet de clair-obscur révèle trois autres enfants face au feu de cheminée.
- Louis Le Nain montre toute l'étendue de son talent dans le traitement des vêtements, dont les camaïeux de gris-blanc et de bruns restituent la simplicité et la solidité ; ces couleurs évoquent aussi le travail de la terre, de même que les visages des plus âgés témoignent de leur vie de labeur. La blouse rapiécée du joueur de flute et les pieds nus des enfants traduisent encore la modestie de leur niveau de vie.

Sous le regard du peintre

- Les personnages sont réunis autour de la table : s'agit-il pour autant d'un repas à venir ? L'homme s'apprête à tailler la miche de pain et la vieille paysanne tient une cruche et un verre de vin – le pain trempé dans du vin constituant l'ordinaire des repas paysans. Mais une seule écuelle est posée sur la table, la marmite est par terre, et le verre est trop luxueux pour un intérieur paysan. En réalité, aucune scène à proprement parler n'est représentée. Les paysans posent tout simplement pour le peintre.
- Le pain et le verre de vin ont pu être interprétés comme une évocation de l'Eucharistie. Ce sont en tout cas des accessoires d'atelier. De même, la présence du chat et du petit chien viennent apporter une touche de distraction.
- Avec *Famille de paysans dans un intérieur*, Louis Le Nain donne tout simplement à voir des paysans de son temps, auxquels il rend hommage avec une empathie jusque-là inédite. Ce tableau est considéré comme un chef-d'œuvre de la peinture française.

Comment mener la séance ?

Objectifs

- Découvrir un nouveau type de tableau : la scène de genre.
- Décrire la composition d'un tableau : lumière, personnages, symboles...

Demander aux élèves de récapituler les personnages représentés sur les œuvres d'art déjà vues en classe. En fonction des réponses, montrer que ce sont le plus souvent les personnes qui ont commandé les œuvres qui sont représentées, ou des personnages religieux ou mythologiques. Faire remarquer que la vie quotidienne est peu présente. Si la mosaïque de Saint-Romain-en-Gal (fiche 5) a été travaillée, rappeler que cette œuvre montre des paysans au travail. Dire que les paysans constituent, jusqu'au xxe siècle, une très grande partie de la population, mais qu'ils sont très peu représentés dans l'art. Expliquer qu'ils commencent à devenir les sujets de tableaux au xvie siècle en Europe du Nord, puis en France sous le règne de Louis XIV, à travers de petites peintures évoquant leur vie quotidienne (appelées scènes de « genre »). Dire aux élèves qu'ils vont étudier l'un de ces tableaux.

1 Découverte de la *Famille de paysans dans un intérieur* 15 min

Projeter le doc. 1 et laisser réagir les élèves : *Que voit-on ?* Leur faire décrire les neuf personnages (un enfant est près du feu, à l'extrême gauche du tableau). Insister sur la disposition en frise, sur les expressions des visages, sur la sobriété des couleurs (gris et bruns, touche rubis du vin et bleu de la robe). Faire décrire les vêtements et les objets. Demander aux élèves ce qu'ils pensent de ce tableau, ce qui les étonne éventuellement (peut-être remarqueront-ils la modestie des vêtements, les pieds nus des enfants, le fait que tous les personnages féminins ont la tête couverte), ce qui leur plait ou ne leur plait pas.

Interroger les élèves sur la scène représentée : *Que font les personnages ?* Repérer les aliments, détailler les objets (y compris la salière sur la table), la marmite par terre. On dirait qu'ils s'apprêtent à manger, mais seuls les adultes sont autour de la table, un enfant joue de la flute. Ce tableau leur parait-il réaliste ? Est-ce que la scène a pu se passer ainsi ? Expliquer qu'en réalité, ces paysans ont posé pour le peintre. Les visages sont sans doute ceux de personnes réelles, mais le peintre a composé la scène, il l'a imaginée.

Faire remarquer aux élèves que la lumière vient de plusieurs endroits dans le tableau : les personnages sont éclairés, mais il y a aussi une source de lumière dans le tableau lui-même : le feu, qui permet de montrer la silhouette des enfants dans le fond.

2 Le mystère des frères Le Nain 10 min

Expliquer qui étaient les frères Le Nain et qu'il est difficile de savoir qui a peint quoi dans leur production. Aujourd'hui, 75 œuvres sont connues et on s'accorde à attribuer à Louis Le Nain les plus beaux tableaux représentant des paysans.

Insister sur la spécificité de ces tableaux à l'époque : non seulement les représentations de la vie quotidienne paysanne étaient rares, mais encore plus les représentations d'enfants.

Montrer la vidéo expliquant les différences entre les tableaux attribués à chacun des frères (media.mdi-editions.com/yt/hda-d14a), de 2'29 à 3'50.

3 Fiche documentaire et fiche élève 25 min

La fiche documentaire est vidéoprojetée et lue collectivement, puis la fiche élève est distribuée.

Lexique

- **Scène de genre :** type d'œuvre (peinte ou dessinée) qui figure des scènes de la vie quotidienne.
- **Camaïeu :** on parle de « camaïeu » quand un peintre utilise une même couleur qu'il décline selon ses différents tons (clairs ou foncés).

Je retiens

- En France, le monde paysan commence à être représenté en peinture au xviie siècle, à travers des scènes de vie quotidienne, qu'on appelle « scènes de genre ». Louis Le Nain est le peintre français qui a le mieux représenté les paysans.
- Il avait deux frères, Antoine et Mathieu, également peintres. Tous les trois partageaient le même atelier et vendaient très bien leurs tableaux. Mais ils ne les signaient pas, ou seulement « Lenain », ce qui rend difficile de savoir qui a peint quoi.

Œuvre en réseau

***Le Repas de noces* (vers 1567-1568).** Avec ses tableaux de fêtes paysannes, le peintre flamand Pieter Brueghel se singularise au xvie siècle en représentant, parmi les premiers, le monde paysan. C'est lui qui va « mettre à la mode » ce type de scènes de vie quotidienne, dont le pittoresque séduit.
Conservé au musée d'histoire de Vienne (Autriche).

14 Famille de paysans dans un intérieur

Fiche documentaire

1 Famille de paysans dans un intérieur

- Ce tableau montre une famille de paysans rassemblée dans une pièce chauffée par une cheminée. Leurs vêtements sont modestes et le sol est en terre battue. Les trois adultes sont assis sur des chaises. Les enfants sont debout ou assis par terre. Les deux parents semblent regarder le peintre, les autres personnages ont le regard dans le vague.
- La lumière sépare la scène en deux parties : six personnages, au premier plan, sont dans la lumière. Dans le fond de la pièce, trois enfants sont dans l'ombre, éclairés seulement par le feu. Une petite fille, debout derrière sa grand-mère, fait le lien entre ces deux parties du tableau.

Sur ce détail, on voit les deux plans du tableau.

2 Fiche d'identité

Quoi ? Tableau peint à l'huile sur toile.

Par qui ? Louis Le Nain (vers 1593-1648).

Dimensions ? 113 × 159 cm.

Quand ? Vers 1642.

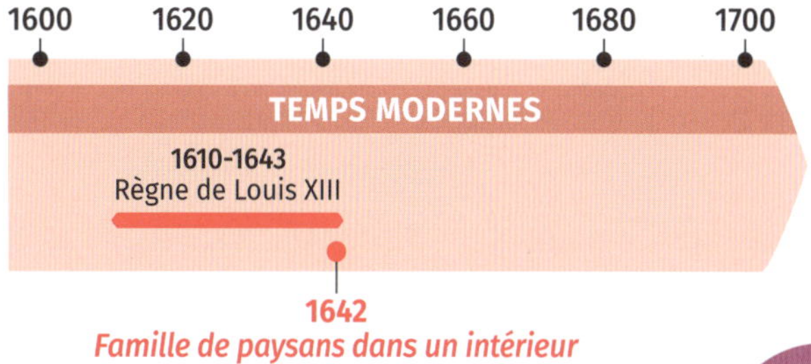

Où ? Paris, musée du Louvre.

3 Un repas ordinaire ?

- Plusieurs détails évoquent un repas : l'homme tient une miche de pain, une salière et une écuelle sont posées sur la table, une marmite et une louche sont au sol. L'œil est attiré vers l'une des seules touches colorées : le verre de vin, qui ressort sur le blanc du vêtement de la femme âgée et sur celui de la cruche, très éclairés. Le pain et le vin sont les aliments principaux à cette époque, même pour les enfants.

Ces deux détails montrent que la scène n'est pas entièrement réaliste.

- Personne ne mange ni ne boit et la table n'est pas mise : cette famille ne s'apprête pas à manger. Le verre en cristal est un objet luxueux, improbable chez cette famille pauvre. C'est en fait un accessoire d'atelier, comme la nappe, le chat et le chien (qui n'est pas un chien de la campagne) : le peintre a imaginé une mise en scène pour les représenter à sa manière.

4 Qui a peint quoi ?

- Louis avait deux frères, Antoine et Mathieu, également peintres. Tous trois partageaient à Paris le même atelier. Leur production totale est estimée à 2 000 peintures de sujets variés. Ils étaient connus et avaient beaucoup de succès de leur vivant.
- Le « mystère Le Nain » réside dans les faits suivants : les frères peignaient dans des styles proches et réalisaient souvent leurs tableaux à plusieurs ; ils signaient rarement leurs œuvres et, quand ils le faisaient, c'était du nom « Le Nain », sans préciser leur prénom. Il est donc très difficile de savoir qui a peint quoi !

Les Petits joueurs de cartes, attribué à Louis et Antoine Le Nain, vers 1635-1638.

Métier

Historien de l'art

Pour tenter d'éclaircir le mystère des tableaux des trois frères Le Nain, les historiens de l'art les ont scrutés de près : ils ont comparé le choix des couleurs, les visages des personnages, le rendu des mains, des pieds, des vêtements, etc. Ils ont même fait passer des radios aux tableaux ! Résultat : ils ont réussi à distinguer trois groupes d'œuvres pouvant correspondre à chacun des trois frères, même si de nombreuses incertitudes demeurent encore. En revanche, tous s'accordent à attribuer à Louis Le Nain les meilleurs tableaux : ceux représentant des paysans.

Ça alors !

Au fil du temps, de nombreux tableaux anciens et non signés finissent par ne plus intéresser personne... Beaucoup ont disparu. En 2014 et en 2018, les spécialistes du Louvre ont examiné deux tableaux, trouvés par hasard, l'un dans une brocante, l'autre dans un grenier : il s'agissait de deux magnifiques Le Nain !

14 *Famille de paysans dans un intérieur*

1 Place sur cette frise la *Famille de paysans dans un intérieur*.

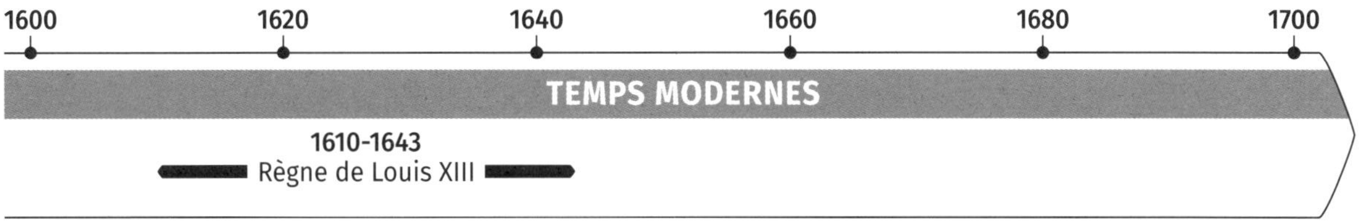

2 *Vrai* ou *faux* ? Coche la bonne réponse.

a. Louis Le Nain a peint plusieurs tableaux représentant des paysans. ☐ Vrai ☐ Faux
b. Ces scènes étaient très courantes en France à l'époque. ☐ Vrai ☐ Faux
c. Il y a deux animaux dans le tableau. ☐ Vrai ☐ Faux
d. L'un des enfants joue de la flute. ☐ Vrai ☐ Faux

3 Réponds aux questions.

a. Que sont en train de manger et de boire les personnes représentées ?

....

....

b. Quels sont les deux détails étonnants dans cette scène ?

....

....

c. Combien de personnages ne portent rien sur la tête ? Qu'ont-ils en commun ?

....

....

4 Complète ce texte en t'aidant de la fiche documentaire.

Famille de paysans dans un intérieur est un tableau peint à l'.................................... sur toile vers 1642 par .... Le Nain et conservé au musée du Louvre, à Paris. Ce tableau représente .... adultes et six enfants, réunis dans une pièce modeste, au sol en terre battue. La scène représentée est ....par le peintre. La représentation de paysans était peu fréquente en France à cette époque.

FAMILLE DE PAYSANS DANS UN INTÉRIEUR

Jeu d'observation Barre les détails qui ne font pas partie du tableau.

15 La création des académies royales au XVIIe siècle

Fiche enseignant

Le règne de Louis XIV, marqué par l'absolutisme monarchique, se distingue également par la centralisation de toutes les formes de création artistique et intellectuelle au service du roi. Cette « étatisation » se déploie avec la création des académies royales artistiques et scientifiques de 1648 à 1672. En même temps que le roi protège les arts, les arts glorifient le roi.

Le roi du « grand siècle »

- Le règne de Louis XIV, qui dura 72 ans, fut le plus long de toute l'histoire de France. Le soutien royal aux arts donna à cette période le nom de « grand siècle ».
- Très tôt, le jeune Louis XIV s'intéresse à la peinture et à l'architecture, se passionne pour la musique et la danse, qu'il pratique assidument. Ce gout du roi pour les arts se transforme rapidement en une organisation institutionnelle : en 1661, il fonde l'Académie royale de danse ; en 1663, il réforme l'Académie royale de peinture et de sculpture ; sont ensuite créées l'Académie de France à Rome (1666), l'Académie d'architecture (1671) et l'Académie royale de musique (1672). La recherche scientifique n'est pas oubliée avec la création en 1666 de l'Académie des sciences. La brillante politique artistique et culturelle du « siècle de Louis XIV » est lancée.

L'Académie royale de peinture et de sculpture

Les artistes sous protection royale

- Lorsque cette Académie est fondée en 1648, Louis XIV n'a que 10 ans. Elle est née à l'instigation d'une douzaine d'artistes : opposants à la puissante « Maitrise de Saint-Luc » qui, depuis le XVe siècle, régit la corporation des artistes, ces peintres et sculpteurs ont souhaité se placer directement sous protection royale. Il s'agit aussi de prouver le talent des artistes formés en France face au succès des peintres et sculpteurs italiens. Le principe d'une académie des arts, alliance d'un prince et de peintres reconnus, s'inspire des institutions fondées depuis le XVIe siècle dans plusieurs villes italiennes, Florence en premier lieu.
- À partir de 1663, Louis XIV charge son ministre Colbert de la protection de cette jeune Académie et Charles Le Brun, premier peintre du roi, de sa direction. Elle va alors exercer pour deux siècles un véritable monopole sur la peinture et la sculpture.
- L'Académie est avant tout un lieu d'enseignement, « dans les règles de l'Art et du bon gout » : ces règles comportent notamment l'idéalisation du corps humain, la primauté du dessin sur la couleur et la hiérarchisation des genres, c'est-à-dire des sujets qu'il convient de représenter. Cette dernière est fixée en 1668 par André Félibien dans une préface aux *Conférences de l'Académie*.

(1) **La peinture d'histoire**, dite aussi « le grand genre » : regroupe les sujets mythologiques, religieux ou historiques ; les tableaux, souvent de grande taille, ont pour fonction d'instruire et d'éduquer le spectateur.
(2) **Le portrait :** à condition de représenter des personnages importants (du passé ou du présent).
(3) **Les scènes de genre :** représentations de la vie quotidienne, pour lesquelles le petit format est préconisé.
(4) **Le paysage et** (5) **la nature morte :** ces genres dits « d'observation » sont considérés comme mineurs car ils se « contentent » d'imiter la nature.

- Les étudiants concourent à des prix : le plus prestigieux est le « grand prix royal », qui sanctionne la fin des études. Le lauréat bénéficie d'un séjour de 4 ans à l'Académie de France à Rome et reçoit des commandes officielles. Ce « prix de Rome » sera attribué dans différentes catégories... jusqu'en 1968 !

Allégorie de la fondation de l'Académie royale de peinture et de sculpture

- Tout artiste prétendant au titre d'académicien doit présenter une œuvre, appelée « morceau de réception ». Cette allégorie de 1666 est le morceau de réception de Nicolas Loir.
- Toute en références mythologiques (comme il se doit pour appartenir au « grand genre »), cette allégorie montre la gloire du roi ami des arts : Louis XIV y est présenté comme une figure divine et l'existence de l'Académie royale de peinture et de sculpture comme un évènement mémorable et prestigieux, annoncé par les dieux de l'Olympe.

Des règles académiques difficiles à détrôner

- À partir de 1673, l'Académie organise régulièrement une exposition de peintures et de sculptures. Cet évènement ouvert au public, appelé plus tard le « Salon » car il se tient dans le Salon carré du Louvre, a donné lieu à l'apparition des premiers critiques d'art et a été un moment fondamental de la vie artistique française jusqu'en 1880.
- Sous la Révolution, les Académies royales sont supprimées. Celles de peinture et sculpture, de musique et d'architecture donnent naissance à l'École des Beaux-arts en 1819.
- Le principe de la hiérarchie des genres et l'acceptation ou non au Salon vont dicter le bon gout jusque dans la seconde moitié du XIXe siècle, où des artistes vont chercher à s'en libérer (on voit alors apparaitre le « Salon des refusés ») et donneront naissance à plusieurs courants artistiques novateurs.

Comment mener la séance ?

Objectifs
- Découvrir le rôle des académies royales sous Louis XIV.
- Comprendre la notion d'allégorie.

Réactiver les connaissances sur Louis XIV : *Quand devient-il roi ? Quel célèbre bâtiment a-t-il fait construire ?* Rappeler l'absolutisme du pouvoir et expliquer que cela s'appliquait également aux arts : des « académies » royales permettaient de contrôler la création artistique et de nommer des artistes favorisés par le roi et son entourage. Charles Le Brun est ainsi nommé « premier peintre du roi » et directeur de l'Académie. Indiquer aux élèves que la séance va permettre de connaitre les règles auxquelles devaient obéir les peintres.

1 Découverte de l'*Allégorie de la fondation de l'Académie royale de peinture et de sculpture* de Nicolas Loir 15 min

Projeter le doc. 1 et expliquer que c'est un « morceau de réception », peint spécialement pour être accepté à l'Académie. Insister sur le fait que l'artiste passait une sorte d'examen, il devait montrer tout son savoir-faire. Laisser un temps aux élèves pour réagir : *Que voyez-vous ? Qu'est-ce qui vous étonne ?* (Ils reconnaitront peut-être le portrait au centre du tableau et seront sans doute interpellés par les personnages nus et les enfants... et les personnages qui volent !) *Est-ce que le tableau représente la réalité, d'après vous ?* Expliquer ce qu'est une allégorie (voir Lexique). Zoomer pour décrypter et expliquer les références (voir doc. 3) et montrer les lignes de composition, le premier plan (les personnages), le second plan (le paysage au fond). Les corps sont parfaitement dessinés, les couleurs claires et lisses, comme l'exigent les règles de l'Académie royale.

2 Découverte de la « hiérarchie des genres » 10 min

Expliquer le principe de la « hiérarchie des genres ». On peut montrer le tableau des frères Le Nain (fiche 14) comme exemple de scène de genre. Recueillir le sentiment des élèves. Montrer que le tableau de Nicolas Loir est l'occasion de peindre différentes expressions, et qu'on retrouve la construction en X et les différents plans, marqués par les jeux de lumière et d'ombre. Expliquer que le classement des genres et les règles de composition et du « bon gout » vont exister durant plus de deux siècles : chaque année, l'Académie organisait une grande exposition ouverte au public, le Salon. Un artiste qui voulait avoir des commandes devait être accepté à cette exposition. Il ne pouvait donc pas peindre ce qu'il voulait.

4 Fiche documentaire et fiche élève 25 min

La fiche documentaire est vidéoprojetée et lue collectivement, puis la fiche élève est distribuée.

Lexique

- **Académie :** du grec ancien *Akadémia*, lieu où le philosophe grec Platon fonda en 367 av. J.-C. son « académie » à Athènes. C'est un lieu d'enseignement et de réunion de savants autour d'une discipline.
- **Allégorie :** en peinture ou en sculpture, l'allégorie permet de représenter une idée abstraite (ex. : le temps qui passe avec un sablier).
- **Salon :** évènement régulier présentant une exposition autour d'un sujet (Salon de l'agriculture...). Le nom vient du « Salon » de l'Académie royale de peinture et de sculpture, qui exposait tous les ans, dans le Salon carré du Louvre, les œuvres acceptées par un jury.

Je retiens

- Louis XIV était un grand amateur des arts. Il aimait la peinture et l'architecture, la danse et la musique qu'il pratiquait lui-même.
- Pour soutenir les artistes, il a créé et financé plusieurs Académies royales. Elles permettaient de former des artistes admirés en Europe, mais aussi d'imposer des règles de représentation et de s'assurer que les œuvres seraient à la gloire du roi.

Œuvres en réseau

Allégorie à Louis XIV, protecteur des Arts et des Sciences. Ce tableau est le morceau de réception à l'Académie présenté en 1672 par Jean Garnier, dans la catégorie « nature morte ». Chacun des objets réunis est un attribut des arts et des sciences, placés sous la protection du roi et d'Athéna-Minerve (buste en bas à droite). Les fruits évoquent l'abondance du royaume.
Conservé au château de Versailles.

***Colbert présente à Louis XIV les membres de l'Académie royale des sciences* (1667), par Henri Testelin.** En 1666, Colbert persuade Louis XIV de créer une institution analogue à la *Royal Society* de Londres, fondée en 1658. Le ministre comprend tout le bénéfice pour le roi à favoriser et contrôler le développement des sciences, mais aussi à attirer des savants étrangers, de manière à concurrencer les puissances voisines.
Conservé au château de Versailles.

15 L'Académie royale de peinture et de sculpture

1 *Allégorie de la fondation de l'Académie royale de peinture et de sculpture*

- Ce grand tableau (près de 2 m de large) a été peint par Nicolas Loir, dans le but d'être reçu à l'Académie royale de peinture et de sculpture. Il devait pour cela montrer ses talents, sa connaissance de l'histoire antique et rendre hommage au roi Louis XIV.
- Le peintre a représenté Louis XIV fêté par les dieux pour avoir fondé cette Académie.
- Le tableau est composé en deux plans : le plan mythologique (les personnages) et le plan terrestre (le paysage), au centre et au fond de la scène.

2 Fiche d'identité

Quoi ? Tableau peint à l'huile sur toile.
Par qui ? Nicolas Loir.
Dimensions : 141 × 185 cm.
Quand ? 1666.

1650 — 1700

TEMPS MODERNES

1651-1715
Règne de Louis XIV

1666
Allégorie de la fondation de l'Académie royale de peinture et de sculpture

Où ? Versailles, musée national du château.

3 Personnages et composition du tableau

① Athéna-Minerve, déesse de la guerre et des arts, pointe du doigt le portrait de Louis XIV.

② Niké, la déesse de la victoire, sonne la trompe pour proclamer la gloire de Louis XIV.

③ Un angelot apporte des couronnes de lauriers, symboles de gloire et de victoire.

④ Saturne, la divinité du temps, ouvre le rideau, pour dévoiler au monde terrestre combien le roi protège la peinture et la sculpture.

⑤ Des jeunes femmes et un angelot tiennent les outils du peintre. La jeune femme nue de dos est un sujet classique en peinture et en sculpture.

⑥ Un torse sculpté représente la sculpture.

4 Un classement très strict

En 1668, l'Académie royale classe les « genres », c'est-à-dire les sujets qu'il convient de peindre, du plus « noble » (①) au plus « mineur » (④ et ⑤). Cette règle sera suivie durant deux siècles.

① **La peinture d'histoire** regroupe sujets mythologiques, religieux ou historiques ; les tableaux, souvent de grande taille, ont pour fonction d'instruire et d'éduquer le spectateur.

② **Les portraits** sont appréciés… à condition qu'ils représentent des personnages importants !

③ **Les scènes de genre** sont des représentations de la vie quotidienne, souvent de petit format.

④ **Les paysages et** ⑤ **les natures mortes** (représentations d'objets, de fruits ou de fleurs) sont dits « mineurs » car on considère, en France au XVIIe siècle, que les peintres qui en font « se contentent » d'imiter la nature. Ils sont très admirés au contraire en Europe du Nord, où cette règle des genres n'existe pas.

5 Le salon de l'Académie

- Installée en 1692 dans le palais du Louvre, l'Académie royale de peinture et de sculpture y expose tous les trois ou quatre ans les œuvres de ses membres. Cette exposition devient annuelle et prend le nom de « Salon » car elle est présentée dans le « Salon carré » du Louvre.
- Le Salon s'ouvre peu à peu à d'autres artistes. Jusque vers 1880, le Salon sera le principal lieu où exposer pour se faire connaitre, à condition toutefois d'être accepté par le jury, très sévère.

Métier

Colbert, premier ministre de la Culture !

Ce n'est que depuis 1959 qu'il existe en France un ministère de la Culture. Mais dès 1664, Louis XIV crée la fonction de « surintendant et ordonnateur des bâtiments, arts, tapisseries et manufactures de France ». C'est Jean-Baptiste Colbert, par ailleurs contrôleur général des finances, qui est nommé par le roi.

Ça alors !

Folle, Mitte, Blonde, Ponne et Nonne : ce sont les chiennes préférées de Louis XIV. Elles avaient un portraitiste attitré : le peintre animalier François Desportes, membre de l'Académie royale, qui fit d'elles toute une série de portraits très expressifs, aussi vrais que nature !

15 L'Académie royale de peinture et de sculpture

1 **Place sur cette frise la date de création de l'*Allégorie de la fondation de l'Académie royale de peinture et de sculpture.***

1650 — 1700

TEMPS MODERNES

1651-1715
Règne de Louis XIV

2 **Observe le tableau et réponds aux questions.**

a. Qui est représenté sur le portrait ?

....

b. Qui tient le portrait ?

....

c. Que voit-on au second plan ?

....

d. Ce tableau appartient à un genre :

☐ peu valorisé ☐ très valorisé

3 **Relie les étiquettes à la bonne définition.**

scènes de genre •	• À condition que la personne représentée soit un personnage important, ce genre est très valorisé.
portraits •	• Dans ces tableaux, en général de petit format, la vie quotidienne est représentée. Ce genre est peu valorisé en France du temps de Louis XIV.
natures mortes •	• Ces tableaux représentent des objets divers (vases, fruits, fleurs…) ayant souvent une valeur symbolique forte.
peintures d'histoire •	• Dans ces tableaux souvent de très grand format, des personnages historiques ou mythologiques sont montrés en exemple du beau et de la vertu.

4 **Complète ce texte en t'aidant de la fiche documentaire.**

Pour soutenir les artistes, Louis XIV a créé et financé plusieurs .... royales. Sous son règne, l'Académie royale de peinture et de .... a mis en place des règles strictes : les sujets antiques ou mythologiques sont favorisés, c'est la « peinture d'histoire ». Les sujets réalistes, comme le paysage et la « nature .... », sont moins appréciés. Beaucoup d'œuvres sont à la gloire de Louis XIV.

Jeux

L'ACADÉMIE ROYALE DE PEINTURE ET DE SCULPTURE

Mots croisés **Les lettres du nom du roi Louis XIV vont t'aider à placer les mots dans la grille.**

PEINTURE — PAYSAGE — ACADÉMIE — ALLÉGORIE
SCULPTURE — SALON — GENRE — PORTRAIT

16 Versailles, centre du pouvoir de Louis XIV

Fiche enseignant

Le 6 mai 1682, Louis XIV s'installe au château de Versailles avec toute sa cour, qui compte quelques 10 000 courtisans. Deux ans plus tard s'achève la création d'un lieu qui va symboliser, avec magnificence, son pouvoir absolu : la grande galerie, qui prendra au XIXe siècle le nom de « galerie des Glaces ».

Versailles, centre du pouvoir

- Louis XIV a 23 ans lorsqu'il décide, en 1661, de transformer le pavillon de chasse de Louis XIII, à Versailles, pour en faire sa résidence royale permanente, quittant Paris et le Louvre. Il veut un gigantesque palais à son image, celle du Roi-Soleil, et s'entoure des plus grands artistes : Louis Le Vau et Jules Hardouin-Mansart pour l'architecture, Charles Le Brun pour la peinture et les décors, André Le Nôtre pour les jardins. Les travaux vont durer près de quarante ans, mobiliser des milliers d'ouvriers et d'artisans, et couter l'équivalent de 3 milliards d'euros.

La grande galerie, dite galerie des Glaces

Une galerie très royale

- En 1678, au lendemain de la guerre de Hollande, Louis XIV lance la construction d'une « grande galerie » : lieu des réceptions et cérémonies officielles, elle doit montrer aux yeux du monde qu'il est le grand vainqueur de l'Europe. Il fait fermer une terrasse qui reliait, au premier étage, les appartements du roi et ceux de la reine et permettait d'admirer les jardins.
- La vaste pièce toute en longueur ainsi créée (73 m de long × 10,50 m de large × 12,5 m de haut) demeure largement ouverte sur les jardins grâce à 17 immenses fenêtres. Achevée en 1684, sa décoration somptueuse frappe par la diversité et la richesse des matériaux : marbres polychromes, bronzes dorés, cristal étincelant des lustres à bougies. L'effet décoratif le plus novateur est produit par les 357 grands miroirs en verre soufflé qui ornent 17 arcades faisant face aux fenêtres : chacune en contient 21, maintenus par des baguettes de bronze ciselé.

Une réalisation française… sur fond d'espionnage !

- La réalisation des miroirs est une prouesse technique : leur taille d'environ 1 mètre dépasse celle des miroirs vénitiens, mais surtout ils sont produits en France ! Jusque-là, la République de Venise exerce un véritable monopole : seuls les verriers vénitiens sont capables de fabriquer des miroirs hautement réfléchissants. Ils ont un secret de fabrication : sur leurs glaces de verre soufflé, parfaitement plates et sans défaut, ils apposent un amalgame d'étain et de mercure, auquel ils ajoutent un peu d'or et de bronze. Ces miroirs sont exportés dans toute l'Europe à prix d'or ! Aussi, la police surveille-t-elle très étroitement les verriers pour qu'ils ne divulguent pas leur secret.
- Pour contrecarrer ce monopole, Colbert crée en 1665 à Paris la Manufacture royale de glaces et de miroirs. Reste à obtenir le secret… Colbert envoie à Venise un espion, qui organise la fuite de quatre verriers vers Paris. Quelques mois plus tard, les Vénitiens envoient à leur tour leurs espions… et deux des quatre verriers sont retrouvés morts, empoisonnés au mercure. La manufacture aurait pu en rester là, si Colbert ne s'était tourné vers un fabricant de glaces en Normandie qui parvient à produire des miroirs « à la vénitienne » !
- En 1672, Louis XIV fait interdire en France toute importation de miroirs en provenance de Venise. Dix ans plus tard, la manufacture livre les 357 miroirs destinés à la galerie des Glaces. À la fin du règne de Louis XIV, La France exporte des miroirs dans toute l'Europe : le monopole vénitien est remplacé par le monopole français. En 1693, la manufacture s'installe dans le village de Saint-Gobain. Elle prendra plus tard ce nom et deviendra Saint-Gobain, une des plus anciennes entreprises françaises.
- La galerie renferme un autre chef-d'œuvre : les 1 000 mètres carrés de sa voute, peinte par Charles Le Brun. 27 scènes illustrent l'histoire du royaume entre 1661 et 1678. Entouré de figures allégoriques qui évoquent ses victoires militaires et son bon gouvernement, le roi apparait au centre en train de « gouverner par lui-même », tel qu'il l'a décidé en 1661.

Un lieu emblématique du pouvoir

- Du vivant de Louis XIV, la galerie des Glaces est quotidiennement fréquentée par ses courtisans, qui y attendent la venue du roi. C'est aussi un lieu de fêtes et de réceptions d'ambassadeurs étrangers, que le faste de la cour du Roi-Soleil doit impressionner. Dans ces occasions, le trône royal est installé sur une estrade tout au bout de la galerie. C'est ainsi que le doge de Gênes en 1685, les ambassadeurs du Siam en 1686 et ceux de Perse en 1715 ont traversé toute la galerie pour parvenir jusqu'au roi… et, comme l'exigeait l'étiquette, en repartir à reculons !
- La galerie des Glaces demeure un lieu symbolique :

– en 1871, Bismarck y proclame le 2e Reich allemand, suite à la victoire de 1870 ;

– le 28 juin 1919, y est signé le Traité de Versailles qui met fin à la Première Guerre mondiale.

Comment mener la séance ?

Objectifs

- Découvrir la galerie des Glaces du château de Versailles.
- Comprendre son rôle symbolique.
- Découvrir le procédé de fabrication des miroirs au XVIIe siècle.

Réactiver les connaissances des élèves sur le règne de Louis XIV. *Quand Louis XIV a-t-il régné ? Quel édifice a-t-il fait construire pour montrer sa grandeur ? Qui a déjà visité le château de Versailles ?* Puis demander : *Savez-vous ce qu'est la galerie des Glaces ? Qu'est-ce qui la caractérise ? Pourquoi porte-t-elle ce nom, à votre avis ?* Dire que l'on va s'intéresser à la galerie des Glaces et à la manière dont ces glaces ont été fabriquées.

1 Introduction sur Versailles 10 min

En fonction de la connaissance des élèves du château de Versailles, faire un rappel rapide : de 1661 à 1710, Louis XIV fait construire un immense palais à l'emplacement d'un petit pavillon de chasse construit par son père. Ce bâtiment doit pouvoir loger les courtisans. Il est prolongé par de superbes jardins, entièrement pensés pour mettre en scène la gloire du roi. Projeter le plan du château (media.mdi-editions.com/hda-d16a) et montrer l'emplacement de la galerie des Glaces : au premier étage du bâtiment principal, elle ouvre sur les jardins et permet de passer des appartements du roi à ceux de la reine.

2 Découverte de la galerie des Glaces 10 min

Projeter la vidéo (media.mdi-editions.com/yt/hda-d16b) puis le doc. 1. Montrer que la galerie est une pièce toute en longueur, très lumineuse : elle est éclairée d'un côté par les très hautes fenêtres, et de l'autre par les miroirs qui renvoient la lumière. Le soir, la lumière des dizaines de lustres est également multipliée par les miroirs. Faire remarquer le plafond peint et les statues : c'est une pièce de réception, très luxueuse. Expliquer qu'avec cette pièce, Louis XIV voulait impressionner ses visiteurs.

3 Explication sur les miroirs 10 min

Projeter et lire ensemble le doc. 2. Expliquer qu'au XVIIe siècle, seuls les verriers vénitiens savent réaliser de beaux miroirs et que Venise détient le monopole du marché en Europe. Expliquer la création en 1665 par Colbert de la Manufacture royale de glaces et de miroirs, dans le but de concurrencer Venise et de doter la France d'entreprises de luxe, destinées à montrer la puissance du royaume. Raconter comment il a soudoyé des verriers vénitiens pour qu'ils livrent leur secret. Expliquer qu'on ne sait pas s'ils l'ont révélé ou non mais que la manufacture royale va bel et bien réussir à produire d'aussi beaux miroirs (dont ceux de la galerie des Glaces), ce qui permettra à la France de ravir le monopole à Venise. Conclure en disant que la Manufacture royale s'installe à Saint-Gobain en 1693 et qu'elle prendra plus tard le nom du village.

4 Fiche documentaire et fiche élève 25 min

La fiche documentaire est vidéoprojetée et lue collectivement, puis la fiche élève est distribuée.

Lexique

- **Galerie :** lieu de passage ou de promenade, couvert, beaucoup plus long que large.
- **Glace/miroir :** à l'origine, une glace est une plaque de verre très lisse, dont on peut faire un miroir en appliquant au dos une fine feuille de métal réfléchissante. Aujourd'hui, les deux termes se confondent.
- **Monopole :** situation dans laquelle un seul vendeur fait face à une multitude d'acheteurs ; il peut donc vendre ses produits chers puisqu'il n'a pas de concurrent.

Je retiens

- La galerie des Glaces est la plus grande et la plus somptueuse pièce du château de Versailles. Sa construction est lancée en 1678 à la demande de Louis XIV et son décor achevé en 1684.
- Elle doit son nom aux 357 miroirs dont elle est décorée. Ils ont été fabriqués par la Manufacture royale des glaces créée pour concurrencer le monopole de Venise, qui vendait très cher ses miroirs.
- Avec ses miroirs et son plafond peint qui illustre les victoires de Louis XIV et sa manière de gouverner, elle est le lieu emblématique de la toute-puissance du roi.

Œuvre en réseau

La galerie du château de Fontainebleau, dont les travaux commencent en 1530, est décorée, selon les désirs de François Ier, par les meilleurs artistes italiens de l'époque (Rosso Fiorentino et Le Primatice). Symbole du pouvoir royal, elle va ouvrir la mode des galeries dans les riches hôtels particuliers parisiens et les résidences royales.

16 La galerie des Glaces du château de Versailles

1 Une grande galerie au nom célèbre de « galerie des Glaces »

- La galerie des Glaces du château de Versailles est longue de 73 mètres et lumineuse grâce à 17 immenses fenêtres ouvertes sur les jardins.
- 17 arcades de même taille font face aux fenêtres, garnies de miroirs. Ces derniers donnent son nom à la « galerie des Glaces » et multiplient la lumière du jour et des lustres.
- Un immense plafond peint complète le décor, à la gloire du roi Louis XIV.

2 Le secret des miroirs volé à Venise

- Au XVIIe siècle, les verriers vénitiens possèdent un secret de fabrication qui leur permet de produire des miroirs plus grands et plus réfléchissants que partout ailleurs. En 1665, Colbert, ministre des Finances de Louis XIV, envoie à Venise un espion, qui organise la fuite de quatre verriers vénitiens. En 1672, les artisans français parviennent à produire des miroirs « à la vénitienne ». Louis XIV fait aussitôt interdire toute importation de miroirs vénitiens. C'est ainsi que les miroirs de la galerie des Glaces sont de fabrication française.
- Au nombre de 21 dans chacune des arcades, soit 357 au total, les miroirs ont un effet spectaculaire : lorsque le roi apparait à ses courtisans, son reflet est multiplié à l'infini… ou presque !

3 Fiche d'identité

Quoi ? Galerie des Glaces du château de Versailles.

Par qui ? Jules Hardouin-Mansart, Charles Le Brun (et verriers français de la Manufacture royale des glaces).

Dimensions ? 73 m de long, 12,5 m de haut, 10,5 m de large.

Quand ? 1678-1684.

Où ? Château de Versailles.

4 Un lieu de pouvoir

- Le plafond de la galerie est entièrement peint de scènes montrant les victoires militaires de Louis XIV et son bon gouvernement. L'image du Roi-Soleil entoure donc les visiteurs de toutes parts.
- Sous Louis XIV, des fêtes y sont organisées, et c'est aussi là que le roi reçoit les ambassadeurs étrangers. Ceux-ci doivent traverser toute la galerie pour parvenir jusqu'à son trône… puis en repartir à reculons !

Ambassade des envoyés du roi de Perse, Antoine Coypel, 1715.

5 Le miroir, alliage du verre et du métal

- Les premiers miroirs sont de simples plaques de métal polies. Il y a un peu plus de 2 000 ans, le verre commence à être utilisé, superposé sur une feuille de métal très fine. Mais ces miroirs ne mesurent que quelques centimètres.
- Au XVIe siècle, les verriers de Venise se spécialisent dans la fabrication des miroirs au mercure. Ils commencent par fabriquer la glace à partir de verre soufflé (1), aplati ensuite sur une pierre (2), puis poli pendant plusieurs semaines (3). Ils recouvrent cette plaque de verre d'un mélange de mercure et d'étain, avec parfois un peu d'or ou de bronze (4). Leurs miroirs mesurent près d'un mètre et sont d'une pureté exceptionnelle ! Ce travail est dangereux : le mercure est très nocif pour la santé.
- Depuis le milieu du XIXe siècle, les miroirs sont réalisés avec de l'argent ou de l'aluminium, moins dangereux, et aujourd'hui, leur fabrication est réalisée par des machines.

1

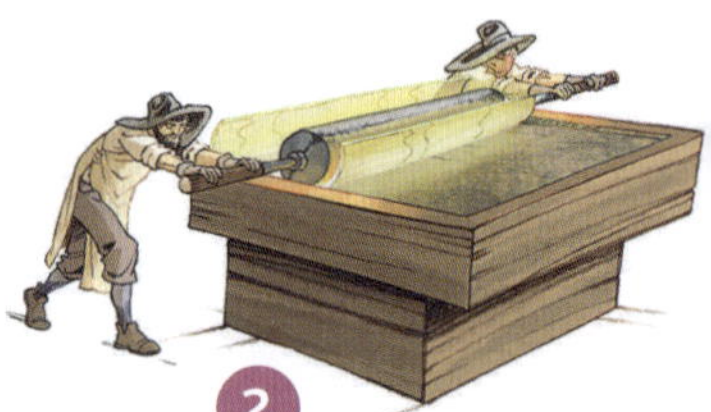
2

3

4

Métier

Du souffleur de verre aux ingénieurs de Saint-Gobain

En 1665, Louis XIV et Colbert créent la Manufacture royale des glaces à Paris. Vers 1690, les ateliers sont installés dans le village de Saint-Gobain. L'entreprise va prendre ce nom et devenir une des plus anciennes entreprises françaises : elle est encore en activité aujourd'hui. Elle produit toujours des verres, de plus en plus innovants : à isolation thermique (qui protègent du feu ou du froid), à contrôle solaire (qui s'obscurcissent quand il fait beau !) et même les vitres faciles à nettoyer.

Ça alors !

En juillet 1870, la France déclare la guerre à la Prusse (une partie de l'Allemagne actuelle) mais les Prussiens sont rapidement aux portes de Paris. Ils n'hésitent pas, pour soigner les blessés, à transformer la galerie en hôpital !

16 La galerie des Glaces du château de Versailles

1 Place sur cette frise la période de construction de la galerie des Glaces.

1650 — 1700

TEMPS MODERNES

1651-1715
Règne de Louis XIV

2 *Vrai* ou *Faux* ? Coche la bonne réponse.

a. La galerie des Glaces est une pièce de 73 mètres de long. ☐ Vrai ☐ Faux

b. Elle est ornée de 357 miroirs fabriqués à Venise. ☐ Vrai ☐ Faux

c. Elle permet d'admirer les jardins de Versailles. ☐ Vrai ☐ Faux

d. Du temps de Louis XIV, aucun étranger n'avait le droit d'y entrer. ☐ Vrai ☐ Faux

3 Classe ces évènements qui se sont déroulés dans la galerie des Glaces, dans l'ordre chronologique (1 le plus ancien, 4 le plus récent).

☐ 

La signature du Traité de Versailles, qui met fin à la Première Guerre mondiale, en 1919

☐ 

La proclamation de l'empire allemand suite à la victoire de la Prusse sur la France, en 1871

☐ 

La réception du doge de Gênes par Louis XIV, en 1685

☐ 

Le diner donné par Charles de Gaulle, président de la République, pour John Kennedy, président des États-Unis, en 1961

4 Complète ce texte en t'aidant de la fiche documentaire.

Construite sous le règne de ...., la galerie des Glaces est la plus grande pièce du château de .... Ses 357 .... ont été fabriqués en France. Ils sont une grande prouesse technique pour l'époque. Le décor luxueux de la galerie devait impressionner les .... étrangers.

LA GALERIE DES GLACES DU CHÂTEAU DE VERSAILLES

Jeu d'observation Quel est le bon reflet ? Colorie-le.

Le temps de la Révolution et de l'Empire

17 Marie-Antoinette et la mode féminine à la cour de Versailles
▸ *Portrait de Marie-Antoinette à la rose*

18 1791 : un mausolée des grands hommes
▸ Le Panthéon à Paris

19 Jacques-Louis David, un artiste engagé dans la Révolution ▸ *La Mort de Marat*

20 La naissance des musées en France
▸ Le Museum central des Arts, l'ancêtre du musée du Louvre

21 Napoléon ou l'art de forger sa propre légende
▸ *Napoléon Bonaparte franchissant le col du Grand-Saint-Bernard*

22 Le style Empire
▸ *Portrait de Juliette Récamier*

Le temps de la Révolution et de l'Empire

L'art en révolution : des gloires révolutionnaires à l'Empire (1789-1815)

- Ce troisième thème du programme d'histoire couvre une période courte mais riche en bouleversements politiques et culturels : de 1789 à 1815, la France connait une succession de régimes politiques, et des guerres internes et externes au pays. Toutes les hiérarchies sont bouleversées : la figure royale laisse place aux héros nouveaux, les dirigeants d'un pays déchiré et en continuel danger ont besoin de figures propres à unifier la nation. Le récit révolutionnaire s'écrit et se donne à voir en direct : Marat, sanctifié par son assassinat, les « grands hommes » à qui on dédie le temple de la nation, le Panthéon, et enfin la figure de Napoléon, « homme providentiel », sont ces héros nouveaux, élevés au rang de mythes par leurs contemporains. → Œuvres 18, 19 et 21
- Avec la naissance de la nation et des citoyens apparait la notion de public : les biens du clergé, de la noblesse et de la famille royale sont « nationalisés » et mis à disposition de tous. L'église Sainte-Geneviève, à Paris, à peine achevée, est transformée en Panthéon des grands hommes, et le palais du Louvre, résidence royale, devient le Museum permettant à tout un chacun d'admirer les collections royales, constituées depuis des siècles. → Œuvres 18 et 20
- Cette époque est par ailleurs très profondément inspirée par l'Antiquité : souhait révolutionnaire de se référer aux républiques romaine et grecque, et fascination pour les fouilles archéologiques, comme celles menées à Pompéi au milieu du XVIIIe siècle, créent de nouveaux styles, du néo-classicisme en peinture aux meubles, robes et coiffures « à la grecque », « à la romaine » ou « à la gauloise », dont la simplicité s'oppose aux extravagances du XVIIIe siècle. → Œuvres 18, 20 et 22
- Deux portraits de femmes d'influence, dont l'une inaugure et l'autre clôt ce thème, permettent de mesurer les bouleversements qui ont eu lieu : à 20 ans d'écart, les portraits de Marie-Antoinette et de Juliette Récamier témoignent à la fois de la mode de leur époque, radicalement différente, et de la montée de la bourgeoisie, nouvelle élite dont l'influence grandira tout au long du XIXe siècle. → Œuvres 17 et 22

- Ce thème 3 permet d'aborder la façon dont la peinture et l'architecture ont été mises au service des idéaux de la Révolution et des nouveaux héros de la Nation, ainsi que du public avec la création des premiers musées. Il met également en lumière l'émancipation des femmes vers plus de liberté mais aussi leur influence dans l'adoption de nouveaux styles, vestimentaires et mobiliers.
- Les œuvres proposées peuvent être un support de réflexion sur l'engagement politique et social de certains artistes, ainsi que sur la force et le pouvoir des images qu'ils produisent sur leurs contemporains et jusqu'à nos jours.

Thèmes du programme d'histoire	Séances en histoire des arts
De l'année 1789 à l'exécution du roi : Louis XVI, la Révolution, la Nation	17. Marie-Antoinette et la mode féminine à la cour de Versailles > *Portrait de Marie-Antoinette à la rose* 18. 1791 : un mausolée des grands hommes > Le Panthéon à Paris 19. Jacques-Louis David, un artiste engagé dans la Révolution > *La Mort de Marat* 20. La naissance des musées en France > Le Museum central des Arts, ancêtre du musée du Louvre
Napoléon Bonaparte, du général à l'empereur, de la Révolution à l'Empire	21. Napoléon ou l'art de forger sa propre légende > *Napoléon Bonaparte franchissant le col du Grand-Saint-Bernard* 22. Le style Empire > *Portrait de Juliette Récamier*

17 Marie-Antoinette et la mode féminine à la cour de Versailles

Fiche enseignant

Sous le règne de Louis XVI, la mode à la cour du roi connait d'importantes mutations. Alors que les costumes répondaient à des règles strictes, de nouvelles libertés apparaissent autour de 1780, dans un contexte de retour à la nature et d'envie de simplicité soutenu par Marie-Antoinette. En traitant directement avec ses fournisseurs – qui lui font dépenser des fortunes –, la reine favorise l'apparition de nouveautés, dont elle lance la mode.

Marie-Antoinette, « influenceuse de mode »

- À Versailles, l'habillement est au cœur de la vie à la cour. Les services de la Garde-Robe du roi et de la reine sont chargés de fournir aux souverains toutes les tenues nécessaires à chacune de leur apparition. Lorsque l'archiduchesse autrichienne Marie-Antoinette, 14 ans, épouse en 1770 le dauphin Louis, qui en a 16, elle découvre à Versailles une vie de cour très protocolaire, fort éloignée de la simplicité de la cour autrichienne. Éprise de liberté et tournée vers les plaisirs de la vie, elle accepte difficilement les rigueurs de l'étiquette. En revanche, elle se passionne pour la mode.
- Devenue reine à 19 ans, en 1774, elle n'hésite pas à bousculer le protocole pour choisir elle-même ses robes et ses coiffures : faisant fi de sa dame d'atours, censée passer les commandes et régler les factures, elle traite en direct avec ses fournisseurs préférés, lesquels la font dépenser à tout-va ! Alors que le budget annuel pour ses tenues est de 120 000 livres, il augmente d'année en année ; en 1785, il s'élève à 226 000 livres !
- Les choix de la reine sont largement suivis par les dames de la cour : sa marchande de modes Rose Bertin (surnommée la « ministre des modes ») s'assure une clientèle princière, de même que son coiffeur Léonard Autié, avec qui Marie-Antoinette lance la mode des extravagantes coiffures en « pouf ». Des recueils de mode donnent désormais le ton, tels la *Galerie des modes et costumes français* (éditée de 1778 à 1787) et le *Cabinet des modes* (publié en 1785-1786).

Portrait de Marie-Antoinette à la rose

Une robe pratique à porter et modulable

- Le *Portrait de Marie-Antoinette à la rose* est peint en 1783 par Élisabeth Vigée Le Brun (1755-1842). Marie-Antoinette, qui a alors 27 ans, pose dans une robe dite « à la polonaise ». Elle est très à la mode à la cour entre 1776 et 1787 pour son côté pratique : composée d'un jupon et d'une robe de dessus très cintrée à trois pans, qui s'enfile comme un manteau, elle se porte sans traine ni panier ; de plus, elle est à « transformation » : grâce à un jeu de cordons, les trois pans se relèvent pour former des ailes sur les côtés ou une queue à l'arrière. Elle offre enfin de nombreuses variantes, liées notamment à la longueur des manches.

Une tenue officielle et patriotique !

- Ce tableau fait suite à un précédent portrait de la main d'Élisabeth Vigée Le Brun. Depuis 1778, Marie-Antoinette a fait de cette jeune femme peintre sa portraitiste attitrée : elles ont le même âge, partagent un gout certain pour la liberté et la fantaisie, et la reine la considère comme seule capable de la peindre « avec naturel » – à vrai dire d'enjoliver subtilement ses traits un peu lourds. De fait, c'est une portraitiste talentueuse.
- En 1783, grâce à l'intervention de la souveraine, Élisabeth Vigée Le Brun devient la première femme artiste admise au sein de l'Académie royale de peinture. À cette occasion, elle décide de présenter au Salon (l'exposition de l'Académie) un portrait de Marie-Antoinette coiffée d'un chapeau de paille et vêtue d'une robe dite « en chemise » (ou « en gaulle »). Il s'agit d'une robe d'été, en mousseline de coton, serrée à la taille par une ceinture, qu'il convient de porter uniquement en privé. C'est l'une des tenues favorites de Marie-Antoinette et de ses amies lorsqu'elles se retrouvent au Petit Trianon, où la reine aime séjourner, loin du protocole de la cour.
- Attendu comme un évènement officiel, le portrait fait scandale : cette tenue n'est pas digne d'une reine ! Outre son caractère « négligé », cette robe est jugée antipatriotique : la mousseline de coton, fort couteuse, est fabriquée en Angleterre, ce qui laisse penser que la reine soutient l'économie britannique ! L'artiste est priée de retirer son tableau : c'est alors qu'elle peint le *Portrait à la rose*. Dans sa polonaise de soie, la reine affiche, cette fois, son soutien aux tisserands lyonnais.
- À la Révolution, Élisabeth Vigée Le Brun devient l'objet de virulentes attaques pour avoir travaillé pour la reine. Elle parvient à quitter la France dès 1789. Auréolée de sa réputation d'excellente peintre, elle exercera auprès de toutes les cours d'Europe.

Marie-Antoinette, superstar ?

- Depuis sa mort, Marie-Antoinette est la personnalité royale la plus représentée dans le monde. Récemment, des films, des livres et une grande exposition en 2019 ont mis en valeur sa volonté de s'affranchir des diktats de la vie publique et d'affirmer sa personnalité. Des couturiers s'en inspirent, en faisant, encore et toujours, une icône de mode.

Comment mener la séance ?

Objectifs

- Comprendre le rôle du portrait dans la représentation du pouvoir royal.
- Explorer l'évolution de la mode sous l'Ancien Régime.
- Découvrir le parcours d'une femme artiste à la cour de Versailles.

Réactiver les connaissances sur Louis XVI : *À quel siècle a-t-il vécu ? Comment son règne se termine-t-il ?* Puis demander : *Savez-vous comment s'appelait l'épouse de Louis XVI ? Que savez-vous d'elle ?* Expliquer rapidement : la jeune archiduchesse d'Autriche Marie-Antoinette épouse à 14 ans le futur roi de France, puis devient reine à 19 ans. Tout en aspirant à une vie loin des intrigues de la cour, elle se passionne pour la mode. Demander aux élèves leur définition de la mode, puis préciser que l'on va s'intéresser à la mode féminine à la cour sous Marie-Antoinette, à travers ses portraits. Préciser que la « mode » ne concerne pas les femmes du peuple, habillées principalement d'une chemise en chanvre et d'un jupon.

① **Découverte du *Portrait de Marie-Antoinette à la rose*** ⏱ 10 min

Projeter le tableau de gauche du doc. 1. Expliquer que ce portrait a été peint en 1783. La reine a alors 27 ans. Présenter rapidement Élisabeth Vigée Le Brun : elle a le même âge que la reine, elle est sa portraitiste attitrée. C'est une des rares femmes peintres reconnues à cette époque. Laisser les élèves réagir : *Que pensez-vous du tableau ? Est-ce que certains éléments vous étonnent ?* (ils remarqueront peut-être les cheveux gris de la reine, pourtant très jeune : parler de la mode des perruques poudrées). Indiquer que la robe portée ici est assez simple par rapport aux robes de cour habituelles, et que depuis Louis XIV, la manière de s'habiller pour les souverains est très importante, particulièrement pour Marie-Antoinette, qui est très jeune et dont les moindres faits et gestes sont commentés. Elle est imitée par toutes les femmes de la cour. Expliquer que le service de la Garde-Robe de la reine était chargé de commander toutes ses tenues et de l'habiller selon un protocole strict en fonction des heures de la journée.

② **Découverte de deux autres portraits de Marie-Antoinette par Élisabeth Vigée Le Brun** ⏱ 10 min

Projeter le tableau de droite du doc. 1 (en robe de cour) et le doc. 3. Les dater : 1778 et 1783. Laisser les élèves réagir et comparer ces images. Expliquer que sur le premier tableau, la reine est vêtue d'une robe à paniers : sous le tissu se trouve une structure rigide (destinée à valoriser le buste de la reine, resserré dans un corset très contraignant). Les robes à paniers pèsent très lourd et peuvent mesurer jusqu'à 2,50 mètres de large, elles compliquent tout déplacement ! Elles sont utilisées depuis un siècle environ. Expliquer que Marie-Antoinette, qui déteste les contraintes, va bousculer le protocole et traiter directement avec ses fournisseurs, qui lui font adopter des tenues plus légères (portées hors cérémonies), dont elle lance la mode auprès des dames de la cour. Sur le deuxième tableau, la reine porte la robe dite « en chemise », qu'elle revêt lorsqu'elle reçoit ses amies au Petit Trianon, le château où elle passe le plus clair de son temps. Les élèves remarqueront sans doute la grande proximité entre le portrait « à la rose » et celui « en chemise » : Élisabeth Vigée Le Brun avait réalisé celui « en chemise » d'abord, pour le Salon de l'Académie (préciser ce point si la séance sur l'Académie a été faite). Mais la robe a fait scandale : elle a été jugée trop négligée, indigne d'une reine. La peintre a alors réalisé le deuxième tableau.

③ **Découverte de gravures de mode** ⏱ 10 min

Projeter le doc. 4. Expliquer que sous le règne de Marie-Antoinette paraissent les premiers recueils de mode, constitués de gravures présentant les modèles des tenues à la mode. Expliquer la coiffure dite « pouf » : une perruque démesurée qui fait fureur à la cour jusque dans les années 1780.

④ **Fiche documentaire et fiche élève** ⏱ 25 min

La fiche documentaire est vidéoprojetée et lue collectivement, puis la fiche élève est distribuée.

Lexique

- **Marchande de modes :** commerçante spécialisée dans la fabrication et la vente d'articles destinés à l'ornementation des costumes et tenues (rubans, dentelles, plumes et chapeaux).
- **Panier :** sorte de sous-vêtement porté par les femmes de la cour ; il s'agit d'une ossature en lames d'acier, très large sur les côtés, plate devant et derrière, permettant visuellement d'élargir les hanches afin d'affiner la taille.

Je retiens

- Sous le règne de Louis XVI, la reine Marie-Antoinette bouscule le protocole très strict de l'habillement à la cour de Versailles. Elle porte des robes plus simples et est aussitôt suivie par toutes les dames fortunées de la cour.
- Marie-Antoinette a choisi comme portraitiste attitrée une jeune femme peintre, Élisabeth Vigée Le Brun. Ses tableaux sont un témoignage de l'image que Marie-Antoinette et les dames de la cour voulaient donner d'elles-mêmes.

Œuvre en réseau

***Portrait de Marie-Antoinette et ses enfants* (1787) par Élisabeth Vigée Le Brun.** Marie-Antoinette est devenue très impopulaire. Pour restaurer son image dégradée, Louis XVI commande un portrait de la souveraine posant avec ses enfants. Le roi entend montrer qu'elle est avant tout la mère du futur roi de France. C'est le seul « portrait d'État » de la dernière reine de l'Ancien Régime.
Conservé au musée national des châteaux de Versailles et de Trianon.

17 Portrait de Marie-Antoinette à la rose

1 Une robe royale et à la mode

- Ce portrait a été peint en 1783 par **Élisabeth Vigée Le Brun**. Marie-Antoinette, reine depuis 1774, en avait fait sa portraitiste attitrée.
- La reine, qui a alors 27 ans, tient dans la main gauche une rose, sa fleur préférée. Elle porte **une robe appelée « à la polonaise »** en soie gris-bleu, garnie de rubans et de dentelles.
- Ce type de robe est **plus simple et bien plus confortable que les gigantesques robes à paniers**, tenues d'apparat de l'époque (tableau de droite).

Marie-Antoinette en robe de cour, 1778, Élisabeth Vigée Le Brun.

2 Fiche d'identité

Quoi ? Huile sur toile.
Dimensions ? 113 × 87 cm.
Par qui ? Élisabeth Vigée Le Brun.
Où ? Château de Versailles.
Quand ? 1783.

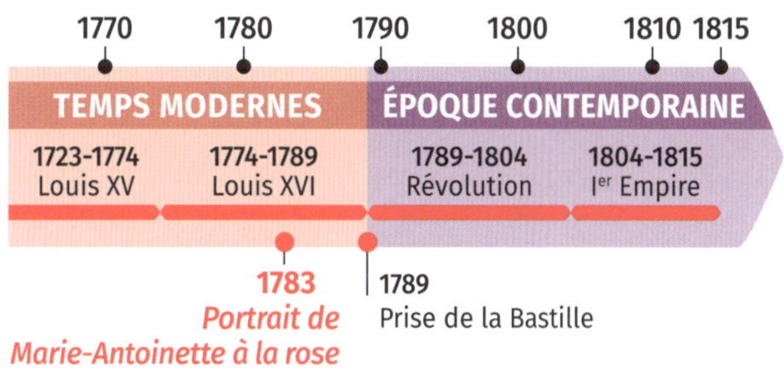

3 Un peu de tenue !

- Voici une autre des **tenues préférées** de la reine : une robe légère en mousseline de coton, ceinturée à la taille. Appelée **« robe en chemise »**, elle se porte en privé. Marie-Antoinette s'habille ainsi lorsqu'elle retrouve ses amies au château du **Petit Trianon**, dans le parc de Versailles.
- Ce portrait a été présenté en 1783 au Salon, l'exposition organisée par l'Académie royale de peinture, provoquant aussitôt un **scandale** : poser dans une tenue aussi « négligée » n'était pas digne du **statut** de la reine !
- L'artiste **Élisabeth Vigée Le Brun**, première femme à être admise à l'Académie royale de peinture, va alors réaliser le ***Portrait de Marie-Antoinette à la rose*** (doc.1). Vêtue d'une robe plus « correcte », la reine lance une nouvelle mode auprès des dames de la cour !

Marie-Antoinette en robe dite « en chemise », 1783, Élisabeth Vigée Le Brun.

Portrait de Marie-Antoinette à la rose

4 Les premiers « magazines » de mode

- À l'époque de Marie-Antoinette, les premiers **« magazines » de mode** sont publiés, tels la *Galerie des modes et costumes français* et le *Cabinet des modes*. Ce sont des **recueils de gravures** qui présentent les tenues à la mode.
- La mode touche également **les cheveux** : depuis Louis XIII, et surtout Louis XIV, **la perruque** est portée par les hommes et les femmes de la haute société.
- Le coiffeur de la reine, **Léonard Autié**, crée des perruques extravagantes, d'une hauteur pouvant aller jusqu'à un mètre ! Ces coiffures, appelées **poufs**, sont surmontées d'**objets décoratifs** : vraies fleurs, panier de fruits frais ou même un perroquet vivant !

Pouf à la Belle Poule, créé en 1778 par Léonard Autié, après la victoire en mer du navire français « La Belle Poule » sur la marine anglaise.

5 Femme, peintre et célèbre

- **Élisabeth Vigée Le Brun est l'une des meilleures peintres de portraits du XVIIIe siècle.** En 1778, Marie-Antoinette en fait **sa portraitiste attitrée**, considérant qu'elle est la seule capable de la peindre « au naturel ». Ce statut lui assure célébrité et fortune, les riches dames de la cour lui commandant à leur tour leur portrait.
- Dans cet *Autoportrait*, elle s'est représentée simplement vêtue et… à la mode ! Tenant sa palette et ses pinceaux, elle affiche **son statut de femme peintre**, à une époque où les femmes artistes étaient très peu reconnues.

Élisabeth Vigée Le Brun, *Autoportrait au chapeau de paille*, 1782, huile sur toile. Londres, National Gallery.

Métier

Rose Bertin, marchande de modes et styliste

À Paris, dans sa boutique « Le Grand Mogol », Rose Bertin règne sur la mode. Depuis que Marie-Antoinette s'est entichée des accessoires qu'elle vend (rubans, dentelles, plumes et chapeaux), elle ne cesse de lancer de nouvelles tendances : allègement des silhouettes, robes champêtres, couleurs inédites ! Surnommée la « Ministre des modes », elle travaille avec toutes les cours d'Europe… et devient la première styliste de l'histoire !

Ça alors !

Sous Louis XVI, on donne aux couleurs qui sont à la mode des noms très imagés : « yeux du roi » est un bleu-gris et « cheveux de la reine » un gris argenté, ou encore « beurre frais » un jaune pâle. Les tendances suivent l'actualité : ainsi, en 1778, après un incendie à l'Opéra royal, la teinte « Opéra brulé » fait fureur… En 1781, la reine découvre dans les couches de son nouveau-né, le dauphin Louis-Charles, un très joli vert-jaune : le « caca dauphin » devient la couleur phare des femmes et des hommes de la cour !

17 Portrait de Marie-Antoinette à la rose

1 Place sur cette frise le *Portrait de Marie-Antoinette à la rose*.

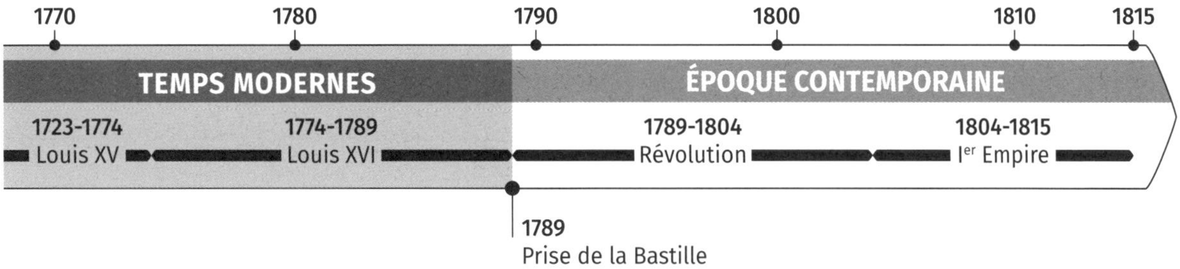

2 *Vrai* ou *faux* ? Coche la bonne réponse.

a. La reine Marie-Antoinette se passionne pour la mode. ☐ Vrai ☐ Faux

b. Elle aime particulièrement les lourdes robes à paniers. ☐ Vrai ☐ Faux

c. Sa portraitiste est une femme peintre : Élisabeth Vigée Le Brun. ☐ Vrai ☐ Faux

d. Elle porte la « robe en chemise » pour les cérémonies à la cour. ☐ Vrai ☐ Faux

e. Marie-Antoinette était une « influenceuse de mode ». ☐ Vrai ☐ Faux

3 Écris dans la case la lettre du tableau décrit.

(A)

(B)

(C)

La reine porte une robe à paniers pour de grandes cérémonies. ☐

La reine porte une robe « en chemise ». Ce tableau a fait scandale. ☐

La reine porte une robe de soie « à la polonaise ». ☐

4 Complète le texte en t'aidant de la fiche documentaire.

Au château de Versailles, la reine .... bouscule le protocole. Elle n'aime pas les robes de cérémonie et porte des robes plus simples qui deviennent aussitôt à la .... Une jeune femme peintre, ..., a immortalisé Marie-Antoinette dans ces tenues, notamment avec le tableau de *Marie-Antoinette à la* ....

Jeux

PORTRAIT DE MARIE-ANTOINETTE À LA ROSE

Jeu des 7 erreurs **Trouve les 7 différences entre ces deux images et colorie comme tu le souhaites celle qui ressemble le plus au véritable portrait de Marie-Antoinette.**

Énigme **Marie-Antoinette est chez sa modiste. Barre dans les bulles les mots qu'elles n'ont pas pu prononcer.**

18 1791 : un mausolée des grands hommes

Fiche enseignant

La Révolution de 1789 a besoin d'exemples pour rassembler les Français. Au Moyen Âge, on glorifiait les chevaliers et les saints ; sous l'Ancien Régime, les rois, les princes et les nobles. Pour les députés de l'Assemblée nationale, il s'agit désormais d'honorer les « grands hommes », ceux qui ont servi la France et ont été utiles à leurs concitoyens par leur courage ou leurs vertus. En s'inspirant de la Rome antique, ils décident en 1791 de transformer l'église Sainte-Geneviève en « Panthéon ».

De l'église dédiée à sainte Geneviève...

- En août 1744, Louis XV, malade, fait le vœu de construire, s'il guérit, une somptueuse église à la gloire de sainte Geneviève, patronne de Paris, en remplacement de celle, très dégradée, située sur la montagne Sainte-Geneviève à Paris (actuel quartier latin). Rapidement guéri, il confie la réalisation du monument à l'architecte Jacques-Germain Soufflot. L'édifice – long de 110 mètres et large de 84 mètres – est doté d'un portique extérieur à colonnade, surmonté d'un fronton sculpté ; un immense dôme coiffe le centre de la nef à quatre bras. Sous toute la surface de la nef, une vaste crypte est prévue pour accueillir 300 sépultures, sans que l'on sache exactement à qui étaient destinés ces emplacements. Pour mettre en valeur l'édifice, Soufflot entreprend la percée de l'actuelle... rue Soufflot. À sa mort en 1780, c'est son élève Jean Rondelet qui se charge des travaux, achevés en 1790.

... au temple laïc, mausolée des grands hommes

- La Révolution française cherche à alimenter la fibre patriotique par le récit de morts illustres, d'actions éclatantes et de gestes significatifs. Le 2 avril 1791, le comte de Mirabeau – ardent orateur engagé dans la Révolution dès 1789 et tout juste élu (en janvier 1791) président de l'Assemblée nationale – meurt. Face à l'émoi populaire, le député de Paris Emmanuel Pastoret propose aussitôt à l'Assemblée de transformer l'édifice de Soufflot, non encore consacré en « église », en mausolée : « [...] Que le temple de la religion devienne le temple de la patrie, que la tombe d'un grand homme devienne l'autel de la liberté », prononce-t-il dans son discours. Le 4 avril, l'Assemblée nationale décide que le monument sera destiné à recevoir les dépouilles des personnages illustres.

Le Panthéon

Un monument symbolique de la Ire République française

- L'édifice est renommé « Panthéon français ». Ce choix fait référence aux vertus de l'Antiquité grecque et romaine, et notamment au Panthéon de Rome. Dans l'Antiquité, un panthéon (du grec, *pantheion*, « de tous les dieux ») est un temple dédié à toutes les divinités.
- Le Panthéon de Rome (construit au Ier siècle avant J.-C., puis reconstruit au IIe siècle) est utilisé depuis la Renaissance comme le tombeau de grandes personnalités (dont le peintre Raphaël, mort en 1520).
- Promoteur d'une morale laïque et républicaine, le Panthéon devient le monument hautement symbolique de la Ire République française, proclamée le 21 septembre 1792 par la Convention.

« Aux grands hommes la patrie reconnaissante »

- L'Assemblée nationale charge l'architecte Quatremère de Quincy d'adapter l'édifice à sa nouvelle fonction. Outre la suppression des clochers devenus inutiles, il fait obturer 38 des 42 fenêtres, afin de créer une semi-pénombre.
- Les symboles religieux sont supprimés. Un nouveau fronton est apposé, glorifiant la Patrie et la Liberté soumettant le Despotisme, et portant l'inscription « Aux grands hommes la patrie reconnaissante ».

Des premières entrées au Panthéon...

- Mirabeau est le premier à être inhumé dans la crypte, mais il est aussi le premier... à en être retiré, en 1794, suite à la découverte des relations épistolaires secrètes qu'il entretenait avec Louis XVI. Il est remplacé par Marat, installé en véritable héros national, mais lui aussi est retiré quelques mois plus tard, lorsque la Terreur prend fin. Entre temps, Voltaire puis Jean-Jacques Rousseau y ont été transférés : bien qu'ennemis, les deux philosophes sont des figures emblématiques du siècle des Lumières, dont les idées ont favorisé la Révolution.

... aux revirements historiques

- En 1806, Napoléon restitue une partie de l'édifice au culte catholique, tout en faisant entrer au Panthéon quantité de militaires de l'Empire. Sous la Restauration (1814-1830), le monument redevient l'église Sainte-Geneviève, puis un Panthéon laïque sous Louis-Philippe, avant que Napoléon III ne décide de le rendre à nouveau au culte catholique ! À chaque fois, de nouvelles œuvres peintes ou sculptées apparaissent (et disparaissent) et le fronton sculpté est transformé.
- C'est en 1885, à l'occasion des funérailles nationales de Victor Hugo, que la IIIe République décida de rendre le Panthéon à la célébration des grands hommes de la nation, qui est toujours sa fonction actuelle.

Comment mener la séance ?

Objectifs

- Découvrir une œuvre architecturale symbolique de la Première République.
- Analyser le fronton du Panthéon en tant qu'œuvre sculpturale.
- Comprendre l'importance des cérémonies de panthéonisation.

Réactiver les connaissances des élèves sur la Révolution : *Que se passe-t-il le 14 juillet 1789 ? Pourquoi ? Et ensuite ?* Rappeler les principaux évènements de 1789 : la fin de l'Ancien Régime et de la monarchie absolue. Une monarchie constitutionnelle est mise en place mais c'est un échec car Louis XVI n'accepte pas vraiment de partager le pouvoir. Expliquer que dans les premiers mois de 1791 (la fuite du roi n'aura lieu que les 20 et 21 juin), les révolutionnaires cherchent à rassembler le peuple français et à alimenter la fibre patriotique par des actions éclatantes et des gestes significatifs. Puis demander : *Avez-vous déjà visité le Panthéon, à Paris ? Que renferme-t-il ?* Dire que l'on va s'intéresser au Panthéon (expliquer l'origine du mot) que les députés ont décidé, en 1791, de dédier aux morts illustres de la patrie.

1. **Découverte du Panthéon à travers deux vidéos** 10 min
Projeter la première vidéo (media.mdi-editions.com/yt/hda-d18a) qui permet d'expliquer en 2 minutes la vocation changée de l'édifice (de l'église au « panthéon »), tout en montrant l'intérieur et l'extérieur. Une seconde vidéo permet de pénétrer dans la crypte (media.mdi-editions.com/yt/hda-d18b, à partir de 3 minutes 50).

2. **Découverte du fronton** 10 min
Projeter le doc. 3 pour visualiser l'actuel fronton : l'inscription, en lettres capitales, telle qu'elle a été choisie en 1791 ; le bas-relief sculpté en 1837.
Expliquer ce qu'il représente. Les trois femmes sont des allégories : au centre, la Patrie – entourée à sa droite par la Liberté et à sa gauche par l'Histoire qui écrit les noms sur ses tables – distribue des couronnes aux grands hommes qu'elle honore : à sa droite Malesherbes, Mirabeau, Monge, Fénelon, et assis côte à côte, Voltaire et Rousseau ; à sa gauche le général Bonaparte (habillé de l'uniforme républicain) et des élèves de l'école militaire.

3. **Découverte des personnages panthéonisés** 10 min
Expliquer aux élèves que le transfert du corps d'un homme ou d'une femme au Panthéon est aujourd'hui la décision du président de la République, et que cela donne toujours lieu à une grande cérémonie. Montrer quelques images de l'entrée d'André Malraux au Panthéon, le 23 novembre 1996, 20 ans après sa mort (media.mdi-editions.com/hda-d18c).
Demander aux élèves quels personnages ou quels métiers sont à leur avis le plus représentés. Les 81 personnalités présentes sont des militaires, des hommes politiques, des écrivains, des scientifiques, des résistants et résistantes durant la Seconde Guerre mondiale. En citer quelques-uns : Voltaire et Rousseau, Victor Hugo et Émile Zola, Pierre et Marie Curie, Jean Jaurès, Jean Moulin, Joséphine Baker, Simone Veil…

4. **Fiche documentaire et fiche élève** 25 min
La fiche documentaire est vidéoprojetée et lue collectivement, puis la fiche élève est distribuée.

Lexique

- **Fronton** : élément architectural, souvent de forme triangulaire, et généralement placé au-dessus de l'entrée d'un édifice (le plus souvent temple ou église).
- **Panthéon (du grec *pantheion*, « de tous les dieux »)** : dans l'Antiquité grecque et romaine, désigne un temple dédié à tous les dieux ; en France, désigne l'édifice dédié aux personnalités que la nation reconnait comme illustres.

Je retiens

- En 1791, les députés de l'Assemblée nationale décident de transformer l'église Sainte-Geneviève en temple de la patrie. L'édifice, renommé « Panthéon », rend hommage à ceux qui se sont illustrés pour la France en accueillant leurs tombeaux.
- Les premiers à entrer ainsi au Panthéon sont des révolutionnaires, puis des militaires de l'Empire. Depuis la fin du XIXe siècle, le Panthéon accueille les dépouilles de grands écrivains, d'illustres scientifiques, d'hommes ou de femmes politiques et de grands résistants.
- Sur les 81 personnalités panthéonisées depuis 1791, on ne compte que cinq femmes, entrées au Panthéon entre 1995 et 2021.

Œuvre en réseau

Au XIXe siècle, le scientifique Léon Foucault se rend au Panthéon pour faire une expérience démontrant que la Terre tourne sur elle-même. Il profite de la grande hauteur sous la coupole pour y fixer un pendule, composé d'une boule de 47 kg suspendue à un fil très résistant. Le pendule se balance au-dessus d'un cadran, dont les traits indiquent l'heure. Il oscille toujours dans la même direction, pourtant l'heure qu'il indique change… Cela signifie que c'est le cadran et donc la Terre qui tournent sur eux-mêmes !

18 Le Panthéon à Paris

1 Un temple pour des hommes, pas pour un dieu

- En avril **1791**, les **députés de l'Assemblée nationale** décident de transformer l'église Sainte-Geneviève, qui vient d'être achevée, en **temple de la patrie**.
- L'édifice accueillera désormais, dans son **immense crypte**, les **tombeaux des « grands hommes** qui ont mérité la reconnaissance nationale » en contribuant à la gloire de la France.
- Le Panthéon devient le **monument symbolique** de la Première République française, proclamée le 21 septembre 1792.

2 Fiche d'identité

Quoi ? Le Panthéon.
Par qui ? Jacques-Germain Soufflot et Jean Rondelet, architectes.
Où ? Place du Panthéon, à Paris (Ve arrondissement).
Quand ? 1791.

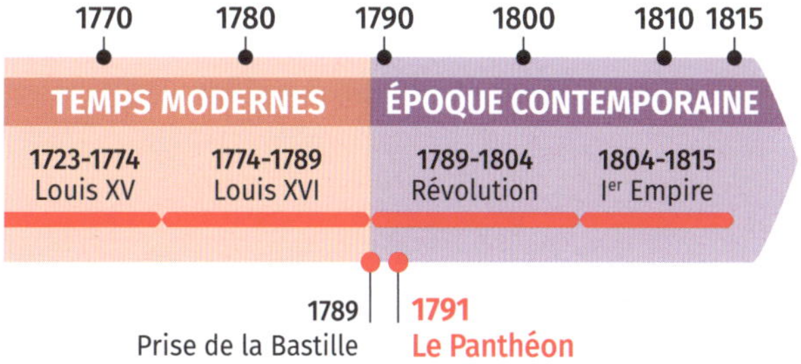

3 La devise du fronton

- La colonnade extérieure est surmontée d'un fronton, sur lequel figure une inscription choisie en 1791 par les députés de l'Assemblée nationale : **AUX GRANDS HOMMES LA PATRIE RECONNAISSANTE**.
- La scène sculptée a été plusieurs fois modifiée. Celle en place aujourd'hui date de 1837. On y voit trois femmes qui sont des **allégories** :
– au centre, la **Patrie** distribue des couronnes,
– à sa droite, la **Liberté** lui donne les couronnes,
– à sa gauche, l'**Histoire** inscrit les noms sur ses tables.

1 À droite de la Patrie, des scientifiques et penseurs, dont Voltaire et Rousseau, et le peintre David.
2 À gauche de la Patrie, les militaires, Napoléon Bonaparte à leur tête.

18 Le Panthéon à Paris

4 Des grands hommes…

- Les premiers à entrer au Panthéon sont **des révolutionnaires**, mais ils tomberont ensuite en disgrâce et leurs tombeaux seront retirés en 1794. **Voltaire et Jean-Jacques Rousseau, deux philosophes** dont les idées ont inspiré la Révolution française, y sont également transférés durant la Révolution.
- Les entrées se multiplient sous Napoléon Ier (1804-1815), avec **une trentaine de militaires de l'Empire**. À partir de la fin du XIXe siècle, ce sont surtout **de grands écrivains** (Victor Hugo, Émile Zola), **de grands scientifiques** (Pierre et Marie Curie), **des hommes politiques** (Sadi Carnot, Léon Gambetta) qui sont honorés.
- Le choix de la « panthéonisation » d'une personnalité se fait souvent longtemps après sa mort. C'est un **acte politique fort** qui revient au président de la République.

Cérémonie de transfert de Jean-Jacques Rousseau, le 14 avril 1794.

… et quelques femmes

- À ce jour, **81 personnalités** sont entrées au Panthéon. Il n'y avait que des hommes jusqu'en 1995. **Marie Curie**, scientifique célèbre pour ses travaux sur la radioactivité, est la première femme à entrer au Panthéon.
- Depuis, **quatre autres femmes** y ont été inhumées :
  – en 2015, Geneviève de Gaulle-Anthonioz et Germaine Tillion, résistantes pendant la Seconde Guerre mondiale ;
  – en 2018, Simone Veil, ancienne déportée et ministre d'État, à qui l'on doit notamment la loi autorisant l'avortement ;
  – en 2021, Joséphine Baker, danseuse et chanteuse d'origine américaine, engagée dans la Résistance.

Cérémonie de transfert de Joséphine Baker, le 30 novembre 2021.

Infos

La panthéonisation : une cérémonie historique

- C'est le président de la République française qui décide de l'entrée au Panthéon d'une personnalité. C'est aussi lui qui préside la cérémonie. Il prononce un discours pour expliquer son choix.
- Le drapeau tricolore recouvre le cercueil et la *Marseillaise* est chantée : ce sont les symboles de la République française. Les soldats de la Garde républicaine représentent la Ville de Paris. Cette cérémonie, vécue comme un moment historique de la nation française, est retransmise en direct par tous les médias (télévision, radio).

Ça alors !

Lorsque le corps du philosophe Voltaire est transféré au Panthéon le 11 juillet 1791, c'est sans son cœur ni son cerveau ! En effet, Voltaire meurt en 1778 alors qu'il est chez un ami : celui-ci demande à un embaumeur d'extraire le cœur du philosophe, puis il rachète le château de Voltaire où il expose le cœur dans un reliquaire, tandis que l'embaumeur garde le cerveau pour lui ! En 1864, l'empereur Napoléon III fait transférer le cœur à la Bibliothèque nationale, à Paris. Il est alors placé dans le socle d'une statue à l'effigie du philosophe, où il se trouve encore aujourd'hui.

18 Le Panthéon à Paris

1 **Place sur cette frise la date à laquelle l'église Sainte-Geneviève est devenue le Panthéon.**

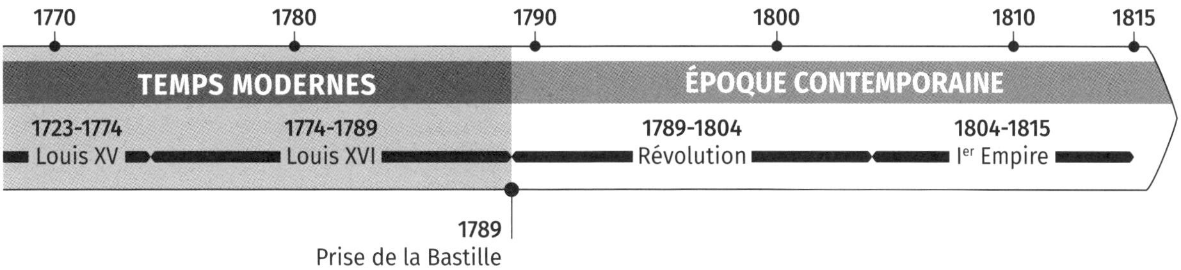

2 **Coche la bonne réponse.**

a. Qui a décidé de dédier le Panthéon aux grands hommes ?

☐ Louis XVI ☐ les députés de l'Assemblée nationale ☐ Napoléon Ier

b. Où sont placés les tombeaux ?

☐ dans la crypte ☐ dans la nef ☐ sous la coupole

c. Dans la scène sculptée sur le fronton, que distribue la Patrie ?

☐ des fleurs ☐ des couronnes ☐ des épées

3 **a. Écris la phrase qui est inscrite au fronton du Panthéon.**

....

b. Qui n'est pas entré au Panthéon parmi ces personnalités ? Barre les deux intrus.

- les philosophes Voltaire et Rousseau
- l'empereur Napoléon Bonaparte
- la chanteuse et résistante Joséphine Baker
- les scientifiques Pierre et Marie Curie
- l'écrivain Victor Hugo
- le roi Louis XVI

4 **Complète ce texte en t'aidant de la fiche documentaire.**

Dans l'Antiquité, le panthéon était un temple pour tous les dieux. En 1791, les .... de l'Assemblée nationale donnent le nom de Panthéon à l'édifice où ils décident de rendre hommage aux personnes illustres qui ont servi la ...., par leur courage, leur grandeur ou leur dévouement aux autres. Les premiers à être panthéonisés sont des révolutionnaires. Depuis la fin du XIXe siècle, la France a rendu hommage à des écrivains, des scientifiques et plus récemment à des .... de la Seconde Guerre mondiale, comme Jean Moulin, Geneviève de Gaulle-Anthonioz, Germaine Tillion ou Joséphine Baker. Il y a .... personnalités au Panthéon dont .... femmes.

Jeux

LE PANTHÉON À PARIS

Exprime-toi ! Et toi, qui admires-tu ? Écris le nom d'une personne célèbre que tu aimes et qui a un engagement pour les autres ou dessine-la.
Écris un texte pour dire pourquoi tu l'admires.

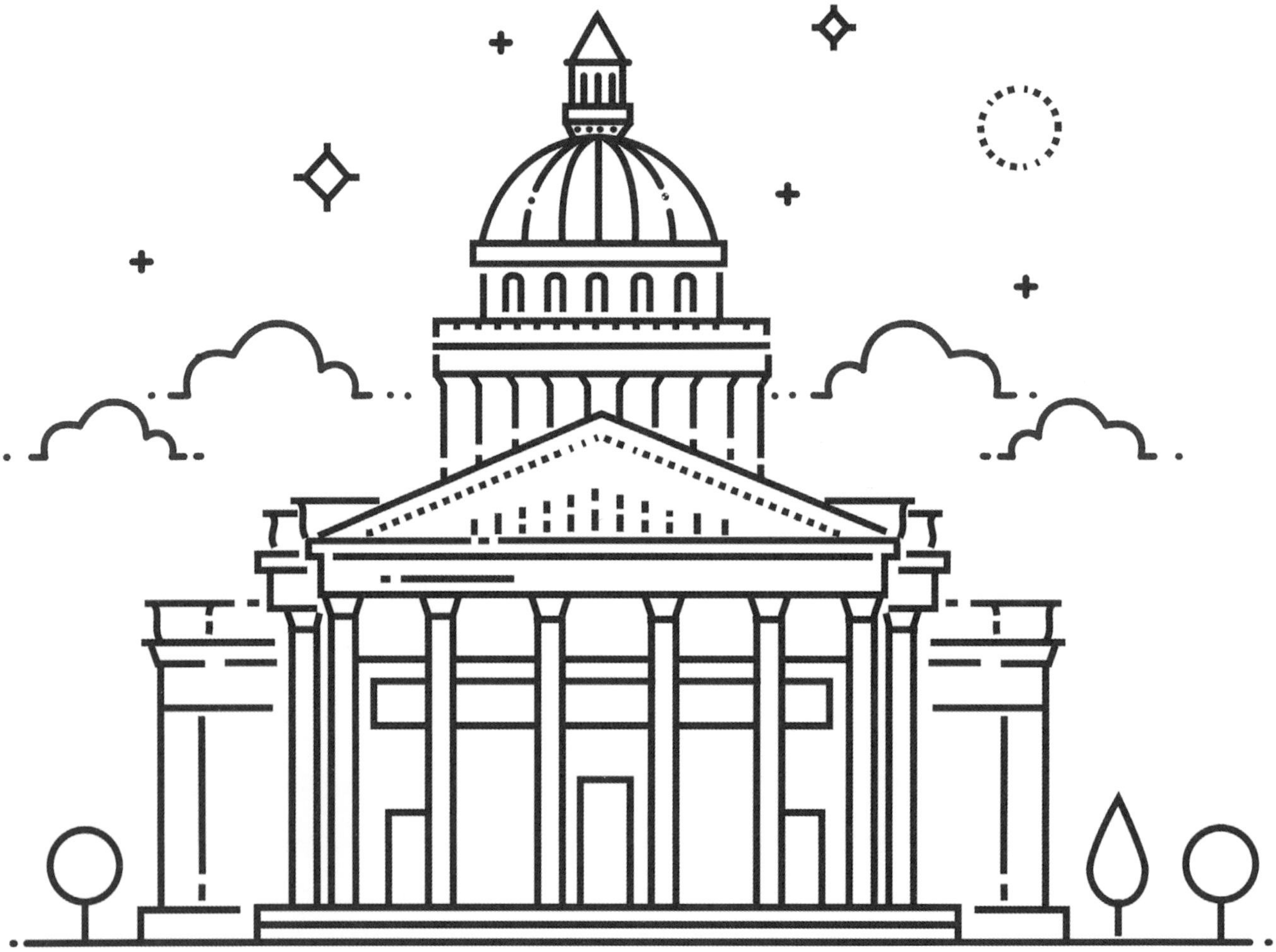

La personnalité que j'admire : ....

....

Pourquoi je l'admire : ....

....

....

....

....

....

....

19 Jacques-Louis David, un artiste engagé dans la Révolution

Fiche enseignant

La fin de la monarchie absolue permet l'avènement de la Première République, proclamée le 21 septembre 1792 par la Convention. Cette assemblée entend protéger le nouveau régime face à l'instabilité politique. Le parti des Montagnards s'y impose, mené par Robespierre, Danton et Marat. C'est dans un contexte de violence et de propagande que le peintre Jacques-Louis David, lui-même député montagnard, représente Marat en martyr de la Révolution.

David, peintre renommé et député de la Convention

- Formé à l'Académie royale de peinture, prix de Rome en 1774, Jacques-Louis David (1748-1825) devient célèbre en 1785 avec *Le Serment des Horaces*, inspiré de la Rome antique. Ce tableau et son atelier de jeunes artistes en font le chef de file d'une nouvelle manière de peindre (appelée par la suite le néo-classicisme).
- Sympathisant de la cause révolutionnaire, David rejoint le parti des Montagnards : en 1792, il est élu député à la Convention et, en janvier 1793, il est de ceux qui votent l'exécution du roi.
- Membre du Comité d'Instruction publique, David est chargé de l'organisation des fêtes révolutionnaires et de la propagande : lorsque le député Lepeletier de Saint-Fargeau est assassiné le 20 janvier 1793 pour avoir voté la mort du roi, il prend en main sa cérémonie funéraire et peint un tableau du député sur son lit de mort (détruit, il est connu par un dessin et une gravure).

L'assassinat de Marat par Charlotte Corday

- Marie-Anne Charlotte de Corday d'Armont (1768-1793) est issue de la petite noblesse normande. Séduite par les idées des Girondins, elle devient républicaine à 23 ans, mais ne supporte pas les exécutions, à commencer par celle de Louis XVI. Elle en tient responsable le journaliste et député montagnard Jean-Paul Marat (1743-1793) qui, dans son journal *L'Ami du peuple*, en appelle au meurtre de tous les ennemis de la République.
- Le 13 juillet 1793, elle se rend au domicile parisien de Marat – qu'elle trouve plongé dans un bain de soufre destiné à soigner une grave maladie de peau – et le poignarde à la poitrine.

La Mort de Marat

Le portrait d'un martyr

- À l'annonce de l'assassinat de Marat, la Convention demande à David de le représenter en martyr, comme il l'avait fait pour Lepeletier. David organise d'abord ses funérailles, suivies le 16 juillet par un immense cortège de Parisiens. Charlotte Corday, qui a avoué son crime, est jugée et exécutée.

Une composition d'une grande simplicité

- David, qui la veille avait rendu visite au député, a choisi la plus grande simplicité, au service de la compréhension immédiate de l'image :

– à gauche, les faits : Marat est mort dans sa baignoire, une plaie au torse ; au sol, le couteau ;
– à droite, les pièces du dossier : la lettre de Charlotte Corday, qui commence par ces mots : « Il suffit que je sois bien malheureuse pour avoir droit à votre bienveillance » ; dans sa main droite, la plume avec laquelle Marat était en train d'écrire une demande d'assignat (billet payable au porteur) pour « une mère de cinq enfants et dont le mari est mort pour la défense de la patrie » ;
– en haut, le mur, vide de tout décor : occupant la moitié du tableau, il met en valeur la scène elle-même, sur laquelle vient jouer une lumière qui hésite volontairement entre le blafard et le doré ;
– en bas, une dédicace « À MARAT / DAVID » ; tout en bas, David a ajouté la date de « L'AN DEUX » (le nouveau calendrier révolutionnaire commençant le 22 septembre 1792 et David ayant achevé son tableau à l'automne 1793).

Un chef-d'œuvre !

- « J'ai pensé qu'il seràit intéressant de l'offrir dans l'attitude où je l'ai trouvé (la veille de sa mort), écrivant pour le bonheur du peuple », dira David dans son discours de présentation du tableau à la Convention. Il s'en est tenu, de fait, à cette impression d'un réalisme « quasi photographique », à ceci près que le visage de Marat est apaisé et presque souriant. Ce faisant, David réalise l'un grands chefs-d'œuvre de la peinture.
- En novembre 1793, le tableau est accroché dans la salle des séances de la Convention avec celui de Lepeletier, les deux députés siégeant ainsi symboliquement. La Convention fait réaliser plusieurs répliques du tableau.
- En 1795, les deux tableaux *La Mort de Marat* et *La Mort de Lepeletier* sont restitués au peintre. En 1886, son héritier lègue *La Mort de Marat* au musée des Beaux-Arts de Bruxelles, ville où David s'exila après la Révolution.

Comment mener la séance ?

Objectifs

- Comprendre le rôle d'un peintre engagé dans la Révolution française.
- Analyser une œuvre emblématique de la peinture révolutionnaire.
- Décrire une composition de style réaliste.

Réactiver les connaissances sur la Révolution française : *Après 1789, la France est-elle encore une monarchie absolue ? Quand devient-elle une République ? Que devient Louis XVI ?* Rappeler la très grande instabilité politique. Le parlement national, la Convention, est composé de trois partis politiques : les Girondins, les Montagnards et le Marais. Les Montagnards, qui ont voté pour l'exécution du roi, font la guerre aux ennemis extérieurs et intérieurs de la Révolution. Insister sur le contexte de violences, qui va mener au régime de la Terreur. Dire qui était Marat (député montagnard et journaliste, prônant l'exécution des ennemis de la République), puis préciser que l'on va s'intéresser au célèbre portrait peint par Jacques-Louis David en 1793 : *La Mort de Marat*.

1. **Découverte du peintre Jacques-Louis David** 5 min
   Projeter le doc. 5. Dire qu'il s'agit d'un autoportrait de Jacques-Louis David et expliquer que David est un peintre très renommé à Paris, mais aussi qu'il s'enthousiasme pour la cause révolutionnaire. Élu député montagnard en 1792, il vote l'exécution du roi. Expliquer que David est chargé par les députés de la Convention de l'organisation des fêtes civiques et de la propagande révolutionnaire, et qu'il va mettre son art au service de la Révolution.
2. **Analyse du tableau *La Mort de Marat*** 10 min
   Projeter le doc. 1 et laisser réagir les élèves. Leur rappeler les précédents tableaux vus en classe : quels sont les points communs ? Les différences ? Demander : *Selon vous, cette scène a-t-elle l'air vraie ? Peut-on dire que ce tableau ressemble à une photographie ? Pourquoi ?* (Préciser que la photographie n'était pas encore inventée.) Expliquer le contexte de sa réalisation : la commande à David par les députés de la Convention de représenter Marat « en martyr de la Révolution », le choix du peintre de le montrer « écrivant pour le bonheur du peuple ». David ne montre pas l'assassinat ni Charlotte Corday : le contraste entre la violence de l'acte et le calme de la scène représentée frappe les esprits et rend la scène plus forte. Insister sur la simplicité voulue de l'image, sur les trois parties très distinctes (haut, gauche et droite), la sobriété des couleurs, le visage apaisé. Préciser que la simplicité de la composition et son « réalisme » en font un grand chef-d'œuvre de la peinture française.
3. **Découverte d'un tableau inspiré de celui de David** 10 min
   Projeter le doc. 4. Expliquer que Marat était un personnage très connu durant la Révolution, très admiré par certains et détesté par d'autres. Plusieurs assemblées révolutionnaires ont commandé des tableaux représentant la même scène. Faire exprimer aux élèves les ressemblances et les différences : les couleurs plus froides, l'expression plus dramatique du visage, l'ajout dans le fond du tableau du costume de député.
4. **Fiche documentaire et fiche élève** 25 min
   La fiche documentaire est vidéoprojetée et lue collectivement, puis la fiche élève est distribuée.

Lexique

- **Engagement :** attitude de quelqu'un qui met ses compétences et son temps au service d'une cause qu'il pense juste.
- **Réalisme :** description objective de la réalité, qui ne masque rien de ses aspects les plus crus.

Je retiens

- Le 13 juillet 1793, le journaliste et député Marat est assassiné, chez lui, par Charlotte Corday, qui voulait se venger des violences menées par les Montagnards.
- Le peintre Jacques-Louis David, lui-même engagé dans la Révolution et élu député, est chargé par la Convention de le représenter en « martyr de la Révolution ».
- Il choisit de le peindre avec simplicité et réalisme, ce qui fait de *La Mort de Marat* un grand chef-d'œuvre de la peinture française.

Œuvres en réseau

Lepeletier sur son lit de mort. Gravure d'un dessin d'**Anatole Devoge** (élève de David) d'après le tableau de David en **1793**, représentant le député montagnard Louis-Michel Lepeletier de Saint-Fargeau, assassiné pour avoir voté la mort de Louis XVI. Ce tableau aujourd'hui disparu constituait, avec *La Mort de Marat*, le diptyque installé dans la salle des séances de la Convention.

***La Mort de Bara* (1794), par Jacques-Louis David.** C'est le troisième et dernier tableau que David réalise sur le thème du héros et martyr de la Révolution. Joseph Bara est un jeune tambour de l'armée républicaine, tué à 14 ans par des Vendéens, le 7 décembre 1793.
Conservé au musée Calvet, à Avignon.

19 La Mort de Marat

1 Un révolutionnaire assassiné dans sa baignoire !

- Ce tableau, considéré comme l'un des chefs-d'œuvre de la peinture, représente **Jean-Paul Marat, journaliste et député montagnard**, assassiné dans sa baignoire le 13 juillet 1793 par Charlotte Corday. Par son geste, la meurtrière entendait protester contre les violences commises par les Montagnards, notamment l'exécution du roi Louis XVI.
- Le tableau a été peint par **Jacques-Louis David** dans les quatre mois qui ont suivi la mort de Marat, à la demande des députés de la Convention. Ce tableau et celui d'un autre député assassiné étaient accrochés, en **hommage**, dans la salle de réunion des députés.
- Marat souffrait d'une maladie de peau exigeant qu'il prenne régulièrement des bains de soufre, la tête entourée d'un turban imbibé de vinaigre : **c'est ainsi qu'il a été assassiné, c'est ainsi que le peintre David a choisi de le représenter**.

2 Fiche d'identité

Quoi ? Tableau peint à l'huile sur toile.
Dimensions ? 165 × 128 cm.
Par qui ? Jacques-Louis David, peintre.
Quand ? 1793.
Où ? Bruxelles, musée des Beaux-Arts.

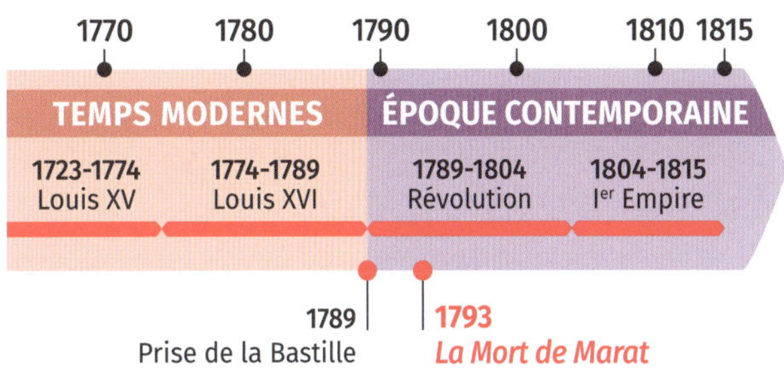

3 Une composition d'une grande simplicité

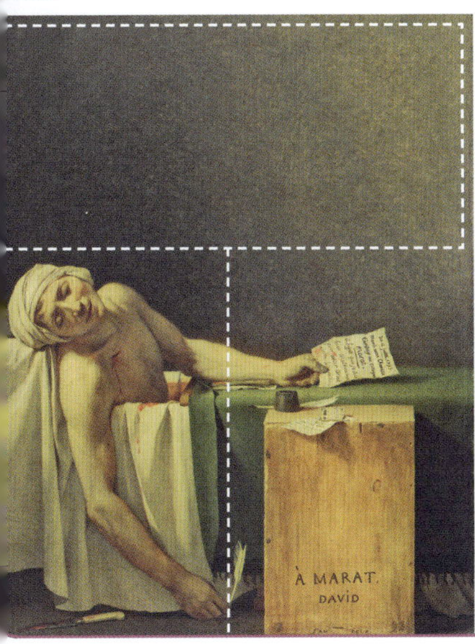

David a représenté la scène de façon très réaliste :

– **à gauche, les faits** : Marat est mort dans sa baignoire, une plaie au torse ; au sol, le couteau meurtrier ;

– **à droite, les pièces du « dossier »** : dans sa main gauche, la lettre de Charlotte Corday qui lui a permis d'être reçue par Marat ; dans sa main droite, une plume : à l'arrivée de la meurtrière, le député était en train de rédiger en effet une demande d'aide pour une veuve « dont le mari est mort pour la défense de la patrie » ;

– **en haut, le mur, vide de tout décor** : occupant la moitié du tableau, il met en valeur la scène elle-même.

– **en bas, une dédicace « À MARAT / DAVID »** : inscrite en lettres capitales, elle est parfaitement lisible sur le billot de bois ; tout en bas, David a ajouté la date de « L'AN DEUX » (la 2e année du nouveau calendrier révolutionnaire).

4 Une version plus dramatique et plus anecdotique

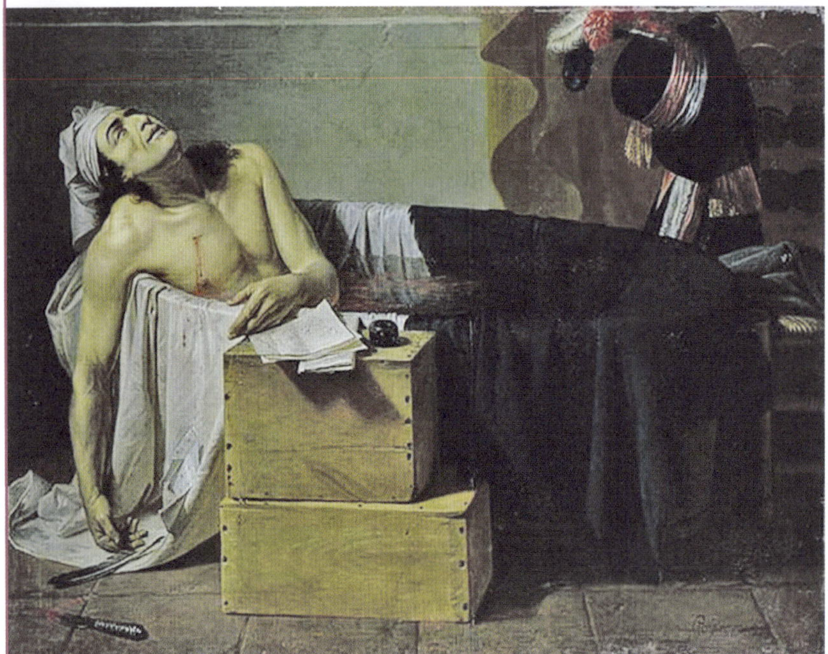

La Mort de Marat, 1793, huile sur toile de Joseph Roques. Musée des Augustins, Toulouse.

- Dans toute la France, **des assemblées révolutionnaires font également peindre des hommages à Marat.** Le peintre toulousain Joseph Roques représente la même scène à la demande du club des Jacobins de Toulouse.
- À la différence du tableau de David, qui a peint le calme sur le visage de Marat, la représentation de Roques est **plus dramatique**. En revanche, le chapeau et l'écharpe de député accrochés au mur rendent la composition **plus anecdotique** que celle de David.

5 David, un artiste engagé

- Jacques-Louis David (1748-1825) est déjà un peintre renommé à Paris quand il s'enthousiasme, dès 1789, pour la cause révolutionnaire.
- À 44 ans, il rejoint le parti des Montagnards et, en septembre 1792, il est élu député à la Convention. Les tableaux et les dessins qu'il réalise entre 1789 et 1795 témoignent tous de son fort engagement politique.
- C'est en prison, où il passe quelques mois en 1794, qu'il réalise cet autoportrait. On lit sur son visage toute sa détermination.

Autoportrait de Jacques-Louis David, 1794, huile sur toile. Paris, musée du Louvre.

Métier

David, chef d'un atelier de peinture

En 1780, Jacques-Louis David ouvre à Paris un atelier pour y former de jeunes peintres. Il ne choisit pas les élèves selon leurs moyens financiers mais selon leurs qualités propres et leur culture générale. Il privilégie le dessin d'après modèle vivant et encourage les débats autour des œuvres réalisées. Son atelier est si réputé qu'il y formera plus de 300 peintres, certains parmi les plus connus de leur époque !

Ça alors !

Au moment de sa mort, ce que Marat tenait en réalité en main était une page de son journal, *L'Ami du peuple*. Cette page a été conservée et, en 2019, une équipe scientifique a étudié les tâches de sang qui s'y trouvaient : plus de 200 ans après, ils ont pu confirmer que c'était bien le sang de Marat et découvrir exactement de quelle maladie il souffrait : une maladie de la peau très grave causée par un champignon.

19 La Mort de Marat

1 Place sur cette frise le tableau *La Mort de Marat*, par Jacques-Louis David.

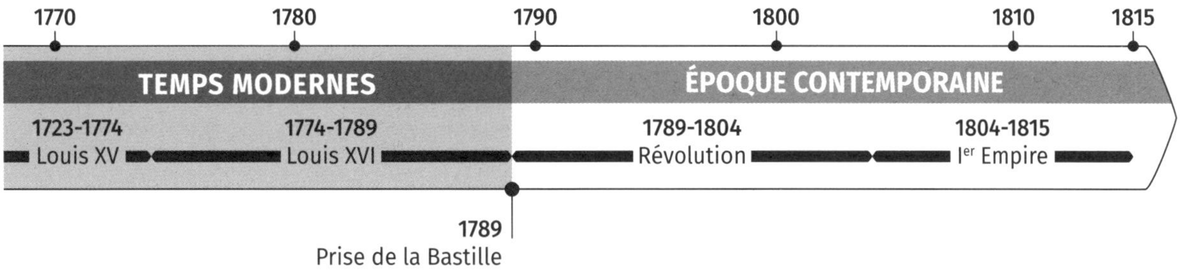

2 Parmi ces dates, trouve celle qui complète chacune de ces phrases.

13 juillet 1793 • 21 janvier 1793 • septembre 1792 • novembre 1793

a. La Première République est déclarée en ....

b. Les députés votent l'exécution de Louis XVI, qui a lieu le ....

c. Le député et journaliste Marat est assassiné le ....

d. Jacques-Louis David termine son tableau en ....

3 Relie chaque affirmation au tableau qui lui correspond.

Ce tableau présente la mort de Marat de manière simple et épurée.

Ce tableau présente la mort de Marat de manière théâtrale et dramatique.

Le visage de Marat semble verdâtre et témoigne de la violence de sa mort.

Le visage de Marat semble paisible et témoigne de la grandeur de sa mission.

4 Complète ce texte en t'aidant de la fiche documentaire.

Le 13 juillet 1793, le journaliste et député Jean-Paul .... est assassiné, chez lui, par Charlotte Corday. Un tableau lui rendant .... est commandé par la Convention au peintre Jacques-Louis ...., lui-même député. La composition du tableau est épurée et réaliste à la manière d'une photographie. Ce tableau est l'un des .... de la peinture.

Jeux

LA MORT DE MARAT

Mots croisés Remplis la grille avec les définitions.

HORIZONTAL

1. C'est l'assemblée qui réunissait les députés au moment de la mort de Marat.
2. C'est le métier de Jacques-Louis David.
3. C'est le nom du peintre qui a réalisé *La mort de Marat*.
4. C'est le métier de Jean-Paul Marat.
5. On appelait ainsi les députés les plus radicaux sous la Révolution : les … .

VERTICAL

6. C'est un représentant du peuple qui définit les lois à l'assemblée.
7. C'est le nom donné à la période qui débute en 1789 en France.
8. C'est le nom de la personne qui a assassiné Marat.
9. C'est le nom du député assassiné représenté dans le tableau.

20 La naissance des musées en France

Fiche enseignant

À la chute de la monarchie, en 1792, les biens de la Couronne deviennent « patrimoine de la Nation ». L'idée de créer un musée « pour tous », née dans les années 1760, est relancée. Dès 1793, c'est chose faite avec l'ouverture de l'ancien palais royal du Louvre sous le nom de « Museum central des Arts ».

Un musée à Paris ?

- Dans les années 1760-1770, les artistes du siècle des Lumières réclament un « museum » où l'on présenterait les prestigieuses collections accumulées par les rois de France. Le palais du Louvre, à Paris, ne serait-il pas l'endroit idéal ? Il n'est plus résidence royale depuis Louis XIV. C'est désormais une foule hétéroclite qui y vit : les artistes y ont installé leurs logements et leurs ateliers, des marchands d'estampes et des baraques de bateleurs ont envahi les cours, et les anciens appartements du Roi abritent les prestigieuses Académies.

Des travaux en vue d'un « musée royal »

- En 1776, le comte d'Angiviller, directeur des Bâtiments du Roi, lance un inventaire des collections royales et la restauration des tableaux. Il commande aux meilleurs sculpteurs des statues des grands hommes et engage des travaux dans la Grande Galerie du Louvre. À la veille de la Révolution française, tout est en place pour qu'un « musée royal » ouvre ses portes à Paris.

Le Museum central des Arts, l'ancêtre du Louvre

- En 1792, les biens de la Couronne sont nationalisés. Les actes de vandalisme envers tout ce qui symbolise l'Ancien Régime sont tels que l'Assemblée nationale prend conscience de l'urgence à protéger les œuvres d'art. Le 19 septembre 1792, elle vote un décret « ordonnant le transport dans le dépôt du Louvre des tableaux et autres monuments relatifs aux beaux-arts se trouvant dans les maisons royales ». Le 10 août 1793, le « Museum central des Arts » est inauguré.
- La même année, Paris voit la création du Museum national d'Histoire naturelle, suivie en 1794 du Conservatoire des Arts et Métiers (fondé pour promouvoir les sciences et les techniques) et, en 1795, du musée des Monuments Français (destiné dans un premier temps à présenter une histoire de la sculpture française).

Un nouvel éclairage pour les copieurs !

- En 1796, le peintre Hubert Robert, chargé de la conservation des peintures, présente son projet d'éclairage de la Grande Galerie, imaginé pour les copistes : la voute y apparait creusée de verrières. En effet, jusqu'en 1855, le public n'est en réalité admis au musée du Louvre que le dimanche ! Seuls les artistes peuvent, chaque jour de la semaine, venir s'exercer en copiant les grands maitres du passé.

Les collections s'agrandissent

- En 1794, en pleines « guerres révolutionnaires », la France lance une vaste entreprise de « rapatriement » d'œuvres d'art saisies à l'ennemi. Des convois entiers de tableaux sont ramenés de Belgique et de Hollande.
- Lorsqu'en 1796, Bonaparte est nommé général en chef de l'armée d'Italie, c'est au tour des chefs-d'œuvre antiques et de la Renaissance italienne, sélectionnés à grand renfort d'experts en art, de prendre le chemin de la France : une fête grandiose célèbre leur arrivée dans Paris le 27 juillet 1798. En 1799, Bonaparte inaugure le « musée des Antiques » au sein du Museum.

Destination la province...

En 1800, le musée est plein à craquer, avec 2 600 peintures, 1 500 statues antiques, 20 000 dessins et 30 000 gravures ! Le chimiste Jean-Antoine Chaptal, ministre de l'Intérieur, reprend l'idée, apparue à la Révolution, de faire de la France une « République des arts ». Il propose de répartir des « lots » dans des villes de province, choisies parmi celles qui possèdent déjà un embryon de collections. C'est ainsi qu'entre 1801 et 1805, quelque 800 tableaux partent pour Lyon, Bordeaux, Lille, Toulouse, Dijon, Nantes et huit autres villes, dont Bruxelles – devenue française en 1793. Le coup d'envoi d'un futur vaste réseau de musées en province est lancé.

Chronologie après 1800

- **1802-1803** Napoléon Ier nomme Vivant Denon premier directeur du Museum des Arts et rebaptise le musée « Musée Napoléon » !
- **1826** Charles X crée le département des « Antiquités égyptiennes » et nomme Champollion conservateur.
- **1848** Avec la proclamation de la IIe République, le musée est baptisé « musée du Louvre » !
- **1857** Napoléon III achève les travaux qui réunissent le Louvre et le palais des Tuileries.
- **1882** Les ruines du palais des Tuileries, incendié sous la Commune (1871), sont rasées. Le palais du Louvre prend son aspect actuel.
- **1989** Les collections occupent tous les bâtiments. La pyramide de verre, conçue par l'architecte Peï, est inaugurée.
- **2012** Inauguration du Louvre-Lens au cœur du bassin minier du Nord-Pas-de-Calais.

Comment mener la séance ?

Objectifs

- Découvrir l'histoire du musée du Louvre.
- Comprendre d'où viennent les collections du musée et leur évolution.

Préciser que les œuvres étudiées jusque-là ont été commandées le plus souvent par les puissants (rois, princes et Église) et s'interroger sur le fait que, pourtant, ces œuvres sont aujourd'hui conservées dans des musées et visibles par tous. Puis demander aux élèves : *Qui a déjà visité un musée ? Lequel ? Avez-vous déjà visité le musée du Louvre à Paris ? Est-ce que cela vous a plu ? Avez-vous pu tout visiter ?* Expliquer que c'est le plus grand musée du monde. Puis demander : *À votre avis, quand le Louvre a-t-il été créé ? D'où viennent les collections, d'après vous ?* Rappeler ce qu'était auparavant le bâtiment : construit au Moyen Âge par Philippe Auguste pour défendre Paris, il devient l'une des résidences de Charles V ; un palais de la Renaissance sous François Ier ; la résidence officielle des rois de France sous Henri IV et Louis XIII ; une sorte de « cité des arts » sous Louis XIV qui en fait le siège des Académies royales et un logement pour les artistes et leurs ateliers.

1. **Projection d'une vidéo** 10 min
   Projeter la vidéo (media.mdi-editions.com/yt/hda-d20a) pour avoir un aperçu du musée aujourd'hui. Insister sur son immensité et la variété des œuvres. Faire citer aux élèves les types d'œuvres (sculptures, peintures, objets d'art) et leur demander s'ils connaissent certaines œuvres conservées au Louvre. Donner les chiffres présentés dans le doc. 5 et insister sur l'importance des réserves.

2. **Découverte de la grande galerie du Museum des Arts à sa création** 10 min
   Projeter le doc. 1 et expliquer le contexte de la transformation du palais en musée. En 1776, Louis XVI décide d'ouvrir « un musée royal » : il lance un inventaire des collections des rois de France et engage des travaux. À la veille de la Révolution, tout est en place. En 1792, les collections royales deviennent « patrimoine de la Nation ». L'Assemblée nationale ordonne de transporter tout ce que l'on pourra au Louvre et, le 10 août 1793, le « Museum central des Arts » est inauguré. En 1800, le musée est plein à craquer (donner les chiffres, *cf.* recto de cette fiche). Des « lots » d'œuvres sont alors répartis dans des villes comme Lyon, Bordeaux, Lille, Toulouse, Dijon et Nantes, ce qui donne naissance à un vaste réseau de musées en province.

3. **Découverte de l'accroissement des collections** 5 min
   Projeter le doc. 3 et expliquer comment les collections vont s'enrichir.

4. **Fiche documentaire et fiche élève** 25 min
   La fiche documentaire est vidéoprojetée et lue collectivement, puis la fiche élève est distribuée.

Lexique

- **Conservateur :** personne qui, dans un musée, est chargée de l'inventaire et de la bonne conservation des collections, de l'étude des œuvres et de leur mise en valeur dans le cadre d'expositions.
- **Musée :** établissement dans lequel sont rassemblées et classées des collections d'objets d'intérêt artistique (musée des Beaux-Arts), historique ou scientifique, en vue de leur conservation et de leur présentation au public, dans un souci d'enseignement et de culture.

Je retiens

- Le Louvre devient un musée le 10 août 1793. Les œuvres qui y sont présentées sont celles des anciennes collections royales, devenues sous la Révolution « patrimoines de la Nation », c'est-à-dire de tous. C'est le premier musée ouvert au public en France, suivi par de nombreux autres au XIXe siècle.
- Il n'a cessé de s'agrandir. Les collections se sont d'abord enrichies d'œuvres pillées par la France à ses ennemis lors des guerres menées sous la Première République, notamment par Napoléon Bonaparte en Italie. Aux XIXe et XXe siècles, des achats de l'État, des dons et des opérations de mécénat ont complété les collections.
- C'est aujourd'hui le musée le plus visité dans le monde.

Œuvre en réseau

La galerie des Offices, à Florence (Italie). C'est le tout premier musée d'Europe, créé dès la Renaissance. En 1581, François de Médicis transforme le dernier étage du palais des Offices (créé par son père Cosme pour abriter les bureaux de l'administration de Florence) en une immense galerie où sont réunies la plupart des œuvres que possèdent les Médicis. En 1591, elle est visitable sur demande, et recommandée dans le premier guide sur Florence destiné aux voyageurs !

20 Le Museum central des Arts, l'ancêtre du musée du Louvre

1 Le premier musée créé en France !

- **En France, le premier musée a été créé en 1793** : c'est le « Museum central des Arts » situé dans l'ancien palais royal du Louvre.
- Les premières œuvres réunies sont celles **des collections royales**, devenues **« patrimoine de la Nation »**.
- Le musée est alors **gratuit mais ouvert au public uniquement le dimanche**. Les autres jours, il est réservé aux artistes, qui viennent y copier les œuvres anciennes.

Projet d'éclairage de la Grande Galerie, par Hubert Robert, 1796.
On y voit des artistes en train de copier des tableaux.

2 Fiche d'identité

Quoi ? Le Museum central des Arts, devenu en 1848 le musée du Louvre.

Quand ? Créé en 1793.

Où ? Paris, dans l'ancien palais royal du Louvre.

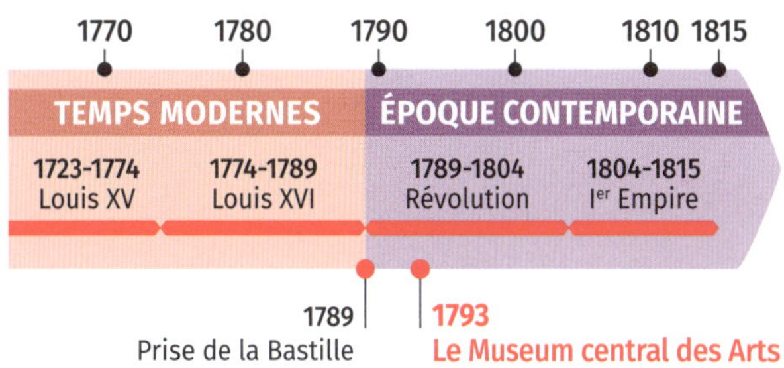

3 L'enrichissement des collections

- Les collections du nouveau Museum des Arts s'enrichissent avec les **œuvres pillées par les armées républicaines en Europe** : d'abord en Belgique et en Hollande, puis lors des campagnes d'Italie (œuvres datant de l'Antiquité et de la Renaissance).
- En 1799, Bonaparte rebaptise le Museum « **Musée Napoléon** ».
- Dès 1800, les collections sont si nombreuses qu'il est décidé d'en répartir dans plusieurs grandes villes de France : **c'est le début de la création des musées en province**.
- Par la suite, les collections s'enrichissent par **des achats de l'État et des dons de collectionneurs particuliers**.

L'entrée à Paris des œuvres destinées au musée Napoléon, détail du vase en porcelaine de 1,20 mètre de hauteur, réalisé en 1813 pour commémorer le défilé triomphal, à Paris, des œuvres saisies par Napoléon Bonaparte en Italie. Manufacture et musée nationaux de Sèvres.

20 Le Museum central des Arts, l'ancêtre du musée du Louvre

4 Des musées dans le musée pour témoigner des civilisations passées

- Au « **musée des Antiques** » créé par Napoléon s'ajoute en 1826 un « **musée égyptien** », comprenant des témoignages de la civilisation de l'Égypte antique, achetés par l'État. Jean-François Champollion – le premier à avoir déchiffré les hiéroglyphes – en devient le conservateur. Puis, en 1881, les antiquités venues du Moyen-Orient trouvent leur place au Louvre. Ces « musées dans le musée » prennent le nom de « **départements** ».
- En 1848, le musée est rebaptisé « **musée du Louvre** ». Cette date marque aussi le début de grands travaux d'achèvement et de restauration des bâtiments. **Toutes les œuvres conservées au Louvre sont plus anciennes que cette date**. Les œuvres réalisées après se trouvent dans d'autres musées.

Salle égyptienne du Louvre, 1830, Guillaume Larrue, Paris, musée du Louvre.

5 Le Louvre aujourd'hui

- Plus de **35 000 œuvres** sont présentées sur 70 000 m² et 403 salles. Seulement 7 % du total des collections est présenté : **450 000 œuvres sont dans les réserves !**
- C'est le musée le plus fréquenté du monde avec **9 millions de visiteurs par an** !
- **9 000 ans** : c'est l'âge de la plus ancienne œuvre conservée : une statuette d'homme découverte en Jordanie.
- **1989** : avec la construction de la pyramide en verre (qui sert aujourd'hui d'entrée au musée), le Louvre trouve son aspect actuel.

Métier

Président-directeur du Louvre

Le président-directeur du Louvre est un spécialiste de l'histoire de l'art. C'est lui qui définit la politique du musée et oriente son rayonnement dans le monde ; c'est lui qui décide – avec son équipe de conservateurs – des expositions à organiser, de l'acquisition de nouvelles œuvres, du prêt des œuvres à d'autres musées. Il est accompagné par une équipe de plus de 2 000 personnes ! Depuis 2021 et pour la première fois, c'est une femme qui dirige le Louvre.

Ça alors !

Depuis 2008, le musée du Louvre dispose de sa propre équipe de pompiers ! Ils sont 46 au total et prêts à intervenir 24 h sur 24 pour arrêter un début d'incendie, colmater une fuite d'eau, venir en aide à un visiteur pris d'un malaise... ou encore bâcher les toits lorsqu'il tombe des trombes d'eau ! Ils assurent aussi des rondes sur les zones en travaux et accompagnent les personnes devant se rendre sur les toitures pour les entretenir ou y tourner des films.

20 Le Museum central des Arts, l'ancêtre du musée du Louvre

1 **Place sur cette frise la date de création du Museum central des Arts (ancêtre du musée du Louvre).**

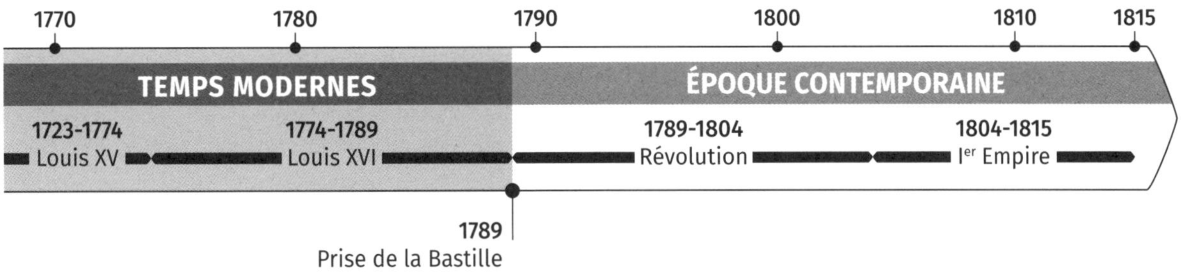

2 **À ton avis, pourquoi cette sculpture ne pourrait pas se trouver au musée du Louvre ?**

- ☐ Parce que ce n'est pas de l'art.
- ☐ Parce que l'artiste qui l'a créée n'est pas française.
- ☐ Parce qu'elle n'est pas assez ancienne.
- ☐ Parce que ce n'est pas un tableau.

Niki de Saint Phalle, *Nana danseuse*, 1995.

3 **Observe le tableau et réponds aux questions.**

Vue de la Grande Galerie, en 1947, Rose-Marie Pruvost.

- Quelle est la fonction de l'homme assis sur la chaise au premier plan, d'après toi ?

....

....

- Que fait l'homme debout au second plan ?

....

....

....

4 **Complète ce texte en t'aidant de la fiche documentaire.**

Le palais du Louvre devient un .... le 10 août 1793, pendant la .... Il contient les anciennes collections des .... de France, devenues « patrimoine de la Nation », c'est-à-dire de tous. Toutes les œuvres qui y sont conservées datent d'avant .... Les plus anciennes ont plusieurs millénaires. C'est le musée le plus grand et le plus visité dans le ....

Fiche élève

Jeux

LE MUSEUM CENTRAL DES ARTS, ANCÊTRE DU MUSÉE DU LOUVRE

Recherche Internet **Cherche des informations sur ces chefs-d'œuvre du musée du Louvre. Choisis-en un dans cette liste, complète sa fiche, puis écris pourquoi tu l'as choisi. Tu peux aller sur le site : collections.louvre.fr**

- *Le Scribe accroupi*
- *La Victoire de Samothrace*
- *La Vierge du chancelier Rolin*, de Jan van Eyck
- *Portrait d'un vieillard et d'un jeune garçon*, de Domenico Ghirlandaio
- *L'Adoration des bergers*, de Georges de La Tour
- *Femmes d'Alger dans leur appartement*, d'Eugène Delacroix
- *Lion au serpent*, d'Antoine-Louis Barye

Colle ici une reproduction de l'œuvre ou un dessin

Pourquoi j'ai choisi cette œuvre : ....

....

....

....

....

....

....

....

....

....

Nom de l'œuvre : ....

Auteur : ....

Date / siècle de création :

....

Technique : peinture / sculpture

Matériau : ....

Département du Louvre dans laquelle elle se trouve : ....

....

Mode d'acquisition : ....

....

....

....

....

....

....

....

....

....

....

21 Napoléon ou l'art de forger sa propre légende

Fiche enseignant

À l'image des monarques de l'Ancien Régime, mais bien avant de devenir empereur, Napoléon Bonaparte a su mettre en scène sa propre gloire. Dès les premières victoires de ses campagnes d'Italie, il va se servir de portraits pour célébrer ses exploits et sa stature d'homme providentiel pour la France, forgeant ainsi sa légende.

Conquérir l'opinion publique

- Dès mars 1796 et sa prise de commandement de la campagne d'Italie, le jeune général Bonaparte (il a alors 26 ans) sait enthousiasmer ses troupes par des discours galvanisateurs. Son opération de séduction passe rapidement par la presse : il fonde en juillet 1797 *Le Courrier de l'armée de l'Italie*, aussitôt suivi de *La France vue de l'armée d'Italie*, dans lequel on peut lire : « Bonaparte vole comme l'éclair et frappe comme la foudre. Il est partout et il voit tout. Il sait qu'il est des hommes dont le pouvoir n'a d'autres bornes que leur volonté quand la vertu des plus sublimes vertus seconde un vaste génie. »
- Simultanément, l'image vient habilement à l'appui des mots : en 1796, Antoine-Jean Gros peint *Bonaparte au pont d'Arcole* où le général apparait, le menton volontaire, en chef de guerre inspiré.
- Enfin, dès son coup d'État du 18 Brumaire (9 novembre 1799), il sait qu'il doit rallier l'opinion publique. Dès le lendemain, il fait imprimer dans *Le Journal de Paris* : « Le premier guerrier de l'Europe, devenu le premier magistrat de la France, est aussi l'homme providentiel qu'attendait un pays épuisé par les discordes intérieures, ruiné par les guerres révolutionnaires et mis au ban de l'Europe. » La deuxième campagne d'Italie, contre les forces autrichiennes, va lui apporter une gloire nouvelle.

Marengo : une victoire de justesse...

- En mai 1800, Bonaparte et 40 000 hommes franchissent les Alpes par le col enneigé du Grand-Saint-Bernard, en Suisse. Les faits sont les suivants :
  - le général passe le col à dos de mule (la monture est plus sûre en terrain escarpé) conduite par un guide à pied. Il porte une redingote grise et un bicorne ;
  - le 14 juin, c'est *in extremis* que lui et ses troupes parviennent à repousser les troupes autrichiennes à Marengo (avec 6 000 pertes humaines côté français, contre 9 500 dans le camp autrichien).
- Bien qu'obtenue de justesse, cette victoire signe le retour de la paix et permet à Bonaparte de s'imposer comme le sauveur de la France.

Bonaparte franchissant le col du Grand-Saint-Bernard

- Alors que le roi d'Espagne Charles V – l'un des rares alliés de la France –, souhaite un portrait de Bonaparte, celui-ci voit l'occasion d'asseoir définitivement son image d'homme providentiel. Il ne désire pas représenter la bataille elle-même, peu éclatante, mais un portrait de sa propre personne passant glorieusement les Alpes !
- Bonaparte confie la tâche au peintre Jacques-Louis David : depuis 1795, celui-ci a arrêté toutes activités politiques (voir fiche 19), mais il admire la personnalité de Bonaparte (pour lui, il réalisera son plus grand tableau, *Le Sacre de Napoléon*, en 1806-1807).

Une mise en scène époustouflante !

- Le Premier consul souhaite être peint « calme sur un cheval fougueux », refuse de poser malgré l'insistance de David, mais lui fait livrer un costume militaire et un cheval. Quatre mois plus tard, David livre un portrait d'un très grand format (plus de 2 × 2 m) et d'une puissance saisissante, réunissant toutes les qualités pour entrer dans l'histoire de l'art.
- Posture altière et parfaitement calme sur un cheval cabré, regard tourné vers le spectateur mais le doigt pointé vers le défi à affronter, couleur lumineuse de sa cape volant au vent : tout est là dans cette mise en scène pour signifier que rien ne peut arrêter Bonaparte dans sa marche vers la gloire.
- Plus habile encore : David confère au Premier consul un visage plus jeune qu'il n'est (il a 31 ans), le vouant à une éternelle jeunesse, traversant les âges et l'Histoire. D'autre part, et sans doute est-ce une demande de Bonaparte, trois inscriptions peintes en bas du tableau annoncent déjà le destin d'empereur de Napoléon, en en faisant l'héritier de deux héros ayant franchi les Alpes : Hannibal (le général Carthaginois, considéré dès l'Antiquité comme l'un des plus grands chefs militaires) et l'empereur Charlemagne (Karolus).

Un tableau mué en « image »

- L'image ne pouvait que séduire le Premier consul qui en fit aussitôt réaliser par David trois autres versions. David réalisa une ultime copie pour lui, qu'il garda jusqu'à sa mort, en 1825.
- David a représenté une véritable synthèse des trois étapes de l'ascension politique de Napoléon Bonaparte – le Général, le Premier consul et l'Empereur –, ce qui fait de cette œuvre un tableau de propagande à l'attention de ses contemporains, mais également des générations à venir, jusqu'à aujourd'hui.

Comment mener la séance ?

Objectifs

- Comprendre que l'art peut servir d'outil de propagande.
- Identifier les moyens qu'utilise un artiste pour exalter le personnage qu'il représente.

Réactiver les connaissances sur Napoléon Bonaparte : *Qui est-il ? Qu'a-t-il fait en 1799 ? Comment appelle-t-on le régime alors mis en place ?* En fonction des réponses, rappeler qu'après des victoires militaires sous la Première République (première campagne d'Italie), le général Bonaparte prend le pouvoir par un coup d'État le 18 Brumaire an VIII (9 novembre 1799) et met un terme à la Révolution française. C'est le Consulat (1799-1804). Il organise de premières réformes et se lance dans la deuxième campagne d'Italie dès 1799. Expliquer que l'on va s'intéresser à un célèbre portrait équestre de Bonaparte, peint dans le cadre de cette campagne militaire.

① Explication du contexte de l'œuvre : la bataille de Marengo 5 min

Donner le contexte historique : en mai 1800, Bonaparte et 40 000 hommes traversent les Alpes par la Suisse, au col du Grand-Saint-Bernard (montrer l'emplacement sur une carte : près de Chamonix), pour se rendre en Italie, où les troupes autrichiennes ont repris Milan. Une grande bataille s'engage à Marengo et Bonaparte est proche de la défaite, quand lui et ses soldats parviennent *in extremis* à la victoire. Ce n'est pas une victoire « éclatante », mais Bonaparte peut s'en glorifier car elle met fin aux guerres d'Italie et renforce son propre pouvoir en France.

② Découverte du portrait équestre peint par David 10 min

Projeter le doc. 1 et expliquer que ce tableau a été peint à la demande de Bonaparte pour célébrer cette victoire. Laisser réagir les élèves. Présenter Jacques-Louis David (si le tableau *La Mort de Marat* a été vu, rappeler qu'il s'agit du même artiste). David montre le général en marche vers la victoire et non la bataille elle-même. Demander : *Qu'est-ce qui montre que le tableau est créé « à la gloire » de Bonaparte ? En quoi est-il montré comme un chef militaire courageux et déterminé ?* En fonction des réponses, insister sur la position très droite et calme du cavalier alors que son cheval est cabré, sur le doigt pointé du chef militaire qui indique la voie tout en nous regardant et sur les éléments de composition : la puissante diagonale, la couleur éclatante de la cape.

③ Explication de la puissance de l'image 10 min

Projeter le doc. 4. Expliquer que ce tableau a été peint après la mort de Napoléon. Laisser réagir les élèves, puis leur demander : *Selon vous, lequel des deux correspond le mieux à la réalité ? À votre avis, est-il plus facile de traverser des montagnes avec une mule ou un cheval ? Est-il commode de voyager avec une cape aussi grande ?* Expliquer que le doc. 4 correspond à la réalité historique. Demander : *Dans quel portrait Bonaparte apparait-il le plus glorieux ?* Montrer qu'avec le portrait de David, Bonaparte est mis en scène pour donner une image d'homme providentiel. Zoomer sur les visages dans les deux tableaux et comparer : *Sur lequel parait-il plus jeune ?* En fonction des réponses, expliquer. Puis zoomer sur les inscriptions au bas du tableau. Expliquer les références, qui placent Bonaparte en héritier de deux personnages historiques : un grand chef militaire (Hannibal) et un grand empereur (Karolus, alias Charlemagne). Demander : *Napoléon est-il aujourd'hui encore très connu ?* Laisser les élèves évoquer leurs connaissances. Expliquer ensuite la fonction d'une telle image (faire le parallèle avec le portrait d'Henri IV s'il a été vu) et préciser que Napoléon, tout au long de sa vie, a construit sa légende de « grand homme d'État » à l'aide de tableaux comme celui-ci, de bustes sculptés, etc.

④ Fiche documentaire et fiche élève 25 min

La fiche documentaire est vidéoprojetée et lue collectivement, puis la fiche élève est distribuée.

Lexique

- **Composition :** manière d'organiser et de placer les éléments (lignes, couleurs, formes, effets de matière, ombres et lumières) dans une image (peinture, dessin ou gravure) ; elle est importante pour la signification de l'ensemble de l'image.
- **Portrait équestre :** œuvre (sculptée ou peinte) représentant une personne montée à cheval. Ces représentations existent depuis l'Antiquité et permettent de mettre en valeur un souverain ou un homme de pouvoir.

Je retiens

- En 1800, le général Napoléon Bonaparte, alors Premier consul de France, gagne la bataille de Marengo en Italie. Peu après, Jacques-Louis David peint un grand portrait de lui à cheval, le montrant en train de franchir les Alpes pour aller combattre l'ennemi.
- Ce tableau est une mise en scène, voulue par Bonaparte et parfaitement composée par David, pour montrer l'image d'un grand homme d'État plein de volonté, de courage et de gloire.

Œuvre en réseau

***Statue équestre de Pierre le Grand* (1777), par Étienne Falconet.** Jacques-Louis David a pu s'inspirer de cette statue équestre, dont il possédait une gravure. Elle fut commandée au sculpteur français Falconet par l'impératrice Catherine II de Russie et rend hommage à l'empereur Pierre Ier de Russie (1672-1725).
Saint-Pétersbourg, en Russie, place du Sénat.

21 Napoléon Bonaparte franchissant le col du Grand-Saint-Bernard

1 Un portrait à la gloire de Bonaparte

- En 1800, **Bonaparte gagne la bataille de Marengo** en Italie, après avoir franchi les Alpes.
- Peu après, il commande ce portrait. Jacques-Louis David le représente filant vers la victoire :
  – **calme sur son cheval cabré**, il nous regarde, le doigt tendu vers les Alpes : il indique la voie à suivre, le col à franchir, c'est-à-dire le défi à relever pour affronter l'ennemi ;
  – son ardeur est accentuée par **la diagonale qu'il forme avec son cheval**, tandis que ses troupes, qui apparaissent minuscules à l'arrière-plan, montent péniblement…
  – la couleur orangée de sa cape éclaire le tableau, **comme si la lumière irradiait de Bonaparte lui-même**.
- Très satisfait de ce portrait, Bonaparte en fit réaliser trois autres versions par David, dont deux furent aussitôt exposées au musée du Louvre tout juste créé.

2 Fiche d'identité

Quoi ? Tableau peint à l'huile sur toile.
Dimensions ? 2,21 × 2,06 m.
Par qui ? Jacques-Louis David.
Quand ? 1800.
Où ? Château de Malmaison.

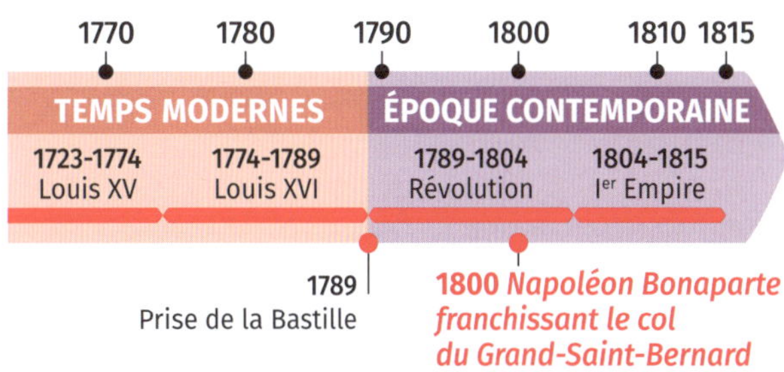

3 Les indices de la grandeur de Bonaparte

- **1er indice :** le peintre a donné à Bonaparte, alors âgé de 31 ans, **un visage plus jeune**. Il lui confère ainsi une jeunesse éternelle, l'image d'un homme hors du temps – image appelée à traverser les âges.
- **2e indice : des inscriptions** semblent gravées sur les pierres. BONAPARTE fait suite à deux noms illustres passés eux aussi par les Alpes avec leurs armées : HANNIBAL et KAROLUS MAGNUS. Hannibal est un célèbre général qui combattit courageusement les Romains au IIIe siècle avant J.-C. ; KAROLUS MAGNUS est le nom en latin de l'empereur Charlemagne. Associé à ces deux noms, Bonaparte apparait comme leur « héritier » direct.

21 Napoléon Bonaparte franchissant le col du Grand-Saint-Bernard

4 Une réalité moins héroïque...

Bonaparte franchissant les Alpes,
peint par Paul Delaroche en 1848. Paris, musée du Louvre.

- Napoléon Bonaparte et ses troupes ont bien passé le col des Alpes en mai 1800, mais :
– **ils ont perdu 6 000 soldats** durant la bataille et ne sont parvenus à repousser les troupes autrichiennes qu'au dernier moment ; c'est donc une victoire mais elle n'est pas si brillante ;
– Napoléon était revêtu **d'une simple redingote grise**, fort éloignée de la fière cape orangée peinte par David ;
– sa monture n'était pas un beau cheval, crinière au vent, mais **une mule**, plus pratique en haute montagne ! Et il était aidé d'**un guide** qui, lui, avançait à pied.

5 Napoléon superstar !

Affiche de « L'Exposition Napoléon » présentée en 2021 à Paris, dans le cadre du 200e anniversaire de sa mort.

- Devenu empereur, Napoléon commanda **des centaines de portraits peints et de bustes sculptés**, et des représentations de ses victoires.
- Ces images ont **transmis le souvenir de ses actions pendant les années où il a dirigé la France**, en tant que chef militaire et politique. Elles lui ont permis d'entrer pour toujours dans l'Histoire.
- Le portrait équestre peint par David est aujourd'hui la plus célèbre de ces images !

Métier

Photographe officiel du président de la République

Les présidents de la République diffusent, eux aussi, leur portrait « officiel ». Chacun d'eux choisit « son » photographe. Le lieu où est prise la photo, les objets entourant le Président, les vêtements qu'il porte sont très minutieusement étudiés, de même que les jeux d'ombre et de lumière sur son visage. Certains auteurs de ces portraits sont des artistes très connus, d'autres des photographes... de mode !

Ça alors !

Le veau Marengo, le plat de la victoire !

Pour célébrer la victoire de Marengo, le cuisinier de Bonaparte improvise un plat avec quelques restes : du poulet, des œufs, des tomates, de l'ail et des écrevisses, dont le Premier consul raffolait ! Bonaparte apprécia tellement qu'il demanda qu'on lui en serve après chaque bataille ! Le cuisinier remplaça le poulet par du veau mais garda la sauce à la tomate : le plat prit le nom de « veau Marengo » en souvenir de cette victoire !

21 Napoléon Bonaparte franchissant le col du Grand-Saint-Bernard

1 Place sur cette frise le tableau *Napoléon Bonaparte franchissant le col du Grand-Saint-Bernard*.

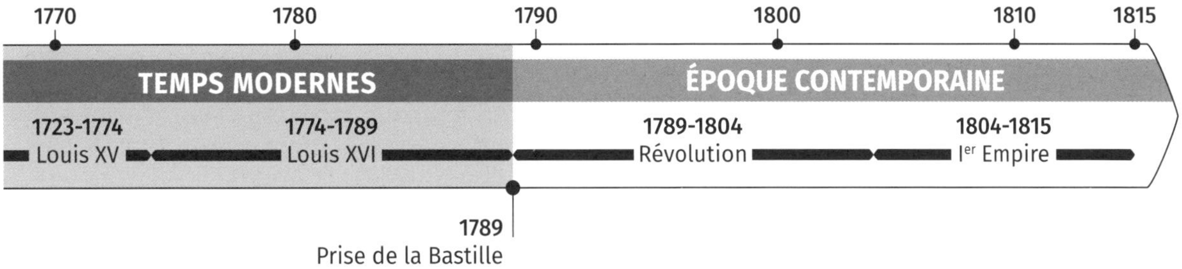

2 *Vrai* ou *faux* ? Coche la bonne réponse.

a. Bonaparte n'a en réalité jamais traversé les Alpes. ☐ Vrai ☐ Faux

b. Ce tableau a été peint pour célébrer la victoire de Marengo. ☐ Vrai ☐ Faux

c. Bonaparte a détesté ce tableau. ☐ Vrai ☐ Faux

d. En réalité, Bonaparte a traversé le col à dos de mule. ☐ Vrai ☐ Faux

3 Choisis l'un des détails entourés et explique en quoi il participe à donner une image glorieuse de Bonaparte.

....

....

....

....

....

....

....

4 Complète ce texte en t'aidant de la fiche documentaire.

En 1800, le général ...., alors Premier consul, gagne la bataille de Marengo, du nom d'une ville qui se trouve en .... Peu après, il commande au peintre .... un grand portrait équestre, le montrant en train de franchir les .... pour aller combattre l'ennemi. Ce tableau est une mise en scène voulue par Napoléon pour laisser de lui l'image d'un grand homme d'État, que son courage a mené à la ....

Jeux

NAPOLÉON BONAPARTE FRANCHISSANT LE COL DU GRAND-SAINT-BERNARD

Arts plastiques Napoléon Bonaparte part pour de nouvelles conquêtes ! Dessine le décor de ses aventures : l'espace, le Far West, ta chambre ? À toi de jouer !

22 Le style Empire

Fiche enseignant

Le style Empire, déjà en vogue sous le Consulat, s'impose sous le règne de Napoléon Ier, désireux de créer un art homogène et représentatif de son pouvoir impérial. Il se caractérise par des meubles aux formes massives et imposantes, aux décors inspirés de l'Antiquité gréco-romaine et égyptienne – cette inspiration concernant l'ensemble des arts décoratifs et la mode féminine.

Tout « à l'antique » !

- Sous le règne de Louis XVI déjà, un courant littéraire et artistique, le néo-classicisme – stimulé entre autres par les découvertes faites lors des fouilles menées à Pompéi au milieu du XVIIIe siècle et relancées par Bonaparte – prônait l'imitation des modèles de l'Antiquité gréco-romaine ; c'est cependant avec l'Empire qu'il atteint sa pleine maturité. La Révolution accompagne ce courant, qui répond au gout des révolutionnaires pour les idéaux républicains des sociétés de l'Antiquité.
- Les meubles créés sous le Premier Empire sont en bois d'acajou (clair ou foncé, il est couteux car importé) et présentent des structures lourdes et monumentales, sans moulures ; ils sont en revanche rehaussés, dans les angles, sur le devant ou sur les pieds, d'ornements décoratifs en bronze finement ciselés par les meilleurs spécialistes. Ces ornements sont tous inspirés de l'Antiquité, tels le sphinx (Égypte), l'aigle et les guirlandes de laurier (Empire romain), les cygnes et palmettes (Antiquité grecque).
- De même, la mode féminine se transforme radicalement dans les premières années de la Révolution. La robe-chemise, déjà portée avec audace par Marie-Antoinette et les dames de la cour (voir fiche 17) devient la norme. Les artifices de maintien, comme le corset et le panier, sont abandonnés. Sous le Consulat et le Premier Empire, les femmes à la mode portent de fines robes de coton blanches, presque transparentes, avec peu ou pas de vêtements dessous. Avec sa taille haute (sous la poitrine) marquée par un ruban, son corsage et sa jupe fluide d'une seule pièce, la robe Empire, dite « à la grecque » s'inspire directement de la statuaire antique gréco-romaine.
- Le châle devient l'accessoire indispensable d'une femme de qualité. Rares et recherchés, ils sont réalisés dans des matières premières chères, notamment le cachemire et la soie. Le châle peut être porté sur les épaules ou autour du cou, croisé autour de la poitrine ou encore noué autour de la tête à la manière d'un turban.

Portrait de Juliette Récamier

Portrait de la bonne société

- Juliette Récamier (1777-1849) est l'une des femmes les plus représentées de son temps. Avec son époux, un très riche banquier, ils aménagent leur hôtel particulier en adoptant le style Empire. Elle y anime un salon réputé, où se réunit tout ce que la capitale compte d'artistes et d'intellectuels.
- Elle contrôle son image et sollicite les maitres les plus en vue, tels les peintres Jacques-Louis David (voir fiches 19 et 21) et François Gérard (1770-1837).
- Élève de David, François Gérard est l'un des principaux peintres du Premier Empire et de la Restauration. À partir de 1798, ses nombreux portraits de la bonne société assurent sa réputation. En 1801, suite à la commande d'un tableau pour le salon des Bonaparte à la Malmaison, il bénéficie de leur protection et devient le « premier peintre » de Joséphine de Beauharnais. Son succès va rapidement dépasser les frontières, les grandes familles d'Europe voulant à leur tour être immortalisées.
- Le portrait de Juliette Récamier qu'il réalise entre 1802 et 1805 est très vite considéré comme l'un de ses chefs-d'œuvre. En plus de rendre compte de la beauté de la jeune femme, alors âgée de 24 ans, il la représente sur un mode très en vogue : assise sur un fauteuil « à l'antique », vêtue d'une robe blanche dite « à la grecque », qui souligne le corps, et portant un châle de couleur vive. Ce portrait témoigne donc de la vogue du style Empire auprès des aristocrates.

Un style de courte durée

- Le style Empire aura duré le temps du Consulat et du Premier Empire, emporté dans la chute de Napoléon Ier. La période de la Restauration (1815-1830) est marquée par l'appauvrissement de l'État. Dès lors, ce ne sont plus les commandes de la famille royale ni celles des riches aristocrates qui vont donner le ton. La mode s'adapte aux besoins et au gout de la nouvelle société bourgeoise. En matière d'ameublement, l'acajou, jugé trop lourd, est remplacé par des bois blonds et les meubles imposants, ornés de bronzes, font place à des meubles plus fins, dont la production va peu à peu s'industrialiser au détriment des ébénistes et des bronziers.
- Quant au peintre François Gérard, il est nommé « premier peintre du roi » en 1817 (fonction qu'il exerce sous les règnes de Louis XVIII et de Charles X) et fait « baron » en 1819. Pour autant, il soutient la nouvelle génération des peintres romantiques (et notamment les débuts d'Eugène Delacroix).

Comment mener la séance ?

Objectifs

- Découvrir le style Empire.
- Analyser un portrait emblématique de ce style.
- Étudier les caractéristiques du mobilier.

Réactiver les connaissances des élèves sur Napoléon Bonaparte : *Comment s'appelle la période qui suit son coup d'État en 1799 ? Quand devient-il empereur ? Jusqu'à quand ?* Rappeler qu'entre 1799 et 1804 (Consulat), puis entre 1804 et 1814 (Premier Empire), il a mis en place un régime autoritaire tout en menant de nombreuses réformes. Puis expliquer qu'il a souhaité, notamment pour les meubles et les arts décoratifs, un style homogène et représentatif de son pouvoir impérial. Ce style est appelé « style Empire » et se caractérise par des meubles aux formes massives et imposantes, avec des décors inspirés de l'Antiquité. Expliquer aux élèves qu'ils vont découvrir ce style à travers le portrait d'une femme très connue de cette époque, peint entre 1802 et 1805.

① Découverte du *Portrait de Juliette Récamier* 10 min

Projeter la vidéo disponible sur le lien media.mdi-editions.com/yt/hda-d22a puis le doc. 1. Laisser les élèves réagir : *Que pensez-vous de ce portrait ? Comment pouvez-vous le décrire ?* Après avoir dit que Mme Récamier était une femme très riche, interroger les élèves sur sa tenue : *Est-ce une robe qui parait très chère, très compliquée ?* Zoomer sur le visage et la coiffure, sur la robe, sur le fauteuil et le petit tabouret sur lequel elle pose un pied. Expliquer que tous ces éléments sont typiques du « style Empire » : ils sont inspirés de l'Antiquité, dont les références sont alors très en vogue, et les vêtements sont fluides, légers.

② Découverte d'une robe Empire et des coiffures de l'époque 10 min

- Projeter les images du doc. 3, d'abord la robe puis le bas-relief antique. Montrer que Juliette Récamier porte une robe du même type, dite « à la grecque » car elle est inspirée des tuniques portées en Grèce dans l'Antiquité : elle est serrée sous la poitrine et laisse la taille libre, ce qui est nouveau ; elle se porte sans corset, la jupe près du corps, et permet de se sentir plus libre. Insister sur la pose alanguie de Juliette Récamier, qui en témoigne : elle n'est pas « engoncée » dans sa robe. Montrer également le châle.
- Zoomer sur la coiffure : rappeler (si la fiche sur Marie-Antoinette a été vue) qu'auparavant, les coiffures étaient faites avec des perruques poudrées, très sophistiquées. Montrer qu'ici la coiffure semble très simple : les cheveux relevés en chignon, bouclés sur le devant. Cet aspect « naturel » demandait en réalité beaucoup de préparation : le « gel » n'existait pas et les boucles étaient collées avec de l'eau et du sucre !

③ Découverte du lit de Juliette Récamier et des meubles typiques du Premier Empire 10 min

- Projeter le doc. 5. Laisser réagir les élèves et leur demander s'ils aimeraient dormir dans ce lit ! Expliquer qu'il s'agit d'un lit-bateau, typique du Premier Empire, et qu'il présente des caractéristiques propres à cette époque : il est en bois d'acajou foncé, imposant, décoré de motifs en bronze, d'inspiration antique.
- Projeter le doc. 4. Montrer les quatre meubles typiques du Premier Empire. Puis détailler les décors en bronze.

④ Fiche documentaire et fiche élève 25 min

La fiche documentaire est vidéoprojetée et lue collectivement, puis la fiche élève est distribuée.

Lexique

- **Style :** ensemble des caractéristiques techniques et esthétiques propres aux œuvres d'une époque précise (mobilier, mode, objets décoratifs) ; on parle par exemple de « style Louis XIII », de « style Empire », de « style Napoléon III » (dit aussi Second Empire).
- **« À l'antique » :** expression utilisée pour les vêtements comme pour tous les éléments de décoration qui s'inspirent directement de motifs antiques, connus par les statues grecques et les mosaïques décoratives romaines.

Je retiens

- Le *Portrait de Juliette Récamier*, peint par François Gérard vers 1805, est très représentatif du style de robes et de coiffures « à l'antique » portées sous le règne de Napoléon Ier (1804-1814), ainsi que du mobilier de luxe de cette époque. Les robes et les coiffures laissent le corps beaucoup plus libre, paraissent plus naturelles que les tenues très contraignantes créées auparavant.
- Ce style est appelé le « style Empire ». Il se caractérise notamment par des meubles en bois ornés de motifs en bronze, eux aussi inspirés de la mythologie grecque et romaine ou égyptienne.

Œuvre en réseau

La chambre à coucher de Napoléon Ier. À l'instar des anciens souverains, Napoléon Ier installe son appartement d'apparat au château de Fontainebleau. Il fait notamment installer la chambre à coucher, meublée en style Empire et toute tendue de vert, la couleur de prédilection de l'Empire.
Château de Fontainebleau.

22 Portrait de Juliette Récamier

1 Un portrait caractéristique du style Empire

- Le *Portrait de Juliette Récamier* est une grande huile sur toile peinte par **François Gérard** entre 1802 et 1805.
- Juliette Récamier est représentée ici à l'âge de 24 ans. Elle est l'épouse d'un riche banquier parisien. Très cultivée, elle tient **un « salon »** : elle organise chez elle des réunions où viennent discuter des artistes, des écrivains et des poètes.
- Sa robe blanche, son châle orangé et sa coiffure, ainsi que le fauteuil dans lequel elle est assise et le petit tabouret où elle pose un pied sont tous caractéristiques du **« style Empire »** : ce style apparait à partir de 1799, sous le Consulat (1799-1804), et se développe pleinement sous le Premier Empire (1804-1814), où il prend son nom.
- La caractéristique principale du style Empire est que le mobilier et la mode féminine sont **inspirés de l'Antiquité**.

Fiche documentaire

2 Fiche d'identité

Quoi ? *Portrait de Juliette Récamier.*
Dimensions ? 2,25 × 1,82 m.
Par qui ? François Gérard.
Quand ? 1805.
Où ? Paris, musée Carnavalet.

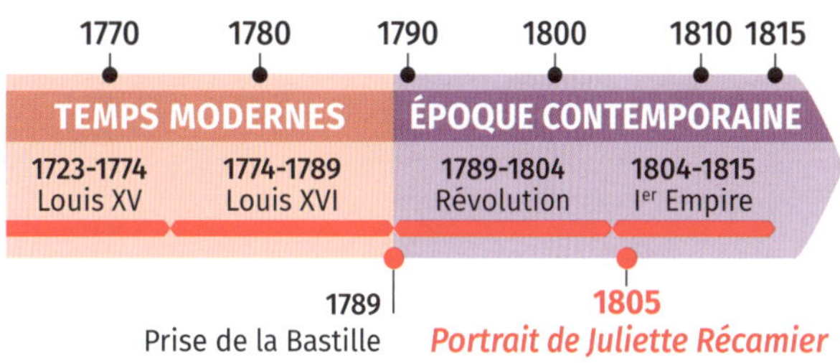

3 Des robes et des coiffures « à l'antique »

- **La robe de style Empire a une taille haute**, marquée par un **ruban** sous la poitrine ; cette particularité s'inspire directement des **tuniques grecques** de l'Antiquité.
- Le **châle** est son accessoire indispensable. Réalisé dans des matières premières chères (**cachemire ou soie**), il se porte de diverses manières : jeté sur les épaules, noué autour du cou, croisé autour de la poitrine.
- Les cheveux sont relevés en **chignon** vers l'arrière, agrémentés de tresses ou de rubans, tandis que **des boucles plates** ornent le front, maintenues par de l'eau et du sucre !

(a) Robe du Premier Empire, coton et dentelle, châle de cachemire, 1810.

(b) Sarcophage des muses, IIe siècle après J.-C., provenant du Capitole à Rome. Saisie napoléonienne, rapportée en France en 1798. Musée du Louvre.

4 Des meubles en bronze et en acajou

● Les meubles de style Empire ont des formes **massives et imposantes**.

● **Quatre meubles sont typiques de l'Empire :**
– **le lit « bateau »** 1,
– **la méridienne**, une chaise longue servant au repos dans la journée 2,
– la **table guéridon** 3,
– le **psyché**, grand miroir inclinable 4, du nom de Psyché, princesse de la mythologie grecque à la beauté réputée parfaite.

● Sous le règne de Napoléon Ier, les meubles sont en **bois d'acajou** (très couteux) et sont rehaussés par endroits de **décors en bronze**. Ces décors reprennent des motifs issus de la **mythologie** grecque ou romaine (guirlande de feuilles de laurier, aigle impérial, palmettes) et de l'Égypte ancienne (sphinx).

5 Le lit-bateau de Juliette Récamier

● Le lit de Juliette Récamier réunit toutes les caractéristiques du style Empire :
– c'est un **lit-bateau**, en bois d'acajou ;
– ses **motifs décoratifs** en bronze ciselé représentent des **cygnes**, des **palmettes** et une **guirlande de feuilles de laurier**.

● Il est attribué, comme l'ensemble du mobilier de sa chambre, aux **ébénistes de l'atelier « Jacob Frères »**, l'un des fournisseurs principaux sous l'Empire, qui équipa l'empereur Napoléon Ier lui-même.

Métier

Ébéniste, un métier d'art

Aujourd'hui comme depuis le règne de Louis XIV, l'ébéniste crée du mobilier en bois. Il fait partie des métiers d'art et se distingue du « menuisier » par le raffinement de son travail. Il travaille des essences de bois précieuses et ses œuvres sont, le plus souvent, des pièces uniques réalisées sur commande. De nos jours, des ébénistes peuvent être spécialisés dans la restauration de meubles anciens, comme par exemple ceux de style Empire.

Ça alors !

Dans les années 1820, le mobilier de style Empire s'est développé aux États-Unis, grâce à deux ébénistes américains qui s'étaient formés à Paris ! À la Maison Blanche, la résidence des présidents des États-Unis, la *Red Room* (Salon rouge) est meublée et décorée en style Empire.

22 *Portrait de Juliette Récamier*

1 **Place sur cette frise le tableau le *Portrait de Juliette Récamier*.**

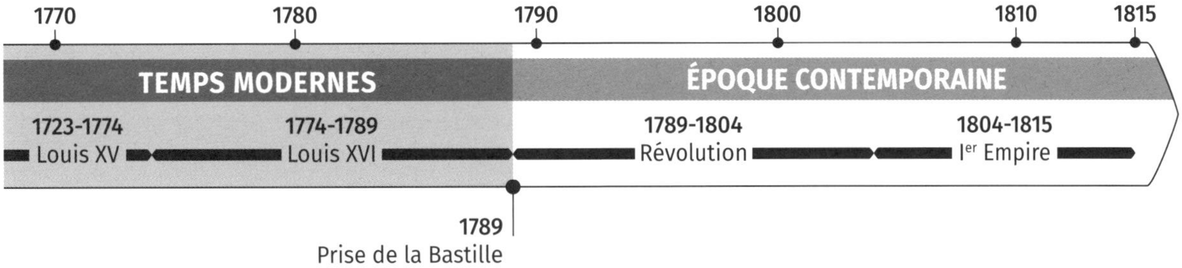

2 **a. Dans son portrait, Juliette Récamier est vêtue d'une robe de style…**

- ☐ Moyen Âge
- ☐ Empire
- ☐ Révolution

b. Cette robe est de style nouveau à l'époque car…

- ☐ elle coute très cher.
- ☐ elle est légère et laisse les mouvements libres.
- ☐ elle est cousue dans une matière nouvelle.

3 **a. Entoure trois meubles typiques du style Empire parmi ces propositions.**

lit-bateau   banquette   table basse   méridienne   guéridon   hamac   lit-cage

b. Parmi ces motifs de style Empire, barre les deux intrus.

4 **Complète ce texte en t'aidant de la fiche documentaire.**

Sous le règne de .... (1804-1814), le mobilier, les objets décoratifs et la mode sont de style .... Ils sont inspirés de l'.................................... . Les femmes portent des .... « à la grecque » ou « à la romaine », légères et agréables à porter. Les meubles sont en .... d'acajou et décorés de motifs en bronze.

Jeux

PORTRAIT DE JULIETTE RÉCAMIER

Jeu d'observation **Parmi ces images, entoure les deux qui datent du Premier Empire.**

Le temps de la République

23 La peinture d'actualité et les débuts du romantisme
▸ *Le Radeau de la Méduse*

24 Le drapeau tricolore, le premier des symboles de la République ▸ *La Liberté guidant le peuple*

25 L'invention de la photographie
▸ *Portrait d'Alexandre Dumas*

26 La naissance de l'impressionnisme
▸ *Régates à Argenteuil*

27 La République s'installe dans l'espace public
▸ La *Statue de la République*

Le temps de la République

L'art au XIXe siècle, reflet des révolutions techniques et politiques

- Entre 1815 et la fin du XIXe siècle, la France connait une vie politique mouvementée et les régimes politiques se succèdent. Ce n'est qu'après 1875 que la République s'installe peu à peu, dans la Constitution, mais aussi dans la vie quotidienne des Français, avec une IIIe République enfin stable. Les peintres s'emparent, dans la première partie du siècle, de ces soubresauts politiques : les héritiers de la peinture d'histoire et de David peignent de grands tableaux s'inspirant de l'actualité. Certains de ces tableaux portent la marque du romantisme et de la description des émotions exacerbées. Théodore Géricault est un représentant en France de ce mouvement européen. Eugène Delacroix exalte le peuple en armes dans *La Liberté guidant le peuple*. Son tableau, peint en 1830 pour marquer l'arrivée au pouvoir de Louis-Philippe, deviendra à la fin du siècle une icône républicaine. → Œuvres 23, 24
- Le régime républicain, qui a mis presque un siècle à s'imposer, s'appuie très tôt sur les images et les symboles pour emporter le cœur des Français. *La Liberté guidant le peuple*, dont le drapeau tricolore est l'élément principal, devient l'une des toiles les plus mises en valeur au Louvre après 1875. De grandes fêtes républicaines sont organisées lorsque le 14 juillet est désigné comme jour de la fête nationale, et de grandes statues sont inaugurées dans le pays, en particulier à Paris, pour implanter la République dans le paysage quotidien. → Œuvres 24, 27
- Cette période est également celle où certaines recherches scientifiques vont aboutir à une transformation radicale de la représentation du réel : la photographie, inventée par Nicéphore Niépce et Louis Daguerre, est « offerte au monde » par la France lors d'une déclaration officielle de 1839. Améliorée par la suite par de nombreux inventeurs, elle va permettre la transcription d'images « réelles », la diffusion parmi le grand public du portrait, mais aussi la reproductibilité des images, permise jusque-là uniquement par la gravure. Cette nouvelle perception du réel, couplée à une autre invention, la peinture en tubes, va permettre aux artistes de sortir de leurs ateliers : la peinture « sur le motif » se diffuse et quelques peintres vont, dans les années 1870, bouleverser la peinture avec leurs œuvres vibrantes, qualifiées d'« impressionnistes ». → Œuvres 25, 26

- Ce thème 4 permet d'aborder la dimension politique et fortement allégorique de certaines œuvres phares du XIXe siècle, et en parallèle, de voir que les images pénètrent à cette époque la sphère privée : par le portrait photographique, par le désir de certains peintres de se libérer des contraintes académiques et de rendre compte au plus près du monde qui les entoure, l'art devient un témoignage du quotidien.
- Ce thème permet aussi d'aborder avec les élèves la question de la célébrité d'un artiste ou d'une œuvre : *La Liberté guidant le peuple* est une icône reproduite sur toutes formes de supports, Géricault est une figure de l'artiste donnant sa vie à son art et Monet l'un des peintres les plus connus aujourd'hui.

Thèmes du programme d'histoire	Séances en histoire des arts
1892 : la République fête ses 100 ans	23. La peinture d'actualité et les débuts du romantisme > *Le Radeau de la Méduse* 24. Le drapeau tricolore, le premier des symboles de la République > *La Liberté guidant le peuple* 25. L'invention de la photographie > *Portrait d'Alexandre Dumas* 26. La naissance de l'impressionnisme > *Régates à Argenteuil* 27. La République s'installe dans l'espace public > La *Statue de la République*
L'école primaire au temps de Jules Ferry	
Des républiques, une démocratie : des libertés, des droits, des devoirs	

23 La peinture d'actualité et les débuts du romantisme

Fiche enseignant

Louis XVIII règne depuis moins d'un an quand survient, en juin 1816, le naufrage de la frégate *La Méduse* au large du Sénégal. Ce fait divers tourne à l'affaire politique. Le peintre Théodore Géricault s'en empare et peint l'immense *Radeau de la Méduse* qui révolutionne la peinture d'histoire et ouvre la voie au romantisme.

Les faits : un capitaine incompétent

- Louis XVIII, roi de France en 1815, envoie en 1816 un contingent de fonctionnaires et de soldats au Sénégal, pour reprendre le contrôle des comptoirs que la France vient de récupérer. Le 17 juin 1816, quatre navires appareillent, dont la frégate *La Méduse* et le brick *L'Argus*. Hugues Duroy de Chaumareys est désigné par le roi commandant de la frégate, bien qu'il n'ait pas navigué depuis vingt-cinq ans ! Sa nomination tient à sa loyauté à la monarchie pendant les périodes révolutionnaires et napoléoniennes.
- Le 23 juin, Chaumareys décide de couper au plus court, contre l'avis de ses officiers et sans attendre les autres bateaux. Le 2 juillet, *La Méduse* échoue sur un haut-fond, à plus de 60 kilomètres des côtes. Suite à plusieurs voies d'eau, il faut évacuer les 250 personnes à bord.
- Chaumareys et les haut placés embarquent sur les chaloupes, tandis que 150 hommes s'entassent sur un radeau construit à la hâte. Le radeau est d'abord tiré par les chaloupes, mais les amarres cèdent – sans doute larguées volontairement. Il dérive pendant 13 jours.
- Le 17 juillet, alors qu'il ne reste plus que 15 survivants, une voile pointe à l'horizon. C'est *L'Argus* ! Le brick ramène les naufragés à Saint-Louis du Sénégal, où cinq d'entre eux meurent de fièvre.

Une affaire éminemment politique

- Le témoignage accablant de deux survivants, Henri Savigny, chirurgien, et Alexandre Corréard, ingénieur-géographe, fuite dans la presse. Le ministre de la Marine doit démissionner, tandis que le procès du capitaine Chaumareys, en 1817, tourne à celui de la monarchie, qui l'a promu malgré son incompétence. Fin 1817, Corréard et Savigny publient leur récit du naufrage, réédité cinq fois entre 1817 et 1821 !

Le Radeau de la Méduse

Représentation d'une tragédie

- Formé dans l'atelier du peintre néo-classique Pierre-Narcisse Guérin, Théodore Géricault (1791-1824) s'est fait remarquer aux Salons de 1812 et de 1814 avec des portraits équestres de soldats de l'Empire, tour à tour glorieux et vaincus, d'une rare puissance psychologique. En 1818, après deux ans en Italie, il décide de peindre pour le Salon de 1819 un grand tableau spectaculaire et choisit de représenter la tragédie du radeau de *La Méduse*.

Des mois de travail acharné

- Géricault va travailler durant 18 mois de quasi réclusion. Il veut tout savoir de l'évènement et s'entretient avec Corréard et Savigny. Il se rend dans les morgues, rapporte dans son atelier des membres de cadavres… Il demande même au charpentier survivant du naufrage de lui construire un modèle réduit du radeau ! Multipliant les esquisses, il hésite sur la scène à peindre : le sauvetage des naufragés (pas assez dramatique), la mutinerie des soldats (trop chaotique), le cannibalisme des affamés (trop sordide). Il opte pour l'instant le plus pathétique : celui où les naufragés aperçoivent un navire au loin et lui font signe, sans savoir s'ils seront vus ou non.
- Sur sa toile de 35 m^2, il articule les naufragés en trois pyramides dont l'organisation décentrée donne un effet poignant aux efforts tendus vers la voile minuscule. Il représente cinq hommes noirs, dont un au point central de l'action, non plus asservi par les colons français, mais promu au rang de héros si son signal est repéré.

Entre néo-classicisme et romantisme

- Par son choix du grand format et celui de peindre les corps des naufragés tels des héros de l'Antiquité, Géricault s'inscrit dans la tradition néo-classique. Toutefois, il s'en démarque en décidant de mettre en scène les souffrances de gens ordinaires et réels, et en optant pour une facture épaisse, de forts effets d'ombre et de lumière, caractéristiques du romantisme.

Un manifeste esthétique au Salon

- Au Salon de 1819, le tableau est présenté sous le titre de *Scène de Naufrage*, mais personne n'est dupe et il fait sensation. Si le grand public est fasciné, les critiques d'art sont divisés. Certains s'offusquent de cet « amas de cadavres », dont le réalisme macabre « enterre l'idéal de la beauté antique ». D'autres saluent « une verve peu commune » engagée dans la modernité. Beaucoup y voient une critique contre le pouvoir monarchique, une allégorie du peuple français à la dérive à cause de l'incompétence de ses gouvernants, quand d'autres perçoivent une attaque contre le colonialisme et l'esclavagisme.
- La jeune génération des peintres accueille le tableau comme un manifeste esthétique : celui du romantisme naissant, en rupture avec la grande peinture d'histoire inspirée de l'Antiquité, soumise aux formes très dessinées et aux couleurs lisses. Géricault meurt en 1824, à 33 ans. Son ami Delacroix devient le chef de file des peintres romantiques.

Comment mener la séance ?

Objectifs

- Explorer le mouvement pictural du romantisme.
- Analyser le réalisme et la théâtralité d'un tableau.
- Découvrir le rôle des critiques d'art.

Réactiver les connaissances sur la Restauration : *Savez-vous qui règne en France après la chute de Napoléon Ier ? Comment s'appelle ce régime ?* Rappeler que Louis XVIII va régner de 1815 à 1824, en tentant de concilier monarchie et certains acquis révolutionnaires. Expliquer qu'en histoire des arts, cette période voit émerger une nouvelle manière de peindre, appelée le « romantisme ». Demander : *Selon vous, que veut dire « être romantique » ?* Donner la définition dans l'art (voir Lexique). Préciser qu'en France c'est un mouvement qui touche les jeunes artistes nés dans la période agitée de la Révolution : ils éprouvent le besoin d'exprimer dans leur art leurs émotions, ce qui n'était pas fait jusqu'alors. Ils ne cherchent pas à répondre à une commande : ils veulent peindre selon leur imagination ; la lumière et la couleur deviennent leurs préoccupations majeures, davantage que les formes bien dessinées. Demander : *Qui a déjà entendu parler du* Radeau de la Méduse *?* Dire qu'il s'agit d'un tableau de Théodore Géricault, qu'il avait 27 ans quand il l'a peint. Préciser ses dimensions : 5 × 7 m, soit 35 m^2 ! Indiquer que ce type de très grand format est à l'époque réservé aux sujets bibliques ou mythologiques. Géricault va innover en choisissant de représenter un « fait divers » de son époque.

1. **Découverte du fait divers : le naufrage de *La Méduse*** 10 min
   Projeter le doc. 1. Demander aux élèves ce qu'ils voient, les laisser réagir. Raconter l'histoire du naufrage de *La Méduse* (voir fiche enseignant et vidéo accessible via le lien media.mdi-editions.com/yt/hda-d23a). Dire que cette histoire a été racontée dans les journaux à l'époque, que des survivants ont écrit un livre qui a eu beaucoup de succès et que le roi et la monarchie, qui venait d'être rétablie, ont été critiqués : le choix de Géricault est donc aussi politique.

2. **Étude du tableau** 15 min
   Demander : *Est-ce que la scène peinte par Géricault a l'air « vraie » ?* Insister sur le fait qu'il s'est beaucoup documenté. Préciser en quoi il est réaliste : couleur des peaux, livides, des morts ; mer agitée, effets d'ombre et de lumière sur les corps et dans le ciel, vent qui gonfle la voile. Tracer devant le tableau les lignes de la composition (voir ci-contre). Montrer que si la scène est réaliste, et inspirée d'une histoire vraie, Géricault l'a « théâtralisée » pour renforcer son côté dramatique :

   1. les survivants ont des corps musclés : ils sont moins affaiblis qu'ils ne devraient être, davantage comme des héros qui ont lutté pour leur survie ;
   2. les naufragés sont répartis en trois pyramides imbriquées. Cette construction guide le regard vers l'homme noir agitant un tissu. Les naufragés sont liés vers un même objectif. Seul l'homme au premier plan, avec son fils mort, semble extérieur à la scène ;
   3. le tableau est organisé en trois plans distincts : au premier plan, des cadavres et l'homme tenant son fils ; au deuxième plan, les hommes de dos, tournés vers l'espoir ; à l'arrière-plan, l'horizon et le point minuscule du navire.

Décrire avec les élèves les émotions qui se dégagent : la peur, l'idée de la mort, mais aussi l'espoir.

3. **Fiche documentaire et fiche élève** 25 min
   La fiche documentaire est vidéoprojetée et lue collectivement, puis la fiche élève est distribuée.

Lexique

- **Fait divers :** terme de journalisme désignant un évènement souvent tragique (crime, vol, accident) ; un fait divers peut parfois devenir une affaire politique.
- **Romantisme :** mouvement littéraire et artistique, apparu au début du XIXe siècle, qui privilégie l'expression des sentiments humains (la passion, la tristesse ou la colère, la jalousie) et invite à l'émotion ou à la rêverie.

Je retiens

- *Le Radeau de la Méduse* est un immense tableau peint par Théodore Géricault en 1819, sous la Restauration. Le peintre s'est inspiré d'un fait divers récent et tragique : la dérive en mer des naufragés de *La Méduse*.
- En représentant les derniers survivants à bord du radeau, le peintre a voulu représenter à la fois leur désespoir et leur espoir d'être sauvés. C'est l'un des premiers tableaux « romantiques » français.

Œuvre en réseau

***Étude du modèle Joseph* (1818), par Théodore Géricault.** C'est Géricault qui lance la carrière de l'Haïtien Joseph, âgé d'environ 25 ans, comme modèle en le faisant poser pour trois des hommes noirs du *Radeau de la Méduse*.
Conservé au Getty Center, Los Angeles.

23 Le Radeau de la Méduse

1 La représentation héroïque d'une histoire vraie

- Pour peindre cette immense toile, **Géricault s'est inspiré d'un fait divers tragique** : en juin 1816, un navire, *La Méduse*, a fait naufrage. Abandonnés par le capitaine, 150 hommes ont erré en mer pendant des jours sur un radeau. Seuls 15 ont pu être secourus.
- **Le moment représenté a été choisi avec soin par le jeune peintre** : un bateau apparait au loin et les hommes font des signaux désespérés pour être repérés et sauvés !

- *Le Radeau de la Méduse* est **l'un des premiers tableaux romantiques de la peinture française**. Le romantisme décrit **les sentiments** humains.

2 Fiche d'identité

Quoi ? Tableau peint à l'huile sur toile.
Par qui ? Théodore Géricault.
Dimensions ? 491 × 716 cm.
Où ? Paris, musée du Louvre.
Quand ? 1819.

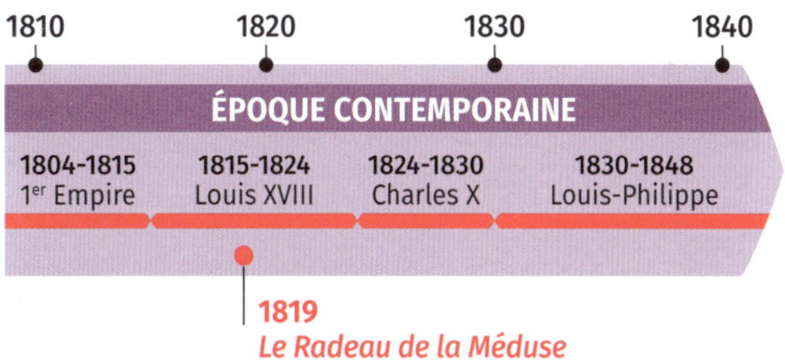

3 Un livre et des témoins précieux

- Théodore Géricault met **18 mois** à peindre son tableau. Il se documente énormément : il commence par lire **le récit de deux des rescapés** (voir ci-contre), puis il les rencontre pour obtenir davantage de détails sur les conditions de leur survie.
- Il rencontre aussi **le charpentier rescapé du radeau** : celui-ci vient construire dans l'atelier du peintre un radeau semblable au vrai, mais en modèle réduit ! Géricault y dispose des figurines en cire pour visualiser la scène qu'il envisage de peindre.

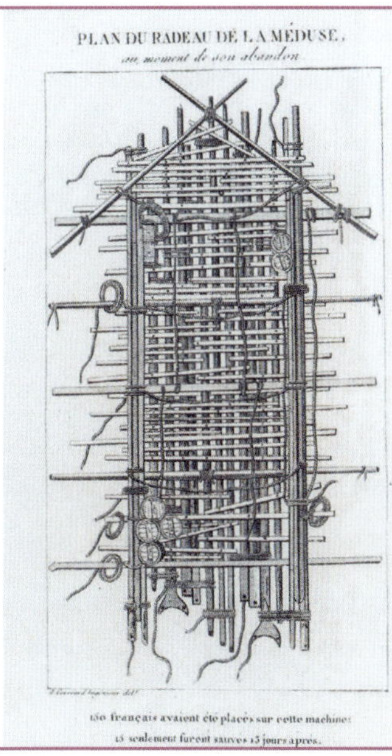

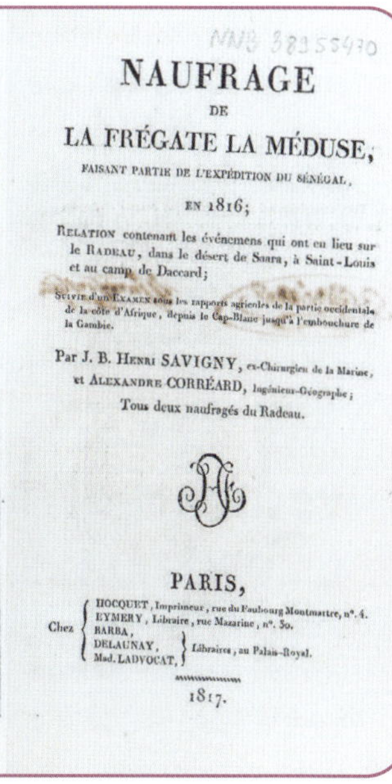

NAUFRAGE
DE
LA FRÉGATE LA MÉDUSE,
FAISANT PARTIE DE L'EXPÉDITION DU SÉNÉGAL,
EN 1816;

RELATION contenant les événemens qui ont eu lieu sur le RADEAU, dans le désert de Saara, à Saint-Louis et au camp de Daccard;

SUIVIE d'un EXAMEN sous les rapports agricoles de la partie occidentale de la côte d'Afrique, depuis le Cap-Blanc jusqu'à l'embouchure de la Gambie.

Par J. B. HENRI SAVIGNY, ex-Chirurgien de la Marine, et ALEXANDRE CORRÉARD, Ingénieur-Géographe; Tous deux naufragés du Radeau.

PARIS,
Chez HOCQUET, Imprimeur, rue du Faubourg Montmartre, n°. 4.
EYMERY, Libraire, rue Mazarine, n°. 30.
BARBA,
DELAUNAY,
Mad. LADVOCAT, Libraires, au Palais-Royal.

1817.

Page de titre du *Naufrage de la frégate La Méduse*, Paris, 1817.

23 Le Radeau de la Méduse

4 Dessin pour *Le Radeau de la Méduse*

- Géricault réfléchit longtemps à la scène qu'il va représenter. Il réalise plusieurs dessins afin d'envisager différentes compositions. Certains représentent les naufragés en train de se battre ou leur sauvetage. Ici, l'idée de l'œuvre finale est là, mais tout est inversé : la voile est à droite et les hommes tournés vers la gauche, en direction du bateau : celui-ci, indiqué par un gribouillis, est plus proche !
- Géricault a finalement choisi d'inverser le sens du vent dans la voile pour la rendre plus dynamique et, surtout, de placer le bateau plus loin pour rendre la situation incertaine : dans le tableau, on ne sait pas si les naufragés seront sauvés…

5 Une œuvre controversée devenue très célèbre

- Quand il est exposé, le tableau fascine le public, très ému par le naufrage. Mais **il divise les critiques d'art** :
  – les « **contre** » trouvent le tableau mal peint et s'offusquent de ces cadavres trop réalistes ;
  – les « **pour** » saluent l'audace de Géricault à s'être emparé d'un tel sujet, l'émotion que fait naitre son tableau et sa manière nouvelle de peindre.
- Acheté par le musée du Louvre à la mort de Géricault, le tableau est rapidement très connu. Il a inspiré des peintres, des romanciers et des dessinateurs de bande dessinée.
- Dans *Astérix légionnaire*, il est immédiatement reconnaissable, si l'on connait le tableau d'origine. La bulle « Je suis médusé » y fait référence.

Astérix légionnaire, page 35, case 3.

Métier

Critique d'art

Le métier de critique d'art se développe au XIXe siècle, avec le nombre croissant d'artistes et le développement de la presse. Un critique d'art n'exprime pas une vérité : il écrit ce qu'il pense, en fonction de ses gouts et de ses idées. Il ne doit pas se contenter de dire « ça me plait » ou « ça ne me plait pas », il doit trouver les bons arguments pour convaincre ses lecteurs ! S'il est beaucoup lu, il a le pouvoir de faire ou de défaire la réputation d'un artiste.

Ça alors !

On dit qu'un jour *Le Radeau de la Méduse* deviendra complètement noir ! En effet, Géricault a utilisé un pigment noir qui, avec le temps, fait noircir les autres couleurs ! Pour le moment, aucune solution n'a été trouvée pour sauver le tableau.

23 Le Radeau de la Méduse

1 Place sur cette frise le tableau *Le Radeau de la Méduse*, par Théodore Géricault.

1810	1820	1830	1840

ÉPOQUE CONTEMPORAINE

1804-1815	1815-1824	1824-1830	1830-1848
Ier Empire	Louis XVIII	Charles X	Louis-Philippe

2 *Vrai* ou *faux* ? Coche la bonne réponse.

	Vrai	Faux
a. Théodore Géricault est un des rescapés du naufrage.	☐	☐
b. *Le Radeau de la Méduse* est un tableau romantique.	☐	☐
c. Le bateau qui va sauver les naufragés apparait dans le tableau.	☐	☐
d. Théodore Géricault a peint son tableau d'après une photographie.	☐	☐

3 Relie chacun de ces textes à la bonne étiquette.

« Pas un trait d'héroïsme et de grandeur, pas un indice de vie et de sensibilité [...] On dirait que cet ouvrage a été fait pour réjouir la vue des vautours. » •

« Courage, Monsieur Géricault [...]. Peintre habile et citoyen courageux, continuez à consacrer vos pinceaux à nous retracer quelques-uns des grands évènements de notre histoire, ou des traits honorables de nos concitoyens. » •

« Tout en regrettant que ce jeune artiste ait fait choix d'un sujet si lugubre, je ne puis m'empêcher de rendre justice au mérite d'une composition qui est conçue d'un seul jet. » •

« Monsieur Géricault parait s'être trompé. Le but de la peinture est de parler à l'âme et aux yeux, et non pas de repousser. » •

• Contre

• Pour

4 Complète ce texte en t'aidant de la fiche documentaire.

Le Radeau de la Méduse, conservé au musée du ...., est un immense tableau peint par Théodore .... en 1819, à l'époque de la Restauration. Il s'est inspiré d'un fait divers tragique : la dérive en mer des 150 naufragés du bateau *La* .... Ce tableau, qui représente des sentiments aussi forts que l'espoir et le désespoir, est l'une des premières œuvres .... de la peinture française.

LE RADEAU DE LA MÉDUSE

Exprime-toi ! **Et toi, que penses-tu du tableau *Le Radeau de la Méduse* ? Comme un vrai critique d'art, donne ton avis et tes arguments.**

Mon avis de critique d'art sur *Le Radeau de la Méduse*.

....

....

....

....

....

....

....

....

....

24 Le drapeau tricolore, le premier des symboles de la République

Fiche enseignant

La révolution de Juillet se déroule à Paris sur trois journées, les 27, 28 et 29 juillet 1830, dites les « Trois Glorieuses ». Sur les barricades, le drapeau tricolore, interdit depuis 1815, est brandi comme symbole de liberté. Tandis que Louis-Philippe Ier devient « roi des Français », Delacroix s'attelle à peindre *La Liberté guidant le peuple*.

1794-1830 : trois couleurs qui vont et viennent

- Le drapeau bleu-blanc-rouge est adopté par la Convention, le 15 février 1794, ces trois couleurs ayant chacune une symbolique très ancienne dans l'histoire de France. Après 1815, Louis XVIII, frère de Louis XVI, règne pendant près de dix ans en tentant de concilier monarchie et certains acquis révolutionnaires. Toutefois, le drapeau tricolore, considéré comme « signe de rébellion », est banni.
- À partir de 1824, Charles X, autre frère de Louis XVI, cherche à rétablir la monarchie absolue. Le 24 juillet 1830, il promulgue quatre ordonnances destinées à dissoudre le Parlement et à limiter la liberté de la presse. Elles déclenchent la fureur populaire, et au terme de trois journées de violences dans les rues de Paris, Charles X est déchu.
- Dès le 30 juillet, les députés font appel à son cousin, Philippe d'Orléans. Son premier geste symbolique est d'adopter le drapeau tricolore, qui restera « emblème national » jusqu'à aujourd'hui.

La Liberté guidant le peuple

Hommage aux insurgés ou à la monarchie de Juillet ?

- Eugène Delacroix (1798-1863) peint à l'automne 1830, en trois mois à peine, *La Liberté guidant le peuple*, d'abord nommée *Scènes de barricades*. Il représente en grand format (260 × 325 cm) une barricade au deuxième jour des combats, le 28 juillet, moment clé où les insurgés l'emportent sur les soldats.
- Pourquoi Delacroix, fils d'un haut fonctionnaire favorable à Napoléon Ier et lui-même très attaché au bonapartisme, choisit-il ce sujet ? Il ne célèbre pas la révolution en tant que telle – encore moins la République, contrairement aux interprétations postérieures, mais l'avènement de la monarchie de Juillet. Son but est surtout d'attirer l'attention au prochain Salon de 1831 et d'obtenir des commandes officielles du pouvoir en place.
- S'il est anti-républicain, Delacroix est en revanche un « révolutionnaire » sur le plan artistique. Depuis la mort de son ami Théodore Géricault en 1824, il est devenu avec ses précédents tableaux – *Scènes des massacres de Scio* (1824) et *La Grèce sur les ruines de Missolonghi* (1826) – le chef de file des romantiques, qui entendent que leurs œuvres expriment avant tout des sentiments, à travers des sujets contemporains, peints avec force, mouvements et effets de couleurs.

Le symbole et les faits réels

- Delacroix choisit habilement de mêler au réel le symbolique : alors que trois soldats tués sont étendus au premier plan, une femme armée, poitrine nue, coiffée d'un bonnet phrygien, s'élance en direction du spectateur. Elle brandit le drapeau tricolore, qui se détache sur un fond de fumée blanche et constitue le sommet de cette composition pyramidale. Des hommes du peuple en armes la suivent, déterminés.
- Ce personnage est une allégorie de la liberté. Plusieurs éléments évoquent la Grèce antique :
  – le bonnet phrygien, associé à la notion de liberté : dans l'Antiquité, les maitres le remettaient à leurs esclaves lors de leur affranchissement (symbole repris par les révolutionnaires de 1789) ;
  – le profil de la jeune femme, qui se détache sur le fond clair, à la manière d'une monnaie ancienne ;
  – sa poitrine dénudée, qui évoque une déesse grecque.
- Mais Delacroix ne peint pas pour autant une beauté idéale : il choisit de représenter, en lien direct avec le réalisme des insurgés (ouvriers et bourgeois mêlés) et de la barricade pleine de poussière et de fumée, une femme du peuple, bien réelle, avec un visage aux joues empourprées, des formes massives et, sous son bras levé, une zone d'ombre suggérant sa pilosité.
- Au drapeau tricolore qu'elle brandit font écho plusieurs notes de bleu, de blanc et de rouge, au milieu des dominantes grises et brunes de l'ensemble.

L'icône de la République !

- Au Salon de 1831, la critique se scandalise que Delacroix ait peint « notre belle révolution avec de la boue » et lui reproche la représentation du « sale » au lieu d'une vision idéalisée des combats. Louis-Philippe fait acheter le tableau qui est brièvement exposé puis rendu à Delacroix. Après la Révolution de 1848, il est de nouveau exposé, figure à l'Exposition universelle en 1855, mais ne rejoint les collections du musée du Louvre qu'en 1874, onze ans après la mort du peintre.
- Une fois la IIIe République solidement installée, *La Liberté* devient une icône de la République, reproduite à l'envi dans les livres d'histoire. De 1978 à 1995, le tableau illustre le billet de cent francs et, en 1982, le profil de l'allégorie de la liberté devient l'effigie du timbre postal.

Comment mener la séance ?

Objectifs

- Faire le lien entre une œuvre et l'évènement historique qui l'a inspirée.
- Comprendre la notion d'allégorie et la portée symbolique d'une œuvre.

Réactiver les connaissances sur l'installation de la République en France : *Quand la République est-elle définitivement devenue le régime politique français ?* Rappeler qu'entre 1792 et 1870, la France connait différents régimes politiques entrecoupés de révoltes violentes, et que ce n'est qu'en 1871 que la République s'installe définitivement. Rappeler le retour à la monarchie à la chute de Napoléon Ier : Louis XVIII, de 1815 à 1824, Charles X, de 1824 à 1830 (frères de Louis XVI), puis Louis-Philippe d'Orléans, « roi des Français » (leur cousin). Dire que l'on va s'arrêter sur la révolution de Juillet 1830 qui va mettre fin au règne de Charles X. Celui-ci cherchait à rétablir la monarchie absolue et a promulgué des lois pour interdire la liberté de la presse et modifier les modes d'élection des députés. Les Parisiens se sont révoltés et, en trois jours, Charles X fut remplacé par Louis-Philippe Ier d'Orléans, qui accepte les acquis révolutionnaires.

1 Découverte du tableau et d'une vidéo sur *La Liberté guidant le peuple* 15 min

Projeter le doc. 1. Laisser les élèves s'exprimer et demander : *Qui connait ce tableau ? Que représente-t-il ?* Expliquer qu'il représente les affrontements du 28 juillet 1830, entre les soldats de Charles X et le peuple de Paris en armes. Présenter rapidement Delacroix en 1830 : celui-ci avait alors 32 ans et était le principal représentant du mouvement romantique en France. Les artistes romantiques privilégient les sujets de l'actualité récente et cherchent à exprimer des sentiments.

Projeter la vidéo (media.mdi-editions.com/yt/hda-d24a) qui retrace à la fois le contexte et la composition très précise.

2 Découverte de la signification de l'allégorie 10 min

Projeter de nouveau le doc. 1 et demander : *Est-ce que le tableau de Delacroix est réaliste ? À votre avis, est-ce que cette femme était réellement présente sur la barricade ?* Insister sur le fait qu'il devait y avoir des femmes parmi les révoltés, mais que le peintre a voulu en faire une allégorie de la liberté (rappeler ce qu'est une allégorie : la représentation imagée, souvent personnifiée, d'une idée abstraite). Insister sur le drapeau : adopté en 1794, il était interdit sous Louis XVIII et Charles X. Il est ici brandi par les révolutionnaires et sera reconnu par Louis-Philippe (voir doc. 3). Delacroix l'a placé en haut et au centre du tableau. Repérer en zoomant sur le tableau les endroits où l'on retrouve du bleu, du blanc et du rouge.

3 Évocation de la postérité du tableau 5 min

Expliquer que le tableau, peint par Delacroix pour plaire au nouveau roi, n'a pas été très bien accepté à sa création : il a été jugé trop réaliste, pas assez « beau », et le pouvoir en place ne souhaitait pas glorifier un peuple en armes. Tout d'abord acheté par le roi, il a très vite été rendu à son auteur, et ce n'est que 40 ans plus tard, au moment de l'avènement de la IIIe République, que le tableau est entré au Louvre. Il est alors devenu un symbole de la République, le personnage de la liberté se confondant avec celui de Marianne.

4 Fiche documentaire et fiche élève 25 min

La fiche documentaire est vidéoprojetée et lue collectivement, puis la fiche élève est distribuée.

Lexique

- **Allégorie :** représentation figurée d'une idée abstraite.
- **Bonnet phrygien :** appelé « bonnet de la liberté » en 1789, il dérive des petits chapeaux triangulaires portés par les esclaves rendus libres dans la Rome antique.
- **Romantisme :** mouvement littéraire et artistique qui privilégie l'expression des sentiments humains.

Je retiens

- *La Liberté guidant le peuple* est un tableau d'Eugène Delacroix, peint juste après la révolution de Juillet 1830. Il représente une scène de barricades, avec une immense figure de femme qui incarne la liberté : elle brandit le drapeau tricolore et entraine les révoltés à poursuivre les combats.
- Ce tableau devient dans les années 1870 le symbole de la République triomphante. Il est fréquemment repris pour incarner l'idée de la liberté dans le monde.

Œuvre en réseau

***La Grèce sur les ruines de Missolonghi* (1826), par Eugène Delacroix.** Pour évoquer la chute de la ville grecque de Missolonghi, en 1826, lors la guerre d'indépendance de la Grèce contre la domination ottomane, Delacroix avait déjà peint une grande figure allégorique : la jeune femme, vêtue du costume national grec et debout sur un bloc de pierre ensanglanté, incarne la Grèce.
Conservé au musée des Beaux-Arts de Bordeaux.

24 La Liberté guidant le peuple

1 La Liberté sur les barricades !

- **Eugène Delacroix a peint ce grand tableau en 1830**, peu après la révolution de Juillet, qui chasse Charles X et instaure Louis-Philippe Ier « roi des Français ».
- La scène se passe sur **l'une des barricades montées dans les rues de Paris** par les révolutionnaires. Ils sont représentés de manière très réaliste.
- Placée au centre du tableau, armée d'un fusil et brandissant le drapeau tricolore, une femme plus grande que les autres personnages les entraine à poursuivre les combats. **Elle représente la liberté.**
- Depuis la IIIe République (1870-1940), cette figure de la liberté est devenue **le symbole de la République**.

2 Fiche d'identité

Quoi ? Tableau peint à l'huile sur toile.
Par qui ? Eugène Delacroix.
Dimensions ? 260 × 325 cm.
Où ? Paris, musée du Louvre.
Quand ? 1830.

1820 — 1830 — 1840

ÉPOQUE CONTEMPORAINE

1815-1824 Louis XVIII
1824-1830 Charles X
1830-1848 Louis-Philippe

1830
La Liberté guidant le peuple

3 Bleu, blanc, rouge : les couleurs de la liberté

- Le drapeau bleu-blanc-rouge avait été adopté en 1794 par les députés de la Convention comme emblème de la République et de la Nation française. Louis XVIII et Charles X l'interdisent.
- En juillet 1830, il est brandi par les insurgés comme symbole de liberté.
- Delacroix en fait l'élément le plus important de la scène. Il a repris les trois couleurs en plusieurs endroits de son tableau.

4 Un tableau jugé trop révolutionnaire

- **Louis-Philippe adopte le drapeau tricolore** dès son accession au trône. Sur cette affichette, qui fut largement diffusée, il est représenté disant : « La France m'a confié ses glorieuses couleurs, je saurai les défendre. »
- Avec *La Liberté guidant le peuple*, **Delacroix espérait plaire à Louis-Philippe et obtenir des commandes officielles.** Mais le tableau ne séduit pas : il est trop réaliste et la représentation d'un peuple en armes est jugée dangereuse.
- Ce n'est qu'en 1874, une fois la République installée, que **le tableau est acheté par le musée du Louvre** et qu'il devient un symbole républicain.

Le Drapeau tricolore, gravure sur bois de François Georgin, imprimée par Pellerin à Épinal, 1831.

5 *Le Crayon guidant le peuple*

Photo de Stéphane Mahé, pour l'agence Reuters, 2015.

- Depuis le XXe siècle, *La Liberté guidant le peuple* est **une image très célèbre**, qui incarne les combats pour la liberté à travers le monde. Elle a été de nombreuses fois copiée, reproduite, parfois détournée : d'autres personnages sont représentés à la place de ceux d'origine.
- Le 11 janvier 2015, lors d'un grand rassemblement place de la Nation à Paris, en hommage aux journalistes et dessinateurs de *Charlie Hebdo* victimes d'un attentat, le photographe de presse Stéphane Mahé prend cette photo. Des manifestants montés sur la statue représentant la République brandissent le drapeau tricolore et un immense crayon, qui symbolise **la liberté d'expression**.
- En moins de 24 heures, la photo fait le tour du monde sur les réseaux sociaux ; aussitôt comparée au tableau de Delacroix, elle est baptisée par des internautes *Le Crayon guidant le peuple !*

Métier

Photographe de presse

Le photographe de presse est un journaliste de l'image. À ce titre, il se doit de respecter les règles et les devoirs de tout journaliste : vérité, rigueur et exactitude des faits. Il réalise des photos sur des sujets très divers et travaille seul ou en binôme avec un journaliste chargé d'écrire un article. Selon le journal (ou l'agence de presse) pour lequel il travaille, il peut être envoyé dans le monde entier pour couvrir un évènement.

Ça alors !

En 1999, le tableau *La Liberté guidant le peuple* est prêté à une exposition au Japon. Son grand format et sa valeur imposent un transport très spécial : un « avion-cargo », dont l'énorme soute sert d'habitude à transporter des ailes d'avion ou des morceaux de fusée ! Pour éviter toute variation de température et toute vibration, il a d'abord fallu enfermer le tableau dans une cuve spéciale en acier, recouverte d'un caisson isotherme et montée sur amortisseurs ! À l'extérieur, l'avion était décoré de deux gigantesques adhésifs de 35 m² reproduisant le tableau !

24 La Liberté guidant le peuple

1 **Place sur cette frise la date de création de *La Liberté guidant le peuple*.**

2 **Réponds aux questions en cochant la bonne réponse.**

a. Quand se passe la scène représentée dans *La Liberté guidant le peuple* ?

☐ pendant la révolution de 1789 ☐ pendant la révolution de Juillet 1830

b. Où se passe-t-elle ?

☐ à Paris ☐ à Marseille ☐ on ne sait pas

c. Quel objet est l'élément central du tableau ?

☐ les armes des révoltés ☐ le drapeau tricolore ☐ les chapeaux des personnages

3 **Que représente la femme au milieu des révoltés ? Explique en quelques mots qui elle est. Tu peux t'aider des mots proposés.**

....
....
....
....
....
....

peuple révolté | symbole | entrainer | guider | allégorie | espoir | liberté

4 **Complète ce texte en t'aidant de la fiche documentaire.**

La .... *guidant le peuple* est une huile sur toile peinte par Eugène Delacroix. Le tableau représente une barricade lors de la révolution de Juillet 1830, avec des hommes armés, entrainés par une femme qui brandit le drapeau .... Cette femme est une allégorie, elle représente l'idée de la ...., pour laquelle les insurgés se battent. Elle est devenue plus tard un symbole fort de la République française, dont la devise est « Liberté – Égalité – Fraternité ».

Portrait caché **Lis ces biographies de peintres. Trouve celle de Delacroix et écris son nom dessous. DÉFI : Tous ces textes décrivent des artistes très célèbres. Sauras-tu les retrouver ?**

Né en 1748 et mort en 1825, je suis le grand peintre de la Révolution française. Inspiré par les œuvres de l'Antiquité grecque et romaine, je deviens le chef de file des peintres néo-classiques. Député durant la Révolution, je réalise les portraits de grands révolutionnaires assassinés et je suis ensuite le peintre officiel de Napoléon Ier.

....

Né en 1798 et mort en 1863, je suis un peintre français, principal représentant du romantisme. Malgré la mauvaise réception par le pouvoir de ma plus grande œuvre, célébrant la révolution de 1830, je parviens quelques années plus tard à devenir un peintre célèbre.

....

Né en 1452 en Italie et mort en 1519 en France, je suis un peintre, mais aussi un grand inventeur, ingénieur et architecte de la Renaissance. Invité en France par François Ier, j'y ai vécu mes dernières années. Ma plus célèbre toile, que j'avais apportée avec moi en France, se trouve aujourd'hui au musée du Louvre.

....

Né en 1840 et mort en 1926 en France, j'ai essayé de montrer sur mes toiles le jeu de la lumière du soleil sur la nature. Avec d'autres peintres, nous avons formé un mouvement appelé par la suite « Impressionnisme ». J'ai acheté une maison à Giverny, où j'ai aménagé un jardin extraordinaire. Les nymphéas que je faisais pousser dans les bassins étaient mes fleurs préférées. J'en ai fait de nombreuses toiles à la fin de ma vie.

....

25 L'invention de la photographie

L'invention de la photographie est officiellement annoncée le 19 août 1839, à Paris, lors d'une séance historique réunissant les Académies des Sciences et des Beaux-Arts. Bouleversant à jamais les modes de représentation et de « reproduction » de la réalité, elle se développe pleinement sous le Second Empire et favorise l'apparition d'un nouveau métier : photographe portraitiste.

De l'héliographie aux épreuves sur papier, en passant par le daguerréotype

- Après plusieurs années de recherches, l'ingénieur Nicéphore Niépce réalise en 1827 la première prise de vue. Il a recouvert une plaque d'étain de bitume de Judée, pigment sensible à la lumière. Une fois la plaque placée dans une chambre noire (*camera obscura*) et exposée à la lumière, le bitume se durcit aux endroits exposés et l'image se fixe. Elle est toutefois assez noire, peu nette, et le procédé nécessite plusieurs jours d'exposition à la lumière !
- Niépce s'associe alors au peintre Louis Daguerre, passionné par les questions de la lumière. À la mort de Niépce, Daguerre poursuit les recherches. Il parvient à fixer une vue nette de Paris… en une dizaine de minutes !
- L'invention du « daguerréotype » est annoncée le 19 août 1839 par le député François Arago devant l'Académie des Sciences et celle des Beaux-Arts : capable de reproduire avec fidélité la réalité, il est perçu comme un véritable prodige. Le gouvernement français achète le brevet et le verse dans le domaine public : la photographie part à la conquête du monde !
- De nouveaux procédés sont rapidement mis au point. En 1850, le « négatif sur plaque de verre au collodion humide » permet d'opérer en quelques secondes ! Les épreuves, obtenues sur du papier albuminé, sont d'une grande finesse. C'est ce procédé qui va être largement utilisé de 1850 à 1880.

Tout le monde en images !

- Dès lors, une multitude d'amateurs se passionnent pour cette technique, en Europe et aux États-Unis. En France, des peintres choisissent de s'exprimer par la photographie et se lancent dans des reportages.
- Un nouveau métier apparait : le photographe portraitiste. En 1850-1860, des centaines d'ateliers ouvrent un peu partout, chacun pouvant désormais se faire « tirer le portrait » pour un prix modique.

Portrait d'Alexandre Dumas

Nadar, le pionnier de la « ressemblance intime »

- En 1854, Félix Tournachon, dit Nadar, a 34 ans quand il abandonne la caricature de presse pour se lancer dans la photographie. Il entend faire des portraits aux qualités esthétiques comparables à la peinture… au grand dam des peintres qui voient dans l'« abominable technique » une concurrente sérieuse. Elle ne requiert selon eux aucun talent : pas question qu'elle figure parmi les « Beaux-Arts »… C'est ce défi que va relever Nadar. « La photographie, disait-il, est à la portée du premier des imbéciles, elle s'apprend en une heure. Ce qui ne s'apprend pas, c'est le sentiment de la lumière […] et encore moins l'intelligence morale de votre sujet […] et la ressemblance intime. »
- Nadar discute avec ses clients, leur suggère des poses, ajuste les costumes. Pour renforcer la présence de son modèle, il opte pour des fonds neutres – et surtout pas pour les décors en papier peint et les accessoires qu'affectionnent ses collègues. Il travaille l'éclairage pour obtenir des contrastes qui mettent en valeur les expressions du visage.
- Nadar compte parmi ses amis de nombreuses personnalités du monde des arts et des lettres, qui vont défiler devant son objectif : les écrivains Charles Baudelaire et Jules Verne, les peintres Honoré Daumier et Gustave Doré, des musiciens et des comédiens, comme Offenbach et Sarah Bernhardt.

Dumas, le regard franc et jovial

Parmi les modèles de Nadar, on trouve son ami l'écrivain Alexandre Dumas. Il réalise son portrait en novembre 1855. Les mains jointes sur une canne que l'on devine à peine, l'auteur à succès parait de passage dans l'atelier : juste le temps de prendre la pose et de planter un regard franc et amusé dans l'objectif. C'est toute la jovialité de leur camaraderie que Nadar parvient à saisir.

Quand Nadar défie l'obscurité et les airs !

- Nadar est aussi un technicien hors pair. Au début des années 1860, il trouve un système pour photographier à la lumière artificielle grâce à des réflecteurs en toile blanche et un jeu de miroirs qui renvoient la lumière de projecteurs fonctionnant au magnésium. Il photographie les catacombes puis les égouts de Paris.
- Ce fou d'aérostation réalise également les premières photographies aériennes de Paris ! Laissant sa femme et son fils gérer l'atelier, il fait construire *Le Géant*, un ballon dirigeable capable de transporter plus de 80 personnes. Mais celui-ci sera un échec et lui fera engloutir les fortunes acquises par son « art » pionnier du portrait esthétique.

Comment mener la séance ?

Objectifs

- Découvrir la naissance de la photographie.
- Comprendre les atouts de la photographie par rapport à la peinture.

Expliquer que l'on va s'intéresser à une invention née en 1839 : une technique pour produire des images, que tout le monde utilise aujourd'hui grâce son smartphone. Demander : *À votre avis, de quoi s'agit-il ?* En fonction des réponses, demander : *Qu'est-ce que la photographie permet de faire précisément ? Par quels moyens, jusque-là, représentait-on les choses ?* (la peinture, le dessin, la gravure et la sculpture). Expliquer que la photographie est une invention révolutionnaire, puisqu'elle va permettre de reproduire, beaucoup plus rapidement qu'un peintre ne peut le faire, une image de l'exacte réalité. Dire que l'on va d'abord découvrir comment est née la technique de la photographie (officiellement en 1839), ses tout premiers inventeurs, et comment elle a été améliorée dans les années 1840-1850.

① Découverte de la naissance de la photographie ⏱ 10 min

Visionner les deux premières minutes de la vidéo (media.mdi-editions.com/yt/hda-d25a) qui expliquent l'invention du daguerréotype. Demander aux élèves ce qu'ils ont retenu. Insister sur le fait que la photographie repose sur la lumière et des procédés chimiques. Expliquer l'étymologie du mot « photographie » (voir Lexique). Rappeler les noms de Niépce et Daguerre. Expliquer que les procédés vont se perfectionner et que rapidement, on va pouvoir obtenir des images nettes, sur papier, reproductibles (mais toujours en noir et blanc !). Insister sur le temps de pose de quelques secondes, qui va permettre de photographier les gens : pour un prix modique, tous vont pouvoir obtenir leur portrait.

② Découverte du portrait d'Alexandre Dumas ⏱ 10 min

Projeter le doc. 1. Préciser qu'il s'agit d'un portrait de l'écrivain Alexandre Dumas (alors célèbre pour ses romans comme *Les Trois Mousquetaires*), réalisé par Nadar en 1855. Laisser s'exprimer les élèves, comparer aux portraits déjà vus en classe : *Quels sont les points communs ? Les différences ? Selon vous, ce portrait est-il « réussi » ? Pourquoi ?* En fonction des réponses, expliquer qu'avec son regard franc et son air amusé, Dumas a l'air très naturel ! Présenter Nadar et sa vision de la photographie comme un art.

③ Découverte des avancées techniques de Nadar ⏱ 10 min

Projeter le doc. 4 a. Demander : *À votre avis, où Nadar a-t-il pris cette photographie ? Fait-il jour ?* Les réponses vont évoquer une cave : expliquer qu'il s'agit des égouts de Paris, où la lumière du jour ne pénètre pas. Expliquer l'invention de Nadar : la photographie à la lumière artificielle. Projeter ensuite le doc. 4 b et expliquer qu'il est aussi le premier à se lancer dans la photographie aérienne, à bord d'un ballon dirigeable, son autre grande passion ! Terminer la séance en précisant que la photographie en couleurs sera inventée à la toute fin du XIXe siècle, et qu'elle ne se répandra que bien plus tard.

④ Fiche documentaire et fiche élève ⏱ 25 min

La fiche documentaire est vidéoprojetée et lue collectivement, puis la fiche élève est distribuée.

Lexique

- **Chambre noire (en latin « *camera obscura* ») :** boite percée d'un trou qui, en laissant passer les rayons lumineux, permet d'obtenir une image inversée au fond de la boite ; elle servait aux artistes pour dessiner avant l'invention de la photographie.
- **Daguerréotype :** terme créé à partir du nom de l'inventeur – Louis Daguerre – du premier procédé photographique consistant à fixer rapidement, grâce à des produits chimiques, une image sur une plaque.
- **Photographie :** du grec ancien *phôtos* (« lumière ») et *graphô* (« écrire »), signifie littéralement : « écrire avec la lumière ».

Je retiens

- La technique de la photographie est inventée en 1839. Elle permet de reproduire avec fidélité et rapidement la réalité. Elle se perfectionne en quelques années et, autour de 1850, de nombreux photographes se lancent dans cette nouvelle pratique. Ils ouvrent des ateliers où, pour un faible prix, tout le monde vient se faire photographier.
- À Paris, Nadar devient le plus célèbre photographe de portraits : grâce à son sens de la lumière et sa capacité à saisir les expressions de ses modèles, il réalise des portraits très vivants. Il est l'un des premiers à faire de la photographie un art. Il est aussi le premier à faire des photographies dans l'obscurité et dans les airs.

Œuvre en réseau

***Le Boulevard du Temple* (1838), par Louis Daguerre.** Cette image est l'un des tout premiers daguerréotypes. Le temps d'exposition ayant dépassé dix minutes, le trafic des calèches était trop rapide pour apparaitre sur l'image. En revanche, en bas à gauche, un homme est resté suffisamment longtemps immobile – le temps de faire cirer ses chaussures ! – pour être fixé sur la plaque !

25 Portrait d'Alexandre Dumas

1 Le portrait d'un ami

- Nadar a réalisé **ce portrait de l'écrivain Alexandre Dumas en 1855**, seize ans après l'invention de la photographie.
- Alexandre Dumas a alors 53 ans. Il est un auteur à succès de théâtre et de romans parus d'abord en feuilletons dans des journaux : *Les Trois Mousquetaires* et *Le Comte de Monte-Cristo*. **Dumas parait très naturel** et semble même amusé de poser face à l'objectif de Nadar, qui est aussi son ami.
- C'est tout l'art de Nadar de réussir à **capter la personnalité de ses modèles**, leurs expressions les plus caractéristiques.
- Nadar réalise des portraits si vivants que les personnalités les plus célèbres de l'époque, écrivains, poètes, peintres et hommes politiques, vont défiler devant son objectif et le rendre lui-même très célèbre.

2 Fiche d'identité

Quoi ? Tirage photographique sur papier.
Par qui ? Félix Tournachon, dit Nadar.
Dimensions ? 23,8 × 18,5 cm.
Où ? Paris, musée d'Orsay.
Quand ? 1855.

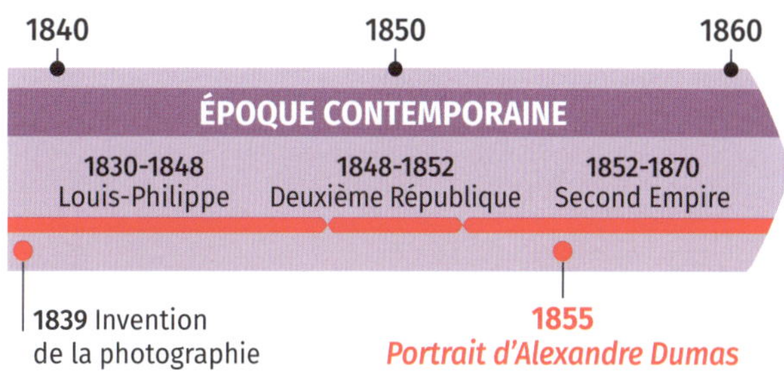

3 Un atelier où la lumière est reine !

- En 1860, Nadar s'installe au n° 35 du boulevard des Capucines, une rue très fréquentée de Paris.
- Il fait ajouter le dernier étage pour y installer l'atelier de **« prises de vues »**. Grâce à sa **structure métallique**, la façade est entièrement **vitrée**, pour faire entrer le maximum de **lumière naturelle.**
- L'été, l'atelier est ventilé grâce à des stores et des filets d'eau coulent le long des vitres pour les rafraichir !
- Sur la façade, Nadar fait poser **la première enseigne lumineuse de Paris : sa signature** y clignote en grand et en rouge, sa couleur fétiche !

Atelier de Nadar à Paris, photographie, 1861-1872, Bibliothèque nationale de France.

4 Nadar, sous la terre… et dans les airs !

- En photographie, tout est une question de lumière. Or, dans les années 1850, **on ne sait photographier qu'à la lumière naturelle**, c'est-à-dire en plein jour. Il n'y avait pas d'électricité.
- Nadar, qui aime les défis, multiplie les expérimentations et, en 1861, trouve **un système pour photographier à la lumière artificielle** : des panneaux de toile blanche et des miroirs, qui renvoient la lumière de gros projecteurs sur ce qui est dans le noir !
- Il se lance alors dans la photographie souterraine ! Il réalise ainsi une grande série de vues des égouts de Paris, qui viennent d'être agrandis et rénovés (voir ci-contre).
- L'autre grande passion de Nadar est le ballon dirigeable, gonflé par un gaz plus léger que l'air. **Il dépose un brevet de photographie aérienne** et réalise les premiers clichés de Paris vue du ciel !

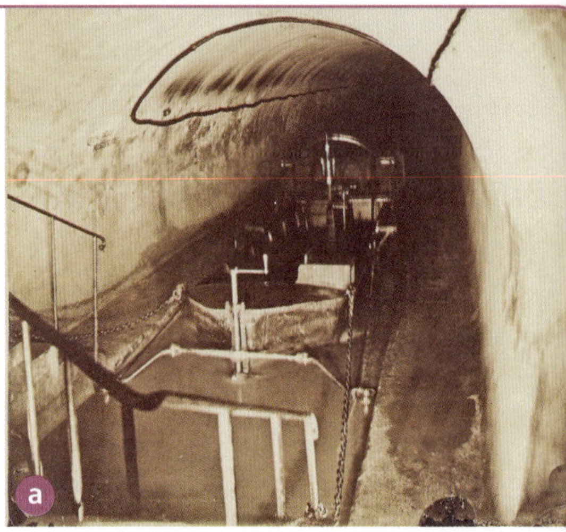

a

b

Honoré Daumier, *Nadar élevant la photographie à hauteur de l'art*, 1862.

c

Une vue aérienne du quartier de l'Étoile à Paris, 1868.

Métier

Un photographe, des photographes

Avec l'invention de la photographie en couleurs, à la fin du XIXe siècle, la photographie s'est imposée dans tous les domaines. Les photographes se spécialisent : certains parcourent le monde pour en ramener des reportages, le photographe de guerre couvre les conflits, avec tous les risques que cela comporte. D'autres photographient des animaux ou des plats pour les livres de cuisine ! Certains en font une pratique artistique, au même titre que les peintres ou les sculpteurs.

Ça alors !

Dans les débuts de son invention, la photographie parait si incroyable que certains en ont très peur. L'idée était en effet répandue que la technique consistait – par un tour de magie ou d'envoutement – à prélever une partie de la personne pour qu'elle se retrouve sur la photo. Beaucoup étaient persuadés que la photographie donnait naissance à… un fantôme !

25 Portrait d'Alexandre Dumas

1 Place sur cette frise le *portrait d'Alexandre Dumas*, par Nadar.

1840 — 1850 — 1860

ÉPOQUE CONTEMPORAINE

1830-1848 Louis-Philippe — 1848-1852 Deuxième République — 1852-1870 Second Empire

1839 Invention de la photographie

2 *Vrai* ou *faux* ? Coche la bonne réponse.

	Vrai	Faux
a. C'est Nadar qui a inventé la photographie.	☐	☐
b. Nadar photographiait ses clients dans les égouts.	☐	☐
c. Nadar avait un très grand atelier à Paris.	☐	☐
d. Alexandre Dumas était un grand photographe.	☐	☐
e. Nadar a fait de la photographie souterraine et aérienne.	☐	☐

3 À ton avis, parmi ces photographies, laquelle est une œuvre de Nadar ? Coche-la.

 ☐

 ☐

 ☐

Justifie ta réponse : ....

4 Complète le texte en t'aidant de la fiche documentaire.

La .... est inventée en 1839 et se développe rapidement. En 1850-1860, de nombreux photographes ouvrent des ateliers dans les grandes villes et pratiquent le métier de portraitiste. Félix Tournachon, dit ...., se lance en 1854 et devient l'un des plus célèbres photographes de son temps. Il a réalisé de très beaux .... de personnalités célèbres, notamment celui d'Alexandre ...., un grand écrivain.

Jeux

PORTRAIT D'ALEXANDRE DUMAS

Photos mystères **Retrouve le nom de ces célébrités du XIXe siècle photographiées par Nadar. Fais une recherche sur Internet pour retrouver ces images.**

1. George Sand, écrivaine
2. Gustave Doré, graveur et illustrateur
3. Sarah Bernhardt, comédienne
4. Nadar, photographe (autoportrait)
5. Charles Baudelaire, poète et critique d'art
6. Jules Verne, écrivain

26 La naissance de l'impressionnisme

L'impressionnisme, c'est l'aventure d'une bande d'amis peintres qui, rebelles à tout académisme, décident, dans les années 1865-1870, de « faire du paysage » en plein air. En traduisant sur la toile les effets mouvants de la lumière, jusqu'à la fin des années 1880, ils vont révolutionner l'art de peindre, Claude Monet en tête !

Quatre jeunes rebelles

Tout commence à Paris en 1863, dans l'atelier de Charles Gleyre, que fréquentent quatre jeunes apprentis peintres de 21 et 22 ans : Claude Monet, Frédéric Bazille, Alfred Sisley et Auguste Renoir. Comme la majorité des professeurs d'alors, Gleyre défend les règles académiques et un art idéal, qui consiste à transformer le réel en imaginaire – la femme en Vénus, l'homme en Hercule, le paysage en Paradis. Monet et ses amis refusent cet enseignement : ils veulent peindre la réalité telle qu'elle est ! Ils quittent l'atelier et décident de peindre de « vrais » paysages en plein air, « sur le motif ».

Les couleurs en tubes : l'atout du plein air !

- Peindre en plein air est en effet désormais possible : le matériel est devenu transportable ! Les chevalets sont légers et pliables et, depuis 1845, les couleurs à l'huile sont conditionnées dans de petits tubes d'étain, fort pratiques ! « Ce sont les couleurs en tubes qui nous ont permis de peindre complètement sur nature. Sans [eux], pas de Cézanne, pas de Monet, ni de Pissarro, pas de ce que les journalistes devaient appeler l'impressionnisme », confirmera plus tard Renoir.
- Monet et ses amis vont d'abord planter leur chevalet en forêt de Fontainebleau, où ils côtoient les peintres dits de l'école de Barbizon, qui esquissent déjà leurs paysages en plein air, puis dans la campagne proche et sur la côte normande.
- Bien que leurs tableaux soient presque tous refusés par le jury du Salon officiel, ils ne renoncent pas à peindre ce qu'ils voient. À quoi bon puisque la photographie permet, désormais, de reproduire fidèlement la réalité ? La photographie n'est encore qu'en noir et blanc et eux, ce qu'ils veulent représenter, ce sont toutes les variations de couleurs d'un paysage sous les effets mouvants de la lumière, de l'air, de l'eau… Ce sont ces « impressions » que Monet en particulier va chercher à traduire jusqu'à l'obsession : « Je cours après une tranche de couleur, écrit-il. C'est épouvantable cette lumière qui se sauve en emportant la couleur. »

Régates à Argenteuil

Un tableau typique de l'impressionnisme

- Fin 1871, Monet s'est installé à Argenteuil : cette petite ville en voie d'industrialisation présente pour lui le double avantage d'être en bord de Seine et à un quart d'heure en train de Paris. C'est là qu'il peint en 1872 *Régates à Argenteuil*, qui réunit toutes les caractéristiques de l'« impressionnisme », propres à rendre compte instantanément des effets de la lumière : des touches de couleur fragmentées, rapidement brossées et laissées visibles, car il s'agit de faire vite ; des couleurs utilisées pures, directement sorties du tube ; la juxtaposition des couleurs complémentaires qui augmente l'intensité lumineuse.
- Dans *Régates à Argenteuil*, Monet peint ce qu'il a vu : le clapotis de la rivière et le miroitement de la lumière à sa surface, qui fragmentent dans le bleu de l'eau les reflets mouvants des voiles blanches, le vert des arbres, complémentaire du rouge des maisons, et de l'orangé (complémentaire du bleu).

Une moquerie à jamais célèbre !

- Les portes du Salon leur restant désespérément fermées, Monet et ses amis décident d'organiser leur propre exposition de groupe à Paris. Ils l'ouvrent au public le 15 avril 1874, dans les anciens ateliers du photographe Nadar, boulevard des Capucines : 165 œuvres de 35 artistes (dont Monet, Degas et Renoir) y sont réunies. Elle attire un nombre limité de visiteurs (3 500 en un mois) mais dans la presse, les détracteurs sont nombreux face à ces paysages jugés « sacrilèges », à l'air « non-fini » avec leurs traces de pinceau laissées visibles !
- Dans *Le Charivari*, un journal satirique, le chroniqueur Louis Leroy se moque d'un tableau de Monet, *Impression, soleil levant* (une vue du Havre peinte rapidement en 1872, doc. 4) et s'empare de son titre pour titrer ironiquement son article « L'exposition des impressionnistes ». Le Tout-Paris se gausse de Monet et de ses amis… qui vont néanmoins adopter le terme ! Ainsi nait officiellement l'« impressionnisme », si peu conforme aux règles admises…
- Entre 1876 et 1886, sept autres « expositions impressionnistes » sont organisées, avec de nouveaux venus. Ce sont les années mythiques de l'impressionnisme : celles du scandale que suscitent toujours leurs tableaux, mais aussi celles de leur défense par quelques personnalités éclairées, comme les critiques d'art Émile Zola et Théodore Duret, et le marchand d'art Paul Durand-Ruel : il est le premier à avoir misé sur cette nouvelle peinture et finira par susciter un engouement international pour l'impressionnisme, qui deviendra le plus célèbre des mouvements picturaux du XIXe siècle.

Comment mener la séance ?

Objectifs
- Étudier la naissance du mouvement impressionniste.
- Comprendre la juxtaposition des couleurs.
- Découvrir le métier de marchand d'art.

Expliquer que l'on va s'intéresser à l'impressionnisme, né dans les années 1865-1870. Demander : *Qui sait ce qu'est l'impressionnisme ? Qui a déjà vu un tableau de Claude Monet ?* En fonction des réponses, expliquer que l'impressionnisme est une nouvelle manière de peindre, surtout des paysages, et que Monet est son plus célèbre représentant. Demander : *À votre avis, quel mot est contenu dans « impressionnisme » ?* Les impressionnistes, un petit groupe d'amis, se sont mis en tête de peindre l'« impression » de ce que l'on voit réellement quand on est dehors, dans la nature : les couleurs changent sans cesse, en fonction de la lumière : ces effets lumineux créent des reflets différents sur les arbres, les murs des maisons, à la surface de l'eau. Ce sont ces impressions qu'ils veulent représenter : pour cela, ils vont inventer leur propre manière de peindre. Rappeler que la peinture, en France, est jusqu'alors très codifiée, que le paysage est considéré comme un genre mineur (se référer à la fiche 15 sur l'Académie, si elle a été vue en classe) : il sert surtout de cadre imaginaire à des scènes avec des personnages inventés. Préciser que, jusque-là, la tradition est de peindre à l'intérieur, dans un atelier.

1. **Découverte des caractéristiques du style impressionniste** 15 min
Projeter le doc. 1. Laisser réagir les élèves et demander de décrire le tableau. Comparer avec les tableaux déjà vus en classe : *Quelles sont les différences ? Les points communs ?* Montrer la composition du tableau : la partie basse est le reflet dans l'eau de la partie haute. *Comment Monet s'y est-il pris pour traduire les reflets dans l'eau* ? (il a peint de petites touches, plus ou moins larges, sans se soucier des contours précis). Demander de nommer les couleurs utilisées et d'observer comment elles sont placées (insister sur les verts et rouges complémentaires, les bleus et orangés). Zoomer sur le tableau et demander : *À votre avis, a-t-il peint lentement ou rapidement ? À quoi le voit-on ?* Insister sur les traces de pinceau visibles (et rappeler que, jusque-là, la règle est de peindre « lisse »). Résumer les caractéristiques du style impressionniste : plein air, touches fragmentées, traces de pinceau visibles, emploi de couleurs pures et juxtaposition des couleurs complémentaires. Expliquer que les tableaux de Monet et de ses amis sont refusés chaque année au Salon officiel : ils ne peuvent donc pas se faire connaitre auprès du public ni trouver d'acheteurs. Expliquer qu'ils vont organiser à partir de 1874 leurs propres expositions.
2. **Explication de l'origine du terme « impressionnisme »** 10 min
Projeter le doc. 4. Lire le titre : *Impression, soleil levant* : c'est ce titre qui va déclencher l'invention du mot « Impressionnisme ». Expliquer par quelle moquerie le terme est né, puis a été adopté par Monet et ses amis. Expliquer qu'ils ont organisé huit expositions jusqu'en 1886 et qu'ils vont finir, petit à petit, par vendre leurs œuvres et être reconnus comme de grands peintres. Pour cela, ils ont bénéficié de l'appui d'un marchand d'art, Paul Durand-Ruel, qui va réussir à les faire connaitre de leur vivant auprès de collectionneurs en Europe et aux États-Unis. Préciser que l'impressionnisme est le plus célèbre des mouvements picturaux du XIXe siècle.
3. **Fiche documentaire et fiche élève** 25 min
La fiche documentaire est vidéoprojetée et lue collectivement, puis la fiche élève est distribuée.

Lexique
- **Critique d'art :** journaliste ou écrivain qui donne son avis sur les œuvres d'art.
- **Motif :** c'est le sujet d'un tableau ; l'expression « peindre sur le motif » s'emploie quand un peintre travaille dans la nature, face au motif qu'il a choisi.
- **Salon :** l'Académie de peinture organisait tous les ans, à l'origine dans le Salon carré du Louvre, une grande exposition. Seuls les artistes choisis par le jury y figuraient.

Je retiens
- Dans les années 1865-1870, Claude Monet et ses amis décident de peindre des paysages en plein air. Ils inventent une manière de peindre dont les caractéristiques sont : de petites touches de pinceau posées rapidement et dont les traces restent visibles sur la toile, des couleurs primaires et secondaires employées sans mélange.
- Le mot « impressionnisme » est inventé en 1874 par un critique d'art qui s'est moqué d'un tableau de Monet, *Impression, soleil levant*. Il désigne un mouvement qui a révolutionné la peinture dans les années 1870-1880 et rendu célèbres dans le monde entier Monet et ses amis.

Œuvre en réseau
***Monet sur son bateau* (1874), par Édouard Manet.** Pour voir au plus près les reflets de la lumière sur l'eau et dans l'air, Monet se fait aménager un bateau-atelier sur la Seine, à Argenteuil. Représenté à bord, avec sa femme, par son ami Édouard Manet, on le voit ici en train de peindre le paysage qu'il a en face de lui : la rivière au premier plan et les cheminées des usines à l'arrière-plan.
Conservé à la Neue Pinakothek de Munich.

26 Régates à Argenteuil

1 Qu'est-ce que le style impressionniste ?

- Ce tableau est caractéristique du style impressionniste :
  – il a été peint en **plein air** ;
  – les couleurs sont posées en **petites touches fragmentées** ;
  – elles sont utilisées pures, directement sorties du tube ;
  – les **couleurs complémentaires**, ici le rouge et le vert, le bleu et l'orangé, sont juxtaposées car, proches l'une de l'autre, elles sont **plus lumineuses**.
- Ce style permet aux peintres de peindre leurs **« impressions »** face à un paysage.

2 La théorie des couleurs

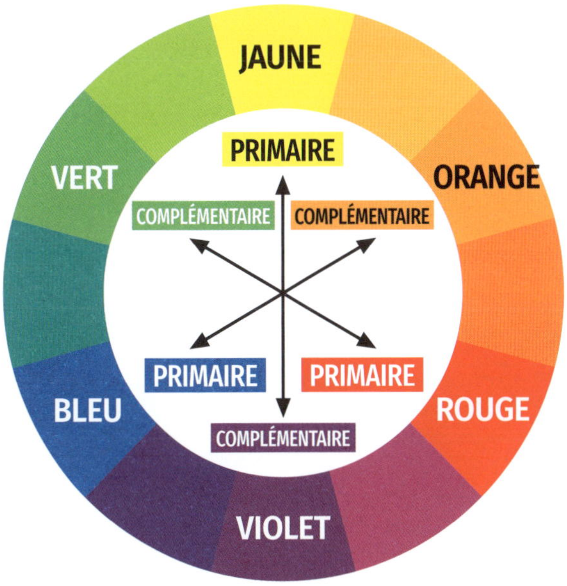

3 Fiche d'identité

Quoi ? Tableau peint à l'huile sur toile.
Par qui ? Claude Monet.
Dimensions ? 48 × 75 cm.
Où ? Paris, musée d'Orsay.
Quand ? 1872.

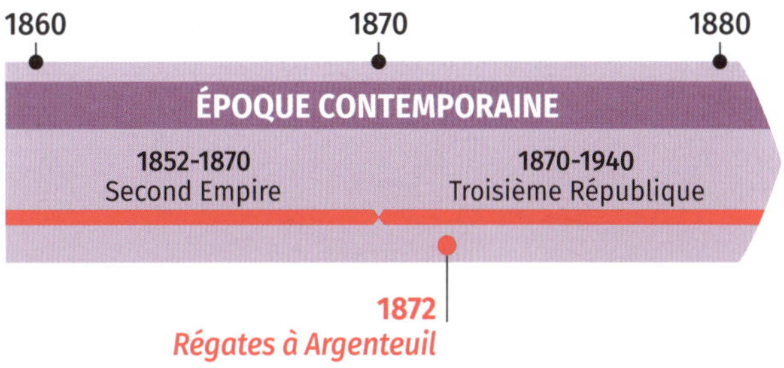

- **Le rouge, le bleu et le jaune sont les couleurs primaires :** elles ne peuvent pas être obtenues par le mélange d'autres couleurs.
- Elles permettent d'obtenir trois **couleurs secondaires** :
  jaune + bleu = **vert** ;
  rouge + bleu = **violet** ;
  jaune + rouge = **orange**.
- À chaque couleur primaire correspond une couleur secondaire, dite « **complémentaire** » : le jaune et le violet ; le bleu et l'orangé, le rouge et le vert. **Ces couleurs vont être harmonieuses ensemble.**

- Les peintres impressionnistes appliquent cette théorie pour traduire **les effets de la lumière sur les paysages qu'ils peignent**. Grâce à l'invention de la **peinture en tubes**, ils peuvent rester de longues heures en plein air, posant leurs toiles sur de **petits chevalets pliables**.
- Monet ira jusqu'à peindre trente fois un même paysage pour montrer combien ses couleurs varient à différentes heures de la journée !

26 Régates à Argenteuil

4 Une moquerie… et un nom célèbre !

- La **première exposition que Claude Monet et ses amis organisent en 1874** est très mal accueillie. Les critiques d'art trouvent que leurs tableaux ne sont pas « finis ».
- Un journaliste se sert du titre d'un tableau de Monet, *Impression, soleil levant*, pour se moquer. **Il les appelle ironiquement les « impressionnistes ».**
- Les peintres adoptent ce mot, et l'« impressionnisme » devient le nom de leur nouvelle manière de peindre.

Impression, soleil levant, par Claude Monet, 1872, huile sur toile. Musée Marmottan, Paris.

5 Sous le crayon des caricaturistes

- Lors des premières expositions des peintres impressionnistes, les dessinateurs, comme les critiques d'art, se moquent d'eux dans les journaux.
- Ce dessin montre des visiteurs horrifiés par les tableaux qu'ils voient, peu habitués à de tels tableaux de paysages, considérés comme mal peints parce qu'on y voit les traces du pinceau.
- Les « impressionnistes » vont organiser sept autres expositions jusqu'en 1886. Soutenus par un marchand d'art et quelques critiques, **ils vont finir par vendre leurs tableaux et devenir célèbres !**

Caricature de Cham, parue dans *Le Charivari*, en 1874.

Métier

Marchand d'art

Un marchand d'art achète des œuvres à des artistes qu'il estime talentueux et, en organisant des expositions dans sa galerie, essaie de les vendre à des collectionneurs. Ce métier s'est développé au XIXe siècle, le plus célèbre d'entre eux étant Paul Durand-Ruel. Il est le premier à avoir cru dans la peinture des impressionnistes. Au début, il a perdu de l'argent, mais il s'est entêté et, tout en aidant financièrement les peintres par ses achats, il a fait fortune !

Ça alors !

On savait qu'*Impression, soleil levant* représentait le port du Havre, mais on ignorait quel jour précis de 1872 Monet avait peint ce tableau. Récemment, une équipe de scientifiques, dont un astrophysicien, a étudié le tableau et a comparé pour chaque jour de l'année 1872 :
– la position du soleil ;
– les horaires de marée ;
– les horaires d'ouverture du port aux bateaux.
Ils ont établi que Monet a peint son tableau le 13 novembre 1872, autour de 7 h 35 du matin !

26 *Régates à Argenteuil*

1 **Place sur cette frise la date de création de *Régates à Argenteuil*, par Claude Monet.**

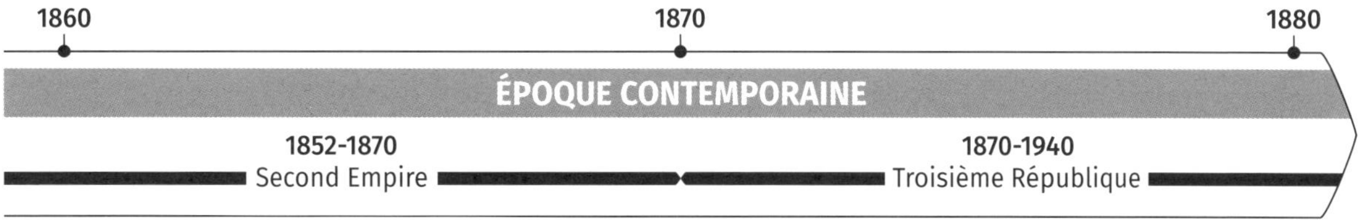

2 **Quel est le titre du tableau de Claude Monet à partir duquel le mot « impressionnisme » est inventé ? Explique pourquoi.**

....

....

3 **Relie le début de la phrase aux propositions qui conviennent.**

Les artistes impressionnistes... •

- • peignent leurs tableaux en plein air.
- • bénéficient de l'invention de la couleur en tubes.
- • sont bien accueillis par les critiques d'art de leur temps.
- • traduisent les effets de la lumière sur un paysage.
- • ne laissent aucune trace de pinceau visible.

4 **Entoure le matériel des peintres impressionnistes.**

n chevalet

une paire de ciseaux

de la peinture

des toiles

des crayons de couleur

5 **Complète le texte en t'aidant de la fiche documentaire.**

Claude Monet et ses amis peignent des paysages en plein air. C'est possible grâce à une invention, la peinture en .... Ils cherchent à reproduire les effets de la .... du soleil qui fait varier les couleurs et crée des reflets. Ils posent les couleurs en petites .... et travaillent rapidement pour réussir à peindre exactement ce qu'ils voient : leurs impressions. On les appelle les peintres ....

RÉGATES À ARGENTEUIL

Mots croisés **Complète les phrases, puis remplis la grille avec les mots que tu as trouvés.**

VERTICAL

1. En 1874, un journaliste appela « .... » la manière de peindre d'un groupe d'artistes.
2. Ces peintres peignaient en plein air. Ils se sont intéressés aux variations de la .... au cours de la journée, pour la retranscrire sur leurs toiles.
3. C'est l'invention de la peinture en .... de métal qui a permis à ces artistes de peindre dehors.
4. La plupart des journalistes spécialisés en art, les ...., n'ont pas aimé cette nouvelle manière de peindre.
5. Aujourd'hui, les peintres de ce courant sont devenus très ....

HORIZONTAL

6. Selon la théorie des couleurs, le rouge, le bleu et le jaune sont les couleurs .... En les mélangeant, on peut créer toutes les autres couleurs.
7. Claude .... a peint « Régates à Argenteuil ».
8. Pour peindre en plein air, les peintres posaient leurs petites toiles sur des .... de bois pliables.
9. En 1874 a eu lieu la première .... de ce groupe de peintres.

27 La République s'installe dans l'espace public

Fiche enseignant

La Troisième République, proclamée le 4 septembre 1870, connait des débuts difficiles. Pour se renforcer – en plus des symboles républicains déjà en place que sont le drapeau tricolore et la devise « Liberté, égalité, fraternité », ainsi que *La Marseillaise* adoptée en 1879 comme hymne national –, elle se doit de s'incarner dans une figure forte, pour laquelle la statuaire s'impose.

La figure de Marianne, mise en concours

- Construite sur les décombres de la défaite de Napoléon III à Sedan face à l'Allemagne, la Troisième République affronte durant les premières années un grand nombre de difficultés : le siège de Paris, la guerre civile avec l'épisode sanglant de la Commune, puis la pression forte d'un nouveau rétablissement de la monarchie. En 1875, le régime républicain s'impose véritablement avec l'adoption des « lois constitutionnelles ». Il va entendre dès lors incarner l'idée de la République à travers une figure forte, une sculpture monumentale.
- En 1878, un concours est lancé pour installer à Paris une grande statue consacrée à la République. Depuis 1792, par décision de la Convention, ce nouveau régime est associé à l'image d'une femme coiffée d'un bonnet phrygien, symbole de liberté. Le lieu choisi sera la place du Château d'Eau (actuelle place de la République) : construite sous le Second Empire, elle rayonne sur huit larges avenues. Chaque participant au concours doit produire une esquisse à l'échelle 1/10 présentée lors d'une exposition publique en 1879. Le jury désigne trois finalistes. Ceux-ci doivent alors réaliser leur projet au tiers de la grandeur réelle.

Comment représenter la République ?

- Dans son numéro du 25 octobre 1879, l'hebdomadaire *L'Univers illustré* pose à ses lecteurs la question : « Il y a, en politique, trente-six manières de comprendre la République. Combien y en a-t-il en Art, de la concevoir et de la représenter ? [...] Il y a, pour l'artiste, nécessité absolue de se prononcer dans un sens ou un autre. Il fera la République douce ou violente, élégante ou farouche, brandissant l'épée ou agitant la branche d'olivier, appelant les peuples aux armes ou tendant les bras aux nations réconciliées. La première ne vous fait-elle pas un peu peur ? La seconde ne vous parait-elle pas bien anodine ? »
- En mai 1880, Léopold et Charles Morice sont désignés vainqueurs, par dix voix contre deux.

Monument à la République

Une République bienveillante

- Le *Monument à la République* (dit aussi *Statue de la République*) est inauguré le 14 juillet 1883, à Paris.
- Il est composé de plusieurs parties.

(1) La figure de la République (ou Marianne) est une statue en bronze de 9,50 m de haut, érigée sur un piédestal (ou colonne) en pierre de 15,50 m de haut (13 m de diamètre au sol). Elle est représentée debout, vêtue d'une toge et d'un baudrier sur lequel est fixée une épée ; coiffée d'un bonnet phrygien et d'une couronne végétale, elle tient dans la main droite un rameau d'olivier, symbole de paix, et dans la gauche une tablette portant l'inscription « Droits de l'Homme ».

(2) Au pied de la colonne sont adossées trois allégories de chacun des termes de la devise de la République française : la Liberté porte un flambeau et une chaine brisée ; l'Égalité tient le drapeau de la République et un niveau de charpentier ; la Fraternité veille sur deux enfants lisant un livre, symbole de la Connaissance.

(3) Tout autour du piédestal figurent douze hauts-reliefs en bronze : chacun illustre des dates marquantes de la République française, dont le Serment du Jeu de Paume (20 juin 1789), la Prise de la Bastille (14 juillet 1789), la Bataille de Valmy (20 septembre 1792), l'Abolition de la royauté (21 septembre 1792), l'Institution du suffrage universel (5 mars 1848), etc.

(4) Un lion incarne la force du suffrage universel, lui-même symbolisé par une urne.

De la République à la Nation : deux places hautement symboliques

- En 1889, la place est renommée « Place de la République ». En 1899, une autre statue à la gloire de la République est érigée à Paris : *Le Triomphe de la République* du sculpteur Jules Dalou. Dalou avait obtenu une mention spéciale au concours de 1879. Son monument est inauguré sur la place de la Nation : Marianne est juchée sur le char de la Nation, tiré par deux lions, emblèmes de la force populaire, que guide le Génie de la Liberté. Elle est accompagnée par la Justice et le Travail (symbolisé par un forgeron), dominant un enfant lisant son livre d'instruction.
- Depuis la seconde moitié du XXe siècle, de nombreuses manifestations politiques et de défense des libertés circulent entre ces deux places.
- D'autres statues sont peu à peu érigées et surtout, de nombreuses places et rues sont nommées en hommage à la République. Celle-ci s'est installée dans l'espace public comme dans l'espace politique.

Comment mener la séance ?

Objectifs

- Découvrir les symboles de la République.
- Décrire la statue de la République.
- Interpréter les symboles d'un monument.

Réactiver les connaissances sur la Troisième République : *Quand est-elle proclamée ? À la suite de quels évènements ?* Rappeler la défaite en 1871 de la France face à l'Allemagne, l'épisode de la Commune de Paris de mars à mai 1871 et la nouvelle constitution de 1875, qui va permettre d'ancrer durablement la Troisième République. Demander ensuite : *Quels sont les symboles, nés de la Révolution, qui représentent la République en France ?* (Le drapeau tricolore, définitivement adopté depuis 1830 ; la devise « Liberté, égalité, fraternité », adoptée sous la IIe République, la *Marseillaise*, qui devient l'hymne national en 1879). Rappeler la figure de Marianne. Demander aux élèves comment on peut rendre hommage à quelqu'un, le faire connaitre à tous et montrer ses exploits : on peut lui faire élever une statue, placée dans un endroit où elle sera vue. Dire aux élèves qu'à la fin du XIXe siècle, les dirigeants ont voulu rendre hommage à la République et la présenter aux yeux de tous, sur une grande place de Paris. Pour cela, elle devait représenter Marianne, une femme coiffée d'un bonnet phrygien. Évoquer le concours de 1879, et dire que l'on va étudier le monument qui a gagné, qui se trouve toujours place de la République, à Paris.

1 Découverte et analyse de la *Statue de la République* 15 min

Projeter le doc. 1, une vue à peu près contemporaine de l'inauguration, le 14 juillet 1880. Expliquer que le sculpteur a réalisé un modèle en plâtre grandeur nature, dont les différentes parties ont été ensuite taillées dans la pierre ou moulées en bronze par une fonderie d'art. Projeter ensuite le doc. 3. Zoomer sur les différentes parties : statue, colonne avec inscription, statues en pierre, hauts-reliefs (citer quelques-unes des grandes dates représentées), lion et urne, et les expliquer. Insister sur la hauteur de la statue de Marianne (9,50 m), celle de la colonne (15,5 m) et du lion (3 m) et sur chacun des symboles républicains. Dire que l'ensemble constitue davantage qu'une statue : c'est un « monument ». Zoomer sur la statue et expliquer les nombreux éléments symboliques (voir fiche élève, exercice 2). Projeter le doc. 4. Citer les noms des trois statues et leurs attributs, puis demander : *Selon vous, de quoi sont-elles l'illustration ?* Rappeler la devise de la République, issue de la Révolution.

2 Évocation de la symbolique de la place 10 min

Indiquer aux élèves que le jour de l'inauguration, une foule immense prit part aux festivités : plus de 10 000 personnes participaient aux défilés officiels, sans compter les spectateurs. À cette date, la République représente un régime nouveau, célébré par le peuple. Puis indiquer aux élèves qu'aujourd'hui encore, cette statue a un rôle symbolique : les grandes manifestations à Paris, politiques, de mémoire ou festives, partent très souvent de cette place et rejoignent la place de la Nation, où un autre monument symbolise la République : Marianne montée sur le char de la Nation (voir doc. 5).

3 Fiche documentaire et fiche élève 25 min

La fiche documentaire est vidéoprojetée et lue collectivement, puis la fiche élève est distribuée.

Lexique

- **Allégorie :** représentation figurée d'une idée abstraite.
- **Attributs :** objets ou emblèmes portés par une personne ou une figure allégorique, qui permettent de la reconnaitre.
- **Monument :** sculpture de très grande taille ou bâtiment élevé pour rappeler un évènement, une personne ou une idée.

Je retiens

- En 1878, au début de la Troisième République, la Ville de Paris lance un concours pour créer une grande statue à la gloire de la République. Le projet retenu est inauguré le 14 juillet 1883 sur la place de la République.
- C'est en réalité un « monument » de plus de 23 mètres de haut, composé de nombreux symboles républicains :
  – une immense statue en bronze de Marianne ;
  – trois statues qui illustrent la devise « Liberté – Égalité – Fraternité » ;
  – douze reliefs sculptés qui illustrent des dates importantes depuis 1789 ;
  – un lion et une urne qui symbolisent le pouvoir du suffrage universel.

Œuvre en réseau

***Le 14 juillet 1880* (1882), par Alfred Roll.** En 1880, la Troisième République adopte le 14 juillet comme jour de fête nationale. Pour garder le souvenir de cette toute première journée de célébration, Jules Ferry, ministre de l'Instruction publique et des Beaux-Arts, commande plusieurs œuvres à des peintres. Dans cet immense tableau de 63 m², Alfred Roll représente la liesse populaire place de la République : on aperçoit à l'arrière-plan une réplique de la statue de la République de Léopold Morice, qu'il a réalisée à la hâte en plâtre pour l'occasion. Conservé au musée des Beaux-Arts de la Ville de Paris/Petit-Palais.

27 La Statue de la République

1 À la gloire de la République !

- **La *Statue de la République* se trouve à Paris**, au centre de la place de la République, à laquelle elle a donné son nom.
- Elle est composée de **plusieurs éléments en bronze et en pierre**. L'ensemble forme un monument de **plus de 24 mètres** de haut. Il a été commandé par la Ville de Paris et inauguré le 14 juillet 1883, sous la Troisième République, devant une foule de plus de 10 000 personnes.

Carte postale de la place de la République, à Paris, vers 1905.

2 Fiche d'identité

Quoi ? Statue-monument en bronze et pierre.
Par qui ? Léopold Morice (sculpteur) et son frère Charles (architecte).
Dimensions ? 24,5 mètres de haut.
Où ? Place de la République, à Paris.
Quand ? 1883.

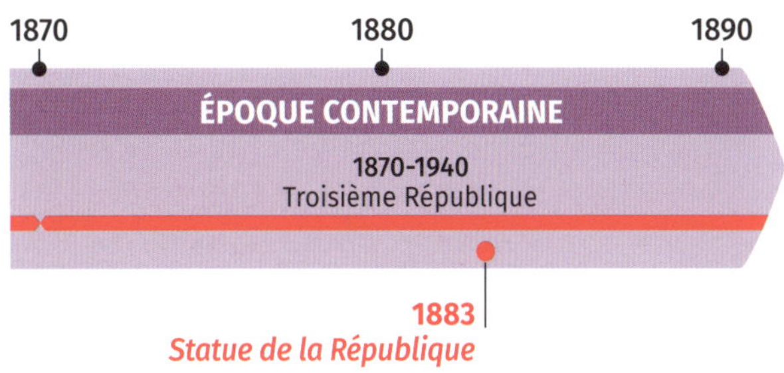

3 Un monument rempli de symboles républicains

- **Marianne** (1) : haute de 9,50 mètres, coiffée d'un **bonnet phrygien**, symbole de liberté, et d'une **couronne de lauriers**, symbole de la victoire, elle a une allure conquérante ! Elle lève haut un rameau d'olivier, symbole de **paix**, et tient la Déclaration des **Droits de l'Homme**.

- La **colonne de pierre** (2), haute de 15 mètres, porte la mention : « À LA GLOIRE DE LA RÉPUBLIQUE FRANÇAISE, LA VILLE DE PARIS ».
- Autour de la colonne, **trois statues en pierre** (3) illustrent chacune l'un des mots de la **devise républicaine : « Liberté – Égalité – Fraternité »**.
- En bas, à la hauteur des passants, **douze reliefs en bronze** (4) illustrent les dates marquantes qui ont permis la mise en place de la République, dont la Prise de la Bastille (14 juillet 1789) et la Proclamation de l'abolition de la royauté (21 septembre 1792).
- Posé sur trois marches, **un lion haut de 3 mètres** (5) incarne le pouvoir du **suffrage universel**, représenté à ses côtés par **une urne de vote** (6).

27 La Statue de la République

4 Liberté, Égalité, Fraternité

- Les trois femmes qui illustrent la devise de **la République française ont des attributs différents** :
– **la Liberté** (à gauche) porte un flambeau qui éclaire le monde et une chaine brisée ;
– **l'Égalité**, au centre, tient le drapeau de la République et un niveau de charpentier ;
– **la Fraternité** veille sur deux enfants lisant un livre, symbole de la connaissance.

5 Une autre statue de la République à Paris !

- En 1889, à l'occasion des **fêtes du centenaire de la Révolution française**, une seconde statue de la République est inaugurée à Paris, place de la Nation. Elle est en bronze et a été créée par Jules Dalou.
- Marianne est juchée sur le char de la Nation, tiré par deux lions, emblèmes de la **force**, que guide le **Génie de la Liberté**. Elle est accompagnée par la **Justice** et le **Travail** (symbolisé par un forgeron).
- Depuis la seconde moitié du XXe siècle, en raison de la symbolique « républicaine » qui leur est attachée, la place de Nation et celle de la République sont le point de ralliement de nombreuses manifestations politiques ou de défense des libertés.

Le Triomphe de la République, par Jules Dalou.
Place de la Nation, à Paris.

Métier

Fondeur d'art

Au XIXe siècle, les grandes sculptures étaient généralement modelées en plâtre par l'artiste, sur une armature en bois. C'est une fonderie d'art qui se chargeait ensuite de la réaliser en métal, le plus souvent en bronze. Le travail du fondeur d'art – qui existe toujours – consiste à réaliser un moule exact de la sculpture originale, au centre duquel se trouve un « noyau » en sable ; le métal en fusion est ensuite coulé entre les parois du moule et le « noyau ». Une fois le métal refroidi, le sable est retiré. Au final, l'œuvre en bronze est creuse, ce qui allège son poids, même s'il reste considérable pour une œuvre de 9,50 m comme la statue de la République.

Ça alors !

Depuis la fonderie où elle avait été réalisée, la statue de la République fut transportée de nuit dans Paris quelques jours avant le 14 juillet 1883. Il y avait cinq kilomètres à parcourir, mais les vingt chevaux chargés de tirer ce convoi exceptionnel, refusèrent d'avancer : le poids était trop lourd ! On trouva dix chevaux supplémentaires, mais les animaux s'emballèrent... et la statue tomba ! Relevée à l'aide de grues à vapeur, Marianne finit enfin par arriver place de la République... avec le nez cassé ! Il fut rapidement réparé.

27 La Statue de la République

1 Place sur cette frise la date d'inauguration, à Paris, de la *Statue de la République*.

1870 — 1880 — 1890

ÉPOQUE CONTEMPORAINE

1870-1940
Troisième République

2 Complète les légendes avec les mots suivants :

paix | victoire | l'Antiquité | force | la révolution | liberté

Le rameau d'olivier, symbole de ....

Le bonnet phrygien, symbole de ....

La toge romaine, référence à ....

La couronne de lauriers, symbole de ....

L'épée, symbole de ....

La Déclaration des Droits de l'Homme, référence à ....

3 Les trois statues qui accompagnent celle de Marianne illustrent une devise. Laquelle ?

....

4 Complète le texte en t'aidant de la fiche documentaire.

En 1878, sous la .... République, la Ville de Paris lance un concours pour créer une grande .... à la gloire de la République. Elle est inaugurée le .... juillet .... sur la place de la République. Elle est composée de plusieurs éléments et l'ensemble forme un ....Tous les .... républicains y sont réunis, y compris le suffrage universel, représenté par un lion et une urne de vote.

Jeux

LA STATUE DE LA RÉPUBLIQUE

Mots à relier Relie chacun de ces mots au symbole qui le représente.

Force	
Justice	
Paix	
Connaissance	
République française	
Liberté	
Royauté	

L'âge industriel en France

28 Représenter le peuple au travail sous la IIIe République
▶ *Les Raboteurs de parquet*

29 Gares et trains, un motif très moderne pour les peintres
▶ *La Gare Saint-Lazare*

30 Le triomphe de l'architecture de fer ▶ La tour Eiffel

31 Avec la « fée électricité », un nouveau sujet : la vie nocturne
▶ *La Danse au Moulin-Rouge*

32 Naissance du 7e art : le cinéma
▶ *La Sortie des usines Lumière à Lyon*

L'âge industriel en France

L'art face à la modernité : nouveaux sujets et nouveaux supports

- La révolution industrielle et les progrès techniques qui jalonnent le XIXe siècle en France ont des conséquences sociales et économiques très fortes. Habitat, travail, transports et loisirs : toute la vie quotidienne est bouleversée. La modernité prend de multiples formes : nouveaux espaces (usines, gares...), nouveaux métiers (ouvriers, mineurs...), nouveaux loisirs (développement de la vie nocturne, invention du cinéma). Les peintres impressionnistes et leurs suiveurs vont observer ces évolutions et s'en faire les représentants. → Œuvres 28, 29, 31 et 32
- L'académisme, qui régissait les règles du bon gout en art depuis le « Grand Siècle » (le XVIIe siècle), est remis en cause par ces artistes, qui rejettent aussi la « grande peinture » d'histoire. Ils entendent peindre comme ils le souhaitent et s'emparer de sujets de leur temps : les paysages nouvellement façonnés par le progrès, qu'ils peignent directement « sur le motif », notamment grâce à l'invention de la peinture en tube, ou encore la vie quotidienne des gens du peuple et de la petite bourgeoisie, à laquelle beaucoup d'entre eux appartiennent. La lumière aux effets si changeants devient sous leurs pinceaux un sujet en soi pour certains (Monet en particulier) tandis que d'autres représentent les corps des anonymes au travail, les labeurs difficiles ou les lieux de divertissement populaires. Ces artistes, pour la plupart, ne travaillent plus sur commande de grands notables mais tentent de trouver leur public à travers leurs propres expositions et l'intérêt que leur portent des marchands d'art. Ils ne se soucient plus de peindre pour « faire beau » mais pour « faire vrai ». → Œuvres 28, 29 et 31
- Le XIXe siècle est celui du triomphe de l'industrie, qui s'étale dans les Expositions universelles. Construite pour celle de 1899, qui se tient à Paris, la tour Eiffel, « ouvrage d'art » qui n'a d'autre but que sa hauteur vertigineuse, devient le symbole de la France, et restera le plus haut édifice du monde durant plus de 50 ans. Le cinéma enfin, inventé par les frères Lumière, entrepreneurs importants dans le domaine de la photographie, devient très rapidement lui aussi une industrie florissante. → Œuvres 30 et 32

- Ce thème 5 permet de montrer que les peintres n'ont pas hésité à s'emparer de la modernité issue de la révolution industrielle et ont pris pour sujets tirés de la vie quotidienne : les gares, le travail, les nouvelles salles de spectacles qui bénéficient de l'électricité. Deux nouvelles formes d'art, liées à l'évolution des technologies, sont également abordées : l'art de construire en fer et l'art de produire des images en mouvement avec la naissance du cinéma.
- Les œuvres proposées peuvent être un support de réflexion sur le dynamisme de la création dans la seconde moitié du XIXe siècle et sur la volonté des artistes de montrer le monde tel qu'il est.

Thèmes du programme d'histoire	Séances en histoire des arts
Les énergies majeures de l'âge industriel et les machines	29. Gares et trains, un sujet de peinture très moderne > *La Gare Saint-Lazare* 32. Naissance du 7e art : le cinéma > *La Sortie des usines Lumière à Lyon*
Le travail à la mine, à l'usine, à l'atelier, au grand magasin	28. Représenter le peuple au travail sous la IIIe République > *Les Raboteurs de parquet*
La ville industrielle	30. Le triomphe de l'architecture de fer > La tour Eiffel 31. Avec la « fée électricité », un nouveau sujet : la vie nocturne > *La Danse au Moulin-Rouge*
Le monde rural	

28 Représenter le peuple au travail sous la IIIe République

Dans les années 1870, les impressionnistes sont les premiers peintres à se faire les observateurs du monde ouvrier, suivis dans les années 1890 par les peintres naturalistes. Leurs œuvres témoignent d'une réalité nouvelle : la vie rude des travailleurs – petits métiers, ouvriers d'usine et mineurs –, rouages indispensables de l'industrialisation et de la course au progrès que connait la fin du XIXe siècle.

Les impressionnistes, précurseurs dans la représentation des travailleurs

- La France s'engage tout au long du XIXe siècle dans un processus d'industrialisation qui allie grands progrès techniques et profondes mutations de la société. Jusqu'à l'avènement de la IIIe République, rares sont les peintres qui représentent le monde ouvrier au travail, la clientèle bourgeoise du Salon officiel de peinture privilégiant les scènes édifiantes ou d'agrément. Les peintres impressionnistes, à partir des années 1870, sont les premiers à s'emparer de la modernité des nouveaux paysages urbains. Peu toutefois montrent les travailleurs eux-mêmes, en dehors de Gustave Caillebotte et Edgar Degas qui, eux, vont s'inspirer des petits métiers de la ville, pour beaucoup assumés par des hommes et des femmes venus de la campagne.

Les Raboteurs de parquet

Un tableau réaliste

- En 1875, Gustave Caillebotte peint avec *Les Raboteurs de parquet* l'une des toutes premières représentations du prolétariat urbain. Fils d'un riche marchand de draps, il vient d'hériter à la mort de son père d'une fortune considérable qui lui permet de se consacrer pleinement à l'une de ses passions : la peinture. Il a 26 ans quand il choisit pour l'une de ses premières œuvres ce sujet surprenant : des ouvriers en train de remettre à neuf le parquet d'un appartement bourgeois parisien, reconnaissable à ses stucs et au fer de la fenêtre.
- Sans volonté de discours social, il entend s'emparer du quotidien de ces ouvriers-artisans avec le plus de réalisme possible. Pour réussir sa composition, il a pris le temps de dessiner sur papier chaque partie de la scène avant de les reporter une à une sur la toile. C'est ainsi qu'il a pu mettre au point une saisissante « vue en contre-plongée », qui donne au spectateur l'impression d'être dans la pièce, face aux raboteurs. Il les donne à voir en plein exercice de leur tâche, très physique : à genoux, les muscles tendus par l'effort, les bras parfaitement parallèles aux lattes du parquet, le corps en sueur, la bouteille de vin pour la soif à portée de main. Les trois hommes, jeunes, sont très peu individualisés, comme réduits à leur seule force de travail.
- Des ouvriers torse nu au travail, c'est là un sujet jugé « vulgaire » pour l'époque : ayant essuyé le refus du jury de l'exposer au Salon officiel de 1875, Caillebotte le présente en 1876 à la deuxième exposition de groupe des impressionnistes. Il devient leur ami et le « mécène » de la plupart qu'il aide financièrement, le temps que leurs tableaux trouvent leur public et se vendent.

Dans la veine du courant naturaliste

- Edgar Degas présente lors de la même exposition ses premières *Repasseuses*, un sujet qu'il va reprendre sur une dizaine d'années. Ce qui l'intéresse, en choisissant de peindre ces travailleuses du linge, c'est de traduire avec le plus de vérité possible leurs gestes et la posture de leur corps au travail. Les unes baillent à s'en décrocher la mâchoire, d'autres appuient de toutes leurs forces sur leur fer. Il les montre indifférentes à tout regard extérieur, simplement épuisées par de longues heures de travail, passées debout dans la chaleur des fers.
- Ce réalisme fait écho au naturalisme initié en littérature par Émile Zola avec ses grands romans de la série des « Rougon-Macquart » : *L'Assommoir* (1877) raconte la vie misérable de Gervaise, qui s'improvise blanchisseuse ; *Germinal* (1885) emmène le lecteur dans l'enfer des mines du Nord et la première grande grève des mineurs d'Anzin en 1884. Dans le sillage du naturalisme littéraire, une nouvelle génération de peintres, nés au début des années 1850, s'empare plus largement de l'image des travailleurs des mines et des usines (en même temps que ceux des campagnes). Certains s'aident de photographies et, selon qu'ils sont engagés politiquement ou non, mettent en exergue leur vie misérable, ou les montrent comme d'héroïques « forces vives » du progrès en marche.

Adler, « le peintre des humbles »

- Ce naturalisme pictural incarne en partie le « style officiel » de la IIIe République : forte du suffrage universel, celle-ci souhaite, d'une part, donner à voir que son électorat participe héroïquement à construire la France, et qu'elle est soucieuse de la « question sociale », à l'heure des luttes entre patronat et prolétariat et des premières grèves liées aux conditions de travail.
- L'un des représentants de ce courant est Jules Adler. Surnommé « le peintre des humbles » pour ses « portraits » d'ouvriers et de paysans confrontés à la pauvreté, il est le premier à avoir fait des grévistes des usines Schneider du Creusot, en 1899, le sujet d'un tableau – grève où, pour la première fois, l'État intervient et arbitre en faveur des ouvriers. S'attachant à représenter l'intégration des luttes ouvrières au régime républicain, Adler voit ses œuvres régulièrement achetées par l'État.

Comment mener la séance ?

Objectifs

- Étudier un tableau réaliste.
- Comprendre que les artistes choisissent de peindre des scènes de la vie quotidienne.
- Découvrir le naturalisme.

Réactiver les connaissances des élèves sur la IIIe République, l'industrialisation de la France et les évolutions du travail à la fin du XIXe siècle. Rappeler rapidement l'exploitation des mines de charbon, qui permet le développement des usines, les conditions de travail très difficiles des mineurs et des ouvriers (y compris femmes et enfants), des grèves qu'ils vont devoir faire, dans les années 1880-1890, pour améliorer leurs conditions de travail. Expliquer que les peintres impressionnistes, une génération de peintres qui vont refuser les règles académiques dans les années 1870 et inventer une nouvelle manière de peindre, vont s'intéresser au monde réel qui les entoure et, entre autres, aux travailleurs. Dire que l'on va s'intéresser à l'une de ces toutes premières représentations, due à un jeune peintre, Gustave Caillebotte. Présenter rapidement le peintre (voir fiche enseignant).

1 Découverte et analyse des *Raboteurs de parquet* 10 min

Projeter le doc. 1. Laisser réagir les élèves et leur demander de décrire le tableau. En fonction des réponses, expliquer le lieu choisi (un appartement bourgeois, qui pourrait être celui du peintre) et en quoi consiste le travail, très physique, des hommes représentés. Demander : *À votre avis, la scène a-t-elle l'air aussi vraie que pourrait l'être une photographie ?* Expliquer en quoi la scène est très réaliste : les torses nus parce que les travailleurs ont chaud, les muscles de leurs bras tendus par l'effort, bien parallèles aux lames du parquet, les fins copeaux de bois. Mentionner la bouteille de vin pour étancher leur soif. Faire remarquer la facture très lisse du tableau (on ne voit pas les coups de pinceaux). Expliquer aux élèves que le choix de ce thème n'est pas courant : le tableau a été refusé au Salon et Caillebotte se rapprochera pour cette raison d'autres peintres refusés, les impressionnistes.

2 Évocation du naturalisme 15 min

Projeter le doc. 3. Laisser réagir les élèves. Expliquer le tableau (voir fiche enseignant), évoquer les ressemblances (le sujet, la représentation de l'effort, le plan resserré et l'anonymat des personnes) et les différences (la touche plus épaisse, le fond à peine esquissé, le moment particulier choisi – un bâillement) avec le doc. 1. Évoquer le « naturalisme », en peinture et en littérature (voir Lexique). Projeter le doc. 4 (a et b). Expliquer que, dans les années 1890, des peintres et des écrivains se sont inscrits dans le courant naturaliste et ont représenté le monde des travailleurs (ceux des mines, des usines, mais aussi des campagnes).

3 Fiche documentaire et fiche élève 25 min

La fiche documentaire est vidéoprojetée et lue collectivement, puis la fiche élève est distribuée.

Lexique

- **Naturalisme :** terme désignant un courant littéraire initié au XIXe siècle par l'écrivain Émile Zola, qui vise à raconter la réalité avec une objectivité parfaite et dans tous ses aspects, même les plus cruels et misérables ; ce terme, synonyme de « réalisme », désigne aussi un courant artistique des années 1880-1920, qui vise également une représentation au plus près de la réalité, sans « idéalisation » ni enjolivement.

Je retiens

- Le peintre Gustave Caillebotte, qui fait partie du groupe des impressionnistes, est l'un des tout premiers à représenter des ouvriers au travail dans son tableau *Les Raboteurs de parquet*, peint en 1875.
- Son tableau, comme celui des *Repasseuses* d'Edgar Degas, est très réaliste. Dans le même temps, l'écrivain Émile Zola publie des romans « naturalistes » qui racontent les conditions de travail difficiles des mineurs et des ouvriers qui participent à l'industrialisation de la France.

Œuvre en réseau

***La Grève au Creusot* (1899), par Jules Adler.** Jules Adler, surnommé « le peintre des humbles », représente ici la grande manifestation des ouvriers du Creusot : le 24 septembre 1899, hommes et femmes défilent de manière pacifique pour remercier tous ceux qui les ont soutenus dans leurs journées de grève. Le peintre les montre unis et portant fièrement le drapeau français car, pour la première fois, le gouvernement de la IIIe République est intervenu et a arbitré en faveur des ouvriers.

Conservé au musée des Beaux-Arts de Pau.

28 Les Raboteurs de parquet

Fiche documentaire

1 En plein travail !

- Ces trois raboteurs décapent et remettent à neuf le parquet d'un appartement bourgeois parisien. **C'est l'un des premiers tableaux du peintre Gustave Caillebotte.** Il se distingue des œuvres de son époque en **représentant des ouvriers en plein travail**, un sujet considéré alors comme peu « séduisant » à regarder.
- Caillebotte a peint la scène **en contre-plongée**, c'est-à-dire légèrement vue du dessus, ce qui donne l'impression d'être avec les raboteurs, dans la pièce !

2 Fiche d'identité

Quoi ? Tableau peint à l'huile sur toile.
Par qui ? Gustave Caillebotte (1848-1894).
Dimensions ? 102 × 147 cm.
Où ? Paris, musée d'Orsay.
Quand ? 1875.

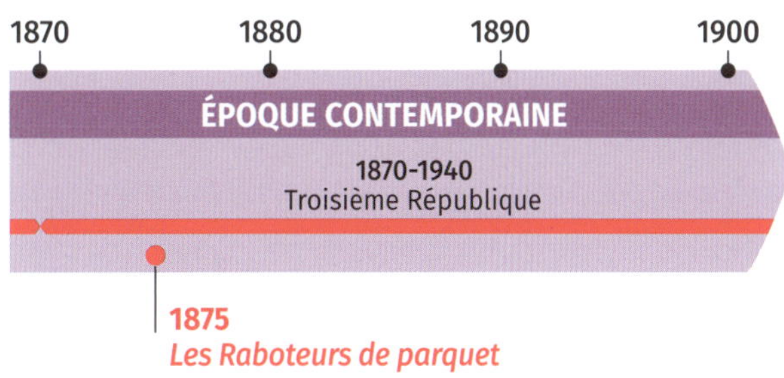

3 C'est épuisant...

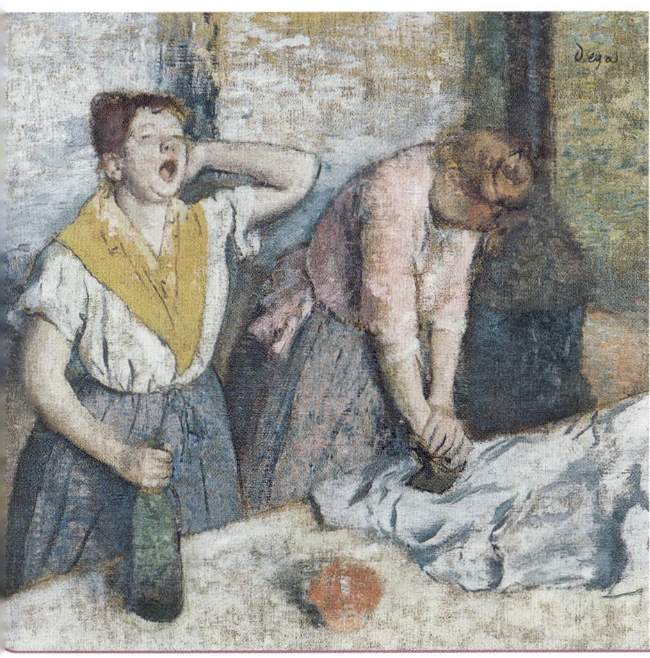

- **Le peintre impressionniste Edgar Degas** a peint plusieurs tableaux représentant **des repasseuses**. Leur travail consiste à repasser le linge des familles bourgeoises. Il fait partie des petits métiers très mal payés, malgré 12 à 14 heures d'un travail exténuant, debout et dans la chaleur des fers à repasser.
- L'une des repasseuses s'étire et baille ; l'autre, le cou dans les épaules, appuie de toutes ses forces sur son fer pour lisser un drap.
- Le peintre les montre telles qu'elles sont : **accablées de fatigue et s'épuisant dans leur travail**.

Edgar Degas, *Repasseuses*, vers 1884-1886, huile sur toile. Paris, musée d'Orsay.

28 Les Raboteurs de parquet

4 À la mine

Émile Zola

a *Jules Adler, Au pays de la mine*, 1901, huile sur toile. Dunkerque, musée des Beaux-Arts.

- **Une grande partie des machines inventées au XIXe siècle fonctionnent en brulant du charbon.** Le charbon, également appelé « houille », est extrait de gisements (les mines) par des mineurs de plus en plus nombreux. Leur travail est très pénible et dangereux.
- **Jules Adler, surnommé « le peintre des humbles »**, a toute sa vie représenté le monde ouvrier. Dans ce tableau, **il montre les mineurs de la manière la plus réaliste possible** : vêtus pauvrement, courbés par la fatigue, dans un paysage noirci par le charbon. **Seuls les enfants apportent un peu de lumière au premier plan.**
- En 1885, **l'écrivain Émile Zola publie *Germinal***, un roman dont le héros est mineur dans le Nord de la France. **Il s'est rendu sur place pour enquêter sur les conditions de travail dans les mines.** Il les décrit avec beaucoup de réalisme.
- Son roman parle aussi des **revendications sociales** des mineurs et des **premières grèves**.

b Les quatre mineurs [...] devaient, pour attaquer la houille, rester couchés sur le flanc, le cou tordu, les bras levés et brandissant de biais la rivelaine, le pic à manche court.

C'était Maheu qui souffrait le plus. En haut, la température montait jusqu'à trente-cinq degrés, l'air ne circulait pas, l'étouffement à la longue devenait mortel. [...] La roche, au-dessus de lui, à quelques centimètres de son visage, ruisselait d'eau, de grosses gouttes continues et rapides, tombant sur une sorte de rythme entêté, toujours à la même place. Il avait beau tordre le cou, renverser la nuque : elles battaient sa face, s'écrasaient, claquaient sans relâche. Au bout d'un quart d'heure, il était trempé, couvert de sueur lui-même, fumant d'une chaude buée de lessive.

Extrait de *Germinal*, roman d'Émile Zola publié en 1885.

Métier

Commissaire d'exposition

Le commissaire d'exposition organise une exposition temporaire dans un musée (ou un centre culturel). Il ou elle détermine le thème de l'exposition (par exemple, les représentations du travail dans l'art !), choisit les artistes exposés, gère les couts et décide de l'accrochage des œuvres. Il ou elle rédige les textes du catalogue de l'exposition, seul ou avec une équipe d'auteurs qu'il choisit. Ce métier implique une excellente connaissance de l'histoire des arts et la maitrise de l'anglais pour échanger avec les musées étrangers qui prêtent leurs œuvres.

Ça alors !

Au XIXe siècle, on a donné aux mineurs le surnom de « gueules noires », par opposition aux « gueules jaunes » qui désignaient les ouvriers des mines de fer. Ce surnom, les mineurs ont continué de le porter au XXe siècle, fiers d'appartenir à la classe ouvrière la plus emblématique de l'histoire industrielle française.

28 Les Raboteurs de parquet

1 **Place sur cette frise la date des *Raboteurs de parquet*, de Gustave Caillebotte.**

1870 — 1880 — 1890 — 1900

ÉPOQUE CONTEMPORAINE

1870-1940
Troisième République

2 ***Vrai* ou *faux* ? Coche la bonne réponse.**

	Vrai	Faux
a. Gustave Caillebotte fait partie des peintres impressionnistes.	☐	☐
b. Son tableau n'est pas réaliste.	☐	☐
c. Les raboteurs remettent à neuf le parquet de leur propre appartement.	☐	☐
d. Les métiers difficiles au XIXe siècle étaient souvent bien payés.	☐	☐
e. Émile Zola a enquêté avant d'écrire son roman sur les mineurs.	☐	☐

3 **Relie chaque image à la bonne étiquette.**

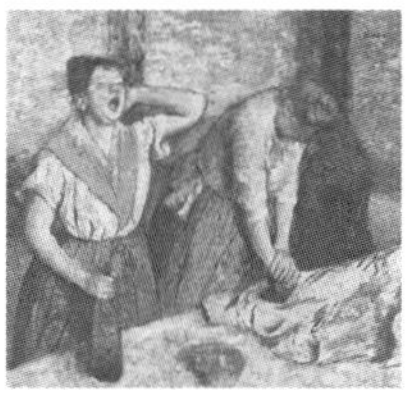

Gustave Caillebotte

Edgar Degas

Jules Adler

4 **Complète le texte en t'aidant de la fiche documentaire.**

À la fin du XIXe siècle, plusieurs peintres innovent en choisissant de représenter les conditions de travail des ouvriers. Gustave .... représente trois hommes courbés sur un parquet, occupés à le remettre à neuf. Sa manière de peindre est très .... : on reconnait tous les détails de la scène. Edgar ...., lui, montre combien le travail des .... est exténuant. Jules Adler, dans ses tableaux, et Émile Zola dans son roman intitulé ...., décrivent la vie des mineurs qui extraient le .... Ils ont le même but : dénoncer leurs conditions de travail trop difficiles.

Visite de musée **Prépare ta visite au musée d'Orsay où tu pourras voir le tableau de Caillebotte et plein d'autres œuvres impressionnistes !**

M'O

Nos autres sites ▾ Rechercher FR ▾

LES COLLECTIONS VISITE VOUS ÊTES AGENDA RESSOURCES Billetterie

Accueil > Visite

Visite

Horaires, accès et tarifs

Dimanche	9h30 - 18h00
Lundi	**Fermé**
Mardi	9h30 - 18h00
Mercredi	9h30 - 18h00
Jeudi	9h30 - 21h45
Vendredi	9h30 - 18h00
Samedi	9h30 - 18h00

Musée d'Orsay

Esplanade Valéry Giscard d'Estaing 75007 Paris

Plan & itinéraire

Plein tarif horodaté	16 €
Tarif réduit horodaté	13 €
Enfant & Cie	13 €
Nocturne	12 €
- de 18 ans, - de 26 ans résidents EEU	Gratuit

→ **Tous les tarifs**

Réponds aux questions :

1. Quel est le jour de fermeture du musée ?

....

2. Quel jour peux-tu visiter le musée en soirée ?

....

3. Dans quelle ville se trouve le musée ?

....

4. Tu as moins de 18 ans. Quel est le prix d'entrée au musée ?

....

29 Gares et trains : un motif très moderne pour les peintres

Dans les années 1860, le train bouleverse les modes de vie de la société française. Outil de développement économique et d'unification du territoire, symbole de la modernité, il est aussi vécu comme un « spectacle » et séduit les peintres impressionnistes en quête de sujets nouveaux. L'exemple le plus éloquent est sans nul doute la série sur la gare Saint-Lazare, peinte par Monet en 1877.

La plus ancienne gare de Paris

- Le premier train de voyageurs circule en Grande-Bretagne en 1825. En France, la première voie ferrée ouvre en 1827. En 1832, un vaste programme au départ de Paris est décidé, et la première ligne pour passagers est ouverte en 1837, au départ de l'actuelle gare Saint-Lazare. Les frères Pereire, promoteurs de la ligne, chargent en 1841 l'architecte Alfred Armand d'édifier la gare, bâtiment d'un nouveau type, qui se voit dotée d'un immense « hall » en verre et en fer. Dès 1859, tous les grands axes ferroviaires qui rayonnent à partir de la capitale sont en service, ainsi que toutes les grandes gares de Paris.

Le train, symbole de la vie moderne

- Dans les années 1860, gares et trains sont perçus comme la plus spectaculaire des innovations techniques modernes : ce sont des « cathédrales de l'humanité nouvelle [...], le centre où tout converge, le noyau de gigantesques étoiles aux rayons de fer s'étirant jusqu'au bout de la terre », s'enthousiasme le romancier et critique d'art Théophile Gautier. De fait, le chemin de fer modifie en profondeur la société, bouleversant le rapport au temps et à l'espace pour les habitants des villes comme des campagnes et favorisant la naissance du tourisme.
- Ces mêmes années voient la naissance du groupe de jeunes peintres qui seront plus tard appelés « impressionnistes » (voir fiche 26). Grâce à l'invention de la peinture en tubes, ils sortent de l'atelier et peignent en plein air « sur le motif ». Sensibles aux effets de la lumière naturelle, ils développent une nouvelle manière de peindre, par petites touches, et cherchent à rendre les paysages tels qu'ils sont, mais aussi tels qu'ils les perçoivent, à la lumière changeante du soleil. Le développement du chemin de fer va faciliter leurs déplacements, en quête de nouveaux sites à peindre. Ils vont également se faire les observateurs sensibles de la capitale en pleine mutation – à commencer par Claude Monet, figure de proue de l'impressionnisme.

La Gare Saint-Lazare

Un sujet nouveau pour une peinture nouvelle

- La version de *La Gare Saint-Lazare* conservée au musée d'Orsay est l'une des douze toiles que Monet consacre en janvier-février 1877 à ce thème.
- Après plusieurs années passées à peindre la campagne (voir fiche 26), Monet s'intéresse aux nouveaux paysages qu'offre Paris. La gare Saint-Lazare, qu'il emprunte pour rejoindre Argenteuil, où il habite, ou Le Havre, sa ville natale, lui apparait comme le motif idéal.
- Muni d'autorisations officielles, il plante son chevalet dans la gare, à l'affut de son sujet : les nuages de vapeur bouillonnante que crachent les locomotives et les jeux de lumière que crée leur évanescence. « Je me suis dit, confiera-t-il, qu'il ne serait pas banal d'étudier à différentes heures du jour le même motif et de noter les effets de lumière qui modifiaient d'une façon si sensible, d'heure en heure, l'apparence et les colorations de l'édifice. » S'ensuit une série de douze tableaux, brossés en touches épaisses et rapides, chacun d'un point de vue différent : face aux quais, en vue plongeante sur les voies ferrées aux abords de la gare et du pont de l'Europe, en plans rapprochés sur les locomotives, etc. Rien ne lui échappe : ni la géométrie de l'architecture de fer et de verre du grand hall, ni les mille nuances irisées de la vapeur, ni la mobilité des cheminots et des voyageurs, ni les effets de lumière sur les immeubles.

« On y entend le grondement des trains »...

- Au printemps 1877, Monet présente huit de ses douze tableaux de la série sur la gare Saint-Lazare à la 3e exposition des impressionnistes, tandis que Gustave Caillebotte y expose *Le Pont de l'Europe* : dans une facture lisse à l'opposé de celle de Monet, Caillebotte montre la puissante architecture de fer du pont, côté rue et sous un soleil de printemps : on y voit les passants – bourgeois et ouvriers en blouse –, l'ombre portée du pont sur le trottoir, un chien qui entraine le regard dans le tableau jusqu'à un léger nuage de vapeur et, au loin, les boulevards haussmanniens.
- Si les journalistes acquis à la peinture académique se disent horrifiés par ces tableaux, d'autres sont frappés par leur modernité. Le romancier et critique d'art Émile Zola s'enthousiasme pour les « superbes » Gares de Monet : « On y entend le grondement des trains qui s'engouffrent, on y voit des débordements de fumée qui roulent sous les vastes hangars. » Pour lui, « là est aujourd'hui la peinture ».
- Les douze *Gares Saint-Lazare* marquent pour Monet le point de départ de ses fameuses séries – *Les Peupliers*, *Les Meules*, *La Cathédrale de Rouen*, et bien sûr *Les Nymphéas* de son jardin de Giverny.

Comment mener la séance ?

Objectifs

- Décrire une œuvre impressionniste.
- Comparer différents tableaux d'une même série.
- Faire le lien entre révolution industrielle et art.

Réactiver les connaissances des élèves sur la première révolution industrielle et ses conséquences. Rappeler une invention majeure du XIXe siècle : la locomotive à vapeur. Dire aux élèves que les artistes de la fin du XIXe siècle ont cherché à montrer ces évolutions. Évoquer rapidement les précédents tableaux vus en classe. Si la fiche 26 a été faite, dire que l'on va étudier un autre paysage, du même peintre. Sinon, dire que l'on va cette fois découvrir un paysage urbain : la gare Saint-Lazare, à Paris. Expliquer qui est Claude Monet : un peintre qui, en peignant directement en plein air les « impressions » que produisent l'air et la lumière sur un paysage, a lancé une nouvelle manière de peindre, l'« impressionnisme ».

1 Découverte de *La Gare Saint-Lazare* de Monet 15 min

Projeter le doc. 1. Demander aux élèves ce qu'ils voient, puis ce qu'ils ressentent : *Est-ce que ce tableau vous plait ? Est-ce qu'il vous étonne ? Pourquoi ? En quoi est-il différent des autres tableaux que nous avons étudiés ?* Certains trouveront peut-être que le tableau ne semble « pas fini » : les personnages, les contours sont flous. Détailler les éléments : le toit du hall, en fer et en verre, la locomotive au centre, les jets de vapeur, les voies, des personnes à droite, un autre train à gauche. Dans le fond, des éléments de Paris : un pont, des bâtiments, éclairés par le soleil. Projeter la gravure (media.mdi-editions.com/hda-d29a) afin de montrer une image vue du ciel de la gare en 1868. Montrer que le premier plan est dans l'ombre : les taches jaunes au sol correspondent à la partie en verre du toit, qui laisse passer la lumière. Donner des éléments sur l'impressionnisme (voir fiche enseignant et fiche 26) et faire le lien avec l'aspect « flou » du tableau et les jeux de lumière liés à l'évanescence des jets de vapeur : ce sont les vrais sujets du tableau.

Projeter le doc. 2. Expliquer que les lignes tracées en pointillés montrent la composition du tableau. Demander : *À votre avis, vers quoi guident-elles le regard ?* Expliquer : pour mettre en valeur son sujet – l'effet produit par la vapeur de la locomotive – Monet a parfaitement construit son tableau.

2 Découverte de deux tableaux de la série 5 min

Projeter le doc. 4 (a et b). Expliquer que ce sont deux tableaux de la même série. Laisser réagir les élèves et demander : *À votre avis, pourquoi Monet a-t-il peint plusieurs tableaux ? Quel est leur point commun ? S'est-il toujours placé au même endroit ?* Citer le propos de Monet (voir fiche enseignant), expliquer qu'il a peint douze tableaux et qu'il va ensuite appliquer ce principe de série à d'autres motifs pour étudier les effets de la lumière.

3 Comparaison avec le tableau de Caillebotte 5 min

Garder le doc. 4 b projeté et montrer le doc. 5. Dire que le pont représenté est celui qui est derrière le train, sur le doc. 1 et le doc. 4 b. Laisser les élèves réagir et décrire le doc. 5, puis demander : *Quel est le point commun entre le tableau de Monet et celui de Caillebotte ? Et la différence : Caillebotte peint-il comme Monet ?* Expliquer que Caillebotte est impressionniste par le choix de sujets modernes mais qu'il peint dans une facture très lisse.

4 Fiche documentaire et fiche élève 25 min

La fiche documentaire est vidéoprojetée et lue collectivement puis la fiche élève est distribuée.

Lexique

- **Impressionnisme :** courant artistique regroupant les peintres « indépendants » qui ont exposé collectivement entre 1874 et 1886 ; terme lancé par un critique pour tourner en dérision le tableau *Impression, soleil levant* (1872) de Claude Monet ; les impressionnistes ont innové en pratiquant la peinture en plein air et en représentant la vie quotidienne.
- **Série :** en art, une série désigne un ensemble d'œuvres sur le même sujet.

Je retiens

- Dans les années 1860, Paris se modernise : de grands boulevards et de nouveaux quartiers sont construits, avec des immeubles et des gares. Les peintres impressionnistes y trouvent de nouvelles idées de tableaux.
- En 1877, Claude Monet réalise une série de douze tableaux de la gare Saint-Lazare. Il veut représenter les variations de la lumière et l'atmosphère qui se dégage des flots de fumée produits par les locomotives.

Œuvre en réseau

***Le Chemin de fer* (1873), par Édouard Manet.** Manet représente une scène de vie dans le quartier de la gare Saint-Lazare : une femme et sa fille sont dans un jardin séparé de la gare par une haute grille en fonte. Les voies ferrées sont suggérées par l'épais nuage de vapeur d'un train qui passe et que la petite fille regarde, fascinée ! Conservé à la National Gallery of Art, Washington.

29 La Gare Saint-Lazare

1 Un sujet moderne et idéal pour Monet

- Pour peindre ce tableau, Monet a demandé l'autorisation au directeur de la gare Saint-Lazare d'installer son chevalet le plus près possible des quais, face aux tourbillons de fumée que crachent les locomotives à vapeur.
- Ce qui l'intéresse, c'est de **représenter les effets de couleurs et de lumières que créent les jets de vapeur** : ils viennent « flouter » les contours des choses, allant jusqu'à faire disparaitre les immeubles du quartier, que l'on devine à peine à l'arrière-plan.
- Monet s'intéresse aussi au contraste entre l'imposante charpente de verre et de fer de la gare et ces fumées, à la fois si présentes et si légères. Pour les traduire, il peint rapidement, en utilisant des **touches de couleur plus ou moins épaisses**.

2 Une composition très organisée !

- Monet a peint vite, mais il a parfaitement organisé sa composition, en se servant de la **structure géométrique** de la verrière. Le schéma ci-contre montre que les lignes blanches **se rejoignent toutes en un point central : la locomotive** ! Le losange bleu contient à la fois la locomotive et ses jets de vapeur.
- Monet n'a rien oublié : ni le **rayon de soleil qui vient éclairer le premier plan**, ni l'ombre que projette la verrière, ni les quelques voyageurs qui attendent le prochain train.

3 Fiche d'identité

Quoi ? Tableau peint à l'huile sur toile.
Par qui ? Claude Monet (1840-1926).
Dimensions ? 75,5 × 104 cm.
Où ? Paris, musée d'Orsay.
Quand ? 1877.

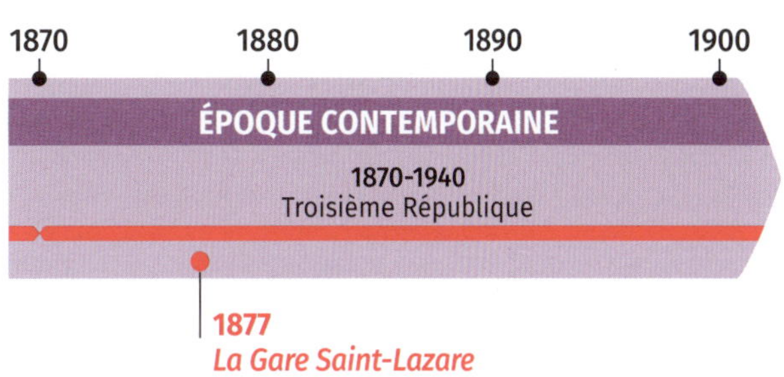

29 La Gare Saint-Lazare

4 Une série de douze tableaux

- Monet se rend vite compte qu'il lui est impossible de rendre toutes ses **impressions** en un seul tableau : c'est pourquoi il va peindre une **série de douze tableaux**, tous **différents** !

a *La Gare Saint-Lazare*. Cambridge, Fogg Art Museum.

- Ce tableau est comme un **gros plan du doc. 1**, avec davantage de nuages de vapeur !

b *Le Pont de l'Europe, gare Saint-Lazare*. Paris, musée Marmottan.

- Pour peindre, Monet s'est installé sur les voies ferrées en contrebas du **pont de l'Europe**.

5 Au-dessus des voies

- **Gustave Caillebotte**, un ami de Monet, a lui aussi représenté le pont de l'Europe, qui enjambe les voies de la gare Saint-Lazare. Ce pont en fer **symbolise la modernité**. Ses lignes sombres, redoublées par l'ombre sur le trottoir, donnent **une impression de profondeur** au tableau.
- Un ouvrier en habit de travail contemple les voies, un couple bourgeois vient de croiser un autre ouvrier. Le chien qui trottine, au premier plan, **ajoute de la vie à la scène**.

Gustave Caillebotte, *Le Pont de l'Europe*, 1876, huile sur toile. Genève, musée du Petit-Palais.

Métier

Régisseur d'œuvres d'art

Le régisseur travaille dans un musée (ou une galerie). Il a deux missions principales : la conservation « préventive » des œuvres (bonne température, règles de manipulations, restaurations nécessaires...) et l'organisation de leurs déplacements dans le cadre d'expositions. Quand le musée prête une œuvre, le régisseur s'occupe de son emballage, de son transport, des autorisations douanières si elle part à l'étranger, du contrat d'assurance. Il n'a pas droit à l'erreur : les œuvres qui se « déplacent » sont souvent estimées à plusieurs millions d'euros.

Ça alors !

Le musée d'Orsay, à Paris, est célèbre pour ses collections d'œuvres impressionnistes, mais aussi parce qu'il a été aménagé dans une gare. Construite en 1900, la gare d'Orsay doit fermer dès 1936 : ses quais sont trop courts pour les nouveaux trains ! En 1977, on décide d'installer un musée dans ce grand bâtiment lumineux. À l'intérieur, une gigantesque horloge a été conservée : c'est celle qui, autrefois, donnait l'heure aux voyageurs !

29 La Gare Saint-Lazare

1 **Place sur cette frise la date du tableau *La Gare Saint-Lazare*, de Claude Monet.**

2 **Coche les propositions qui conviennent pour terminer la phrase.**

Claude Monet a peint :

- ☐ un seul tableau de la gare Saint-Lazare.
- ☐ les effets que les fumées de vapeur des locomotives produisent.
- ☐ dans son atelier, avec vue sur la gare.
- ☐ par touches rapides et plus ou moins épaisses, pour bien traduire les tourbillons de vapeur.

3 **En t'aidant du modèle (tableau de Monet, à gauche), trace au feutre rouge sur le tableau de Gustave Caillebotte (à droite) toutes les diagonales qui mènent aux deux grands immeubles haussmanniens tout au bout du pont.**

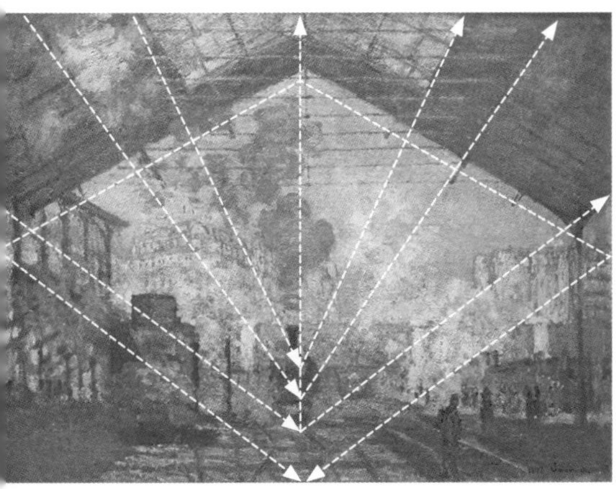

4 **Complète le texte en t'aidant de la fiche documentaire.**

En 1877, Claude .... réalise une série de .... tableaux de la gare ...., à Paris. Il cherche à reproduire les effets de la lumière du soleil et des jets de .... des locomotives. Pour réaliser ses tableaux, il a installé son .... dans la gare devant les ....

Jeux

LA GARE SAINT-LAZARE

Étiquettes à compléter **Les tableaux de la série « La Gare Saint-Lazare » de Claude Monet sont éparpillés à travers le monde. Lis les notices de ces 8 tableaux et écris sur la carte les numéros correspondants.**

1

La Gare Saint-Lazare,
musée d'Orsay,
Paris, France

2

La Gare Saint-Lazare, arrivée d'un train,
Fogg Art museum,
Cambridge, États-Unis

3

La Gare Saint-Lazare, le train de Normandie,
Institut d'art de Chicago,
États-Unis

4

La Gare Saint-Lazare,
National Gallery,
Londres, Royaume-Uni

5

Saint-Lazare,
musée Marmottan Monet,
Paris, France

6

Les voies de la gare Saint-Lazare,
musée Pola,
Hakone, Japon

7

Les signaux,
musée de Basse-Saxe,
Hanovre, Allemagne

8

La tranchée des Batignolles,
collection Wurth,
Rome, Italie

30 Le triomphe de l'architecture de fer

L'Exposition universelle de 1889, décidée par la France pour célébrer le centenaire de la République, est dominée par la silhouette gigantesque de la tour Eiffel. Elle est, plus que jamais, la démonstration de la virtuosité française en matière de constructions métalliques. Élevée en un temps record, la géante fascine ses contemporains et, alors qu'elle était promise à la démolition, va devenir le symbole de la France aux yeux du monde.

Un concours qui vise la hauteur…

- L'idée d'une nouvelle exposition universelle à Paris (après celles de 1855, 1867 et 1878) nait au début des années 1880 comme un moyen de relancer l'économie par de grands travaux, tout en commémorant le centenaire de la Révolution, destiné à consacrer la jeune IIIe République installée depuis dix ans à peine. Pour afficher au monde les progrès technologiques de la France républicaine et le savoir-faire de ses ingénieurs, de nouveaux défis architecturaux sont recherchés.
- Un concours d'architecture est lancé en 1886, auquel 107 concurrents vont participer. Les organisateurs visent une course à la hauteur : celle-ci est encore l'apanage des cathédrales, il est temps qu'un gigantesque édifice vienne incarner la puissance de la Nation centenaire. Il est ainsi stipulé que « les concurrents devront élever une tour de fer, à base carrée, de 300 m de hauteur ».
- Mise en concurrence avec la « tour du Soleil », un phare en pierre monumental dont le poids aurait nécessité de gigantesques travaux de fondation, la tour de métal de Gustave Eiffel l'emporte.

La tour Eiffel

Gustave Eiffel : la passion du fer

- Depuis qu'il a construit le pont de chemin de fer de Bordeaux, Gustave Eiffel (1832-1923) s'est acquis une réputation internationale : il a construit le viaduc de Porto (Portugal, 1876), la gare de Budapest (Hongrie, 1877), le viaduc de Garabit (France, 1884), l'armature intérieure de la Statue de la Liberté (New York, 1885).
- La tour qu'Eiffel propose pour l'Exposition universelle est le fruit du travail de trois de ses collaborateurs : les ingénieurs Koechlin et Nouguier pour les calculs mathématiques et techniques, l'architecte Sauvestre qui en affine ensuite l'esthétique. Toutes les pièces sont en fer puddlé – le matériau de prédilection d'Eiffel –, le puddlage visant à débarrasser le fer de son excédent en carbone pour le rendre plus robuste.

« Préfabrication » et construction en temps record !

- À partir de juin 1886, six mois sont nécessaires pour mettre au point la concession du terrain par la Ville de Paris à Eiffel et le montage financier. Le 26 janvier 1887, les travaux commencent par les fondations en maçonnerie, en partie enfoncées sous le niveau de la Seine. Pendant ce temps, Eiffel lance, dans son usine de Levallois-Perret, la « préfabrication » des quelque 18 000 pièces (6 300 tonnes de fer !) qui composent la tour. Toutes y sont coupées au millimètre près, puis percées de trous afin de les assembler par des rivets : les deux tiers des 2 500 000 rivets ont ainsi été posés à l'usine, de même que l'épaisse couche de peinture rouge destinée à protéger le fer de la corrosion !
- Il ne reste plus qu'à acheminer les pièces au Champ-de-Mars pour procéder, à partir du 1er juillet 1887, à l'assemblage de ce « Meccano » géant. Des grues à vapeur vont les élever, tandis que 150 à 300 ouvriers finissent de les assembler avec 833 000 autres rivets. Achevé le 2 avril 1889, le chantier aura duré 2 ans, 2 mois et 5 jours – un temps record pour un tel défi technique !

La star de l'Exposition…

- Alors que beaucoup jugent ce « squelette » d'autant plus « hideux » qu'« inutile », la « tour de 300 mètres » devient l'attraction la plus populaire de l'Exposition universelle : elle accueille près de 12 000 visiteurs par jour, dont les plus téméraires se lancent dans son ascension, à pied ou par ses ascenseurs, pour admirer la vue à 360 degrés qu'elle offre sur Paris : du jamais vu !

… sauvée par la TSF !

- Comme tous les bâtiments construits pour les Expositions universelles, la tour est promise à la démolition. Gustave Eiffel, qui a négocié un délai de 20 ans, sait qu'une utilité scientifique peut la sauver. Pour démontrer qu'elle peut servir d'antenne émettrice, il fait réaliser des premiers essais de télégraphie sans fil (TSF, ancêtre de la radio) : en 1898, les ondes parcourent 4 kilomètres… En 1903, une liaison à 400 km est réalisée et en 1908, à 6 000 km ! Cette fois, la Ville de Paris renouvelle la concession du terrain à Eiffel : sauvée, sa tour est utilisée durant la Première Guerre mondiale pour suivre les mouvements des troupes et capter des signaux émis par l'armée allemande. La paix revenue, le 6 février 1922, Radio-Tour Eiffel est inaugurée !

Le symbole de Paris

- La tour va demeurer l'édifice le plus haut du monde jusqu'en 1930, où elle est détrônée par le Chrysler Building, qui culmine à 319 mètres dans le ciel de New York. Elle devient rapidement un symbole, de Paris mais aussi de la France, reconnu et copié dans le monde entier. C'est aujourd'hui le monument le plus visité au monde, avec 7 millions de visiteurs par an !

Comment mener la séance ?

Objectifs

- Voir la tour Eiffel comme une innovation technique et architecturale.
- Mesurer sa célébrité à travers d'autres œuvres.

Rappeler rapidement le contexte historique de la fin du XIXe siècle en France : les conséquences de la Révolution industrielle sur les modes de vie et les paysages, notamment urbains. Dire que l'on va s'intéresser à la tour Eiffel, construite en 1889. Demander aux élèves : *Qui l'a visitée ? Quels souvenirs en gardez-vous ?* Puis demander : *À votre avis, en quel matériau a-t-elle été construite ?* Préciser que l'utilisation du fer dans les bâtiments est également une invention du XIXe siècle, qui a permis de construire des bâtiments plus hauts, car le fer est plus léger que la pierre. Demander aux élèves s'ils savent pourquoi la tour est appelée ainsi. Donner quelques éléments sur le métier de Gustave Eiffel (voir fiche enseignant).

1 Découverte du temps de construction de la tour Eiffel 15 min

- Projeter le doc. 1. Indiquer que ce sont des photos d'époque, colorisées, et que la couleur d'origine de la tour était un rouge vif ! Demander aux élèves de décrire la tour. Insister sur sa base évasée, qui assure sa stabilité, et le fait qu'elle est de plus en plus étroite jusqu'à son sommet. Demander : *À votre avis, a-t-elle été difficile à construire ?* Expliquer qu'une telle construction est le fruit de nombreux calculs très précis menés par des ingénieurs. Demander : *À votre avis, combien de temps a-t-il fallu pour la construire ?* Donner les dates des photographies et observer l'état d'avancement, distinguer les trois étages. Indiquer le temps total de la construction : 2 ans, 2 mois et 5 jours, et préciser que, pour l'époque, c'est un temps record.
- Projeter le doc. 2 et lire le texte, qui explique le secret de ce montage si rapide. Préciser que la tour marque le triomphe de l'architecture de fer et la modernité de la France.

2 Découverte des bâtiments de l'Exposition universelle 15 min

Demander aux élèves : *À votre avis, pourquoi la tour Eiffel a-t-elle été construite ? À quoi sert-elle ?* Projeter le doc. 4 et expliquer que la tour Eiffel a été construite pour l'Exposition universelle (voir Lexique) de 1889, organisée à Paris pour célébrer le centenaire de la Révolution de 1789 et pour montrer la toute-puissance de la France en matière de savoir-faire technologique. Écouter le récit de la visite d'Albertine, jeune parisienne, à l'Exposition universelle de 1889 (media.mdi-editions.com/hda-d30a). Dire que les organisateurs ont lancé un concours pour « une tour de 300 mètres », une hauteur jamais atteinte à l'époque : la tour Eiffel a pour unique but au départ de réussir cette prouesse technique. Lire le poème d'Apollinaire en forme de tour Eiffel (media.mdi-editions.com/yt/hda-d30b) et montrer qu'il a fallu trouver une « utilité » à la tour pour éviter sa démolition.

3 Fiche documentaire et fiche élève 25 min

La fiche documentaire est vidéoprojetée et lue collectivement, puis la fiche élève est distribuée.

Lexique

- **Exposition universelle :** exposition présentant les productions artisanales et industrielles de toutes les nations qui veulent y participer. La toute première eut lieu à Londres en 1851, suivie par Paris en 1855 (puis en 1867, 1878, 1889, 1900, 1925, 1937).
- **Rivet :** tige cylindrique munie d'une tête et dont l'autre extrémité est aplatie au moment de l'assemblage.
- **Télégraphie sans fil (TSF, ancêtre de la radio) :** également appelée « radiotélégraphie », permet d'« écrire » à distance en utilisant des ondes électromagnétiques et l'alphabet en Morse, dans lequel les lettres sont représentées par des combinaisons de signaux longs et courts.

Je retiens

- Gustave Eiffel a construit la tour Eiffel pour l'Exposition universelle de 1889. Tout en célébrant le centenaire de la Révolution française, cette exposition devait montrer le savoir-faire technologique de la République française.
- Eiffel était un constructeur spécialisé dans les ponts en fer et déjà célèbre dans le monde entier. Lui et ses équipes ont construit la tour Eiffel en deux ans, deux mois et cinq jours : un temps record pour l'époque.
- Avec ses 312 m de haut (mât inclus), elle est devenue le symbole de Paris et de la France dans le monde entier.

Œuvre en réseau

Le viaduc ferroviaire de Garabit dans le Cantal (1884), par Gustave Eiffel. Long de 564 mètres, il culmine à 122 mètres au-dessus de la rivière : c'est alors le « plus haut viaduc du monde » et son arche celle qui a la plus longue portée. Au lieu d'échafaudages, Eiffel a utilisé des câbles pour soutenir les arcs en construction avant de les faire se rejoindre.

30 La tour Eiffel

1 Un squelette de fer dans le ciel de Paris

- En 1888-1889, les Parisiens voient s'élever sur le Champ-de-Mars, où doit se tenir l'Exposition universelle de 1889, **la tour en fer de Gustave Eiffel**, qui n'en finit pas de « monter » !
- Si de nombreux Parisiens sont effarés par l'apparition de ce « squelette en fer », les photographes, eux, suivent **les étapes de sa construction** qui semble tenir du miracle…
- La tour Eiffel culmine, avec son mât au sommet, **à 312 mètres de haut** ! Pourtant, elle a été construite en un temps record : **2 ans, 2 mois et 5 jours** – une prouesse pour l'époque !

2 Le secret de Gustave Eiffel : le pré-assemblage

Des ouvriers posant des rivets. Collection tour Eiffel.

- La tour Eiffel est composée de plus de **18 000 pièces en fer**, assemblées par **2 500 000 rivets.** Eiffel a fait pré-assembler à l'usine une grande partie des pièces : une fois coupées à la bonne taille, au millimètre près, elles ont été percées de trous, puis assemblées entre elles par les rivets.
- Lorsqu'ils sont livrés sur place, **ces morceaux « tout prêts »** sont montés à l'aide de grues à vapeur ; les ouvriers n'ont plus qu'à les faire tenir entre eux. Pour assurer la solidité de l'édifice, les rivets sont chauffés avant d'être posés : en refroidissant, le métal se contracte, resserre les pièces entre elles et ça tient !

3 Fiche d'identité

Quoi ? Tour en fer.
Par qui ? Gustave Eiffel et son équipe : architecte, ingénieurs et ouvriers.
Dimensions ? 312 m de haut.
Où ? Paris, Champ-de-Mars.
Quand ? 1889.

1870 — 1880 — 1890 — 1900

ÉPOQUE CONTEMPORAINE

1870-1940
Troisième République

1889
La tour Eiffel

4 Un succès immédiat

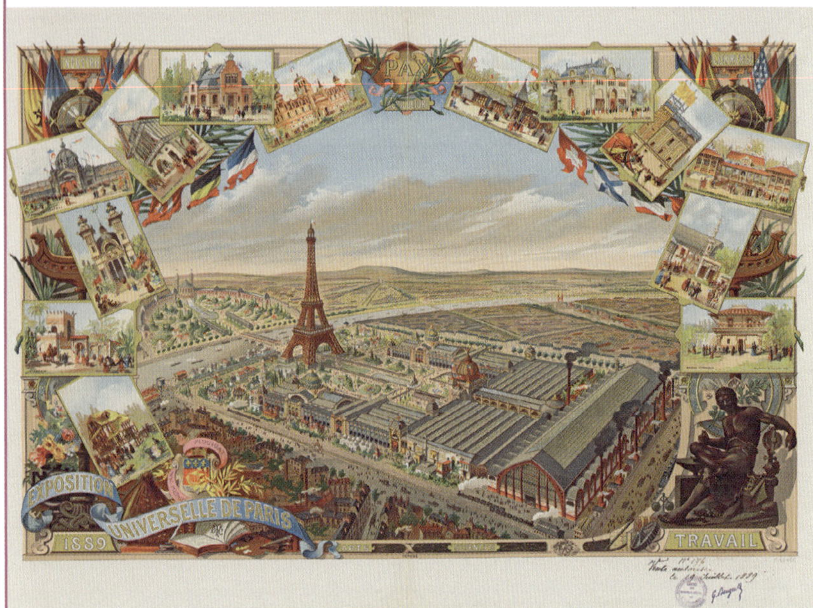

Affiche pour l'Exposition universelle de 1889. Paris, musée Carnavalet.

- **La tour Eiffel, peinte en rouge vif, est l'attraction principale de l'Exposition universelle de 1889**, organisée pour célébrer le centenaire de la Révolution et montrer au monde le savoir-faire français. **Près de 12 000 visiteurs par jour** viennent admirer la « géante de fer » et y monter, par les escaliers ou des ascenseurs : **pour la première fois, on peut voir Paris de haut !**
- La tour Eiffel aurait dû être démolie après l'Exposition. Mais Gustave Eiffel va montrer qu'elle peut servir d'**antenne émettrice pour la radio**, inventée à la fin du XIXe siècle. Elle sera donc sauvée ! Aujourd'hui encore, une antenne à son sommet transmet la télévision !

5 Tout un symbole !

- Prouesse architecturale, **édifice le plus haut du monde jusqu'en 1930**, la tour Eiffel devient non seulement le grand symbole de Paris mais aussi celui de la France.
- Pour montrer leur propre « modernité », **des artistes vont lui rendre hommage**. Le Russe **Marc Chagall**, installé à Paris en 1910, dit son grand amour pour la capitale en faisant trôner la tour dans plusieurs de ses compositions, aux dominantes bleu-blanc-rouge du drapeau français. **Robert Delaunay**, lui, va lui consacrer plus d'une trentaine de toiles et la faire rayonner de mille couleurs !

Marc Chagall, *Paris par la fenêtre*, 1913, New York, Guggenheim.

Robert Delaunay, *Tour Eiffel*, 1926, musée d'Art moderne de la Ville de Paris.

Métier

Ingénieur en ouvrages d'art

Gustave Eiffel était un ingénieur-constructeur en ouvrages… d'art ! Un « ouvrage d'art » est une construction « nécessaire et de grande taille » tels que les ponts et les viaducs, les tunnels souterrains, les digues et les barrages. Ils sont qualifiés « d'art » car leur réalisation fait intervenir des connaissances où l'expérience joue un rôle aussi important que la théorie et les calculs.

Ça alors !

En juin 1959, une école primaire fait une sortie scolaire à la tour Eiffel. À l'entrée, un gardien arrête un élève et lui annonce : « Tu es le trente-cinq millionième visiteur de la tour Eiffel, et tu as gagné une voiture ! » L'élève, qui pense se voir offrir un jouet, est ravi… mais il s'agit en réalité d'une vraie voiture, de la marque Simca, l'un des grands constructeurs de voitures de l'époque !

30 La tour Eiffel

1 Place sur cette frise la date de la fin de la construction de la tour Eiffel.

2 *Vrai* ou *faux* ? Coche la bonne réponse.

	Vrai	Faux
a. La tour Eiffel a été construite pour l'Exposition universelle de 1789.	☐	☐
b. Sa construction a duré 2 ans, 2 mois et 5 jours.	☐	☐
c. Elle symbolise le triomphe de l'architecture de fer à la fin du XVIIIe siècle.	☐	☐
d. Il était prévu que la tour Eiffel soit démontée à la fin de l'Exposition.	☐	☐
e. La tour Eiffel est toujours l'édifice le plus haut du monde.	☐	☐

3 Un peu de calcul !

• La tour Eiffel a un poids total de 10 100 tonnes. Sachant que les pièces en fer pèsent 6 300 tonnes à elles seules, calcule le poids que représente le reste : rivets, ascenseurs, bureaux, mais aussi les kilos de peinture !

Écris ton calcul : ....

Écris ton résultat : ....

• Les deux tiers des 2 500 000 rivets de la tour Eiffel ont été posés à l'usine. Calcule combien les ouvriers en ont posé sur place pour finir de l'assembler.

Écris ton calcul : ....

Écris ton résultat : ....

4 Complète ce texte en t'aidant de la fiche documentaire.

La tour Eiffel a été construite pour l'.. universelle de ...., par Gustave Eiffel, un ingénieur spécialisé dans les constructions en métal. Construite en .... ans, deux mois et cinq jours, la tour Eiffel a été l'attraction « star » de l'exposition. Elle est devenue le .... de Paris et de la France dans le monde entier. Plusieurs artistes lui ont rendu hommage, notamment le peintre Robert ....

Symétrie Complète par symétrie le dessin suivant.

31 Avec la « fée électricité », un nouveau sujet : la vie nocturne

Fiche enseignant

Avec l'invention de l'ampoule à incandescence en 1879 par Thomas Edison et la diffusion de l'électricité, la vie nocturne se développe dans les grandes villes. À Paris, le quartier de Montmartre devient celui de la Bohème, où se mêlent bourgeois, artistes et ouvriers.

L'électricité ouvre la voie à la vie nocturne

- Au XIXe siècle, le paysage nocturne des grandes villes change radicalement avec l'apparition de l'éclairage artificiel. L'installation des réverbères, d'abord au gaz, s'intensifie dans les années 1860-1880.
- Dans les années 1880, le gaz est peu à peu concurrencé par l'électricité, avec l'invention en 1879 de l'ampoule à incandescence par Thomas Edison. Celle qu'on surnomme bientôt la « fée électricité » devient synonyme de progrès, d'énergie et de vitalité : elle ouvre la voie à la poursuite, la nuit, des activités économiques et de loisir. Réverbères au gaz et à l'électricité cohabitent en ville. La nuit, la traversée des villes devient une expérience nouvelle – visuelle et sensible – qui n'échappe pas aux impressionnistes et à leurs suiveurs.

Montmartre et le monde de la nuit

- Dans les grandes villes, l'éclairage des rues favorise l'éclosion de lieux de divertissements nocturnes : outre les cafés aux terrasses désormais éclairées, cabarets et cafés-concerts fleurissent. À Paris, au pied de la butte Montmartre, *Les Folies Bergère*, *Le Chat Noir*, *La Cigale* et *Le Moulin-Rouge* se disputent les chansonniers et les danseuses de « chahut-cancan », cette danse endiablée où les artistes relèvent haut la jambe et leurs jupons, ce qu'interdit en principe la loi. Tous ces lieux attirent une clientèle de riches bourgeois en quête de nouveaux frissons, mais aussi de petits employés, d'écrivains et d'artistes, nombreux à avoir élu domicile ou installé leur atelier au pied de Montmartre. Les peintres les plus novateurs vont se faire les témoins attentifs de cette métamorphose urbaine – à commencer par Henri de Toulouse-Lautrec (1864-1901).

La Danse au Moulin-Rouge

Au Moulin-Rouge, Toulouse-Lautrec est chez lui...

- Issu d'une riche famille noble d'Albi, atteint d'une maladie osseuse qui l'a empêché de grandir au-delà d'1 m 52, Henri de Toulouse-Lautrec a 20 ans lorsqu'il s'installe à Montmartre, en 1884. Il mène grand train dans tous les lieux de plaisirs de la Butte, qu'il va placer au cœur de son œuvre.
- Avec son spectaculaire moulin serti d'ampoules électriques rouges qui trône à l'extérieur et ses danseuses endiablées, le Moulin-Rouge attire tout ce que Paris compte de noctambules. Lautrec en fait le sujet de son premier grand tableau, juste après l'ouverture du cabaret en 1889 : *La Danse au Moulin-Rouge*, aussi nommé *Le dressage des nouvelles par Valentin le Désossé* (inscription de Lautrec au dos de la toile).

... et en restitue parfaitement l'ambiance !

- Lautrec y livre un parfait aperçu de l'atmosphère du cabaret : la salle, donnant sur un jardin dont on aperçoit les arbres, scintille de lumières et la clientèle, foule anonyme de bourgeois en habits noirs et haut-de-forme, est nombreuse. Au premier plan se trouve une femme élégante, presque grandeur nature, dont la toilette rose vif et le chapeau clair tranchent avec le noir et le brun dominants.
- La composition « coupe » volontairement certains personnages pour donner l'impression que la salle se prolonge au-delà du tableau. Elle est cadrée sur la danseuse, de dos. Entre deux représentations, le danseur vedette Jules Renaudin, dit Valentin le Désossé, forme une « nouvelle » à la danse du « chahut-cancan ». Le vide créé au milieu du tableau met en valeur la danseuse, éclairé par les lumières électriques dont les effets, démultipliés par les reflets dans les vitres, sont soigneusement rendus par Lautrec : les ombres dans différentes directions sur le sol, l'éclat de son jupon qui tranche avec sa robe et fait écho à l'écharpe de l'élégante. Ces deux figures de femmes, l'une statique et colorée, l'autre virevoltante, en camaïeu de brun-rouge, forment un contraste saisissant avec la foule en noir.
- Trois ans plus tard, Lautrec consacre un autre grand tableau au cabaret. Cette fois, il est tard dans la nuit et il ne reste plus que les habitués. L'éclairage électrique rend les visages blafards jusqu'à celui, très maquillé et à moitié dans l'ombre, que Lautrec fait surgir sur la droite de son tableau, tel un masque de carnaval.

Une affiche « lumineuse » !

- Séduit par *La Danse au Moulin-Rouge*, Charles Zidler, co-fondateur du cabaret, fait accrocher la toile au-dessus du bar, puis lance un concours d'affiches, que Lautrec remporte. Le peintre y synthétise avec brio tout ce qui fait le Moulin-Rouge : la foule d'hommes en ombres chinoises, ses danseurs vedettes (la Goulue et Valentin le Désossé)... et ses globes de lumière ! Lautrec va signer une trentaine d'affiches et pleinement contribuer à faire de ce support, alliance de l'art, de l'industrie et du commerce, un symbole de modernité.

Comment mener la séance ?

Objectifs

- Découvrir l'art de l'affiche au XIXe siècle.
- Explorer l'impact de l'éclairage artificiel sur la peinture.
- Analyser les caractéristiques des œuvres de Toulouse-Lautrec.

Réactiver les connaissances des élèves sur les grandes inventions du XIXe siècle. *Savez-vous comment, au XIXe siècle, les villes sont éclairées ? À votre avis, de quand date l'apparition de l'électricité ?* Expliquer que l'on commence à éclairer les villes au XIXe siècle avec des réverbères au gaz, puis, à partir des années 1880, à l'électricité. Demander : *À votre avis, qu'est-ce que cela rend possible ?* Expliquer que l'éclairage permet la poursuite des activités économiques le soir et favorise les divertissements nocturnes, et par conséquent l'éclosion de nouveaux lieux de spectacles. Dire que les peintres, qui s'intéressent à la lumière, vont représenter cette lumière artificielle et cette vie nouvelle la nuit et que l'on va s'intéresser à l'œuvre d'un peintre, Henri de Toulouse-Lautrec, qui a représenté ces endroits.

1. **Découverte de *La Danse au Moulin-Rouge*** 10 min
   Projeter le doc. 1. Donner quelques précisions sur Toulouse-Lautrec et le lieu représenté, le Moulin-Rouge. Demander aux élèves de décrire ce qu'ils voient et d'identifier les différents groupes de personnages. Observer les lampes qui éclairent bien la salle et leurs reflets (dans les vitres, sur la piste de danse) ; observer que les clients sont principalement des hommes – des bourgeois – excepté quelques femmes, dont l'élégante au premier plan, et la danseuse au centre du tableau. Présenter le couple de danseurs (Valentin le Désossé qui apprend à une nouvelle danseuse le chahut-cancan). Expliquer que c'est le point focal du tableau, composé de manière à inviter le spectateur à entrer dans la toile et vivre la scène. Insister sur les figures coupées de part et d'autre de la toile pour donner l'impression que l'action se poursuit au-delà du tableau.
2. **Exploration des effets de la lumière électrique** 10 min
   Projeter le doc. 3. Laisser réagir les élèves, puis demander : *À votre avis, cette scène se passe-t-elle la nuit ? Est-on toujours au Moulin-Rouge ?* Donner l'indice du fond du tableau : on y voit à travers les fenêtres le jardin du cabaret, comme dans le doc. 1. En fonction des réponses, dire que c'est un autre tableau du Moulin-Rouge, peint par Lautrec : zoomer dans le tableau pour montrer qu'il s'est représenté parmi les convives ! Observer qu'il est sans doute très tard, qu'il y a moins de lumière que dans le doc. 1. Demander : *À votre avis, pourquoi le visage de la femme ressemble à un masque ? Comment sont les autres visages ?* En fonction des réponses, expliquer que le peintre a voulu insister sur la lumière électrique, blanche et froide, qui rend les visages blafards…
3. **Découverte de l'affiche du *Moulin-Rouge*** 10 min
   Projeter le doc. 4. Demander aux élèves de décrire ce qu'ils voient : lire les inscriptions, observer les silhouettes en ombres chinoises (le public, en chapeau haut-de-forme), décrire les couleurs (limitées à trois : jaune, rouge, noir) et les personnages au dessin simplifié (identifier la Goulue par son nom inscrit et expliquer de qui il s'agit ; reconnaitre Valentin le Désossé), pointer les ronds jaunes : les globes de lumière ! Dire qu'il s'agit d'une affiche de Toulouse-Lautrec, puis demander : *D'après vous, à quoi sert une affiche ? Est-ce que celle-ci est efficace, c'est-à-dire que l'on comprend tout de suite son message ?* Expliquer que dans les années 1880-1890, on crée de plus en plus d'affiches, imprimées en couleurs, pour se démarquer des concurrents, pour annoncer de nouveaux produits.
4. **Fiche documentaire et fiche élève** 25 min
   La fiche documentaire est vidéoprojetée et lue collectivement, puis la fiche élève est distribuée.

Lexique

- **Affichiste :** artiste spécialisé dans la création d'affiches, pour des spectacles ou des objets à vendre.
- **Cabaret et café-concert :** lieux typiques du XIXe siècle, ouverts le soir et présentant un spectacle, où les clients peuvent consommer des boissons, diner, danser.
- **Chahut (du verbe « chahuter ») :** dite aussi chahut-cancan, danse populaire très à la mode à la fin du XIXe siècle, dans laquelle les danseuses, qui portaient des grands jupons, dévoilaient leurs jambes.

Je retiens

- Au XIXe siècle, les grandes villes commencent à être équipées d'éclairages, au gaz puis à l'électricité. Ces éclairages favorisent la poursuite des activités la nuit et la création de nouveaux lieux pour se divertir le soir.
- À Paris, dans le quartier autour de la butte Montmartre, de nombreux cabarets et cafés-concerts ouvrent, pour présenter des spectacles, notamment de danses populaires. Ils ont beaucoup de succès et offrent de nouveaux sujets pour les artistes.
- Le peintre Toulouse-Lautrec est un habitué du Moulin-Rouge, dont il restitue l'ambiance dans ses tableaux et ses affiches.

Œuvre en réseau

***Féérie nocturne* (1900), par Maxime Maufra.** À l'aube du XXe siècle, celle que l'on surnomme désormais la « fée Électricité » est la star de l'Exposition universelle de 1900, qui se tient à Paris. Sous le pinceau de Maufra, la silhouette élancée de la tour Eiffel, illuminée pour la première fois par des ampoules, perce la nuit, tandis que la capitale, parée de mille feux, se reflète à la surface de la Seine. Conservé au musée des Beaux-Arts de Reims.

31 La Danse au Moulin-Rouge

1 Les lumières d'un célèbre cabaret !

• ***La Danse au Moulin-Rouge* est le premier grand tableau du peintre Henri de Toulouse-Lautrec**. On y voit l'intérieur du Moulin-Rouge, l'un des plus célèbres cabarets de Paris.

• **La salle est bien éclairée grâce à la lumière électrique, récemment inventée**.

• La scène est très vivante :
– on y voit **les clients**, debout, tous habillés de sombre, à part **une femme éclatante au premier plan** ;
– au centre, **une danseuse** apprend à danser le « chahut-cancan », sous le regard de Valentin le Désossé, le danseur vedette du Moulin-Rouge. Elle est de dos mais c'est elle le sujet principal du tableau.

2 Fiche d'identité

Quoi ? Tableau peint à l'huile sur toile.
Par qui ? Henri de Toulouse-Lautrec (1864-1901).
Dimensions ? 115 × 150 cm.
Où ? Philadelphie (États-Unis), Philadelphia Museum of Arts.
Quand ? 1890.

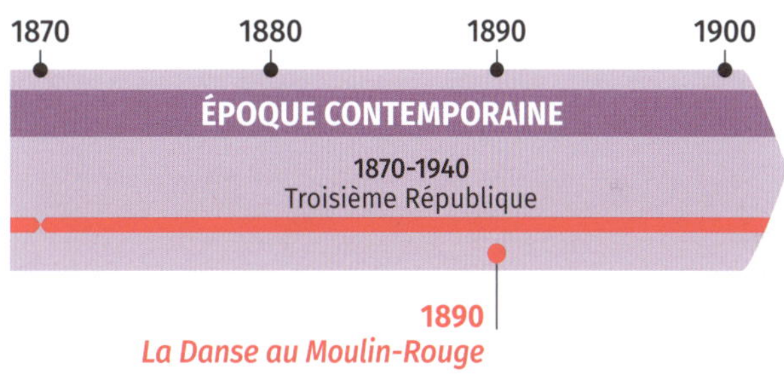

3 Tard dans la nuit

• Toulouse-Lautrec représente ici ses amis, des habitués comme lui du Moulin-Rouge, attablés avec des danseuses, tard dans la nuit.

• Il montre les **effets de l'éclairage électrique**, qui rend les couleurs verdâtres et les visages des noctambules blafards. Il accentue cet effet sur le visage de la femme qu'il fait surgir à droite de son tableau, si éclairé qu'il en devient vert !

Toulouse-Lautrec s'est représenté dans le fond de la salle.

Toulouse-Lautrec, *Au Moulin-Rouge*, 1892-1895, Institut d'art de Chicago.

Fiche documentaire

31 La Danse au Moulin-Rouge

4 Une affiche efficace !

● Toulouse-Lautrec remporte un concours d'affiche publicitaire pour le Moulin-Rouge. Son affiche résume, en trois couleurs et peu de mots, l'ambiance joyeuse du cabaret :
– au Moulin-Rouge, on vient voir la « star » des danseuses : **la Goulue**, qui danse avec Valentin le Désossé et que le Tout-Paris reconnait à sa longue silhouette au premier plan ;
– les nombreux clients sont figurés **en ombre chinoise** à l'arrière-plan ;
– les **globes lumineux** sont réduits à des cercles jaunes !

● Cette affiche vaut à Toulouse-Lautrec, 27 ans, un grand succès : elle le fait connaitre comme peintre et le lance comme « affichiste » ! Il réalise par la suite une trentaine d'affiches, la plupart pour d'autre cabarets de Montmartre, mais aussi pour une nouvelle marque de chaînes de vélo !

Affiche de Toulouse-Lautrec pour le Moulin-Rouge, 1891.
Estampe tirée à 3 000 exemplaires.
Musée Toulouse-Lautrec, Albi.

5 Le Moulin-Rouge, des lumières dans la nuit

● La nuit, le Moulin-Rouge, situé place Blanche dans le quartier de Montmartre à Paris, attire les clients avec ses **lumières extérieures** : ampoules rouges pour le moulin – planté en décor sur le toit du cabaret –, ampoules blanches le long de la devanture.

● Le Moulin-Rouge existe toujours et présente encore aujourd'hui des **spectacles de danse**. Il est devenu presque aussi célèbre que la tour Eiffel !

Carte postale, vers 1910.

Métier

De l'affichiste au graphiste

L'essor industriel du XIXe siècle s'accompagne de la commercialisation de nouveaux produits. Pour les faire connaitre, rien de mieux que des affiches ! Dans les années 1890, l'affiche devient un art à part entière. Aujourd'hui, ce métier est celui de graphistes, spécialisés dans la création d'images pour des marques commerciales. Ils travaillent sur ordinateur, dans leur propre atelier ou au sein d'agences publicitaires.

Ça alors !

À l'époque de Toulouse-Lautrec, la reine des danseuses du Moulin-Rouge était Louise Weber, dite la Goulue. Elle devait son surnom au fait qu'entre deux danses, elle avait l'habitude de finir les verres des clients ! Toutes les danseuses avaient un surnom : Nini-Patte-en l'air, la Sauterelle ou Grille d'égout… à qui il manquait une dent de devant ! Elles venaient de milieux populaires et avaient trouvé dans la danse de quoi être bien payées : une danseuse du Moulin-Rouge gagnait 300 à 400 francs par jour, alors qu'une ouvrière gagnait 2 francs pour une journée de dix heures de travail !

31 La Danse au Moulin-Rouge

1 **Place sur cette frise la date de *La Danse au Moulin-Rouge*, de Toulouse-Lautrec.**

2 ***Vrai* ou *faux* ? Coche la bonne réponse.**

	Vrai	Faux
a. Toulouse-Lautrec est né après l'invention de l'électricité.	☐	☐
b. La Goulue est le nom d'un cabaret à Paris.	☐	☐
c. Toulouse-Lautrec a réalisé une affiche publicitaire pour le Moulin-Rouge.	☐	☐
d. Dans ses tableaux, il a étudié les effets de l'éclairage électrique.	☐	☐

3 **Écris les numéros au bon endroit du tableau.**

① Les globes à ampoules électriques

② Les hauts-de-forme des bourgeois

③ Valentin le Désossé

④ La danseuse qui apprend le chahut

⑤ Une dame élégante

4 **Complète le texte en t'aidant de la fiche documentaire.**

L'éclairage des villes, au gaz puis à ...., à la fin du XIXe siècle, favorise la création de nouveaux lieux pour se divertir. À ...., le quartier de Montmartre devient un lieu animé la nuit, fréquenté par de nombreux artistes. L'un d'entre eux, Henri de ...., représente cette vie nocturne dans ses tableaux mais aussi sur ses .... Il sait parfaitement reproduire l'ambiance agitée et colorée de ces endroits modernes.

Jeux

LA DANSE AU MOULIN-ROUGE

Arts plastiques Complète cette affiche comme tu le souhaites (texte et illustrations), pour donner envie d'aller danser au Moulin-Rouge.

32 Naissance du 7e art : le cinéma

À la fin du XIXe siècle, le développement de l'industrie et du commerce donne naissance en France à une bourgeoisie d'affaires, toujours plus entreprenante en matière d'avancées scientifiques et techniques. Tandis que la photographie ne cesse de se développer, les frères Lumière inventent le « cinématographe », bientôt appelé à devenir le 7e art !

Des jouets optiques...

- Des années 1830 au début des années 1880, divers jouets optiques sont mis au point : le zootrope, le folioscope ou « flip book » et le praxinoscope. Tous reposent sur le même principe : une suite de dessins qui décompose un mouvement (par exemple, la valse de deux danseurs) et qui, défilée rapidement, donne l'illusion du mouvement. Cette illusion optique repose sur deux phénomènes :
  – la persistance rétinienne : lorsque nous regardons un objet, l'image qui se forme sur la rétine met une fraction de seconde à disparaitre ;
  – l'« effet beta » : quand notre œil voit une image, le cerveau la garde en mémoire pendant une fraction de seconde ; il suffit, pendant ce laps de temps, d'en voir une seconde légèrement différente pour que le cerveau la relie à la précédente.
- Ces deux phénomènes sont à la base du principe du cinéma, dont les images sont en réalité fixes.

... au kinétographe, en passant par la pellicule

- En 1889, la photographie fait un pas de géant : l'Américain John Cabutt invente un support souple en nitrate de cellulose, la pellicule. Longue de plusieurs mètres et large de 70 mm, celle-ci est nettement plus maniable que les plaques de verre utilisées jusque-là.
- En 1891, l'Américain Thomas Edison (l'inventeur du phonographe et de l'ampoule électrique) réduit cette pellicule à 35 mm et la perfore sur les côtés. Il met au point le « kinétographe » (du grec *kinetos*, mouvement, et *graphein*, enregistrer) : la première « caméra » capable d'enregistrer le mouvement. Placée sur un tambour denté entrainé par un moteur, la pellicule défile et, toutes les huit perforations (4 de chaque côté), enregistre des « photogrammes » dont la succession restitue le mouvement. Pour visionner les films obtenus, Edison double sa caméra d'un « kinétoscope » : une boite au-dessus de laquelle une ou deux personnes, pas plus, doivent se pencher pour voir défiler le « film ».

Le « cinématographe » des frères Lumière

- L'invention du kinétographe met en ébullition les chercheurs et les industriels, pour améliorer le procédé. En 1894, les frères Lumière, Auguste (1862-1954) et Louis (1864-1948), à la tête d'une entreprise florissante de matériel photographique, mettent au point le procédé décisif : une nouvelle caméra qu'ils baptisent « cinématographe ». Il s'agit d'un appareil unique, doté de divers mécanismes qui permettent d'enregistrer les prises de vues, de les développer et de les projeter à 16 images par seconde !

La Sortie des usines Lumière à Lyon

Une séance historique et un succès mondial !

- À la différence de l'invention d'Edison, le « cinématographe Lumière » permet une projection sur grand écran face à une assemblée. Les frères Lumière organisent le 28 décembre 1895 à Paris – dans un salon du Grand Café, tout proche de l'Opéra Garnier – la première projection publique et payante.
- Leur premier film, *La Sortie des usines Lumière à Lyon*, tourné en mars 1895, inaugure la séance. Durant 45 secondes, on y voit les ouvrières et les ouvriers de leur usine sortant du travail, puis des contremaitres de l'entreprise, et enfin une charrette à cheval sur laquelle la porte se referme. Le film est suivi de 9 autres d'une quarantaine de secondes, dont *Le Repas* (le déjeuner d'un bébé) et *Le Jardinier*, un film à gags connu aujourd'hui sous le nom de *L'Arroseur arrosé*. Cette projection est considérée comme l'acte de naissance du cinéma. Elle n'a attiré qu'une trentaine de personnes, mais toutes sont ressorties émerveillées et le bouche-à-oreille fonctionne : la police doit intervenir pour contenir les 2 000 personnes qui se présentent aux séances suivantes !
- Pour vendre leur appareil et tourner les films nécessaires à leur catalogue (1 000 titres dès 1898 !), les Lumière envoient des opérateurs dans le monde entier, chargés de rapporter des images qui constituent les premiers documentaires et les premières actualités, accessibles au public pour un prix modique.

Méliès et les premiers films de fiction

- Les frères Lumière préfèrent ensuite se tourner vers de nouvelles inventions, dont la photographie en couleurs. C'est Georges Méliès, jusque-là prestidigitateur de renom, qui, en mettant plusieurs bobines bout à bout, va se lancer dans les premiers films de fiction, qu'il réalise en studio à grand renfort de décors en carton et de truquages, tel *Le Voyage dans la Lune* (1902), inspiré des romans de Jules Verne. Ce film, qui raconte en 13 minutes l'aventure de savants partis sur la Lune à bord d'un obus géant, lui assure une notoriété mondiale.
- Des entreprises, telles Gaumont et Pathé en France, investissent dans le cinéma ; sur la côte Ouest des États-Unis, Hollywood devient la ville des films à grand spectacle. De nouveaux métiers apparaissent – scénaristes, réalisateurs, producteurs, acteurs – faisant du « 7e art », avant même qu'il ne devienne parlant en 1927, une formidable industrie du divertissement.

Comment mener la séance ?

Objectifs

- Comprendre le principe du cinématographe.
- Découvrir le tout premier film de l'histoire du cinéma.

Si possible, se munir d'un flip book pour expliquer le principe de l'animation d'images : le manipuler devant les élèves, puis les laisser expérimenter par eux-mêmes. Expliquer cette illusion d'optique (voir fiche enseignant). Demander s'ils connaissent une invention qui utilise cette propriété. Dire que l'on va s'intéresser à l'invention du « cinématographe » en 1894, l'appareil qui a donné son nom au cinéma.

1. **Découverte d'une vidéo sur l'invention du cinéma** 10 min
Visionner la vidéo (media.mdi-editions.com/yt/hda-d32a). Demander aux élèves ce qu'ils ont retenu. *Qui a inventé le cinéma ? Quelle est la particularité de l'appareil mis au point par les frères Lumière ? Que permet-il ?* Insister sur le fait que Louis et Auguste Lumière ont pu mettre au point le « cinématographe » grâce à l'invention de la pellicule souple, qui a elle-même permis à Thomas Edison d'inventer le « kinétographe », une caméra pour enregistrer les images sur la pellicule, qu'il double du « kinétoscope » pour pourvoir les visionner. L'invention décisive des frères Lumière est la possibilité de projeter les films obtenus (donner l'explication de ce mot, voir Lexique) au public.

2. **Découverte de *La Sortie des usines Lumière*** 10 min
   - Projeter le doc. 1. Expliquer que l'image est un extrait du premier film des frères Lumière : la sortie des ouvriers de leur usine à Lyon, une usine prospère qui fabrique des plaques photographiques prêtes à l'emploi. Expliquer que les films sont faits d'images fixes que l'on croit voir bouger parce qu'elles défilent à l'allure de 16 images par seconde : rappeler l'expérience du flip book.
   - Projeter le film lui-même et préciser qu'il dure 45 secondes, ce qui correspondait alors à la longueur de la pellicule, et que la musique n'est pas d'origine (sinon, couper le son) : media.mdi-editions.com/hda-d32b.

3. **Découverte d'une affiche de la première séance « publique » du cinématographe** 5 min
Projeter le doc. 4 et lire le texte. Expliquer que cette affiche a été réalisée dans les jours qui suivent la toute première séance publique du cinématographe. Faire observer l'affiche et constater qu'à la différence d'aujourd'hui, ce n'est pas le titre du film qui est inscrit, mais le nom de l'appareil : c'est lui la nouveauté.

4. **Découverte du premier réalisateur de fiction** 5 min
Projeter le doc. 5. Laisser réagir les élèves et demander : *Selon vous, s'agit-il d'une image tirée de la réalité ou fabriquée ? À quoi le voit-on ?* Expliquer qu'il s'agit d'une image du *Voyage dans la Lune*, réalisé en 1902 par Georges Méliès. Ce dernier a compris que le cinématographe des frères Lumière était une formidable invention pour « tourner » des films de fiction : des histoires imaginées, avec un scénario, des acteurs, des décors, des truquages. Ses films vont connaitre un immense succès et participer à ouvrir la voie à de nombreux réalisateurs.

5. **Fiche documentaire et fiche élève** 25 min
La fiche documentaire est vidéoprojetée et lue collectivement, puis la fiche élève est distribuée.

Lexique

- **Film :** terme employé, par métonymie, en référence à la pellicule destinée aux prises de vues cinématographiques, constituée d'une (ou plusieurs) couche(s) de gélatine sensible(s) à la lumière.
- **Film documentaire :** film qui s'appuie sur le réel ; il peut être tourné en « prises de vues » réelles, comme ceux des frères Lumière, ou raconter une histoire réelle mais plus « élaborée », en organisant l'ordre de « montage » des images.
- **Film de fiction :** film qui raconte une histoire imaginaire ou adaptée d'une histoire « vraie » mais jouée par des acteurs, dans des décors choisis par le réalisateur, etc.

Je retiens

- Le cinéma est né en 1895 en France avec *La Sortie des usines Lumière à Lyon*, le tout premier film de cinéma projeté en public. Ce film de 45 secondes a été réalisé par les frères Lumière, inventeurs d'un appareil nommé le cinématographe.
- Leur appareil permet d'enregistrer des images sur de la pellicule, puis de les projeter sur un écran. Pour la première fois, les spectateurs ont pu voir des images, tirées de la réalité, dont le défilement recréé le « mouvement » ! Le nom de cet appareil devient rapidement celui de la séance de projection et, abrégé, donne le mot « cinéma ».

Œuvre en réseau

***L'Arroseur arrosé* (1895), des frères Lumière.** *L'Arroseur arrosé* fait partie des films présentés lors de la première séance publique du 28 décembre 1895. Adapté d'une historiette à gags parue dans la presse, il peut être considéré comme le premier film « à scénario » et le premier film humoristique ! Il est visible sur Internet. media.mdi-editions.com/hda-d32c

32 La Sortie des usines Lumière à Lyon

1 Le premier film de l'histoire du cinéma !

- Le film *La Sortie des usines Lumière à Lyon* a été réalisé par l'ingénieur et industriel **Louis Lumière** en mars 1895 grâce à l'appareil qu'il a inventé avec son frère Auguste : **le cinématographe**.
- Comme son titre l'indique, il montre la sortie du travail des ouvrières et ouvriers de leur usine de matériel photographique.
- Ce film – projeté grâce au cinématographe sur grand écran face à un public – est considéré comme le **premier de l'histoire du cinéma** !

2 Fiche d'identité

Quoi ? Premier film de l'histoire du cinéma.
Par qui ? Louis Lumière (1864-1948).
Durée ? 45 secondes.
Où ? La version originale est conservée au musée Lumière, à Lyon.
Quand ? 1895.

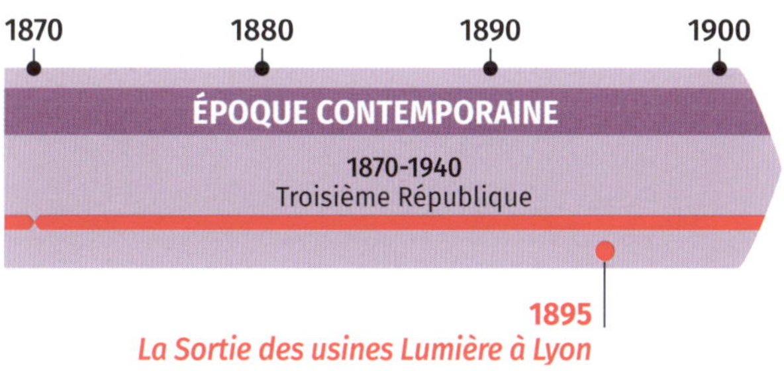

3 L'indispensable pellicule !

- En 1888, un savant américain invente **la pellicule souple**, destinée aux appareils photos. Elle remplace les plaques de verre utilisées jusque-là.
- Un autre Américain, **Thomas Edison**, perfore cette pellicule sur les côtés pour l'enclencher dans un appareil qui la fait défiler. Il peut ainsi prendre plusieurs photos très rapidement. Quand on les fait défiler, elles donnent l'illusion du mouvement.

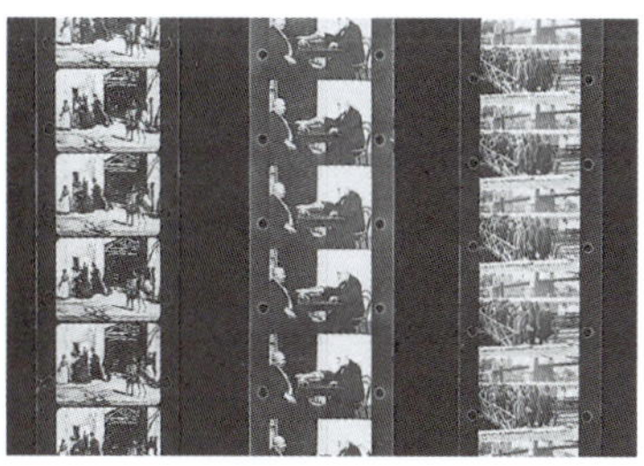

La pellicule souple.

Le fonctionnement du cinématographe

- Le cinématographe est une caméra qui permet :
– **d'enregistrer sur une pellicule**, placée dans l'appareil, une quinzaine d'images par seconde ;
– **de projeter cette série d'images**, c'est-à-dire de les faire défiler en continu **à une vitesse qui donne l'illusion du mouvement.** Les images ainsi défilées forment le film.
- Les premiers films durent une quarantaine de secondes : cette durée est liée à la longueur de la pellicule !

Pour faire défiler rapidement la pellicule, on tourne une manivelle : l'expression « Ça tourne ! » vient de là !

4 La première séance

- Le 28 décembre 1895, les frères Lumière organisent à Paris **la toute première séance publique de leur cinématographe**. Dix films sont projetés sur un écran. Les trente spectateurs présents sont tellement émerveillés qu'ils en parlent autour d'eux. Dans les jours qui suivent, la police doit intervenir pour canaliser les 2 000 personnes qui veulent assister à une projection du cinématographe !
- Les frères Lumière commercialisent avec succès leur appareil. **Ils envoient des opérateurs dans le monde entier**, chargés de rapporter des images : en 1898, ils ont déjà « tourné » 1 000 petits films : **ce sont les tout premiers films documentaires et d'actualités**.

Affiche publicitaire pour le cinématographe Lumière.

5 La fiction avec Georges Méliès

- Les frères Lumière ne croient pas en l'avenir du cinéma et préfèrent se tourner vers de nouvelles inventions, liées notamment à la photographie en couleurs.
- C'est **Georges Méliès**, célèbre prestidigitateur à Paris, qui, en mettant plusieurs bobines bout à bout, va se lancer dans **les tout premiers films de fiction**. Il les réalise en studio à grands renforts de **décors en carton et de truquages**. Certains sont même coloriés à la main !
- Il s'inspire des romans de Jules Verne pour réaliser en 1902 ***Le Voyage dans la Lune***, qui raconte en 13 minutes l'aventure de six savants partis sur la Lune à bord d'un obus géant ! Ce film assure à Méliès une notoriété internationale et va inspirer de nombreux « réalisateurs » qui vont faire du « cinéma » un art !

Image extraite du film *Le Voyage dans la Lune*, 1902.

Métier

Réalisateur

Le réalisateur est celui ou celle qui réalise des films, qui les imagine et tourne les images. Il travaille pour le cinéma ou la télévision, peut créer des films de fiction, des documentaires ou des dessins animés, mais aussi des émissions, des publicités, des clips vidéo... Sur un tournage, c'est lui qui dirige les acteurs et les équipes techniques. Il travaille à partir d'un scénario écrit, qui raconte le film et prévoit les différentes scènes.

Ça alors !

Dans le film *L'arrivée d'un train en gare de La Ciotat*, des voyageurs attendent l'arrivée du train. Puis la locomotive apparait dans le champ, fonçant à vive allure. La projection de ce film des frères Lumière, en 1896, aurait provoqué la panique des spectateurs croyant voir le train leur foncer dessus ! Louis Lumière a placé son appareil face aux rails afin d'obtenir cet effet. La locomotive disparait ensuite, laissant place aux wagons puis à l'ouverture des portes : les voyageurs qui montent croisent ceux qui descendent, et certains paraissent surpris par la présence du cinématographe.
media.mdi-editions.com/yt/hda-d32d

L'Arrivée d'un train en gare de La Ciotat, 1896.

32 La Sortie des usines Lumière à Lyon

1 Place sur cette frise la date du film *La Sortie des usines Lumière à Lyon*.

2 *Vrai* ou *faux* ? Coche la bonne réponse.

	Vrai	Faux
a. Les frères Lumière sont les inventeurs de la pellicule souple.	☐	☐
b. Ils ont inventé un appareil, le cinématographe.	☐	☐
c. Les premiers films durent une quarantaine de secondes.	☐	☐
d. La première séance publique de cinéma a eu lieu devant 2 000 personnes.	☐	☐
e. *Le Voyage dans la Lune* est un film des frères Lumière.	☐	☐

3 Relie chaque film à la bonne étiquette.

film de fiction •

film documentaire •

• 

Le Voyage dans la Lune

• 

La Sortie des usines Lumière

• 

L'Arrivée d'un train en gare de La Ciotat

4 Complète le texte en t'aidant de la fiche documentaire.

Les frères Louis et Auguste .... ont inventé le ...., un appareil qui enregistre sur une .... une série d'images et permet de les projeter : leur défilement en continu donne l'illusion du .... Pour faire la démonstration de leur appareil, ils ont organisé la toute première séance de projection publique en 1895 : ils ont montré dix films d'une quarantaine de .... Le premier de ces films était *La Sortie des* .... *Lumière à Lyon.*

Jeux

LA SORTIE DES USINES LUMIÈRE

Fabrication **Colle les images ci-dessous sur du papier épais, découpe-les, remets-les dans l'ordre et assemble-les en livret pour fabriquer ton flip book !**

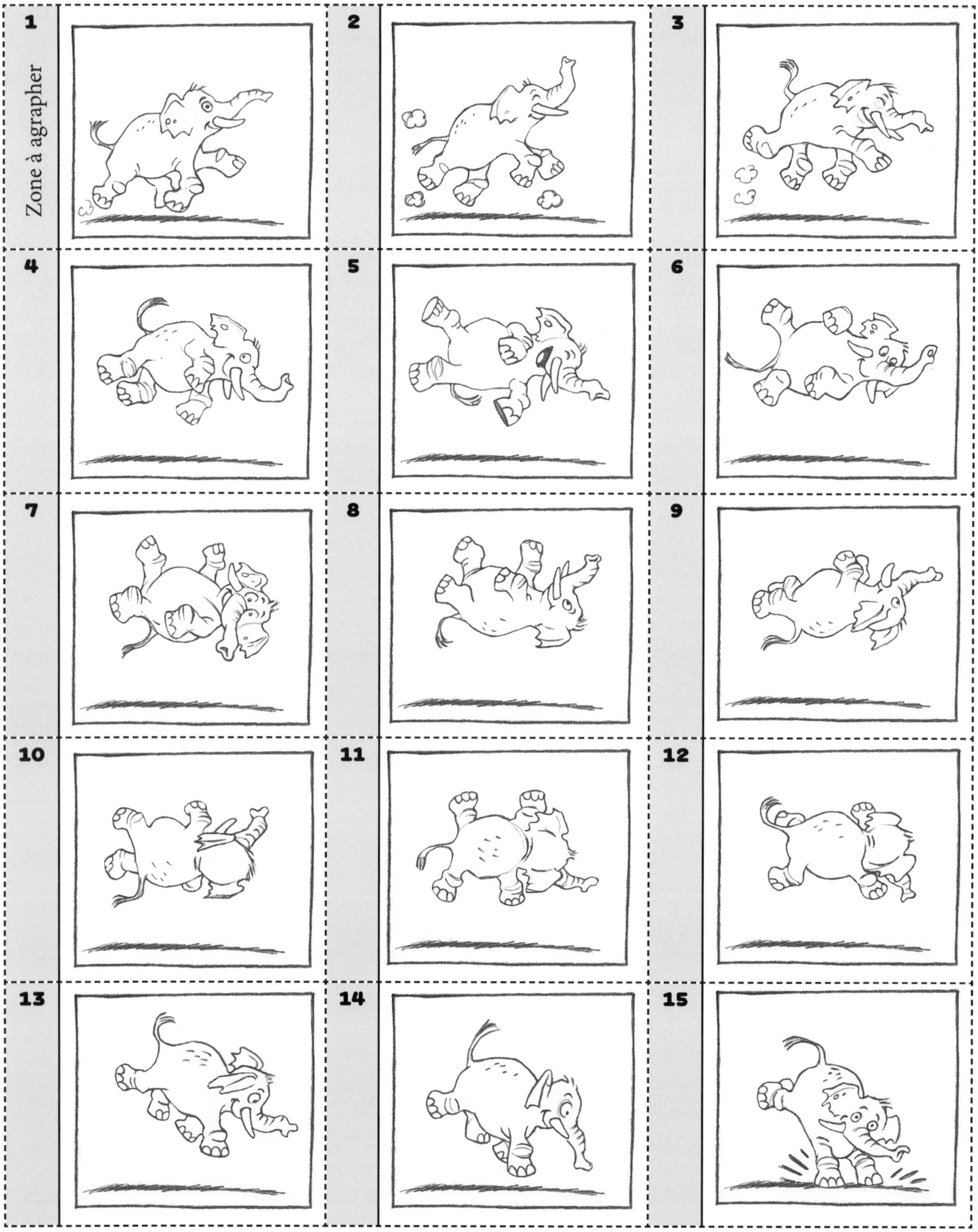

La France, des guerres mondiales à l'Union européenne

33 Sonia Delaunay, pionnière de l'art abstrait ▸ *Prismes électriques*

34 1914-1918 : une guerre cubiste ▸ *La Partie de cartes*

35 Le surréalisme : au-delà du réel ▸ *Le Faux Miroir*

36 1939-1945 : opération Louvre ! ▸ La *Vénus de Milo* mise en caisse

37 Le Nouveau Réalisme : l'art de recycler le réel ▸ *Compression*

38 Le Centre Pompidou : bien plus qu'un musée ! ▸ Le Centre Pompidou

39 La Fontaine Stravinsky : le carrousel enchanté d'un duo d'artistes ▸ La Fontaine Stravinsky

40 Le Street Art : un art contemporain très urbain ! ▸ Les *Space Invaders*

La France, des guerres mondiales à l'Union européenne

Au XXe siècle, les artistes se permettent tout !

- « Faut-il encore chercher à représenter la réalité quand la photographie s'en charge aussi bien ? », telle est la question que se posent les jeunes artistes au début du XXe siècle. Dans l'Europe des années 1910, de jeunes peintres, en rupture avec la conception figurative de l'art, donnent naissance, chacun à leur manière, à l'art abstrait. Parmi ces pionniers de l'abstraction figure une femme, Sonia Delaunay, qui va faire de la couleur l'unique sujet de ses tableaux. Nous sommes en 1914, l'heure est à la mobilisation générale de tous les hommes valides, y compris les artistes. Le peintre Fernand Léger va ainsi découvrir, dans la violence destructrice du conflit mondial de 1914-1918, une guerre hautement « cubiste » et ramener des tranchées une magistrale *Partie de cartes*. ➜ Œuvres 33 et 34
- Avec ses millions de morts et de blessés, la Première Guerre mondiale est vécue comme un immense traumatisme. Dans les années 1920, à Paris, de jeunes artistes, désireux de faire émerger un monde nouveau, se rallient derrière le poète André Breton pour mettre les rêves au cœur de leurs créations. Ils fondent le mouvement surréaliste, dont l'une des grandes figures est le peintre belge René Magritte. Si la révolution surréaliste inspire aussi les photographes, comme Dora Maar, elle ne suffit pas à changer le monde… que la Seconde Guerre mondiale va de nouveau terriblement meurtrir. Dès les premiers jours de septembre 1939, les capitales d'Europe évacuent leurs musées et mettent les œuvres à l'abri des bombardements. En France, le Louvre orchestre brillamment l'évacuation de ses collections, tandis qu'au musée du Jeu de Paume, Rose Valland liste secrètement les œuvres pillées par l'Allemagne nazie. ➜ Œuvres 35 et 36
- Dans les années 1960, marquées par les débuts de la construction de l'Union européenne, un nouveau courant artistique apparait en France : le Nouveau Réalisme. Il réunit une « bande de copains » qui, face à la société de consommation naissante, utilise des objets de récupération et invente de nouvelles manières de créer, tel le sculpteur César avec ses célèbres *Compressions*. Pour accompagner la grande dynamique de l'art, tant en Europe qu'aux États-Unis, apparaissent de nouveaux musées, spécifiquement dédiés à l'art moderne et contemporain. En 1969, le président de la République Georges Pompidou lance ainsi un grand centre culturel inédit, dont l'audacieux bâtiment apparait comme un ovni dans le ciel parisien. Car plus que jamais, les créateurs s'autorisent tout : les architectes ne cachent plus les tuyaux de leurs édifices, des artistes comme Niki de Saint Phalle et son mari Jean Tinguely font bouger leurs sculptures ou les parent de couleurs vives pour mettre un peu de magie dans l'espace public ! À partir des années 1990, la rue devient d'ailleurs un immense terrain de jeu pour les acteurs du Street Art qui, malgré l'illégalité de leur pratique, rivalisent d'ingéniosité pour interpeller les passants, Invader et ses mosaïques d'aliens en tête ! ➜ Œuvres 37, 38, 39, 40

- Ce thème 6 met en lumière le fait que l'art du XXe siècle n'a cessé de se renouveler, en dépit du traumatisme des deux guerres mondiales. Il aborde aussi le sort des œuvres d'art sous l'Occupation de la France par l'Allemagne nazie, et le courage de ceux qui les ont protégées.
- Les trois femmes artistes étudiées dans ce thème 6 montrent la place que les femmes occupent désormais dans le domaine artistique. Plus nombreuses qu'aux siècles précédents, elles sont aussi novatrices que les hommes.
- Avec la création du Centre Pompidou et celle de la Fontaine Stravinsky, ce thème permet enfin d'aborder la commande publique, laquelle s'intéresse volontiers aujourd'hui à certains artistes de l'art urbain.

Thèmes du programme d'histoire	Séances en histoire des arts
Deux guerres mondiales au XXe siècle	33. Sonia Delaunay, pionnière de l'art abstrait > *Prismes électriques* 34. 1914-1918 : une guerre cubiste > *La Partie de cartes* 35. Le surréalisme : au-delà du réel > *Le Faux Miroir* 36. 1939-1945 : opération Louvre ! > *La Vénus de Milo mise en caisse*
La construction européenne	37. Le Nouveau Réalisme : l'art de recycler le réel > *Compression* 38. Le Centre Pompidou : bien plus qu'un musée ! > *Le Centre Pompidou* 39. La Fontaine Stravinsky : le carrousel enchanté d'un duo d'artistes > *La Fontaine Stravinsky* 40. Le Street Art : un art contemporain très urbain ! > *Les Space Invaders*

33 Sonia Delaunay, pionnière de l'art abstrait

Fiche enseignant

À l'orée de la Première Guerre mondiale, la naissance de l'art abstrait en Europe est l'aboutissement des recherches concomitantes mais personnelles de quelques artistes en rupture avec la conception figurative de l'art. Aux côtés des pionniers de l'abstraction – Kandinsky, Malevitch, Mondrian et Kupka – figure une femme, Sonia Delaunay, qui, avec ses *Prismes électriques*, fait de la couleur l'unique sujet de ses tableaux.

Les pionniers de l'art abstrait

- Au début des années 1910, plusieurs peintres en Europe – les Russes Vassily Kandinsky (1866-1944) et Kasimir Malevitch (1878-1935), le Néerlandais Piet Mondrian (1872-1944) et le Tchèque Frantisek Kupka (1871-1957) – cherchent à dépasser les limites formelles qu'impose la « figuration ». Si tous ont en commun d'être des artistes théoriciens et philosophes, chacun a une démarche personnelle : Kandinsky ne garde que les formes et les couleurs qui, pour lui, expriment des sentiments ; Malevitch opte pour les formes pures – carré, cercle ou croix – qu'il peint sur des fonds blancs ; Mondrian réordonne le monde en lignes verticales et horizontales ; Kupka peint des toiles aux couleurs de l'arc-en-ciel. De façon concomitante, ils aboutissent à l'abstraction, dont ils font figure de pionniers.

Le « simultanisme » des Delaunay

- Dans le même temps, en France, Robert Delaunay (1885-1941) et sa femme Sonia (1885-1979 ; née en Russie, naturalisée française en 1908) s'engagent dans une « bataille de la couleur », désireux de traduire plastiquement le dynamisme de Paris, ville moderne par excellence. En 1912 et 1913, ils peignent des toiles cubistes (voir fiche 34) par leurs « formes » (série des *Fenêtres* de Robert, *Le Bal Bullier* de Sonia) mais qu'ils dotent de couleurs vives. Ils qualifient leur style de « simultanisme » en référence à la théorie du « contraste simultané des couleurs », élaborée en 1839 par le chimiste Michel-Eugène Chevreul, selon laquelle l'intensité d'une couleur varie en fonction de celles qui se trouvent à proximité, le maximum d'intensité étant atteint par la confrontation d'une couleur primaire et de sa complémentaire (jaune/violet, bleu/orangé, rouge/vert).

Prismes électriques

Une composition kaléidoscopique

- Tandis que son mari se passionne pour les effets du soleil sur les couleurs, Sonia Delaunay s'intéresse plus particulièrement à ceux de la lumière électrique. Elle adopte une manière de peindre plus radicale après avoir observé un prisme placé sous un globe électrique : « La brisure des objets et des formes par la lumière et la naissance des plans colorés amenaient une nouvelle structure au tableau » dira-t-elle.
- En 1913-1914, inspirée par le rythme coloré que les réverbères électriques du boulevard Saint-Michel imposent aux formes et aux passants, elle se lance dans une série d'œuvres qu'elle nomme *Prismes électriques*. Dans sa grande toile de format carré (250 × 250 cm) conservée au Centre Georges Pompidou, les variations de lumière prennent la forme d'un grand disque qui se démultiplie en anneaux colorés. Les couleurs se répandent en continu sur toute la surface, abolissant toute perspective et toute figuration.
- À mi-hauteur gauche de la composition, Sonia a introduit un élément « symbolique » : un extrait de *La Prose du Transsibérien*, le poème de son ami Blaise Cendrars qu'elle vient de mettre en couleurs selon le principe du contraste simultané, sous la forme d'un livre-accordéon de deux mètres de long.
- Avec sa série de *Prismes électriques*, Sonia Delaunay, dont l'œuvre est restée longtemps dans l'ombre de son mari, participe à l'avènement de l'art abstrait. « Les liens avec l'art traditionnel en tant que tels sont définitivement rompus, dit-elle. La couleur est libérée, elle ne constitue plus un élément employé pour décrire un sujet, mais se voit dotée d'une vie propre, elle devient le sujet. »

Des beaux-arts à la mode !

- En 1914, à l'annonce de la guerre, le couple Delaunay s'installe à Madrid où Sonia, tout en peignant, subvient à leurs besoins en créant des vêtements. Elle coud ainsi ses robes « simultanées » à partir de morceaux de tissus aux couleurs vives, qu'elle taille géométriquement.
- En 1921, les Delaunay rentrent à Paris. Dans leur appartement du boulevard Malesherbes, où ils accueillent toute l'avant-garde littéraire et artistique, Sonia installe un atelier de couture et un salon d'essayage. Elle crée aussi des chapeaux et des parapluies, des abat-jours et même des décors de voitures ! Ce faisant, elle contribue à dissiper les frontières entre les beaux-arts et les arts appliqués.

Le relais d'un mouvement international

- Dans les années 1920-1930, l'art abstrait gagne la sculpture, influence l'architecture et s'exporte aux États-Unis. Après la Seconde Guerre mondiale, Sonia Delaunay participe à la reconnaissance de l'œuvre de son mari (mort en 1941), reprend la peinture abstraite et s'exprime souvent dans des œuvres monumentales (peinture, mosaïque, tapisserie). Elle devient le relais entre la génération des pionniers de l'art abstrait et celle des gloires montantes de l'abstraction, devenue un mouvement international.

Comment mener la séance ?

Objectifs

- Comprendre la différence entre art figuratif et art abstrait.
- Analyser une œuvre abstraite.
- Comparer plusieurs œuvres abstraites.

Rappeler que le début du XXe siècle est marqué par un climat de grandes tensions en Europe, qui aboutit en 1914 à la Première Guerre mondiale. Dire également que l'industrialisation tout au long du XIXe siècle a permis l'avènement de la modernité, en France comme en Europe. Expliquer que face à cette modernité et les questions que suscitent les progrès technologiques, les artistes n'ont cessé de renouveler leur manière de peindre, de sculpter… Annoncer que l'on va s'intéresser à ce qu'on appelle l'« art abstrait », né peu avant 1914. Demander aux élèves : *Avez-vous déjà vu un tableau abstrait ? Connaissez-vous la différence entre l'art figuratif et l'art abstrait ?* En fonction des réponses, expliquer la différence (voir Lexique) et projeter un exemple de tableau figuratif : le *Portrait de Marie-Antoinette à la rose* (fiche 17) ou *Régates à Argenteuil* (fiche 26), en insistant sur les éléments figuratifs.

1. **Découverte de *Prismes électriques*** 10 min
Garder l'œuvre figurative affichée et projeter le doc. 1. Préciser qu'il s'agit d'un tableau, *Prismes électriques*, d'une femme peintre, Sonia Delaunay, et qu'elle compte parmi les premiers artistes à avoir fait de l'art abstrait. Donner la définition d'un prisme, montrer éventuellement une photo (media.mdi-editions.com/hda-d33a), puis demander aux élèves de décrire le tableau. En fonction des réponses, demander : *Est-ce que l'artiste a représenté quelque chose de figuratif ? Qu'est-ce qui prédomine ici* ? Expliquer qu'elle s'est inspirée de l'animation d'un grand boulevard à Paris, avec ses passants et ses réverbères électriques, mais qu'elle a choisi de n'en garder que les couleurs, en les amplifiant. Demander éventuellement : *Trouvez-vous que c'est un beau tableau* ? Laisser les élèves débattre puis montrer la vidéo (media.mdi-editions.com/yt/hda-d33b, à partir de 0'20 jusqu'à 1'25). Expliquer ensuite que Sonia Delaunay avait une autre passion : la couture et la mode, et qu'elle a créé des modèles pour les femmes, des vêtements « modernes » aux coupes simples, avec des motifs géométriques et des couleurs vives, comme dans ses tableaux (doc. 3) !

2. **Découverte d'autres peintres pionniers de l'art abstrait** 10 min
Projeter les trois tableaux du doc. 4. Préciser les noms et nationalités des trois artistes (le Russe Kandinsky, le Tchèque Kupka et le Néerlandais Mondrian) et insister sur le fait que l'art abstrait n'est pas le fait d'un seul peintre mais de plusieurs artistes en Europe qui, désireux d'en finir avec l'art figuratif, se sont engagés en même temps dans des réflexions et recherches personnelles sur le pouvoir des couleurs. Demander aux élèves de décrire chacun des trois tableaux et définir avec eux ce qui les différencie.

3. **Fiche documentaire et fiche élève** 25 min
La fiche documentaire est vidéoprojetée et lue collectivement, puis la fiche élève est distribuée.

Lexique

- **Art abstrait, dit aussi abstraction :** qui ne représente pas des sujets ou des objets du monde naturel, mais des formes et des couleurs pour elles-mêmes ; l'art abstrait, né dans les années 1910 en Europe, domine tout le XXe siècle en devenant un mouvement international à partir des années 1930.
- **Art figuratif :** qui s'attache à la représentation, inspiré du monde visible (réel ou imaginaire) ; opposé à l'art abstrait.
- **Prisme :** bloc de verre taillé en facettes, utilisé pour réfléchir, réfracter ou disperser la lumière.

Je retiens

- Dans les années 1910, juste avant la Première Guerre mondiale, plusieurs peintres en Europe font le choix de ne plus rien représenter de figuratif : ni paysages, ni personnages, ni animaux, ni objets. Ils composent leurs tableaux uniquement avec des couleurs, des lignes ou des formes librement imaginées. C'est la naissance de l'art abstrait, appelé aussi « abstraction », qui va devenir un mouvement international dominant une grande partie de l'art du XXe siècle.
- Avec ses tableaux, Sonia Delaunay a participé à la naissance de l'art abstrait, aux côtés de Vassily Kandinsky, Frantisek Kupka et Piet Mondrian. Également créatrice de mode, elle a conçu des vêtements modernes aux motifs colorés et géométriques.

Œuvre en réseau

***Rythme, Joie de vivre* (1930), par Robert Delaunay.** À l'instar de sa femme, Robert Delaunay fait triompher ici le pouvoir des couleurs comme seul sujet du tableau. L'éclatement de sa composition en plusieurs disques de tailles variables, aux couleurs vives et contrastées, donne à l'œuvre son rythme vibrant et solaire et emporte le spectateur dans une ambiance joyeuse.
Conservé au Centre Pompidou – Musée national d'Art moderne, Paris.

33 Prismes électriques

1 L'art abstrait : des couleurs, des formes, des lignes

- Au début du XXe siècle, en Europe, quelques peintres choisissent de ne plus représenter la réalité. Dans leurs tableaux, il n'y a plus rien de figuratif : ni paysages, ni personnages, ni animaux, ni objets. Seules des couleurs, des formes et des lignes sont reconnaissables : c'est de l'**art abstrait**.
- **Sonia Delaunay** fait partie de ces artistes. Pour peindre ce grand tableau de format carré (250 × 250 cm), elle s'est inspirée des effets que produit la lumière électrique sur les formes et les couleurs. Des **cercles de couleurs vives** se démultiplient et occupent toute la surface de la toile. **La couleur est l'unique sujet** du tableau.

2 Fiche d'identité

Quoi ? Tableau peint à l'huile sur toile.
Par qui ? Sonia Delaunay (1885-1979).
Dimensions ? 250 × 250 cm.

Où ? Paris, Centre Pompidou – Musée national d'Art moderne.
Quand ? 1914.

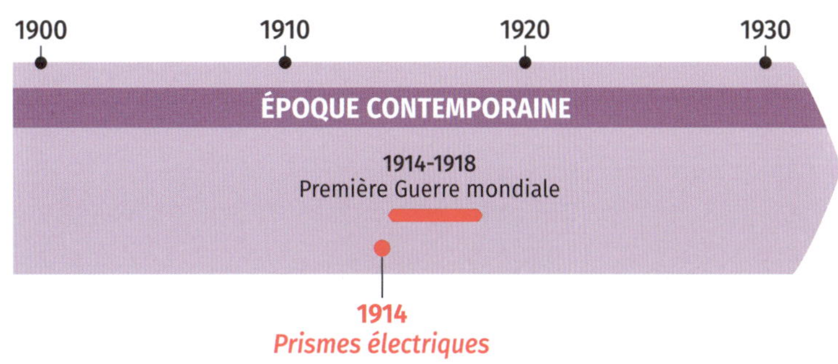

3 Sonia Delaunay, créatrice de mode !

- Sonia Delaunay est une jeune femme moderne : pour elle, il n'y pas de frontière entre les arts. Elle se passionne pour la **mode** et crée ses premiers **modèles de robe** en même temps qu'elle peint ses premiers tableaux abstraits.
- Après la Première Guerre mondiale, elle ouvre à Paris une **« maison de couture »** où elle conçoit des vêtements pratiques à porter, aux lignes simples et droites, **avec des motifs géométriques de couleurs vives**. En résumé, des vêtements à l'image de ses tableaux !
- Elle pose ici (à droite sur la photographie) avec l'une de ses mannequins : toutes deux sont habillées de kimonos de sa création ; derrière elles, on aperçoit de grands panneaux publicitaires montrant des femmes portant les modèles de Sonia.

4 Trois pionniers de l'art abstrait

- La peinture abstraite a été inventée à peu près en même temps, dans les années 1910, par plusieurs peintres en Europe qui, tous, cherchaient à renouveler la manière de peindre.

Le peintre russe Vassily Kandinsky (1866-1944). Pour lui, des couleurs et des formes improvisées librement sur la toile suffisent à provoquer de l'émotion, à la manière de la musique qui évoque la joie ou la tristesse.

Le peintre tchèque Frantisek Kupka (1871-1957). Il se passionne pour les recherches sur la lumière et les vibrations que les couleurs créent entre elles. Dans les années 1910, ses tableaux sont souvent composés de lignes de couleur plus ou moins épaisses et verticales.

Le peintre néerlandais Piet Mondrian (1872-1944). Il simplifie à l'extrême ses tableaux : sur un fond blanc, il peint des lignes verticales et horizontales noires, qu'il vient égayer des trois couleurs primaires : rouge, bleu et jaune. D'un tableau à l'autre, seul le « quadrillage » varie.

Vassily Kandinsky, *Sans Titre*, vers 1913, aquarelle, mine de graphite et encre de Chine. Paris, musée national d'Art moderne – Centre Pompidou.

Frantisek Kupka, *Étude pour le langage des verticales*, 1911, huile sur toile. Madrid, musée national Thyssen-Bornemisza.

Piet Mondrian, *Composition n° IV*, 1929, huile sur toile. Amsterdam, Stedelijk Museum.

Métier

Designer textile

Cette profession n'existait pas à l'époque de Sonia Delaunay mais, aujourd'hui, elle aurait peut-être aimé être « designer textile ». Ce métier consiste à inventer de nouvelles gammes de tissus, dont les fils peuvent être tissés ou assemblés grâce à des imprimantes 3D ou découpés au laser.

Ça alors !

Comment les artistes ont-ils eu l'idée de peindre différemment ? Sonia Delaunay a raconté que c'est en cousant, en 1911, une couverture pour son fils qui venait de naitre et en assemblant « des morceaux de tissus de couleurs sans souci de figuration » qu'elle aurait fait un premier pas vers l'art abstrait ! Pour Kandinsky, c'est en voyant un de ses propres tableaux de paysage posé à l'envers qu'il s'est dit qu'il pouvait très bien se débarrasser de la « réalité » et ne peindre que pour le plaisir des couleurs !

33 *Prismes électriques*

1 Place sur cette frise la date de *Prismes électriques*, de Sonia Delaunay.

2 *Vrai* ou *faux* ? Coche la bonne réponse.

	Vrai	Faux
a. Sonia Delaunay a peint surtout des paysages et des portraits.	☐	☐
b. Elle fait partie des premiers artistes à se lancer dans l'art abstrait, dans les années 1910.	☐	☐
c. Les peintres abstraits ne représentent plus la réalité.	☐	☐
d. Leurs tableaux sont composés de couleurs, de lignes et/ou de formes géométriques.	☐	☐
e. L'art abstrait et l'art figuratif désignent la même chose.	☐	☐

3 Coche ce que peignent les peintres abstraits dans leurs tableaux.

☐ 

☐ 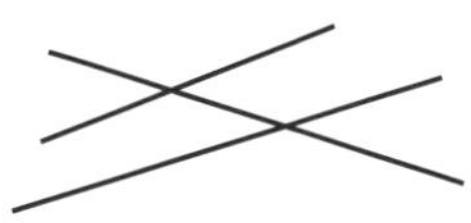

☐ 

☐ 

☐ 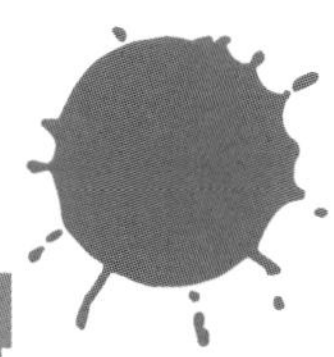

☐ 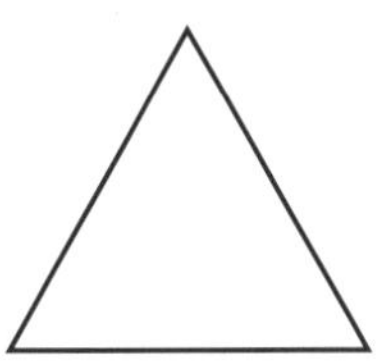

☐ 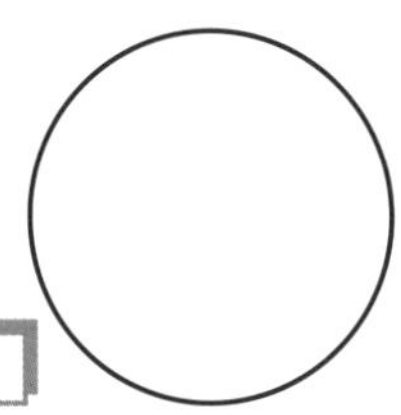

4 Complète ce texte en t'aidant de la fiche documentaire.

Dans les années 1910, juste avant la Première .... , plusieurs peintres en Europe décident de ne plus représenter la réalité : ni paysages, ni personnages, ni animaux, ni objets. Ils composent leurs .... uniquement avec des couleurs, des lignes ou des formes librement imaginées. C'est la naissance de l'art .... , auquel participe Sonia .... Également créatrice de .... , elle a imaginé des robes modernes aux motifs .... et colorés.

Fiche élève

PRISMES ÉLECTRIQUES

Coloriage **Colorie comme tu le souhaites cette reproduction de *Prismes électriques*. Trouve ensuite un nom à ton œuvre.**

Nom de l'œuvre

....

34 1914-1918 : une guerre cubiste

En août 1914, tous les hommes aptes au service militaire sont mobilisés, artistes compris. Ils partent à la guerre en pleine effervescence du « cubisme », qui consiste à réduire les formes à des cubes et plus largement à des volumes géométriques. Rallié à ce mouvement et mobilisé, le peintre Fernand Léger va découvrir dans la violence destructrice de 1914-1918 une guerre hautement « cubiste » et ramener des tranchées une magistrale *Partie de cartes*.

Une guerre apocalyptique

• Le conflit de 1914-1918 opère une rupture sans précédent dans l'art de faire la guerre : la guerre de mouvement, où deux armées s'affrontent face à face, laisse place à un conflit de position, où les soldats stationnent dans les tranchées. L'utilisation de nouvelles armes de longue portée mises au point par la révolution industrielle constitue une puissance de frappe qui détruit et tue à grande échelle. Dès le 2 août 1914, la France (comme l'Allemagne) décrète « Ordre de mobilisation générale » : tous les hommes aptes au service militaire sont mobilisés, toutes professions et classes sociales confondues. Les artistes n'échappent pas à la règle. Sur le front, ils deviennent brancardiers, infirmiers, sapeurs (en charge de creuser les tranchées), artilleurs… Entre fascination et effroi, ils vont observer cette guerre moderne et dépersonnalisée, aux champs de bataille apocalyptiques où les bombardements hachent le terrain et font éclater les corps des soldats. La majorité d'entre eux va confier son incapacité à la « représenter » : c'en est fini des « célébrations » traditionnelles, de leurs héros en action et autres portraits de généraux à cheval…

Des artistes mobilisés, en pleine effervescence du cubisme

• En 1914, les artistes sont appelés au front au moment même où un nouveau courant – le cubisme – est en train de révolutionner l'art. Depuis 1908, deux jeunes peintres, Pablo Picasso et Georges Braque, nourris d'influences diverses (dont la peinture de Paul Cézanne et les arts primitifs), se sont engagés dans une série d'expérimentations plastiques radicales qui consistent à tout géométriser – maisons et arbres d'un paysage, portraits ou natures mortes – sous la forme de cubes ! Ces cubes privilégient les tons bruns et gris, et deviennent bientôt des volumes aplatis en de multiples facettes.

• Rapidement, d'autres artistes, tels les peintres Juan Gris et Fernand Léger ou les sculpteurs Henri Laurens et Raymond Duchamp, se rallient à cette révolution « cubiste » qui, si elle fait polémique dans la presse traditionnelle, est soutenue par les intellectuels (dont Guillaume Apollinaire, grand défenseur de la jeune peinture) et des marchands d'art audacieux.

La Partie de cartes

Une « guerre cubiste »

• En septembre 1914, quand il rejoint le front, le peintre Fernand Léger a 33 ans et quelques années d'œuvres à la manière cubiste derrière lui. Il découvre la déshumanisation de cette guerre « mécanique » et écrit à sa future femme : « Il n'y a pas plus cubiste qu'une guerre comme celle-là, qui te divise plus ou moins proprement un bonhomme en plusieurs morceaux et qui l'envoie aux quatre points cardinaux. »

• Dans l'incapacité de peindre, Léger dessine sur des feuilles de papier d'emballage ou sur le carton de boites de munitions sa vision de Verdun et la vie des soldats dans les tranchées. C'est à partir d'un de ces dessins qu'il peindra plus tard la *Partie de cartes*.

Des soldats comme des automates

• *La Partie de cartes* est une grande composition (129 × 193 cm) que Fernand Léger peint en 1917 après avoir été hospitalisé puis réformé. Elle se caractérise par la fragmentation de l'espace et des corps des soldats : ils ne sont plus que formes géométriques cylindriques aux couleurs de l'acier, qui évoquent des pièces mécaniques et des obus. Les soldats apparaissent tels des automates désarticulés, comme déshumanisés par la guerre, prêts à tuer ou à être tués. À l'arrière-plan, une sorte de rouage, dont la couleur rouge évoque le sang versé, semble d'ailleurs les manipuler. La table autour de laquelle ils jouent est également morcelée, voire ravinée comme un champ de bataille. Plusieurs détails montrent en revanche la sympathie du peintre pour ces soldats : il leur fait arborer chacun une médaille, preuve de leur héroïsme ; ensemble, ils fument la pipe, ce qui rend leur partie, peut-être la dernière, plus chaleureuse, sentiment renforcé par le jaune vif de la table.

• Fernand Léger aurait pu choisir de représenter des soldats en train de nettoyer leurs armes, d'écrire à leurs familles ou de chasser les rats des tranchées. Mais les montrer jouer aux cartes, c'est dire qu'à la guerre comme au jeu, c'est en grande partie le hasard et la chance qui dominent, entre être tué ou survivre.

Le cubisme, premier grand mouvement du XXe siècle

• Au sortir de cette guerre si meurtrière, Léger va se tourner vers une peinture où prime l'esthétique moderne des villes et des usines, tandis que c'en est fini du cubisme. Celui-ci n'en demeure pas moins le premier grand mouvement artistique du XXe siècle, qui a ouvert la voie à de nombreux autres : le futurisme italien, l'abstraction européenne, le constructivisme russe et le surréalisme.

Comment mener la séance ?

Objectifs

- Découvrir le mouvement cubiste.
- Découvrir l'impact de la Première Guerre mondiale sur les artistes.
- Analyser une œuvre cubiste.

Réactiver les connaissances des élèves sur la Première Guerre mondiale : *Quand a-t-elle eu lieu ? Quels pays oppose-t-elle ? A-t-elle été particulièrement meurtrière ?* Rappeler les faits (guerre de position, très meurtrière du fait d'armes nouvelles, etc.), puis demander : *À votre avis, est-ce que les artistes y ont participé ?* Expliquer la mobilisation générale de tous les hommes en âge de combattre, y compris des artistes. Dire que l'on va s'intéresser à un tableau, *La Partie de cartes*, peint en 1917 par Fernand Léger, qui a passé plus de trois ans au front, et notamment à Verdun où s'est déroulée l'une des batailles les plus longues et les plus meurtrières de la guerre.

1 Découverte de *La Partie de cartes* 10 min

Projeter le doc. 1. Laisser réagir les élèves, puis leur demander de décrire ce qu'ils voient. En fonction des réponses, identifier avec eux les éléments reconnaissables : les trois soldats (l'un porte un casque), la table (jaune), les cartes (celles dont on voit les couleurs et celles cachées par les joueurs), les deux pipes, les médailles que portent deux soldats. Demander : *À votre avis, où ces soldats jouent-ils aux cartes ? À quoi font-ils penser ? À des hommes ou à des machines ?* Insister sur les couleurs : le gris-bleu évoque l'acier des obus, le rouge le sang versé à la guerre. Expliquer que Fernand Léger a représenté les soldats sous la forme d'automates désarticulés pour montrer que la guerre déshumanise les hommes, mais aussi parce qu'il faisait partie avant la guerre d'un nouveau mouvement artistique : le « cubisme ». Pour conclure cette première partie de séance, diffuser la vidéo analysant l'œuvre, du début jusqu'à 0'40 : media.mdi-editions.com/yt/hda-d34a.

2 Découverte du cubisme 10 min

Projeter les deux œuvres du doc. 3. Demander : *Quel est le point commun entre ces tableaux ? Quelles formes géométriques les caractérisent ? Le traitement des couleurs est-il le même ?* En fonction des réponses, expliquer d'où vient le terme « cubisme » et dire que ce mouvement a été initié en 1908 par deux jeunes peintres, Pablo Picasso et Georges Braque, avant de rallier d'autres peintres comme Fernand Léger. Préciser que le cubisme bouleverse tellement les codes de représentation qu'il va dans la foulée inspirer d'autres explorations formelles et colorées, dont l'abstraction (voir fiche 33).

3 Fiche documentaire et fiche élève 25 min

La fiche documentaire est vidéoprojetée et lue collectivement, puis la fiche élève est distribuée.

Lexique

- **Cubisme :** mouvement artistique initié en 1908 par Pablo Picasso et Georges Braque, qui décident de décomposer tous les volumes en formes géométriques simples, notamment en cubes ; bien que de courte durée car stoppé par la guerre, il ouvre la voie aux grands courants modernes du XXe siècle.

Je retiens

- Comme tous les hommes aptes au service militaire, les artistes sont mobilisés pour participer à la Première Guerre mondiale. Le peintre Fernand Léger va ainsi passer trois années sur le front.
- À partir de dessins qu'il réalise dans les tranchées, il peint en 1917 *La Partie de cartes*, où il représente les soldats en automates, aux formes désarticulées et géométriques, aux mêmes couleurs d'acier que celles des obus.
- Ce tableau s'inscrit dans le mouvement « cubiste » des années 1910, qui consiste à tout simplifier en cubes et en formes géométriques.

Œuvres en réseau

***Le Passage à niveau* (1919), par Fernand Léger.** Après la Première Guerre mondiale, Fernand Léger se passionne pour les thèmes de la ville moderne et des machines industrielles. Dans ses tableaux, il livre de la ville une vision dynamique, entre échafaudages métalliques, signaux urbains et couleurs vives.
Conservé à Chicago, The Art Institute of Chicago.

***La Guerre* (1925), par Marcel Gromaire.** Marcel Gromaire fait partie de la génération des artistes mobilisés pendant la Première Guerre mondiale. Il a peint cette œuvre sept ans après la fin du conflit. Trois soldats attendent dans la tranchée, tandis que deux autres, derrière une plaque d'acier, surveillent le no man's land.
Conservé au Musée d'Art moderne de la Ville de Paris.

34 La Partie de cartes

1 Des soldats semblables à des automates

- Ce tableau représente trois soldats en train de jouer aux cartes pendant la Première Guerre mondiale. **Fernand Léger**, qui était brancardier pendant le conflit, l'a peint en se servant de dessins qu'il a réalisés en observant des **soldats dans les tranchées de Verdun**.
- Il les représente tels des **automates aux corps d'acier et aux membres désarticulés** pour montrer que dans cette guerre – faite avec de nouvelles armes très meurtrières (mitrailleuses, canons longue portée, obus) – l'homme est déshumanisé, réduit lui aussi à une machine.
- ***La Partie de cartes*** se rattache au mouvement artistique appelé **« cubisme »**, que Fernand Léger avait rallié avant d'être mobilisé.

2 Fiche d'identité

Quoi ? Tableau peint à l'huile sur toile.
Par qui ? Fernand Léger (1881-1955).
Dimensions ? 129 × 193 cm.
Où ? Otterlo (Pays-Bas), musée Kröller-Müller.
Quand ? 1917.

34 La Partie de cartes

3 Le cubisme et ses cubes !

a Pablo Picasso, *Le Réservoir de Horta de Ebro*, 1909, huile sur toile, 61,5 × 51,1 cm. New York, MoMA.

- Le **cubisme** est un **mouvement artistique** lancé en 1908 par les peintres Pablo Picasso et Georges Braque. En explorant de nouvelles manières de peindre, ils se mettent à tout décomposer en formes géométriques et plus précisément en **cubes** !
- Ces cubes sont imbriqués les uns dans les autres, ocres et gris, pour le village de Horta de Ebro (Espagne) peint par Picasso ; ils présentent des faces hachurées de couleurs vives et contrastées pour le *Paysage* peint par Fernand Léger avant qu'il parte à la guerre.
- Avec cette manière de peindre, c'est la première fois que des artistes **bouleversent** à ce point **les codes de la représentation**.

b Fernand Léger, *Paysage*, 1914 peinture, 102 × 83 cm. Paris, musée national d'Art moderne, dépôt au LaM de Villeneuve d'Ascq.

4 Dans l'enfer de Verdun

- De février à décembre 1916, les armées françaises et allemandes s'opposent à **Verdun**, en Lorraine. C'est l'une des **batailles les plus longues et les plus meurtrières** de toute la Première Guerre mondiale.
- En 1917, le peintre **Félix Vallotton** se porte volontaire comme « peintre aux armées ». Mais face à l'enfer du front, il constate combien il est difficile, voire impossible, de représenter la guerre. Toutefois, six mois après la bataille de Verdun, il **utilise les codes du cubisme** pour représenter sa vision du champ de bataille et donne pour sous-titre à son tableau : *Tableau de guerre interprété, projections colorées noires, bleues et rouges, terrains dévastés, nuées de gaz.*

Félix Vallotton, *Verdun*, 1917, huile sur toile, 114 × 146 cm. Paris, musée de l'Armée.

Métier

Peintre officiel de l'Air ou de la Marine

En 1931, le ministre de la Défense crée le statut de « Peintre officiel de l'Air ». Il est accordé à des artistes – peintres, illustrateurs ou graveurs – consacrant leur œuvre à l'aviation militaire ou civile. Aujourd'hui, 38 artistes ont le titre officiel de « Peintre des armées, spécialité air ». Le ministère de la Défense accorde aussi le titre de « Peintre officiel de la Marine » aux artistes qui consacrent leur talent à la Marine nationale et aux gens de la mer.

Ça alors !

En 1914, le cubisme donne l'idée aux services des armées des pays en guerre de se servir du principe de dislocation des formes pour camoufler le matériel militaire. Des sections de camouflage sont ainsi créées, où des artistes mobilisés peignent aux couleurs de la nature canons, avions et navires de guerre afin qu'ils se confondent avec le paysage. Ils créent aussi de faux arbres et de fausses tours qui servent d'observatoires… pour voir sans être vus !

34 La Partie de cartes

Fiche élève

1 **Place sur cette frise la date de *La Partie de cartes*, de Fernand Léger.**

2 ***Vrai* ou *faux* ? Coche la bonne réponse.**

	Vrai	Faux
a. En 1914, les artistes ont été mobilisés pour participer à la guerre.	☐	☐
b. Fernand Léger a peint *La Partie de cartes* en 1916, dans les tranchées.	☐	☐
c. *La Partie de cartes* est un tableau peint à la manière cubiste.	☐	☐
d. La scène se passe dans une tranchée de Verdun.	☐	☐
e. Georges Braque a peint le village de Horta de Ebro.	☐	☐

3 **Explique pourquoi Fernand Léger a représenté les soldats comme des automates désarticulés, puis donne tes impressions sur son tableau.**

....

....

....

....

....

....

4 **Complète ce texte en t'aidant de la fiche documentaire.**

Comme tous les hommes aptes au service militaire, Fernand .... fait partie des nombreux artistes mobilisés dès le début de la .... Guerre mondiale. À Verdun, il dessine les soldats dans les tranchées, dont il tire en 1917 un grand tableau cubiste, *La* .... *de cartes*. Il y peint trois .... sous la forme d'automates désarticulés, dont les couleurs évoquent l'acier et le métal des .... utilisées dans la guerre, notamment les obus.

Jeux

LA PARTIE DE CARTES

Œil de lynx **Dans *La Partie de cartes*, plusieurs éléments réalistes permettent de comprendre le sujet de l'œuvre. Coche ceux qu'on retrouve dans le tableau.**

☐

☐

☐

☐

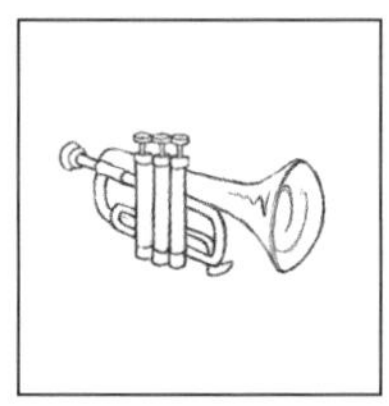
☐

Charade

- Mon premier est un récipient qui permet de boire : ....
- Mon second est un animal de la famille des cervidés : ....
- Mon tout est le nom d'une bataille de la Première Guerre mondiale : ....

35 Le surréalisme : au-delà du réel

Dans les années 1920, à Paris, de jeunes poètes révoltés par l'absurdité de la Première Guerre mondiale – bientôt rejoints par des peintres, sculpteurs et photographes – décident de faire place dans leurs créations à l'inconscient et au rêve, de formidables réservoirs d'images dites « surréelles » car au-delà de la réalité. Ils fondent le mouvement surréaliste, où l'imagination et la liberté remplacent la raison.

À l'origine du mouvement

- Le 11 novembre 1918, l'armistice signée entre la France et l'Allemagne met fin à la Première Guerre mondiale, durant laquelle plusieurs millions de soldats sont morts au combat. Beaucoup jugent cette guerre absurde et ressentent un fort sentiment de révolte envers la société qui l'a permise et encouragée.
- À Paris, de jeunes écrivains et poètes – André Breton, Louis Aragon, Paul Éluard et Philippe Soupault – sont persuadés que l'art et la poésie peuvent offrir de nouveaux modes de pensée et de nouveaux codes esthétiques propres à transformer la société. Ils admirent le poète Guillaume Apollinaire (mort en 1918), inventeur du mot « surréalisme » et auteur en 1917 de ces mots : « Quand l'homme a voulu imiter la marche, il a inventé la roue qui ne ressemble pas à une jambe. Il a ainsi fait du surréalisme sans le savoir. »

De l'écriture automatique à l'œuvre surréaliste

- Inspirés par les travaux de Sigmund Freud, inventeur de la psychanalyse et auteur en 1900 de *L'Interprétation du rêve*, André Breton et ses amis entendent libérer l'imagination en faisant émerger le domaine de l'inconscient et des rêves, dans le but d'aller au-delà de la réalité et des apparences et ainsi de créer une « surréalité ». Pour ce faire, ils expérimentent l'écriture automatique et le jeu collectif du « cadavre exquis » afin de faire surgir – en l'absence de tout contrôle exercé par la raison et en dehors de toute préoccupation esthétique ou morale – des idées et des images inédites.
- En 1924, Breton publie le *Manifeste surréaliste* et lance une revue, *La Révolution surréaliste*. Jeux d'esprit, dessins collectifs et photomontages font leur apparition. Le surréalisme rallie alors nombre de jeunes artistes étrangers venus vivre et créer à Paris, au premier rang desquels l'Allemand Max Ernst (1891-1976), les Espagnols Joan Miró (1893-1983) et Salvador Dalí (1904-1989), et le Belge René Magritte (1898-1967), lequel devient rapidement l'un des leaders du surréalisme en Belgique. Ce cosmopolitisme donne au mouvement, dès son origine, un impact international.

Le Faux Miroir

Une œuvre qui « voit autant qu'elle est vue »

- *Le Faux Miroir* est une peinture à l'huile de René Magritte, réalisée en 1928. Magritte se fiait uniquement à son imagination pour créer ses tableaux, composés de juxtapositions inattendues d'objets et de métaphores visuelles destinées à remettre en cause les perceptions conventionnelles de la réalité. Ici, il a représenté, dans un style réaliste, un œil sans cils en très gros plan, dont il a remplacé l'iris par un ciel bleu balayé de nuages blancs et peint la pupille d'un noir mat, comme morte. Alors que les zones entourant l'iris de l'œil sont soigneusement ombrées et modelées, le ciel ne présente aucune trace de convexité, aussi apparait-il comme vu à travers une fenêtre circulaire plutôt que reflété dans la surface sphérique et liquide d'un œil.
- L'œil était un sujet qui fascinait les surréalistes, en raison de sa position intermédiaire entre le moi intérieur et subjectif et le monde extérieur. Tandis qu'un miroir reflète ce qui est placé devant lui, l'œil et le cerveau sont sélectifs et subjectifs : ils filtrent et traitent les images que l'on souhaite voir. Le spectateur du *Faux Miroir* (titre trouvé par l'écrivain surréaliste Paul Nougé) regarde cet œil étrange et voit un ciel (comme à travers une fenêtre). En même temps, l'œil l'observe et semble aussi regarder en arrière du spectateur (où se situerait le ciel). Le photographe surréaliste Man Ray, propriétaire du tableau de 1933 à 1936, a résumé cette dualité en décrivant *Le Faux Miroir* comme une peinture qui « voit autant qu'elle est vue ».
- Explorer la relation entre l'observateur et l'observé est un thème récurrent dans l'œuvre de Magritte. Non sans humour, il nous défie de nous interroger sur ce que nous voyons et ce que nous pensons savoir. L'œil est-il une ouverture vers une autre réalité ? A-t-on un regard extérieur ou intérieur sur ce qui nous entoure ? On retrouve dans tous les tableaux de Magritte cette invitation à regarder le monde différemment. « Ma façon de peindre est banale, disait l'artiste. Ce qui est intéressant, c'est ce qu'elle montre. »
- S'ils n'ont pas réussi à changer le monde que la Seconde Guerre mondiale viendra de nouveau terriblement meurtrir, les surréalistes ont révolutionné toutes les formes d'art, y compris le cinéma, en nous apprenant à remettre en question ce qui semble certain, à interroger les apparences. Ils ont su montrer que, derrière le miroir de la réalité, la vie est pleine de mystères et de rêves enfouis – sources de merveilleux, de poésie et de liberté.

Comment mener la séance ?

Objectifs

- Comprendre le contexte de la naissance du surréalisme.
- Découvrir l'art de Magritte.

Réactiver les connaissances des élèves sur la Première Guerre mondiale : *Quand a-t-elle eu lieu ? A-t-elle été meurtrière ?* Rappeler qu'elle fit des millions de morts, de blessés et de mutilés. Expliquer que ce « massacre » est vécu par les populations européennes comme révoltant et absurde. C'est dans ce contexte qu'est né le surréalisme, un mouvement artistique apparu dans les années 1920. Demander : *À votre avis, quand dit-on qu'une situation est « surréaliste » ?* En fonction des réponses, expliquer qu'il s'agit d'une situation absurde, qui peut être drôle ou choquante, et que cet adjectif vient directement du terme « surréalisme », un mot inventé en 1917 par le poète Guillaume Apollinaire. Interroger les élèves : *Quels mots sont contenus dans « surréalisme » ?* Décomposer collectivement le mot et donner son sens : « au-delà de la réalité ». Demander : *Selon vous, qu'est-ce qu'il y a au-delà de la réalité ? Les rêves font-ils partie de la réalité ?* Expliquer que les poètes et les artistes qui ont fondé le mouvement surréaliste ont décidé de laisser place, non plus à la raison et à la réalité, mais aux rêves et à l'inconscient (voir Lexique), au hasard, à l'imagination. Ils ont ainsi créé des œuvres étranges, parfois drôles et toujours pleines de surprises.

① **Découverte du *Faux Miroir*** ⏱ 10 min

Projeter le doc. 1. Demander aux élèves de décrire ce qu'ils voient, puis ce qu'ils ressentent : *Est-ce que ce tableau est bien peint ? Est-ce qu'il vous étonne ? Pourquoi ? En quoi cet œil est-il étrange, voire dérangeant ?* Détailler avec eux les éléments de l'œil : l'iris n'est ni marron ni bleu ni vert, c'est un ciel, et la pupille est d'un noir mat alors que dans la réalité, elle est d'un noir brillant. Noter que le tour de l'œil est également dépourvu de cils. Expliquer que Magritte peignait d'après son imagination, qu'il aimait composer des juxtapositions inattendues d'objets destinées à questionner notre perception de la réalité (préciser qu'il n'a toutefois pas donné les « clefs » pour comprendre avec certitude ses œuvres). Insister sur le titre du tableau, la différence de fonction entre un miroir et un œil, et expliquer comment on peut interpréter cette œuvre (voir recto de cette fiche).

② **Découverte d'une photographie surréaliste** ⏱ 10 min

Projeter le doc. 5. Préciser qu'il s'agit d'une photographie d'une artiste surréaliste, Dora Maar, et laisser réagir les élèves, puis leur demander de décrire ce qu'ils voient. En fonction des réponses, insister sur les différentes zones de la photographie (la main, vraisemblablement celle d'un mannequin de vitrine, le coquillage, la plage, le ciel menaçant) et expliquer le principe du photomontage qui a permis à l'artiste de composer cette œuvre. L'image est certes constituée d'éléments issus de la réalité, mais leur assemblage donne un résultat étrange, surréel. Demander : *Que ressentez-vous en regardant cette image ?* Les avis seront sûrement partagés et peuvent engager une discussion sur les émotions et le ressenti de chacun. Terminer en montrant la vidéo suivante sur les photomontages de Dora Maar : media.mdi-editions.com/yt/hda-d35a (de 1'22 à 2'10).

③ **Fiche documentaire et fiche élève** ⏱ 25 min

La fiche documentaire est vidéoprojetée et lue collectivement, puis la fiche élève est distribuée.

Lexique

- **Inconscient :** ce qui échappe entièrement à la conscience, même quand le sujet cherche à le percevoir.
- **Photomontage :** image réalisée à partir d'éléments provenant de différentes photographies.
- **Rêve :** suite de phénomènes psychiques (d'images, en particulier) se produisant pendant le sommeil.

Je retiens

- Le surréalisme est un mouvement artistique né à Paris dans les années 1920. Il réunit de jeunes poètes, des peintres et des photographes qui, après la Première Guerre mondiale, aspirent à un monde nouveau. Ces artistes, appelés les surréalistes, décident de laisser place à l'imagination, au rêve, au hasard.
- Le peintre belge René Magritte est l'un des grands représentants du surréalisme. Il compose ses tableaux en juxtaposant des objets insolites ou des situations si étranges qu'une « surréalité » apparaît.

Œuvre en réseau

***La Persistance de la mémoire* (1931), par Salvador Dalí.** Dans un style réaliste comparable à celui de Magritte, Salvador Dalí compose des « énigmes » surréalistes. Dans ce paysage de falaises aux couleurs chaudes, inspiré du lieu où il a grandi, l'artiste a peint au sol une créature aux allures fantastiques et quatre montres molles. Trois semblent être en train de fondre et ne peuvent plus mesurer le temps. La quatrième, de couleur rouge, est envahie de fourmis. Avec ce tableau, Dalí remonte à son enfance, où il avait terriblement peur des fourmis.
Conservé au Museum of Modern Art (MoMA), à New York.

35 Le Faux Miroir

1 Un œil surréaliste

- Ce tableau représente **un œil, dont le peintre a remplacé l'iris** (habituellement marron, bleu ou vert) **par un ciel** ; la pupille, elle, n'est pas d'un noir brillant, mais d'un noir très mat et elle semble flotter au milieu du ciel ; le pourtour de l'œil est soigneusement modelé et ombré… mais il est dépourvu de cils. Par conséquent, le ciel apparait comme vu à travers une fenêtre circulaire.
- Cette étrange image d'œil-ciel est typiquement **surréaliste** et caractéristique de l'art du peintre belge **René Magritte**, qui aime associer des éléments insolites en vue de créer un sentiment d'étrangeté : en même temps que le spectateur du *Faux Miroir* regarde cet œil et voit un ciel, l'œil le regarde !

2 Fiche d'identité

Quoi ? Huile sur toile.
Par qui ? René Magritte (1898-1967).
Dimensions ? 54 × 81 cm.
Où ? New York, Museum of Modern Art (MoMA).
Quand ? 1929.

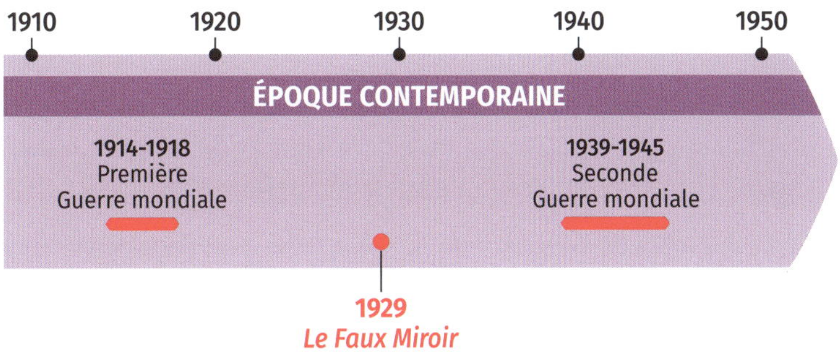

3 C'est quoi le surréalisme ?

- Le surréalisme est un **mouvement artistique** né à Paris au début des années 1920. Il est **fondé par des poètes** qui, après la Première Guerre mondiale, ne croient plus en la société qu'ils rendent responsable des millions de morts et de blessés. **D'abord littéraire**, le surréalisme attire rapidement des **peintres** et des **photographes** des quatre coins de l'Europe et des États-Unis.
- Tous sont épris de liberté et souhaitent créer un monde nouveau, où l'**on s'amuse avec les mots et les images**. Des images où règnent la poésie et le mystère, l'étrange et le merveilleux, **comme dans les rêves**, où les objets les plus insolites se rencontrent par hasard pour créer une autre forme de réalité : ni réelle ni irréelle, mais **surréelle** !

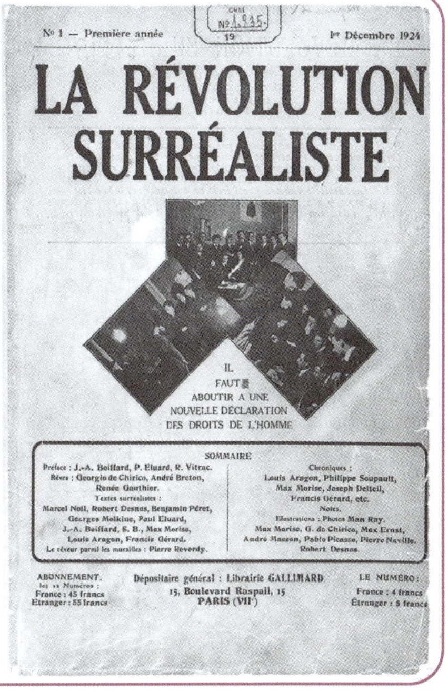

Nº 1 — Première année — 1er Décembre 1924

LA RÉVOLUTION SURRÉALISTE

IL FAUT ABOUTIR A UNE NOUVELLE DÉCLARATION DES DROITS DE L'HOMME

SOMMAIRE

Préface : J.-A. Boiffard, P. Eluard, R. Vitrac.
Rêves : Georgio de Chirico, André Breton, Renée Gauthier.
Textes surréalistes : Marcel Noll, Robert Desnos, Benjamin Péret, Georges Malkine, Paul Eluard, J.-A. Boiffard, S. B., Max Morise, Louis Aragon, Francis Gérard.
Le rêveur parmi les murailles : Pierre Reverdy.
Chroniques : Louis Aragon, Philippe Soupault, Max Morise, Joseph Delteil, Francis Gérard, etc.
Notes.
Illustrations : Photos Man Ray. Max Morise, G. de Chirico, Max Ernst, André Masson, Pablo Picasso, Pierre Naville, Robert Desnos.

ABONNEMENT. les 12 Numéros : France : 45 francs Etranger : 55 francs

Dépositaire général : Librairie GALLIMARD 15, Boulevard Raspail, 15 PARIS (VIIe)

LE NUMÉRO : France : 4 francs Étranger : 5 francs

Couverture du premier numéro de *La Révolution surréaliste*, lancée en décembre 1924 par le poète André Breton.

35 Le Faux Miroir

4 Le jour et la nuit sur un même tableau

- Dans cet autre tableau de René Magritte, **tout a l'air normal** : une maison est cachée dans les arbres, les volets du bas sont fermés, les fenêtres sont éclairées à l'étage, le lampadaire est allumé. **Il fait nuit… sauf dans le ciel où il fait grand jour !**
- Dans la réalité, il est impossible de voir le jour et la nuit en même temps. En revanche, **c'est possible dans les rêves** : d'une part, parce que les rêves sont une déformation de la réalité ; d'autre part, parce que, quand on dort, notre cerveau associe souvent des images dans le désordre.
- René Magritte n'a pas son pareil pour nous troubler : en juxtaposant le visible apparent et le visible caché, il nous oblige à **nous interroger sur ce que l'on voit** et **nous fait basculer dans une autre réalité**, surréelle.

René Magritte, *L'Empire des lumières*, 1954, huile sur toile. Bruxelles, musée Magritte.

5 Une main-coquillage

- Le mouvement surréaliste compte aussi des **photographes**, dont une femme, **Dora Maar** (1907-1997). Au début des années 1930, elle recourt à la technique du **photomontage**, qui consiste à assembler plusieurs morceaux de différentes photographies.
- Cela lui permet de créer des images étranges, comme cette **mystérieuse main-coquillage** aux ongles vernis, échouée sur une plage sous un ciel menaçant. Cette image à la fois belle et inquiétante semble sortie tout droit d'un **rêve virant au cauchemar** !

Dora Maar, *Main sortant d'un coquillage sous un ciel d'orage*, vers 1934. Paris, Centre Pompidou – Musée national d'Art moderne.

Métier

Monteur truquiste

Certains films ou séries regorgent d'effets spéciaux spectaculaires que l'on doit au monteur truquiste. Véritable magicien de l'image, ce professionnel manie à la perfection les logiciels numériques. En post-production, c'est-à-dire après le tournage, il travaille en lien étroit avec le réalisateur pour créer tous types d'effets : insertion de décors ou de personnages fantastiques, lumières surnaturelles, explosions de monuments, etc. Il peut aussi retoucher les images d'une séquence pour supprimer des éléments indésirables, comme une voiture qui passe au loin dans un film sur Louis XIV !

Ça alors !

Les surréalistes cherchaient à révéler des images ou des mots enfouis au plus profond d'eux. Pour que leur esprit s'exprime librement, ils pratiquaient à plusieurs « l'écriture automatique », qui consiste à écrire des mots le plus vite possible, sans penser à rien. Ils jouaient aussi au « cadavre exquis » : il s'agit d'écrire un mot en haut d'une feuille de papier, de la plier pour masquer ce qui est inscrit et de la passer à son voisin qui écrit à son tour un mot, et ainsi de suite avec chacun des joueurs. Une fois dépliée, la feuille contient une drôle de phrase, comme celle qui a donné son nom à ce jeu : « Le cadavre / exquis / boira / le vin / nouveau. » On peut aussi y jouer en dessinant sur la feuille ou en collant des images.

35 *Le Faux Miroir*

Fiche élève

1 Place sur cette frise la date du tableau *Le Faux Miroir*, par Magritte.

1910 – 1920 – 1930 – 1940 – 1950

ÉPOQUE CONTEMPORAINE

1914-1918
Première Guerre mondiale

1939-1945
Seconde Guerre mondiale

2 *Vrai* ou *faux* ? Coche la bonne réponse.

	Vrai	Faux
a. Le surréalisme est un mouvement artistique né peu après la Première Guerre mondiale.	☐	☐
b. Les surréalistes sont des artistes qui n'aiment que la réalité.	☐	☐
c. Dans leurs créations, ils mettent en valeur l'imagination et le rêve.	☐	☐
d. René Magritte est un peintre surréaliste italien.	☐	☐
e. Les photographes surréalistes pratiquent le photomontage.	☐	☐

3 Les surréalistes aimaient s'amuser avec les mots. Ils ont inventé deux jeux qui reposent sur le hasard. Recompose leurs noms en choisissant parmi les mots suivants.

CADAVRE – PAPIER – ÉCRITURE – ESQUISSE – RÊVE – EXQUIS – CERVEAU – AUTOMATIQUE

Jeu 1 : ....

Jeu 2 : ....

4 Complète le texte en t'aidant de la fiche documentaire.

Le surréalisme est un .... artistique fondé par de jeunes poètes et artistes à Paris dans les années 1920. Révoltés par l'absurdité de la .... Guerre mondiale et ses millions de morts, ils aspirent à un monde nouveau. Ils décident de créer en laissant place à l'imagination, au rêve, au mystère, au hasard. Le .... René .... et la photographe Dora .... sont des artistes surréalistes. Ils composent des images où viennent se juxtaposer des objets ou des situations insolites, si étranges qu'elles semblent tout droit venir d'un ....

Jeux

LE FAUX MIROIR

Photomontage **Recherche, découpe et colle des images afin de créer un photomontage surréaliste.**

Cadavre exquis **Par groupe de 5.**

Sur le haut d'une feuille A4, le premier élève note le début d'une phrase (voir instructions) puis replie la feuille de façon à cacher ce qu'il a écrit. L'élève suivant écrit la suite de la phrase, replie la feuille et la donne à un troisième élève, et ainsi de suite. Dépliez ensuite la feuille et lisez collectivement la drôle de phrase obtenue !

Instructions de rédaction

- Élève 1 : déterminant + nom commun
- Élève 2 : adjectif
- Élève 3 : verbe d'action conjugué
- Élève 4 : déterminant + nom commun
- Élève 5 : adjectif

36 1939-1945 : opération Louvre !

Dès les premiers jours de septembre 1939, lorsqu'éclate la Seconde Guerre mondiale, les capitales européennes évacuent les œuvres de leurs musées pour les mettre à l'abri des bombardements et du pillage de l'Allemagne nazie. En France, sous la houlette de Jacques Jaujard, sous-directeur des musées nationaux français, le Louvre et d'autres musées parisiens vont ainsi se vider de leurs collections, en partance notamment pour le château de Chambord.

Un plan d'évacuation anticipé et précis

- Pendant la Première Guerre mondiale, les bombardements ont détruit nombre de bâtiments en France et les collections de nombreux musées français, en particulier celles du Louvre, ont été partiellement évacuées, le plus souvent dans l'urgence.
- Dans les années 1930, avec la montée des tensions internationales, la direction des musées nationaux entreprend de mettre au point un vrai plan de mise à l'abri des collections nationales, notamment celles du Louvre. Il est alors décidé de choisir comme lieux de dépôt des châteaux ou abbayes situés de l'autre côté de la Loire, loin de tout site militairement stratégique. En 1938, face aux volontés belligérantes de l'Allemagne nazie, ce plan se précise, sous la supervision de Jacques Jaujard, alors sous-directeur des musées nationaux : les listes des œuvres à déménager sont dressées, les sites de mise en sécurité repérés et les itinéraires d'évacuation fixés. Le 28 août 1939, la décision est prise d'évacuer les œuvres le plus rapidement possible.

La *Vénus de Milo* mise en caisse

Départ pour le château de Valençay

- La *Vénus de Milo* est l'un des fleurons du Louvre. C'est une statue en marbre de 2 mètres de hauteur, sculptée vers 150-130 av. J.-C., découverte en avril 1820 sur l'île grecque de Milo et acquise par la France en 1821. Ne sachant pas quelle déesse de l'Antiquité grecque elle représente, on lui donne le nom de Vénus, la déesse de l'amour, du fait de la beauté de son corps, malgré l'absence de son bras gauche et de son avant-bras droit.
- Début septembre 1939, elle fait partie des premières œuvres à quitter le Louvre, où elle est remplacée par une copie, moulée en plâtre ! Installée dans une caisse en bois renforcée, elle prend la direction du château de Valençay (Indre) où elle va passer toute la guerre.

Du Louvre au château de Chambord

- L'opération consistant à vider le Louvre – près de 4 000 tableaux, des sculptures et des objets d'art – est une tâche de grande ampleur : outre la mobilisation du personnel, elle implique une importante logistique (démontage, emballage, mise en caisse, étiquetage, transport en camion). Elle va pourtant se dérouler en seulement quatre mois ! Entre septembre et fin décembre 1939, 51 convois et quelque 5 450 caisses vont ainsi prendre la route de l'exode, direction le château de Chambord : celui-ci doit servir de « gare de transit » avant que les caisses ne soient réparties vers d'autres sites, puis devient le principal site des dépôts.
- En juin 1940, Paris est occupé par l'armée allemande et le Louvre réquisitionné… mais c'est un musée quasiment vide que les officiers SS découvrent : seules des sculptures intransportables sont encore présentes, tandis que quelques moulages en plâtre font illusion.

Jacques Jaujard, un fin stratège

- Dès juin 1940, Jacques Jaujard n'hésite pas à fournir aux Allemands la carte des dépôts, avec la liste de leur contenu : il pense, à juste titre, qu'ils les préserveront d'autant mieux qu'ils attendent la victoire de l'Allemagne pour se les approprier ! Dès lors, le château de Chambord est placé sous la haute surveillance de soldats allemands.
- En matière d'art, les objectifs d'Hitler sont précis : après avoir, dès 1937, « débarrassé » les musées allemands de l'art moderne qu'il juge « dégénéré », il fait construire en 1939 dans son Autriche natale un musée d'« art idéal », qu'il entend remplir avec les œuvres d'art volées aux juifs d'Europe dont il a entrepris le génocide, et celles qui seront pillées dans les musées des pays occupés. Ainsi, sous l'Occupation, le musée parisien du Jeu de Paume, tout près du Louvre, est réquisitionné par les nazis : il va leur servir à trier les œuvres systématiquement spoliées aux familles juives. Certaines sont détruites, les autres expédiées en Allemagne.

Rose Valland et la restitution des œuvres

- Rose Valland (1898-1980), à la demande de Jacques Jaujard, est à cette époque la seule Française en activité au Jeu de Paume. Elle assiste à ce « pillage » sans piper mot pendant les quatre années d'occupation… En réalité, elle « espionne » – au péril de sa vie – les allées et venues des œuvres et dresse en secret un inventaire précis de leur provenance et de leur destination. La guerre finie, elle part en Allemagne où, en lien avec les Alliés, elle va passer dix ans à retrouver les œuvres spoliées. Grâce aux renseignements qu'elle avait collectés, 60 000 d'entre elles ont pu être rapatriées en France et, pour beaucoup, retrouver leurs propriétaires ou leurs ayants droit.
- Si le retour des œuvres du Louvre s'est déroulé sans dommages entre juin 1945 et 1947, il reste aujourd'hui, en France, près de 2 000 œuvres qui n'ont pas retrouvé leurs propriétaires légitimes. Elles ont provisoirement intégré les collections des musées nationaux, dans l'attente de réclamations, tandis que de nombreux chercheurs continuent de travailler à leur possible restitution.

Comment mener la séance ?

Objectifs

- Découvrir l'impact de la guerre sur les musées et les œuvres d'art.
- Comprendre les enjeux de leur protection.

Réactiver les connaissances des élèves sur la Seconde Guerre mondiale : *Quand a-t-elle lieu ? Quels sont les évènements qui la déclenchent ? Savez-vous ce qui s'est passé pour la France en 1940 ?* En fonction des réponses, rappeler les faits : en 1940, la France est occupée par les troupes allemandes et, le 17 juin 1940, le maréchal Pétain, chef du gouvernement français, signe l'armistice avec l'Allemagne et collabore avec les nazis.
Dire que l'on va s'intéresser au musée du Louvre pendant la guerre. Demander : *D'après vous, les œuvres d'art courent-elles des risques en temps de guerre ? Lesquels ?* En fonction des réponses, expliquer que les bombardements de la Première Guerre mondiale ont détruit de nombreux édifices (par exemple, la cathédrale de Reims) et obligé, à la hâte, d'évacuer les œuvres d'art des musées. C'est pourquoi, lorsque la guerre s'annonce imminente, dès fin août 1939, un plan de sauvegarde est mis au point, à Paris, par la direction des musées nationaux.

1. **Découverte de la mise en caisse de la *Vénus de Milo*** 10 min
Projeter le doc. 1. Dire que cette photographie montre la mise en caisse d'une œuvre phare du Louvre : la *Vénus de Milo*. Expliquer qu'il s'agit d'une statue en marbre, sculptée en Grèce vers 150-130 av. J.-C., découverte en 1820 sur l'ile grecque de Milo et entrée au musée en 1821. Dire pourquoi on l'appelle ainsi (voir recto de cette fiche). Préciser qu'elle fait partie des premières œuvres à quitter le Louvre, début septembre 1939, direction le château de Valençay (Indre) où elle va passer toute la durée de la guerre. Montrer la vidéo sur l'exil des chefs-d'œuvre du Louvre pendant la guerre (media.mdi-editions.com/hda-d36a).

2. **Découverte du Louvre vide** 10 min
Projeter le doc. 3. Préciser qu'il s'agit ici de la Grande Galerie du Louvre et proposer aux élèves de décrire la photo. Demander : *D'après vous, que peut-on déduire de tous ces cadres vides ?* En fonction des réponses, expliquer que les tableaux ont été décadrés, les toiles roulées pour être mises en caisse et que c'est plus de 3 600 peintures qui ont été déménagées du Louvre, direction le château de Chambord. Évoquer le fait que ce château a rapidement été placé sous haute surveillance par l'armée allemande (voir recto de cette fiche).

3. **Évocation de la spoliation des Juifs à travers le rôle tenu par Rose Valland** 10 min
Rappeler que, pendant toute l'Occupation, le gouvernement français a collaboré à la déportation des Juifs de France vers les camps de concentration en Allemagne. Expliquer que tous les biens de ces derniers ont été spoliés (meubles, bijoux et œuvres d'art), évoquer le rôle de Rose Valland au musée du Jeu de Paume (voir recto de cette fiche) et montrer la vidéo (de 0'25 à 0'47 : media.mdi-editions.com/yt/hda-d36b). Insister sur son héroïsme et le fait qu'elle a risqué sa vie chaque jour pendant quatre ans.

4. **Fiche documentaire et fiche élève** 25 min
La fiche documentaire est vidéoprojetée et lue collectivement, puis la fiche élève est distribuée.

Lexique

- **Spoliation** : action de spolier, c'est-à-dire de dépouiller quelqu'un d'un bien ; pendant la Seconde Guerre mondiale, les Juifs ont été spoliés – par l'Allemagne nazie mais aussi par des Français collaborateurs – de tous leurs biens de valeur.

Je retiens

- En 1938, la direction des musées nationaux met au point un plan pour évacuer les musées parisiens en cas de guerre. Il est prévu de mettre les œuvres à l'abri loin des sites militaires susceptibles d'être bombardés.
- Lorsque la guerre éclate en 1939, le Louvre commence à évacuer ses œuvres les plus précieuses, dont la *Vénus de Milo*. Quatre mois plus tard, le Louvre est entièrement déménagé et le château de Chambord, qui sert de dépôt principal, rempli de caisses !
- En juin 1940, les nazis réquisitionnent le musée du Jeu de Paume pour y stocker les œuvres d'art spoliées aux Juifs de France. Pendant quatre ans, Rose Valland, la seule Française restée en activité au musée, va lister secrètement toutes les œuvres pillées. Grâce à elle, plus de 60 000 œuvres seront retrouvées après la guerre.

Œuvre en réseau

Le retour de *La Joconde* au Louvre, le 17 juin 1945. En septembre 1939, *La Joconde*, le grand chef-d'œuvre du Louvre, fait partie des premières œuvres à partir pour le château de Chambord, dans une caisse à double paroi. Elle est ensuite déplacée de cachette en cachette tout au long de la guerre. Un mois après l'armistice du 8 mai 1945, qui met fin à la guerre, elle est de retour au Louvre, intacte !

36 La *Vénus de Milo* mise en caisse

1 Une des premières œuvres à quitter le Louvre !

- Dès 1938, face à la montée des tensions internationales et l'ambition d'Hitler d'envahir l'Europe, la direction des musées nationaux, en France, élabore un **plan d'évacuation des œuvres du musée du Louvre** pour les mettre en sécurité si une guerre se déclare.
- Lorsque la guerre éclate le 3 septembre 1939, tout est prêt pour faire partir les premières œuvres, parmi les plus précieuses. Elles sont emballées avec soin, comme ici la ***Vénus de Milo*** que le personnel du musée est en train d'installer dans une caisse renforcée.
- Sculptée vers 150-130 av. J.-C., découverte en avril 1820 sur l'ile grecque de Milo et acquise par la France en 1821, la *Vénus de Milo* est l'un des joyaux du Louvre. Elle passera toute la durée de la guerre au **château de Valençay**, dans l'Indre.

Au Louvre, mise en caisse de la *Vénus de Milo*, début septembre 1939.

2 Fiche d'identité

Quoi ? *Vénus de Milo* mise en caisse pour déplacement en lieu sûr.

Où ? Découverte sur l'ile grecque de Milo, exposée au musée du Louvre, déplacée au château de Valençay (Indre).

Quand ? Sculptée entre – 150 et – 130, déménagée du Louvre début septembre 1939.

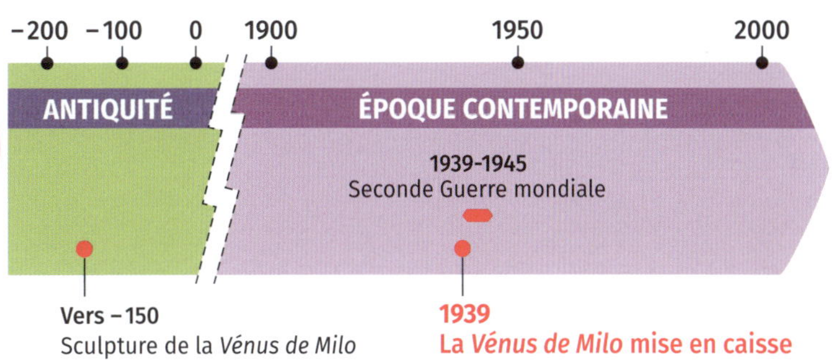

3 Le Louvre se vide, Chambord se remplit !

- Le musée du Louvre met seulement **quatre mois** – de début septembre à fin décembre 1939 – pour déménager la majorité de ses œuvres.
- Dans la **Grande Galerie**, il n'y a plus que des cadres vides, posés par terre. Tous les tableaux ont été décadrés, les toiles roulées et mises en caisse… **direction le château de Chambord**, d'où les caisses seront réparties vers d'autres châteaux ou abbayes alentours.
- Finalement, de très nombreuses caisses restent au château de Chambord : elles y sont plus que jamais en sécurité, **sous la surveillance de soldats allemands**, car Hitler a prévu de récupérer les œuvres des collections françaises lorsqu'il gagnera la guerre.
- Le **8 mai 1945**, l'Allemagne nazie capitule : les œuvres regagnent le Louvre peu après, intactes !

La Grande Galerie du Louvre vidée de ses tableaux, 1939.

36 La *Vénus de Milo* mise en caisse

4 Rose Valland, sur le front de l'art !

- Lorsque la France est occupée par l'Allemagne à partir de juin 1940, le **musée du Jeu de Paume**, près du Louvre, est réquisitionné : il sert aux nazis à stocker les **œuvres d'art qui sont systématiquement spoliées aux Juifs**, comme tous leurs biens de valeur. Une fois triées, ces œuvres sont envoyées en Allemagne et en Autriche.
- **Rose Valland** est alors la seule Française autorisée à travailler au Jeu de Paume. Pendant quatre ans, elle va secrètement **lister toutes les œuvres pillées** (propriétaire, destination…) au péril de sa vie. Grâce à elle, plus de **60 000 œuvres seront retrouvées** après la guerre.
- En 1961, elle témoigne de son **action de résistante** dans un livre intitulé *Le Front de l'art* (photo ci-contre).

5 L'art est toujours une cible

- Aujourd'hui encore, partout où une guerre éclate, les œuvres d'art d'un pays – celles des musées mais aussi ses édifices anciens – sont en danger. Pour le pays attaquant, elles sont en effet une **cible privilégiée** car les détruire porte atteinte à la culture même du pays attaqué.
- Cette photographie a été prise le 7 mars 2022, moins de quinze jours après que la Russie a envahi l'Ukraine : elle montre des employés du **musée national de la ville ukrainienne de Lviv** en train de déplacer une œuvre pour la mettre **à l'abri des bombardements russes**.

Métier

Chercheur spécialisé en « spoliation »

Depuis 2013, un groupe de chercheurs composé de conservateurs, d'archivistes et d'historiens travaille sur les œuvres d'art spoliées en France par les nazis pendant l'Occupation. Ils « enquêtent » pour retrouver les descendants de leurs anciens propriétaires, afin de pouvoir les leur restituer. En attendant, ces œuvres, retrouvées après la guerre, sont conservées dans les musées français sous la dénomination MNR, abréviation de « Musées Nationaux Récupération ».

Ça alors !

Au château de Valençay, la *Vénus de Milo* et la *Victoire de Samothrace* sont en sécurité pendant toute la durée de la guerre… jusqu'au 16 août 1944 : ce jour-là, des officiers allemands investissent le château et menacent de le détruire, en représailles au meurtre de deux de leurs soldats dans la forêt voisine. Le conservateur, chargé de la sécurité des œuvres, ose leur lancer : « Voulez-vous être ceux à qui la postérité reprochera la destruction de la *Vénus de Milo* et de la *Victoire de Samothrace* ? » Grâce à cette phrase, le château et ses trésors du moment furent épargnés !

36 La *Vénus de Milo* mise en caisse

1 Place sur cette frise la date de la mise en caisse de la *Vénus de Milo*.

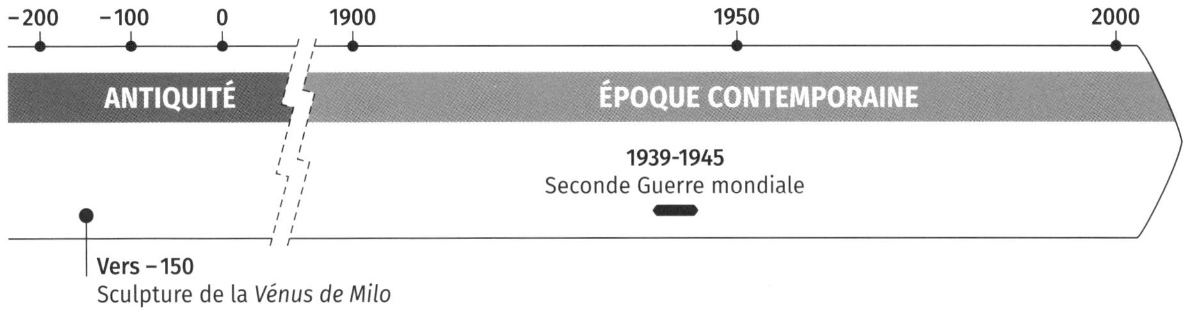

Fiche élève

2 *Vrai* ou *faux* ? Coche la bonne réponse.

	Vrai	Faux
a. La *Vénus de Milo* est une statue en marbre sculptée en Grèce.	☐	☐
b. Elle a été mise en sécurité au château de Valençay pendant la Première Guerre mondiale.	☐	☐
c. Le musée du Louvre a été bombardé en 1940.	☐	☐
d. Le château de Chambord a servi de dépôt aux œuvres du Louvre.	☐	☐
e. Le plan de mise en sécurité des œuvres du Louvre a bien fonctionné.	☐	☐

3 Rose Valland a risqué sa vie pendant la Seconde Guerre mondiale. Explique ce qu'elle a fait.

....

....

....

....

....

4 Complète le texte en t'aidant de la fiche documentaire.

En 1938, la direction des musées nationaux met au point un plan d'évacuation des œuvres du musée du ...., en cas de guerre. Elles seront déménagées vers des .... ou des abbayes au sud de la Loire. Dès que la .... Guerre mondiale éclate, le 3 septembre ...., les œuvres les plus précieuses, comme la .... *de Milo*, sont ainsi mises en caisse et évacuées. En quatre mois, le Louvre est vidé de ses collections et le château de .... se remplit de caisses ! À la fin de la guerre, en 1945, les œuvres réintègrent le musée, intactes !

LA *VÉNUS DE MILO* MISE EN CAISSE

Cachette secrète Choisis trois de tes objets préférés, dessine-les, puis explique pour chacun à quel endroit ou chez qui tu aurais envie de les cacher !

Où le cacherais-tu ?

....

....

....

....

....

....

Où le cacherais-tu ?

....

....

....

....

....

....

Où le cacherais-tu ?

....

....

....

....

....

....

37 Le Nouveau Réalisme : l'art de recycler le réel

Le Nouveau Réalisme est un courant artistique phare des années 1960 en France. Il réunit une bande de « copains » qui, volontiers ironiques face à la société de consommation, utilisent des objets de récupération et inventent de nouvelles manières de créer, comme le sculpteur César et ses célèbres *Compressions*.

Un monde nouveau

- Au début des années 1960, le monde a changé : la fin de la Seconde Guerre mondiale a entrainé un nouveau dynamisme industriel et la société de consommation est en marche, avec sa production intensive d'objets nouveaux, promus à grand renfort d'affiches publicitaires. Dans les domaines de la création, tout est également nouveau : on parle de Nouveau Roman en littérature, de Nouvelle Vague pour le cinéma et de Nouveau Réalisme pour les arts plastiques.

Nouveau Réalisme, kézako ?

- Au printemps 1960, le critique d'art Pierre Restany forge l'expression « Nouveau Réalisme » pour défendre l'exposition collective de six artistes – Arman, François Dufrêne, Raymond Hains, Yves Klein, Jean Tinguely et Jacques Villeglé. Leur style est différent, mais tous ont un point commun : à l'heure où l'abstraction domine la scène artistique, ils opèrent un retour au réel en s'appropriant des objets pour créer leurs œuvres.
- En reprenant le terme de « réalisme », Pierre Restany se réfère au mouvement artistique et littéraire du XIXe siècle qui entendait décrire, sans la magnifier, la réalité quotidienne. Cependant, le réalisme des Nouveaux Réalistes est doublement « nouveau » : d'une part, il est lié à la nouvelle société de consommation et à sa surproduction d'objets ; d'autre part, le mode opératoire des artistes ne consiste plus à « représenter » avec les outils traditionnels du peintre ou du sculpteur, mais à « présenter » des objets tels quels ou presque. Ainsi, Arman s'empare de centaines d'objets identiques (montres, réveils, poupées cassées) qu'il entasse en *Accumulations*. Villeglé, Hains et Dufrêne décollent les affiches publicitaires des murs pour les ériger en « tableaux », Tinguely détourne des mécanismes de machines…

Une singularité collective

- Le Nouveau Réalisme est officiellement acté par la signature d'un court manifeste : « Le jeudi 27 octobre 1960, les Nouveaux Réalistes ont pris conscience de leur singularité collective. Nouveau Réalisme = nouvelles approches perceptives du réel. » Rapidement, d'autres artistes rejoignent le groupe : parmi eux, Martial Raysse assemble des objets ménagers en plastique, Daniel Spoerri « piège » des restes de repas et César compresse des carrosseries de voitures… Accumuler, piéger, compresser : autant de démarches visant joyeusement à désacraliser le geste créateur tout en inventant de nouveaux langages plastiques singuliers.

Compression

Une presse hydraulique pour outil !

- Gros « paquet » de ferraille de 1,5 m de hauteur posé à même le sol, tel un totem, *Compression* est l'un des tout premiers « écrasements » de carrosseries de voitures que réalise en 1960 le sculpteur César Baldaccini, dit César (1921-1998). Formé à la sculpture à l'école des Beaux-Arts de Paris, César commence à se faire connaitre au milieu des années 1950 en soudant à l'arc des morceaux de fer qu'il récupère dans des décharges et qu'il métamorphose en animaux fantastiques. En 1960, lorsque le ferrailleur chez qui il se fournit met en service une énorme presse hydraulique capable d'engloutir une voiture accidentée, César est fasciné ! Il y voit aussitôt le moyen de « renouveler » son geste artistique et lance au ferrailleur : « Mettez-moi une voiture noire, deux capots rouges, douze pare-chocs. »
- D'abord décrié lorsque César présente trois de ses *Compressions* au Salon de Mai 1960, son geste radical – qu'il réitère à maintes reprises, soit en « dirigeant » ses écrasements en choisissant la couleur des carrosseries et leur place dans la presse, soit en réalisant de plus petits formats en pressant des canettes de soda ou des couverts en métal – contribue rapidement à faire de César l'un des sculpteurs les plus innovants de son époque.

Un gigantesque pouce !

- Comme d'autres Nouveaux Réalistes, César a le gout du monumental : en 1965, il invente un type de sculpture qu'il nomme *Expansion* (par opposition à *Compression*). Cette fois, il choisit de mettre « à l'œuvre » un matériau industriel : de la mousse de polyuréthane qui, travaillée et versée librement au sol, s'étend et gonfle dans des proportions étonnantes.
- Toujours en 1965, à l'occasion d'une exposition collective, « La Main, de Rodin à Picasso » (galerie Claude Bernard, Paris), il expose *Pouce agrandi*, haut de 40 cm et présenté debout. C'est l'empreinte parfaitement réaliste du pouce de l'artiste, agrandie au pantographe puis moulée dans de la résine. Là encore, l'œuvre divise, avant de connaitre le succès : au gré des commandes, César décline son *Pouce* dans divers matériaux et dans toutes les tailles. Le plus grand est celui installé à la Défense : en bronze, il mesure 12 mètres et pèse 18 tonnes !
- Le courant du Nouveau Réalisme s'est poursuivi jusqu'en 1970, à travers des actions-spectacles menées en public et des expositions collectives en Europe et à New York.

Comment mener la séance ?

Objectifs

- Découvrir un mouvement artistique lié au développement de la société de consommation.
- Comprendre le processus créatif d'un artiste de ce mouvement.

Demander aux élèves : *Pouvez-vous donner la définition du mot « réel » ou « réalité » ?* En fonction des réponses (voir Lexique), leur proposer de décrire un objet avec « réalisme ». Expliquer que le terme « réalisme » désigne aussi un courant littéraire et artistique du XIXe siècle, qui vise à décrire la réalité avec une objectivité parfaite et dans tous ses aspects, même les plus cruels et misérables. Dire que l'on va s'intéresser au « Nouveau Réalisme », un courant artistique apparu en France au tout début des années 1960. Expliquer que la société change après la Seconde Guerre mondiale, grâce à un nouvel essor industriel (lié aux reconstructions) et à l'envie des gens de vivre bien et de « consommer ». C'est le début de « la société de consommation », avec la création des supermarchés et le développement croissant de la publicité, qui pousse la population à acheter de nouveaux produits. Expliquer que l'on se débarrasse de beaucoup d'objets plus anciens pour en acheter des neufs, plus jolis et plus pratiques. Dire qui sont les Nouveaux Réalistes : une douzaine d'artistes dont la démarche consiste à s'approprier des objets (vieux ou neufs) issus de la « réalité » quotidienne pour créer de nouveaux types d'œuvres d'art et inventer des gestes artistiques singuliers. Donner deux exemples : Arman qui « accumule » des dizaines d'objets de même type ; Daniel Spoerri qui « piège » des fins de repas, en collant verres et assiettes vides sur une planche (media.mdi-editions.com/hda-d37a).

1. **Découverte de la *Compression* de César** 10 min
Projeter le doc. 1 a et b. Dire qu'il s'agit d'une photographie du sculpteur César, qui se trouve dans une décharge de vieilles voitures, et de l'une de ses œuvres appelée *Compression*. Faites décrire les deux images, puis demander : *Selon vous, quel est le lien entre la photographie et l'œuvre ?* En fonction des réponses, expliquer comment César a eu l'idée de réaliser sa *Compression* et montrer la vidéo suivante, de 1'30 à 3'02, qui présente l'artiste et son travail : media.mdi-editions.com/yt/hda-d37b. Insister sur le fait que c'est la machine qui a « compressé » les morceaux de carrosserie, mais que c'est bien son « idée » et son « droit », en tant qu'artiste, de donner à cette compression le statut d'œuvre d'art. Demander : *Trouvez-vous cela beau ?* Laisser les élèves débattre, puis poursuivre : *À votre avis,* Compression *est-il un bon titre ?*

2. **Découverte du *Pouce* de César** 10 min
Projeter le doc. 3. Laisser les élèves réagir, puis dire qu'il s'agit d'une autre sculpture de César, *Le Pouce*, installée dans le quartier de la Défense, à Paris. Dire qu'il est en bronze et demander : *À votre avis, quelle est sa taille ?* Donner la taille du *Pouce* (12 m de haut), son poids (18 tonnes) puis expliquer qu'il s'agit de l'empreinte du propre pouce de César et décrire le processus de réalisation : en 1965, il moule une empreinte de son pouce dans du plâtre, en prenant soin de faire apparaitre tous les détails de la peau et de l'ongle. Il en réalise ensuite un moulage en résine de 40 cm, intitulé *Pouce agrandi*, qu'il présente à Paris pour une exposition sur le thème de « La Main ». Expliquer que ce *Pouce*, d'abord décrié pour le manque de travail de l'artiste, connait finalement un tel succès que César en a réalisé plusieurs de différentes tailles, dont cet immense *Pouce* en bronze qui a nécessité des mois de travail à toute une équipe. Dire que les Nouveaux Réalistes ont le gout du monumental et ont réalisé des commandes publiques qui viennent s'intégrer dans la réalité urbaine et le quotidien des passants (projeter le doc. 4 a).

3. **Fiche documentaire et fiche élève** 25 min
La fiche documentaire est vidéoprojetée et lue collectivement, puis la fiche élève est distribuée.

Lexique

- **Manifeste :** déclaration écrite définissant un programme ou un mouvement artistique.
- **Réalité :** ce qui est réel, ce qui existe effectivement (contrairement à l'invention, l'illusion ou l'apparence).
- **Société de consommation :** expression utilisée pour désigner une société au sein de laquelle les consommateurs sont incités à consommer des biens et services de manière abondante.

Je retiens

- Le sculpteur César invente en 1960 ses *Compressions*, qu'il réalise chez un ferrailleur à partir d'une presse géante qui broie de vielles carrosseries de voitures. C'est la presse qui compresse, mais c'est lui qui a l'idée de présenter ces compressions comme de l'art !
- César fait partie du groupe des « Nouveaux Réalistes » : face à la société de consommation, ces artistes imaginent des œuvres singulières à partir d'objets existants.

Œuvre en réseau

Étalage, hygiène de la vision **(1960), par Martial Raysse.** C'est un peu la pagaille dans cet étalage que propose le sculpteur Martial Raysse, où balai et produits ménagers côtoient des jouets en plastique. L'ensemble est très gai avec ses couleurs vives et la ménagère souriante. Avec cette œuvre, Raysse plonge dans la réalité de la société de consommation, tout en montrant que les gens sont désireux et contents de consommer.
Conservé dans une collection particulière.

37 Compression

1 Un paquet bien carrossé !

- En 1960, le **sculpteur César** découvre, dans une décharge d'automobiles de la banlieue parisienne, une gigantesque **presse** capable de broyer des carcasses de voitures accidentées et de les réduire en « paquets » de métal ! Il décide d'utiliser cette presse pour créer un **nouveau type de sculpture**, auquel il donne tout simplement le nom de ***Compression***. En s'appropriant le geste d'écrasement de la machine, il invente une nouvelle manière de sculpter !
- César fait partie du groupe des **« Nouveaux Réalistes »** qui, dans les **années 1960**, se sont servis d'objets réels pour créer et livrer ainsi une part « nouvelle » de réalité.

b Le sculpteur César posant devant des carcasses de voitures dans une décharge d'automobiles, février 1969.

a

2 Fiche d'identité

Quoi ? Sculpture en tôle d'acier compressée, peinture et divers métaux.

Par qui ? César Baldaccini (1921-1998), dit César.

Dimensions ? 150 cm × 64 cm × 53 cm.

Où ? Paris, Centre Pompidou – musée national d'Art moderne.

Quand ? 1960.

1950 – 1960 – 1970 – 1980 – 1990

ÉPOQUE CONTEMPORAINE

1946-1958 Quatrième République

1958-Aujourd'hui Cinquième République

1960 *Compression*

3 Le *Pouce* de César

- En 1965, le sculpteur présente lors d'une exposition sur le thème de « La Main » un moulage en résine de l'**empreinte de son propre pouce**, qu'il a agrandie à la taille de 40 cm.
- Par la suite, il en réalise d'autres sur commande, de plus en plus grandes, jusqu'à ce gigantesque *Pouce* en bronze de **12 mètres de haut** ! César a fait travailler toute une équipe pendant plusieurs mois pour réussir à agrandir l'empreinte initiale de 1965 à une aussi grande échelle, sans dénaturer aucun des détails de la peau !

César, *Le Pouce*, 1964-1966, bronze. Esplanade de La Défense, à Paris.

37 Compression

4 À chacun sa manière !

- Les Nouveaux Réalistes, qui représentent une douzaine d'artistes dans les années 1960, rivalisent d'imagination pour proposer leur « nouvelle approche du réel » face à la surproduction d'objets.

- L'artiste **Arman** est le roi des ***Accumulations*** ! De même que les produits à vendre s'entassent dans les vitrines, il accumule des **dizaines d'objets identiques**, comme de vieilles montres ou des poupées cassées, qu'il présente entassés dans des boites transparentes en plexiglas. C'est sur ce principe qu'il réalise en 1985, suite à une commande de l'État, ***L'Heure de tous***, une sculpture monumentale de 4,5 mètres de haut, installée sur le **parvis de la gare Saint-Lazare**, à Paris. Elle est composée d'une cinquantaine d'horloges, dont l'empilement parait instable. Les aiguilles des horloges sont arrêtées à des heures différentes. Aucune ne donne donc l'heure, mais elles symbolisent le temps qui passe… et l'horaire à surveiller pour ne pas rater son train !

a Arman, *L'Heure de tous*, 1985, accumulation d'horloges, bronze, émail et béton. Commande de l'État à l'artiste pour le parvis de la gare Saint-Lazare, à Paris.

- **Daniel Spoerri** imagine de drôles d'associations d'objets. Ici, il a installé un **vrai dispositif de douche** sur le paysage peint d'un torrent, comme si le cours de l'eau arrivait directement à la douche ! Spoerri s'amuse, tout en **incitant le spectateur à s'interroger** : la douche quotidienne, c'est le confort moderne, mais ne faudrait-il pas prendre conscience que l'eau, issue de la nature et des cours d'eau, est précieuse ?

b Daniel Spoerri, *La Douche*, 1961, œuvre de la série « Détrompe l'œil ». Paris, musée national d'Art moderne – Centre Pompidou.

Métier

Artiste-plasticien

Depuis la seconde moitié du XXe siècle, on ajoute souvent au mot « artiste » le qualificatif de « plasticien » (dérivé du grec, *plattein*, qui signifie « former »). De même que les Nouveaux Réalistes n'ont utilisé ni pinceau ni burin pour créer mais des objets déjà manufacturés, un artiste-plasticien peut avoir recours à n'importe quel matériau (de l'eau, de la nourriture, des plumes ou des bouts de chiffons), combiner plusieurs techniques (par exemple, sculpture et images ou vidéos) pour donner forme à ses idées et à ses œuvres.

Ça alors !

Tous les ans depuis 1975, le cinéma français organise la cérémonie des Césars. Elle consiste à remettre un trophée au meilleur film de l'année, à la meilleure actrice, au meilleur acteur, au meilleur décor, aux meilleurs costumes, etc. Ce trophée porte le nom de « césar » car c'est une compression en bronze créée par l'artiste César ! Elle mesure 29 cm de haut et pèse 3,6 kg.

37 Compression

1 Place sur cette frise la date de la sculpture *Compression*, par César.

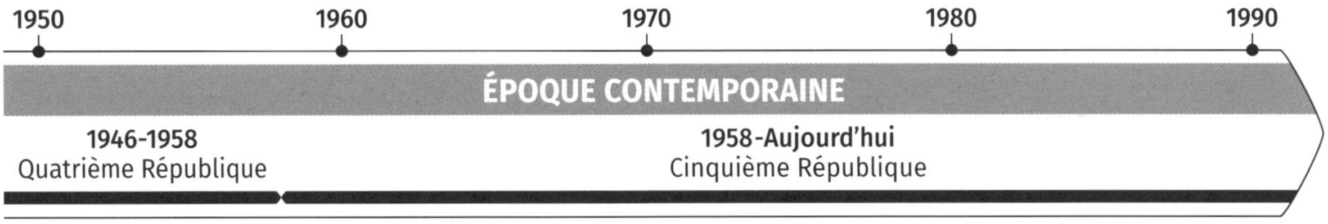

2 *Vrai* ou *faux* ? Coche la bonne réponse.

	Vrai	Faux
a. César est l'inventeur d'une nouvelle manière de « sculpter ».	☐	☐
b. Le Nouveau Réalisme est un courant artistique né en 1930.	☐	☐
c. Les Nouveaux Réalistes étaient principalement des peintres.	☐	☐
d. Certaines de leurs œuvres sont installées dans l'espace public.	☐	☐

3 Relie chaque œuvre à la bonne étiquette.

J'ai été une voiture. •

Je mesure 18 mètres de haut et je pèse 12 tonnes. •

Je suis installée sur le parvis d'une gare à Paris. •

• 

• 

• 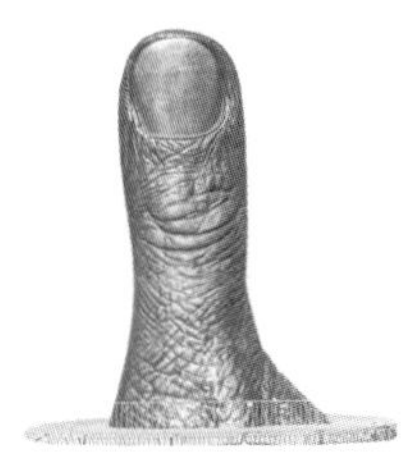

4 Complète le texte en t'aidant de la fiche documentaire.

Le Nouveau .... est un courant artistique né en 1960. Il réunit une douzaine d'artistes, dont les pratiques sont différentes mais qui, tous, ont un point commun : ils se sont servis d'.................................. de la vie .... pour créer des œuvres singulières. Parmi eux, le sculpteur .... a utilisé des carrosseries de voitures pour en faire des .... et Arman a entassé ou empilé des dizaines d'objets identiques pour en faire des ....

Jeux

COMPRESSION

Méli-mélo **Retrouve les mots suivants dans la grille.**

Compression – Accumulation – Réalisme – César – Horloge – Pouce – Nouveau

F	V	U	N	O	U	V	E	A	U	Z	F	D
T	Y	C	T	J	H	K	T	S	Q	A	S	G
A	B	O	F	C	L	H	J	D	S	Q	H	D
H	M	M	A	T	E	C	G	U	Y	J	P	Z
O	T	P	Q	G	N	S	X	O	H	G	E	H
R	R	R	W	J	V	E	A	I	B	U	G	I
L	H	E	V	U	D	U	Q	R	C	Y	J	O
O	Q	S	I	F	Q	I	P	P	G	J	D	N
G	J	S	O	S	Z	P	O	U	C	E	U	R
E	P	I	T	H	T	A	M	M	P	G	O	D
C	B	O	D	R	E	A	L	I	S	M	E	J
V	C	N	H	J	S	D	R	Z	O	N	A	O
H	A	C	C	U	M	U	L	A	T	I	O	N

Mot mystère **Trouve le mot mystère en utilisant le code suivant.**

❤	★	✖	✿	◆	■	●
A	C	E	I	O	R	S

_ _ _ _ _ _ _ _ _ _ _

★ ❤ ■ ■ ◆ ● ● ✖ ■ ✿ ✖

38 Le Centre Pompidou : bien plus qu'un musée !

En 1969, le président de la République Georges Pompidou décide de doter Paris d'un grand centre culturel, tourné vers la création contemporaine, toutes disciplines confondues. Ouvert en 1977, le Centre Pompidou apparait comme un véritable ovni dans le paysage des musées français, avec notamment son audacieux bâtiment !

Des écrins pour l'art moderne et contemporain

- Dans les années 1950-1970, de grands mouvements artistiques se développent : abstraction lyrique, pop art et minimalisme aux États-Unis, art cinétique, Nouveau Réalisme et figuration narrative en France et en Europe. Deux musées consacrés à l'art moderne et contemporain ouvrent leurs portes : le Moderna Museet en 1958 à Stockholm, entièrement orienté vers les nouvelles créations, et le Solomon Guggenheim Museum en 1959 à New York, doté d'un époustouflant édifice en forme de spirale enroulée ! À Amsterdam, le Stedelijk Museum devient la « terre d'accueil » de l'art contemporain.
- La capitale française, elle, fait grise mine. Il existe certes à Paris deux musées dédiés à l'art moderne : le musée national d'Art moderne (MNAM), inauguré en 1947 – principalement constitué de donations d'artistes de la première moitié du xxe siècle (Braque, Matisse et Picasso) – et le musée d'Art moderne de la Ville de Paris, inauguré en 1961 à partir des collections du xxe siècle du Petit Palais. Installées dans le Palais de Tokyo, les collections de ces deux musées sont belles, mais les acquisitions d'œuvres nouvelles quasi inexistantes, faute d'argent.

Le Centre Pompidou

Un nouveau concept... d'abord très critiqué

- En 1969, le président de la République Georges Pompidou, grand amateur d'art moderne et contemporain, décide de construire un immense « centre culturel pluridisciplinaire » où les arts plastiques cohabiteront avec la musique, le cinéma, les livres et la recherche audiovisuelle. L'idée est d'y faire venir tous ceux qui n'ont jamais franchi les portes d'un musée !
- Ce projet est très critiqué : le concept est perçu comme un « supermarché de la culture » ; le transfert des œuvres du MNAM est vu comme un sacrilège, de même que le lieu choisi pour construire ce « centre » : un terrain vague au cœur du vieux Paris, le « plateau Beaubourg ». Sans parler du projet architectural choisi sur concours : celui de deux jeunes architectes inconnus, Richard Rogers et Renzo Piano, qui ont imaginé un bâtiment aux allures d'usine !
- Malgré les détracteurs, Georges Pompidou reste ferme : le Centre existera et, pour faire face au marché de l'art contemporain, souvent imprévisible, il sera doté d'un budget d'acquisitions important. Au printemps 1972, les travaux démarrent, sous l'œil interrogateur, voire scandalisé, des Parisiens.

Un grand succès !

- Le 31 janvier 1977, le Centre Pompidou est inauguré : on rend hommage à son audacieux fondateur (Georges Pompidou est décédé en avril 1974), tout en se demandant si le public sera bien au rendez-vous... Dès le lendemain, une foule impatiente se presse aux portes, curieuse de découvrir l'intérieur de ce Mécano géant. Le succès dépasse toutes les prévisions : dès la première année, le Centre accueille 6 millions de visiteurs !
- Aujourd'hui, le Centre Pompidou est un bâtiment emblématique de Paris, toujours autant visité (plus de 9 000 visiteurs par jour). Quant à la collection du musée, c'est la plus grande d'Europe, avec 120 000 œuvres.

Un bâtiment aussi tuyauté qu'astucieux !

- L'audace suprême des architectes du Centre Pompidou est d'avoir rejeté à l'extérieur son squelette d'acier et tous les conduits ! Un code couleur précis identifie la fonction de ces derniers : blanc pour la ventilation souterraine, bleu pour l'air conditionné, vert pour les canalisations d'eau, jaune pour l'électricité et rouge pour les ascenseurs.
- Si Renzo Piano et Richard Rogers ont fait ce choix radical, c'est tout simplement pour libérer les espaces intérieurs et créer d'immenses plateaux de 7 000 m^2 afin d'accueillir les multiples activités du centre : les trois étages de la BPI (Bibliothèque publique d'information) avec ses milliers d'ouvrages en consultation gratuite et ses 2 200 places, un cinéma, des salles de conférences, une librairie et les trois étages dédiés à la présentation des œuvres d'art, souvent gigantesques !

La chenille : direction les œuvres d'art

- À l'extérieur, l'édifice est à la fois coloré et transparent ! Son squelette d'acier est habillé de grandes baies vitrées : de l'intérieur, on voit l'extérieur du quartier, et inversement.
- Sur la façade principale, les architectes ont imaginé un immense escalier mécanique abrité dans un tube vitré, appelé « la chenille ». Pensée comme une « rue dedans-dehors », dont l'ascension permet d'admirer l'une des plus belles vues de Paris, c'est l'artère majeure du Centre Pompidou : elle dessert les étages 4 et 5 où est présentée par rotation une partie des collections du musée, et l'étage 6, celui des grandes expositions temporaires, le plus souvent magistrales.

Comment mener la séance ?

Objectifs

- Découvrir le Centre Pompidou, son architecture et son rôle culturel.
- Découvrir quelques expositions organisées par le centre.

Préciser que cette séance s'inscrit dans le dynamisme retrouvé de l'après-guerre : de même que les villes d'Europe sont reconstruites et que la société de consommation se met en place, on assiste à la naissance de nouveaux mouvements artistiques (en Europe et aux États-Unis) et à la création de musées destinés à accueillir ces nouvelles œuvres d'art moderne et d'art contemporain (voir Lexique). Dire que l'on va s'intéresser à la création, en 1977 à Paris, d'un nouveau lieu : le Centre Pompidou. Demander : *Qui est déjà allé au Centre Pompidou ? Savez-vous pourquoi on l'appelle ainsi ?* Expliquer qu'il porte le nom de son fondateur, Georges Pompidou, président de la République de 1969 à 1974. Insister sur le mot « Centre » au lieu de musée et expliquer que le président a souhaité doter Paris d'un centre culturel pluridisciplinaire, « où les arts plastiques voisinent avec la musique, le cinéma, les livres, la recherche audiovisuelle », ce qui n'existait pas à l'époque. Préciser que la construction a été confiée à deux jeunes architectes, Renzo Piano et Richard Rogers, inconnus à l'époque.

1. **Découverte de l'extérieur de l'édifice** 10 min
Projeter le doc. 1 a. Laisser réagir les élèves. Évoquer le fait que l'édifice s'inscrit dans l'un des plus anciens quartiers de Paris, appelé « Beaubourg », et dire qu'on a longtemps appelé le Centre Pompidou « Beaubourg ». Demander aux élèves de décrire le bâtiment lui-même et de dire ce qu'ils en pensent. Expliquer qu'il a été très critiqué à l'époque car il ressemble à une usine. Insister sur le fait qu'on voit très distinctement les différents étages du bâtiment. Projeter le doc. 1 b (vue de la façade extérieure, côté est) et le doc. 1 c (vue de la façade principale, côté ouest, par laquelle on entre). Demander de décrire la façade est, puis dire : *Les tuyaux d'un édifice sont-ils visibles d'habitude ? À votre avis, est-ce, ici, un choix des architectes ? Avez-vous une idée des raisons de ce choix ?* Expliquer leur parti pris : la tuyauterie rejetée en façade est ainsi que la transparence de la façade ouest. Parler du code couleur des différents tuyaux, puis demander : *À votre avis, à quoi sert la « chenille » qui traverse la façade ouest ?* Indiquer sa fonction : offrir une magnifique vue sur Paris. Décrire ce que le Centre contient : une immense bibliothèque, sur trois étages, dont l'accès est gratuit et qui peut accueillir 2 200 lecteurs dans tous les domaines ; un musée d'art moderne et contemporain, riche de quelque 120 000 œuvres dont 1 300 environ sont exposées par rotation. Expliquer que si le bâtiment a été très critiqué lors de sa construction, le Centre Pompidou a vu arriver les visiteurs en masse dès son ouverture, curieux de le découvrir. Ce succès ne s'est jamais démenti et le Centre accueille aujourd'hui plus de 9 000 visiteurs par jour. Terminer cette première partie de séance en montrant la vidéo de sa construction, du début à 0'23 puis de 11'00 à 12'20 : media.mdi-editions.com/yt/hda-d38a.

2. **Évocation des grandes expositions du Centre Pompidou** 15 min
Expliquer que le 6e et dernier étage est consacré aux expositions temporaires qu'organise le Centre, souvent spectaculaires. Certaines sont consacrées à des artistes vivants. Projeter le doc. 3 a. Préciser qu'il s'agit d'une vue de l'une des premières grandes expositions, en 1979. Laisser réagir les élèves, puis demander de décrire l'image.

3. **Fiche documentaire et fiche élève** 25 min
La fiche documentaire est vidéoprojetée et lue collectivement, puis la fiche élève est distribuée.

Lexique

- **Art contemporain :** l'art contemporain englobe toutes les œuvres réalisées après 1945. Dans l'art contemporain, les artistes n'ont aucune limite de support et s'attachent à interroger leur société, à bousculer les codes de la diffusion de leurs œuvres ou de leur durée de vie.
- **Art moderne :** l'art moderne désigne les œuvres réalisées entre 1870 et 1945, marquées par d'importantes innovations artistiques, en rupture avec l'art ancien et ses règles académiques.

Je retiens

- Georges Pompidou, président de la République de 1969 à 1974, a décidé la construction du Centre Pompidou, d'où son nom. Son but était de créer un lieu rassemblant toutes les disciplines : le livre, avec son immense bibliothèque, les arts plastiques avec son musée consacré à l'art moderne et à l'art contemporain et son institut de recherche consacré à la musique contemporaine.
- Dès son ouverture, en 1977, le Centre Pompidou a connu un immense succès auprès du public et il reçoit toujours de très nombreux visiteurs, grâce notamment aux grandes expositions qui y sont organisées.

Œuvre en réseau

Le Centre Pompidou-Metz. Comme tout musée, le Centre Pompidou ne peut pas exposer en permanence la totalité de ses œuvres. C'est pourquoi un « second » Centre Pompidou a ouvert en 2010 à Metz. Ses trois grandes galeries se développent autour d'une flèche de 77 mètres, clin d'œil à 1977, année d'ouverture du Centre Pompidou à Paris.

38 Le Centre Pompidou

1 Un musée, mais pas que…

a Vue aérienne du Centre Pompidou.

b Côté est, la « tuyauterie » du Centre.

c Vue de la façade principale (ouest).

- La création du **Centre Pompidou**, en 1977, a été décidée par le président de la République Georges Pompidou, dont il porte le nom. C'est un centre culturel qui réunit :
  – un **musée d'art moderne et d'art contemporain** ;
  – une **immense bibliothèque**, appelée la **BPI** (Bibliothèque publique d'information) ;
  – un **institut de recherche « acoustique et musique »** (IRCAM).
- Son bâtiment a été conçu par deux architectes : l'Italien **Renzo Piano** et l'Anglais **Richard Rogers**. Pour avoir le maximum de place à l'intérieur du centre, organisé en six grands plateaux de 7 500 m² chacun, ils ont fait un choix audacieux pour l'époque : ils ont « rejeté » à l'extérieur le squelette du bâtiment et tous les tuyaux !
- Un **code couleur** identifie la fonction des éléments :
  – bleu pour la circulation d'air (air conditionné pour le confort des visiteurs… et des œuvres d'art !) et blanc pour la ventilation souterraine ;
  – jaune pour les câbles électriques ;
  – **vert** pour les canalisations d'eau ;
  – **rouge** pour la circulation des personnes (escalators et ascenseurs) et des œuvres (monte-charge).
- La façade principale est traversée par un immense escalier roulant, abrité dans un tube de verre appelé **« la chenille »** ! Cet escalator permet d'accéder aux étages 4 et 5 où sont présentées les **collections du musée**, et à l'étage 6, où se trouvent les **expositions temporaires**. Monter jusqu'en haut permet aussi de découvrir une **vue splendide sur Paris** !

2 Fiche d'identité

Quoi ? Centre culturel et musée national d'Art moderne.

Par qui ? Renzo Piano et Richard Rogers, architectes.

Dimensions extérieures ? 166 m (longueur) × 60 m (largeur) × 42 m (hauteur).

Où ? Place Georges-Pompidou, à Paris.

Quand ? 1977.

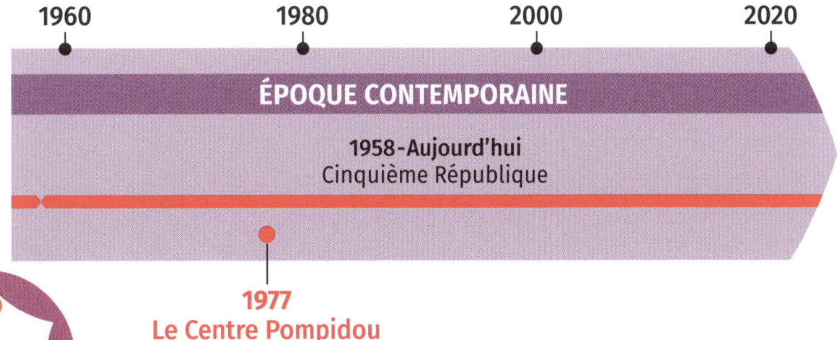

38 Le Centre Pompidou

3 Des expositions spectaculaires

- Dès ses premières expositions, le Centre Pompidou marque les esprits avec des scénographies spectaculaires. En 1979-1980, il accueille la première rétrospective, en France, de l'artiste espagnol **Salvador Dalí**. L'exposition, qui se tient au 5e étage, démarre dès le hall d'entrée par une gigantesque installation, intitulée ***La Kermesse héroïque*** : Dalí a conçu un dédale de murs en plâtre auxquels sont accrochées des horloges molles et il a suspendu au plafond une vraie voiture, une cuillère géante, des grappes de raisin et des saucisses !
- Avec plus de **840 000 visiteurs**, la rétrospective « Salvador Dalí » est, de toute l'histoire du Centre Pompidou, celle qui a accueilli le plus de visiteurs.
- En 2014-2015, l'exposition de l'artiste américain **Jeff Koons** en a accueilli plus de 650 000, dont beaucoup de parents et d'enfants attirés par ses **sculptures aux allures de ballons géants** !

a Exposition « Salvador Dalí » en 1979.

b Exposition « Jeff Koons » en 2014-2015.

4 Le Centre Pompidou en chiffres

Côté musée

- Les collections du musée sont constituées de plus de **120 000 œuvres**, dans tous les domaines de la création ; seulement **1 300** sont présentées au public, mais l'accrochage change tous les ans !
- **12 expositions temporaires** sont organisées par an en moyenne, de très grandes et des plus petites.

Le Centre, c'est aussi :

- **1 immense bibliothèque** : la Bibliothèque publique d'information (BPI) est gratuite pour tous et peut accueillir 2 200 lecteurs ;
- **2 salles de cinéma** et **1 salle de spectacle** (danse, théâtre, performances).

Métier

Médiateur jeune public

Au sein de son musée, le Centre Pompidou est le premier en France à avoir mis en place des ateliers pour les enfants ! Ces ateliers sont organisés par des médiateurs jeune public. Leur métier consiste à élaborer des projets pédagogiques pensés en fonction de l'âge des enfants, dès 3 ans et jusqu'à 16 ans ! Les médiateurs ont l'art et la manière de faire découvrir – tout en s'amusant ! – des œuvres d'art, les intentions d'un artiste, les matériaux utilisés. Ces ateliers peuvent se pratiquer avec les parents pour les plus petits, ou en groupe, notamment avec sa classe !

Ça alors !

En 1978, quand le graphiste Jean Widmer est chargé de créer le logo du Centre Pompidou, l'évidence lui saute aux yeux : en deux coups de crayon, il dessine des bandes noires traversées par un zigzag... De quoi s'agit-il ? Tout simplement de la façade principale, avec les étages vus en transparence et son célèbre escalator ! Ce logo est désormais mythique : même sans le nom du « Centre Pompidou » accolé, on le reconnait tout de suite !

38 Le Centre Pompidou

1 Place sur cette frise la date d'ouverture au public du Centre Pompidou.

Fiche élève

2 *Vrai* ou *faux* ? Coche la bonne réponse.

	Vrai	Faux
a. La construction du Centre Pompidou a été décidée par le président de la République Georges Pompidou.	☐	☐
b. Il a été construit par Salvador Dalí et Jeff Koons.	☐	☐
c. Seuls les arts plastiques sont à l'honneur dans le Centre.	☐	☐
d. La « chenille » permet d'accéder aux collections du musée et aux expositions temporaires.	☐	☐

3 Le Centre Pompidou est constitué de trois grands « domaines » : le MNAM, la BPI et l'IRCAM. Pour retrouver ce que veulent dire ces abréviations, remets les mots dans le bon ordre :

MNAM : d'Art – Musée – national – moderne

....

BPI : publique – Bibliothèque – d'information

....

IRCAM : Acoustique/Musique – et de Coordination – Institut de Recherche

....

4 Complète le texte en t'aidant de la fiche documentaire.

Le Centre Pompidou a ouvert à Paris en 1977. C'est Georges ...., président de la .... de 1969 à 1974, qui a décidé de sa construction. Son but était de créer un lieu où toutes les disciplines se côtoient : le livre, avec son immense ...., les arts plastiques avec son .... consacré à l'art moderne et à l'art .... et son institut de recherche consacré à la .... et à l'acoustique.

Le logo réinventé Imagine un nouveau logo pour le Centre Pompidou. Dessine-le dans le cadre ci-dessous et explique les choix graphiques que tu as faits.

Mon logo

Mes choix graphiques

Pour faire ce logo, j'ai choisi ....

....

....

....

....

....

....

....

....

39 La Fontaine Stravinsky : le carrousel enchanté d'un duo d'artistes

Inaugurée en 1983 à Paris, juste à côté du Centre Pompidou, la Fontaine Stravinsky a été conçue par Niki de Saint Phalle et Jean Tinguely. Leurs seize sculptures animées et sonores rendent hommage au musicien russe, mettent la magie de l'art dans la rue, pour le plus grand plaisir des passants, petits et grands.

Niki et Jean, une même vision de l'art

- À partir des années 1950-1960, les artistes s'autorisent toutes les libertés. Certains s'emploient à faire « bouger » leurs œuvres dans l'espace. À cet effet, ils utilisent la force des éléments naturels – l'eau ou le vent – ou encore de petits moteurs, comme dans la Fontaine Stravinsky que réalisent ensemble Niki de Saint Phalle et Jean Tinguely.
- Niki de Saint Phalle (1930-2002) est née en France dans une famille désargentée de la grande bourgeoisie américaine et a grandi à New York. Son enfance a été marquée par le viol commis par son père à l'âge de 11 ans. Mannequin à 18 ans pour des magazines de mode puis mariée à 20 ans, elle s'installe en France, où elle sombre dans une grave dépression nerveuse. Internée dans un hôpital psychiatrique, elle commence à peindre et trouve dans l'art un moyen de se libérer de son enfance douloureuse. Autodidacte mais très créative, elle va dès lors inventer un art bien à elle, où elle revendique liberté d'expression et engagement féministe.
- En 1960, elle rencontre l'artiste Jean Tinguely (1925-1991), membre du groupe des Nouveaux Réalistes (voir fiche 37), qu'elle-même rejoint en 1961. À partir de bouts de métal de récupération, celui-ci crée des « sculptures-machines » que de petits moteurs animent de mouvements et de sons ; à ce titre, il est l'un des promoteurs de l'art cinétique. Mariés en 1971, Niki et Jean partagent la même vision de l'art, qui doit sortir des musées, prendre place dehors pour entrer dans la vie quotidienne. Tout en œuvrant chacun de leur côté – Niki crée notamment ses fameuses *Nanas*, symboles de féminité et de joie de vivre, qui la rendent rapidement célèbre –, ils travaillent ensemble à plusieurs projets singuliers, visant à (ré)enchanter la réalité, dont la Fontaine Stravinsky, à Paris.

La Fontaine Stravinsky

Une commande publique pour les passants

- La Fontaine Stravinsky (dite aussi Fontaine des Automates) est inaugurée en 1983 sur la place piétonne Igor Stravinsky, entre le Centre Pompidou et l'église gothique Saint-Merri. Le projet est né de l'initiative du compositeur Pierre Boulez, alors directeur de l'IRCAM (Institut de Recherche et de Coordination Acoustique/Musique) dont les locaux se trouvent sous la place. L'idée d'animer cet endroit s'est concrétisée par une commande publique de la Ville de Paris, en partenariat avec le Centre Pompidou et le ministère de la Culture.

Le sens du merveilleux, visuel et sonore

- La fontaine est composée d'un bassin en acier de 580 m^2, autour duquel on peut s'asseoir, et de 16 sculptures qui rendent hommage à plusieurs œuvres du compositeur russe Igor Stravinsky (1882-1971) : *L'Oiseau de feu* (1910), inspiré d'un conte russe, *Circus Polka* (1942), une musique composée pour faire danser les éléphants du cirque Barnum, mais aussi *Les Noces de Petrouchka* (1911), *Le Renard* (1916), *Le Sacre du printemps* (1913) et *Ragtime* (1918).
- Les sept sculptures noires, composées d'engrenages d'acier, sont de Jean Tinguely : parmi leurs formes complexes, on reconnait une corne d'abondance, un renard, des roues (qui évoquent *Ragtime*) et une clé de sol pour la musique. Elles contrastent avec les couleurs vives et les formes dodues des six sculptures de Niki de Saint Phalle – le cœur, l'oiseau de feu couronné de plumes dorées, le chapeau de clown, la ballerine-sirène, le serpent et le rossignol – réalisées en résine de polyester et fibre de verre. Ils ont réalisé à quatre mains les figures de l'Amour (les lèvres rouges) et de la Mort (le crâne en équilibre sur un squelette bancal), ainsi que l'Éléphant, qui évoque le cirque.
- Des mécanismes intégrés créent des mouvements divers, lents ou rapides : les sculptures se balancent ou tournent sur elles-mêmes, tout en propulsant des jets d'eau désordonnés. En même temps que les couleurs brillent et se reflètent à la surface du bassin, le chuintement des mécanismes et le clapotis de l'eau rendent la fontaine sonore. L'ensemble évoque le sens du merveilleux et du rythme de Stravinsky, de même que l'ambiance de fête et les thèmes de l'amour et du cirque propres à ses compositions.

Tout un jardin de sculptures

- Lorsque la Fontaine Stravinsky est inaugurée en 1983, Niki de Saint Phalle a déjà réalisé plusieurs aires de jeux pour enfants, comme *Le Golem* (1972) à Jérusalem, dont les trois langues géantes servent de toboggan. Elle travaille depuis cinq ans à un jardin de sculptures à Garavicchio, en Italie : le Jardin des Tarots, qu'elle réalise avec Jean Tinguely comme « assistant technique ». Elle y réinterprète les 22 arcanes majeurs du tarot de Marseille, dont La Justice, L'Impératrice (à l'intérieur de laquelle Niki a habité pour superviser le chantier), L'Arbre de vie et la Papesse. On retrouve dans ce jardin, qu'ils mettront vingt ans à achever, toutes leurs marques de fabrique : monumentalité des sculptures dans lesquelles on peut pénétrer, mécanismes, liberté des formes et couleurs vives.

Comment mener la séance ?

Objectifs

- Découvrir l'art cinétique.
- Décrire les particularités des sculptures de la fontaine Stravinsky.

Dire que l'on va s'intéresser à une œuvre d'art très originale qui date des années 1980 : la Fontaine Stravinsky, située juste à côté du Centre Pompidou, à Paris. Demander : *Qui l'a déjà vue ?* En fonction des réponses, expliquer en quoi cette fontaine est originale : elle a été créée par deux artistes, Jean Tinguely et Niki de Saint Phalle ; ils étaient mariés, tous deux sculpteurs et ont travaillé ensemble sur plusieurs grands projets. Elle est composée de 16 sculptures : toutes évoquent des œuvres du compositeur de musique Igor Stravinsky (1882-1971). Dire que cette fontaine présente une autre particularité que l'on va découvrir.

1 Découverte de la Fontaine Stravinsky en mouvement à travers une vidéo 15 min

Projeter la vidéo (media.mdi-editions.com/yt/hda-d39a) qui montre les sculptures en mouvement et les jets d'eau. Laisser réagir les élèves puis demander : *Quelle est la particularité de ces sculptures ? À votre avis, comment bougent-elles : est-ce grâce à l'eau ? À l'air ? Ou à de petits moteurs ?* Expliquer rapidement le mouvement et donner la définition de l'art cinétique. Puis demander : *Cette fontaine vous plait-elle ? Quel sentiment éprouve-t-on en la regardant : de la tristesse ou de la joie ?*

Projeter le doc. 1 a. Demander : *Avez-vous remarqué qu'il y a deux types de sculptures différentes ? Lesquelles ?* Projeter ensuite le doc. 1 b. Expliquer qu'il s'agit d'une photographie montrant Niki de Saint Phalle et Jean Tinguely devant une sculpture en fer de Tinguely. Revenir au doc. 1 a et demander : *Que pouvez-vous en déduire ?* Différencier avec les élèves les sculptures de Tinguely de celles de Niki de Saint Phalle. Expliquer que les artistes ont voulu créer un moment de fête et que, souvent, les passants s'arrêtent pour prendre le temps d'observer l'animation des sculptures, les jeux d'eau et les sonorités qui s'en dégagent. Insister sur le fait que cette fontaine est le fruit d'une commande publique destinée à égayer la place et le paysage urbain environnant.

2 Découverte des *Nanas* de Niki 5 min

Projeter le doc. 4. Laisser les élèves réagir, puis demander : *À votre avis, qui a réalisé ces sculptures ?* En fonction des réponses, expliquer qu'il s'agit des œuvres les plus caractéristiques de l'art de Niki de Saint Phalle : elle a sculpté beaucoup de ces femmes aux formes rondes et pleines de joie de vivre ! Dire qu'elle leur a donné le nom de *Nanas* et que certaines sont parfois de taille gigantesque pour être installées dans la rue ou sur des places. Expliquer qu'en les créant, elle a voulu mettre les femmes à l'honneur et revendiquer leur place dans la société, à l'égal des hommes. Indiquer qu'elle taillait ses sculptures dans de grands blocs de polystyrène, qu'elle recouvrait ensuite de laine de verre et de résine polyester pour les rendre dures comme de la pierre. Elle les peignait enfin de couleurs vives pour leur donner un aspect joyeux.

3 Fiche documentaire et fiche élève 25 min

La fiche documentaire est vidéoprojetée et lue collectivement, puis la fiche élève est distribuée.

Lexique

- **Art cinétique :** courant artistique né dans les années 1950 qui propose des œuvres contenant des parties en mouvement, mouvement produit soit naturellement par l'air, soit par de petits moteurs ou encore par le spectateur qui peut agir sur elles.

Je retiens

- La Fontaine Stravinsky est située sur une place piétonne juste à côté du Centre Pompidou, à Paris. Elle a été réalisée en 1983 par Niki de Saint Phalle et son mari Jean Tinguely, tous deux sculpteurs, dans le cadre d'une commande publique destinée à égayer la place.
- Ses 16 sculptures évoquent des œuvres du compositeur et pianiste russe Igor Stravinsky (1882-1971), d'où son nom. Elles sont dotées de petits moteurs qui les mettent en mouvement et font jaillir l'eau. Avec ses couleurs vives, la fontaine évoque la joie de vivre.

Œuvre en réseau

***Le Cyclop* (1970-1994), par Jean Tinguely et Niki de Saint Phalle.** Il s'agit d'une gigantesque tête (22,5 m de haut) faite d'acier et de béton, dont l'œil unique rappelle le Cyclope de la mythologie grecque. Sa face est recouverte de mosaïques de miroirs ; sa langue est un toboggan qui retombe dans un bassin d'eau et son oreille droite oscille. À l'intérieur, on trouve des engrenages de ferraille produisant des bruits sourds, ainsi que des œuvres d'Arman et de César, artistes du groupe des Nouveaux Réalistes. Inachevé à la mort de Tinguely en 1991, il est terminé par Niki en 1994 et ouvert depuis à la visite.
Œuvre *in situ* à Milly-la-Forêt.

39 La Fontaine Stravinsky

Fiche documentaire

1 Hommage à la musique et à la joie de vivre !

a

b

- La **Fontaine Stravinsky** est une œuvre conçue et réalisée par **Niki de Saint Phalle et son mari Jean Tinguely** (ci-contre devant leur atelier). Elle est située sur une place piétonne juste à côté du Centre Pompidou, où les deux artistes exposent aussi des œuvres. Elle est composée de **16 sculptures** qui rendent **hommage au compositeur russe Igor Stravinsky**, d'où son nom.
- Les sculptures en **métal noir** sont de Jean Tinguely ; celles aux **couleurs vives** sont de Niki de Saint Phalle. **Animées par de petits moteurs**, elles se balancent ou tournent sur elles-mêmes en émettant des sons et des jets d'eau.

Niki de Saint Phalle et Jean Tinguely devant leur atelier de la Commanderie (à Dannemois, dans l'Essonne), dans les années 1970.

2 Fiche d'identité

Quoi ? Fontaine composée de 16 sculptures animées et sonores.

Par qui ? Niki de Saint Phalle et Jean Tinguely.

Dimensions du bassin ? 580 m^2.

Où ? Place Igor Stravinsky, à Paris (à côté du Centre Pompidou).

Quand ? 1983.

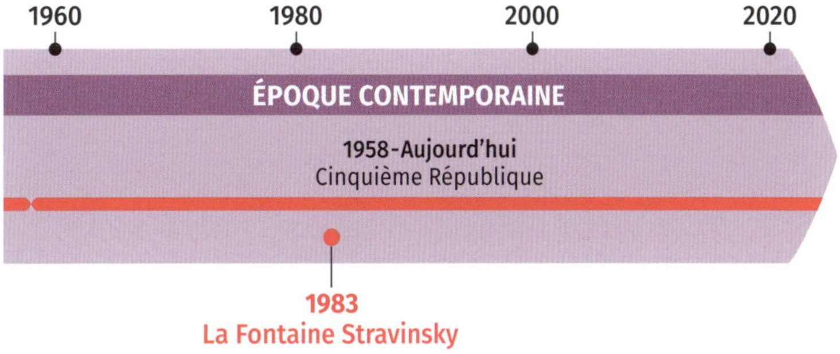

3 Tout un jardin de sculptures !

- Niki de Saint Phalle et Jean Tinguely ont créé ensemble plusieurs œuvres monumentales en plein air, dont **Le Jardin des Tarots**, en Italie, qu'ils ont mis vingt ans à réaliser et à achever.
- Jean Tinguely s'est occupé du côté technique et Niki de Saint Phalle d'imaginer des personnages : pour cela, elle s'est **inspirée des cartes du tarot de Marseille**.
- On retrouve dans ce jardin tout ce qui fait la particularité de leur art : **monumentalité des sculptures** dans lesquelles on peut pénétrer, **mécanismes**, **liberté des formes** et **couleurs vives**.

4 Les chouettes *Nanas* de Niki

- Les œuvres les plus connues de Niki de Saint Phalle sont ses ***Nanas***, des femmes aux formes rondes qui dansent joyeusement, prêtes à conquérir le monde ! En créant ces grandes figures éprises de liberté, souvent installées dehors, sur des places ou des avenues, l'artiste entendait **redonner aux femmes leur place dans la société**, à l'égal des hommes.
- Comme toutes ses sculptures, elle les taillait dans de **grands blocs de polystyrène**, qu'elle recouvrait de **laine de verre** et de **résine polyester** pour les rendre dures comme de la pierre. Niki les peignait ensuite de **couleurs vives** pour les rendre encore plus gaies !

Niki de Saint Phalle, *Les Trois Grâces*, 1994. Washington, National Museum of Women in the Arts.

Métier

Femme artiste

Niki de Saint Phalle est l'une des premières femmes à être reconnue de son vivant comme une très grande artiste. Pendant des siècles, la société a considéré que le rôle des femmes était de se marier et de s'occuper des enfants. Il était donc mal vu qu'une femme veuille exercer un métier, et encore plus qu'elle soit artiste. Jusqu'au XIXe siècle, les femmes n'étaient d'ailleurs pas admises dans les formations artistiques. Ce n'est qu'au fil du XXe siècle qu'elles ont commencé à avoir les mêmes droits que les hommes, comme celui de voter (1944), d'avoir un compte en banque (1965), ou encore de vouloir vivre de leur art.

Ça alors !

À ses débuts, Niki de Saint Phalle s'est fait remarquer dans le milieu de l'art en inventant les « tableaux-cibles ». Sur des toiles vierges ou des reliefs en plâtre blanc, elle installait des sacs remplis de peinture, mais aussi d'œufs ou de spaghettis… et tirait à la carabine : les sacs explosaient et les dégoulinures se répandaient sur la toile ! Ces tirs étaient sa manière de se rebeller contre toute forme de violence, sans faire de victime mais en créant. Elle faisait souvent ces séances en public et elle invitait les spectateurs, eux aussi, à tirer !

39 La Fontaine Stravinsky

1 Place sur cette frise la date de la Fontaine Stravinsky, de Niki de Saint Phalle et Jean Tinguely.

2 *Vrai* ou *faux* ? Coche la bonne réponse.

	Vrai	Faux
a. La Fontaine Stravinsky porte le nom d'un compositeur de musique.	☐	☐
b. Elles est constituée de sculptures animées, qui crachent de l'eau.	☐	☐
c. Les sculptures colorées sont de Jean Tinguely et les sculptures noires sont de Niki de Saint Phalle.	☐	☐
d. Niki de Saint Phalle a appelé ses sculptures de femmes les *Nounous*.	☐	☐

3 Qui a dit quoi ? Écris le nom de l'artiste en face de sa citation.

« La nuit, toute la lumière va sur les éléments colorés, c'est une fontaine de Niki et mes machines disparaissent, deviennent des fantômes... Le jour, le noir est plus apparent, par mauvais temps surtout, et c'est alors que l'on voit avec plus de précision le détail des machines. » ....

« Je faisais en sorte que mes couleurs soient encore plus vives pour que la ferraille paraisse encore plus foncée, encore plus brute. » ....

4 Complète le texte en t'aidant de la fiche documentaire.

.... de Saint Phalle et son mari Jean .... ont réalisé ensemble la Fontaine .... en 1983. Située sur une place piétonne juste à côté du Centre Pompidou, dans la ville de ...., elle est composée de seize sculptures qui évoquent des œuvres du .... russe Igor Stravinsky. Celles de Tinguely sont en fer peint en ...., celles de Niki de Saint Phalle sont en résine de polyester, peinte de .... vives. La fontaine fait la joie des passants qui s'arrêtent pour la regarder.

Fiche élève

Jeux

LA FONTAINE STRAVINSKY

Les femmes artistes **Choisis une artiste parmi celles proposées ci-dessous, fais des recherches puis complète la fiche.**

Frida Kahlo | Berthe Morisot | Rosa Bonheur | Camille Claudel

Photo ou image représentant l'artiste :

Nom : ....

Prénom : ....

Date de naissance : ....

Date de décès : ....

Technique : peinture / sculpture

Trois œuvres importantes :

....

....

....

Pourquoi j'ai choisi cette artiste :

....

....

....

....

....

....

....

....

....

....

L'œuvre que j'aime le plus :

....

40 Le Street Art : un art contemporain très urbain !

Fiche enseignant

Au tournant des années 2000, le Street Art devient un phénomène incontournable de la scène artistique internationale. C'est le moment où Invader apparait : agissant de nuit et masqué, il colle sans autorisation ses *Space Invaders* en mosaïque dans l'espace public. Son but : qu'ils soient vus par le plus grand nombre, en France et dans le monde entier.

Une forme d'art née à New York

- Si l'appellation Street Art (« art de rue ») est apparue à la fin des années 1990, elle doit ses origines aux jeunes graffeurs des quartiers pauvres de New York qui, dans les années 1960-1970, se mettent à taguer le métro. Ce qui n'était qu'une forme de signature, réalisée à la bombe de peinture, devient un véritable phénomène, en lien avec la culture urbaine du hip-hop. Les graffeurs, qui œuvrent masqués, de nuit, et signent leur production d'un pseudonyme pour ne pas être reconnus, se réunissent en bandes rivales, affinent leurs styles, haussent les couleurs. Sur toutes les surfaces plus ou moins désaffectées des rues de New York apparaissent des compositions aussi colorées qu'éphémères, qu'elles soient recouvertes par d'autres ou effacées par les pouvoirs publics qui les considèrent comme du vandalisme. Les graffeurs qui se font prendre sont sanctionnés par de lourdes amendes, voire des peines de prison.

Entre contestation et joyeuses surprises !

- En dépit de son illégalité, cette forme d'art dont la rue est le terrain de jeu s'étend au début des années 1980 à d'autres grandes villes américaines, puis gagne les capitales européennes. Outre son aspect délictueux, elle est, pour les street artistes, un moyen d'exprimer leur rejet du monde institutionnel, des musées, des galeries et du marché de l'art spéculatif. Si certains cherchent à contester l'ordre établi et à interpeller les passants sur des sujets graves (guerre, racisme, inégalité, etc.), beaucoup privilégient l'humour et la poésie pour arracher un sourire ou une émotion.
- Dans les années 1980-1990, Paris devient ainsi un atelier à ciel ouvert. Dans les rues de la capitale, des signatures de street artistes émergent : Mesnager et sa silhouette de « l'Homme en blanc » ; Jef Aérosol, aux fresques ponctuées de flèches rouges ; M. Chat et son emblématique félin jaune au large sourire ; Miss Tic, qui bombe les murs de ses autoportraits et de courts poèmes. Si le pochoir et la bombe aérosol sont des techniques privilégiées pour leur rapidité, de nouveaux venus optent pour la pose « à la colle », tels JR et ses collages photographiques ou Invader et ses mosaïques d'aliens.

La World Invasion

Des mosaïques nées d'un jeu vidéo

- Depuis trente ans, le street artiste Invader « envahit » les villes du monde entier en plaçant ses petites mosaïques un peu partout dans l'espace urbain. Pour cet ancien élève de l'École des Beaux-Arts de Paris, tout commence le jour où, pour créer une série de tableaux, il décide de « donner corps » aux personnages ultra-pixelisés des jeux vidéo de son enfance – notamment celui de *Space Invaders* (*Les Envahisseurs de l'espace*, 1978) – sous la forme de carreaux de mosaïque. Rapidement, il se rend compte que c'est « le » matériau idéal à coller directement sur un mur ! En 1998, il pose sa première mosaïque sur un mur de Paris, près de la Place de la Bastille (recouvert depuis par un enduit). Il emprunte tout au jeu, son pseudonyme, mais aussi son projet artistique : faire sortir le numérique des écrans et en envahir les rues ! En 2011, il a déjà collé 2 692 *Space Invaders* dans 77 villes, manipulé 1,5 million de carreaux de mosaïque… et passé 22 nuits au poste de police, car, bien sûr, il ne demande pas d'autorisation !

L'exemple de Fontainebleau

- L'« invasion » d'Invader consiste à placer, en plusieurs « vagues », entre 20 et 50 mosaïques par ville. Sur son site Internet (https://www.space-invaders.com), figure une carte interactive de la « World Invasion », photographies à l'appui : la ville de Fontainebleau y apparait avec 46 mosaïques. Certaines ont été posées en 2023, comme celle de la rue Saint-Merry, qui représente un gros *Space Invader* vert et blanc aux yeux rouges, en parfaite harmonie avec la façade qu'il surplombe ! Comme toujours, Invader a choisi un lieu stratégique – ici un carrefour visible de tous. Après avoir dessiné la forme chez lui, puis choisi les couleurs des carreaux de mosaïque, il s'est attelé à leur pose sur le mur, agissant de nuit, muni d'une échelle, de colle extra-forte et de ciment. De jour, il revient l'air de rien prendre une photo, qui rejoint la base de données de la « World Invasion ». Pour chaque *Space Invader*, l'artiste crée un « alias » unique, qu'il vend en galerie.

De l'illégalité à la reconnaissance

- Invader a atteint une reconnaissance internationale, à l'instar du Britannique Banksy, du Français JR ou de l'Américain Obey. D'abord développé dans la plus totale illégalité, le Street Art est devenu « la » grande mouvance de l'art contemporain. Pleinement dans l'air du temps, il fait l'objet d'expositions, de balades urbaines, de festivals et d'un marché de l'art très dynamique ! Si les simples tags restent décriés (et effacés), la plupart des interventions urbaines et leur infinité de possibilités créatives sont désormais accueillies avec bienveillance par les villes, où elles font même l'objet de commandes publiques !

Comment mener la séance ?

Objectifs

- Comprendre l'origine et les techniques du Street Art.
- Découvrir l'artiste Invader et ses œuvres en mosaïque.

Expliquer que l'on va s'intéresser à une forme d'art très contemporaine, pratiquée partout dans le monde : le Street Art. Demander : *Selon vous, de quoi s'agit-il ? Connaissez-vous des street artistes célèbres ? Y a-t-il des murs peints dans les rues de votre ville ?* En fonction des réponses, expliquer l'appellation de « Street Art » (« art de la rue », dit aussi « art urbain ») et donner quelques noms d'artistes susceptibles d'être connus des élèves.

1 Introduction au Street Art 10 min

Faire visionner la vidéo suivante pour introduire le street art : media.mdi-editions.com/yt/hda-d40a (de 0'14 à 2'14). Demander ensuite aux élèves ce qu'ils ont retenu, notamment : *Quel est le point commun entre les œuvres de cet art urbain ?* En fonction des réponses, préciser ce qui définit le Street Art : c'est un « art de la rue », apparu à New York dans les années 1960-1970 avec de jeunes graffeurs des quartiers pauvres, avant de gagner les capitales européennes à partir des années 1980-1990. Il revêt une grande diversité de techniques à la pose rapide (peinture à la bombe aérosol, collage de stickers, de photographies…) et une infinité de possibilités créatives. Les œuvres sont visibles par tous puisque présentes dans la rue. Insister sur le fait qu'il est interdit d'écrire ou de dessiner sur des façades ou du mobilier urbain de l'espace public et que c'est donc une pratique illégale : c'est pourquoi les street artistes agissent masqués, de nuit, et signent les murs d'un pseudonyme.

2 Découverte de l'artiste Invader 15 min

Projeter le doc. 1. Demandez aux élèves de décrire ce qu'ils voient et si ça leur plait. Dire que la petite créature est un *Space Invader*, réalisée en mosaïque, créée et collée à cet endroit par l'artiste Invader. Poursuivre : *Pensez-vous que ce* Space Invader *a été placé ici par hasard ?* (Faire remarquer la couleur de la mosaïque, identique à celle de la devanture de la brasserie.) *Avez-vous déjà vu ce type de mosaïque à d'autres endroits ?* Projeter la carte des *Space Invaders* (media.mdi-editions.com/hda-d40b) et faire remarquer que l'artiste œuvre dans toute la France ainsi que dans d'autres pays du monde. Faire visionner la vidéo suivante qui retrace le parcours d'Invader : media.mdi-editions.com/yt/hda-d40c. Laisser les élèves réagir (le fait de voir Invader masqué va évidemment retenir leur attention et les faire rire !), puis demander : *Cette vidéo vous a-t-elle plu ? Qu'avez-vous retenu de marquant ? Auriez-vous envie de pratiquer une forme de Street Art ?*

3 Fiche documentaire et fiche élève 25 min

La fiche documentaire est vidéoprojetée et lue, puis la fiche élève est distribuée.

Lexique

- **Graffiti :** désigne tout écrit ou dessin tracé sans autorisation dans les lieux publics, pour être visible par tous ; a donné le verbe « graffer », le plus souvent à la bombe de peinture en aérosol.
- **Pixel :** le plus petit élément d'une image numérique ; un grand nombre de pixels disposés en grille crée l'image elle-même.
- **Pochoir :** technique d'impression permettant de reproduire plusieurs fois un même motif sur un support grâce à un « cache » (par exemple, en carton) dont seules les découpes laissent passer l'encre ou la peinture.
- **Street Art, ou art urbain :** nom donné depuis le tournant des années 1990 à toutes les formes d'art graphique et/ou plastique déclinées dans l'espace public.

Je retiens

- Le Street Art, aussi appelé « art urbain », désigne les formes d'art dont le support est l'espace public : les murs des rues, les ponts, les gares, le métro. C'est un art souvent éphémère mais directement accessible aux passants. La plupart des street artistes cachent leur identité sous un pseudonyme et un masque car intervenir dans l'espace public sans autorisation est puni par la loi.
- Le Street Art est né avec l'apparition, dans les années 1960-1970, de la peinture en bombe, facilement transportable. Depuis, les techniques se sont diversifiées : Banksy utilise des pochoirs, Invader réalise des mosaïques sur les murs, JR colle des photographies…
- D'illégal et éphémère, le Street Art est aujourd'hui accueilli avec une certaine bienveillance par les pouvoirs publics, car il valorise les villes et attirent des visiteurs. Des expositions et des festivals lui sont même consacrés.

Œuvre en réseau

***Fille au ballon* (2002), par Banksy**. Ce pochoir, peint à la bombe de peinture, est l'un des plus connus du graffeur britannique Bansky, le plus célèbre et le plus engagé des street artistes. Depuis 1993, il se sert de son art pour défendre la liberté dans les rues du monde entier et dénoncer la guerre.

Mur du pont de Waterloo, à Londres.

40 Les *Space Invaders*

1 Du Street Art en mosaïque

● Le **Street Art**, dit aussi « art urbain », désigne les formes d'art qu'on trouve dans la rue ou l'espace public (ponts, gares, métro, etc.). La photographie ci-contre montre une rue de la ville de Fontainebleau : sur le mur au-dessus de la brasserie, le street artiste Invader a collé l'un de ses ***Space Invaders* en carreaux de mosaïque**, qui semble surveiller le carrefour !

● En 1998, l'artiste s'inspire d'un **jeu vidéo** de son enfance, *Space Invaders* (*Les envahisseurs de l'espace*), pour lancer son projet artistique : envahir les rues de mosaïques aux allures d'**extraterrestres pixellisés** !

Space Invader, rue Saint-Merry, à Fontainebleau.

● Pour intervenir dans l'espace public, le plus souvent sans autorisation, il utilise le **pseudonyme « Invader »**. Muni d'une échelle, de colle extra-forte ou de ciment, **il agit toujours masqué et la nuit**, afin d'éviter de se faire prendre !

● En presque trente ans, Invader a collé **4 300 *Space Invaders* dans le monde entier**, dont plus de 2 000 en France. Il en a même installé sous l'eau, dans les calanques de Marseille et dans la baie de Cancún, au Mexique. Sur son site internet, une **carte évolutive** recense toutes les villes où il est intervenu : il suffit de cliquer sur une icône rouge pour voir les mosaïques dans leur environnement urbain.

● Invader a créé une **application gratuite, FlashInvaders**. Elle fonctionne comme un jeu vidéo : pour gagner des points, il faut se promener dans les villes, trouver ses œuvres et les flasher. Plus de 23 millions de photos ont déjà été prises et l'actuel champion du monde a flashé 3 400 mosaïques !

Carte de l'« invasion » de l'Europe, par Invader.

2 Fiche d'identité

Quoi ? Œuvre de Street Art en mosaïque.
Par qui ? Invader.
Quand ? 2023.
Où ? Rue Saint-Merry, à Fontainebleau (Seine-et-Marne).

1960 — 1980 — 2000 — 2020

ÉPOQUE CONTEMPORAINE

1958-Aujourd'hui
Cinquième République

2023
***Space Invader* de la rue Saint-Merry**

40 Les *Space Invaders*

3 À chacun sa technique

Les Yeux dans les yeux, fresque de Seth peinte sur la commune de Fontaine (Isère), dans le cadre du festival de Street Art organisé par la Ville de Grenoble en 2021.

Collage de JR en 2021, boulevard Diderot, à Paris.

- Les artistes du Street Art privilégient souvent une technique pour investir l'espace public et rendre leur art visible de tous. **Beaucoup peignent les murs au pochoir et à la bombe comme Seth**, connu pour ses représentations d'enfants monumentaux, qu'il peint sans jamais montrer leurs visages. Dans la fresque ci-contre, une fille et un garçon se font face. Que font-ils, alors que la rue les sépare et que d'un côté, il fait jour, de l'autre nuit... Comme l'indique le titre, ils se regardent « les yeux dans les yeux » !
- **L'artiste JR, lui, est spécialiste du collage photographique**, des collages souvent gigantesques, comme celui-ci qui mesure 15 mètres de haut ! Il montre une scène mythique du film muet *The Kid* (*L'Enfant*, 1921) de Charlie Chaplin : Charlot et l'enfant se cachent derrière un mur pour échapper à la police... comme les street artistes ! JR l'a collée dans Paris en 2021, pour attendre la réouverture des cinémas, fermés à cause de l'épidémie de Covid.

4 Un art désormais reconnu !

- Décorer l'espace public est officiellement interdit par la loi, mais face aux talents des street artistes et au nombre croissant d'amateurs d'art urbain – notamment sur les réseaux sociaux –, celui-ci est aujourd'hui généralement bien accueilli par les pouvoirs publics.
- Certaines villes, désireuses d'attirer de nouveaux visiteurs, passent des commandes aux artistes, d'autres organisent des festivals annuels de Street Art. De grandes expositions sont désormais consacrées à cette forme d'art contemporain très dynamique, qui a aujourd'hui gagné sa place dans les musées !

Exposition « Capitale(s) : 60 ans d'art urbain », hôtel de Ville de Paris.

Métier

Avocat spécialisé en art

En France, intervenir dans l'espace public sans autorisation est interdit et puni par la loi. En revanche, la loi dit aussi que tout le monde, y compris un street artiste, détient la « propriété artistique » de ses créations : ainsi, on n'a pas le droit de reproduire dans un livre une œuvre peinte dans la rue sans l' autorisation de l'artiste ! Mais que se passe-t-il si une œuvre de Street Art est copiée à l'identique ? Et si elle est dérobée, qui est volé : l'artiste ou le propriétaire du mur ? Le « droit » est si complexe que chaque partie doit être défendue par un avocat, et pas n'importe lequel : un avocat spécialisé en « droit de la propriété artistique » !

Ça alors !

En 2012, Invader envoie une de ses mosaïques, baptisée *Space 1*, dans la stratosphère, en utilisant un ballon rempli d'hélium. Son initiative séduit la NASA qui lui demande de concevoir un *Space 2* destiné à décorer la Station spatiale internationale (ISS). C'est ainsi que depuis le 12 mars 2015, celui-ci culmine à 400 kilomètres au-dessus de la Terre. Impossible de le voir, mais il semble qu'il peut être flashé lorsque l'ISS passe au-dessus de nos têtes et que le ciel est sans nuages !

40 Les *Space Invaders*

Fiche élève

1 Place sur cette frise la date du *Space Invader* posé à Fontainebleau, rue Saint-Merry.

2 Réponds aux questions en cochant la bonne réponse.

a. D'où le street artiste Invader a-t-il tiré son pseudonyme ?

☐ D'un site internet. ☐ D'un jeu vidéo. ☐ D'une série télévisée.

b. Combien de mosaïques a-t-il collées en France ?

☐ 2 000. ☐ 3 400. ☐ 4 300.

c. Où n'a-t-il encore jamais collé l'un de ses *Space Invaders* ?

☐ Sur une station spatiale. ☐ Sous l'eau. ☐ Dans la cathédrale Notre-Dame de Paris.

d. Quelle est la technique du street artiste JR ?

☐ Le collage de photo. ☐ La peinture au pochoir. ☐ La mosaïque.

3 Barre les dessins qui ne correspondent pas aux outils d'un street artiste.

4 Complète le texte en t'aidant de la fiche documentaire.

Le .... Art, aussi appelé « art urbain », désigne les formes d'art qu'on trouve dans la .... : sur les murs, les ponts, les gares, le métro. C'est un art visible par tous. La plupart des street artistes cachent leur identité en utilisant un .... et un masque car intervenir dans la rue sans autorisation est interdit. Les techniques du Street Art sont diverses : collages comme JR, pochoirs et peinture à la bombe comme ...., etc. L'artiste Invader, lui, inonde les villes de *Space Invaders* en carreaux de ...., inspirés d'un .... vidéo.

LES *SPACE INVADERS*

Mosaïque en folie ! **Observe ces trois mosaïques de l'artiste Invader puis colorie les cases de ce quadrillage pour créer ton propre *Space Invader* !**

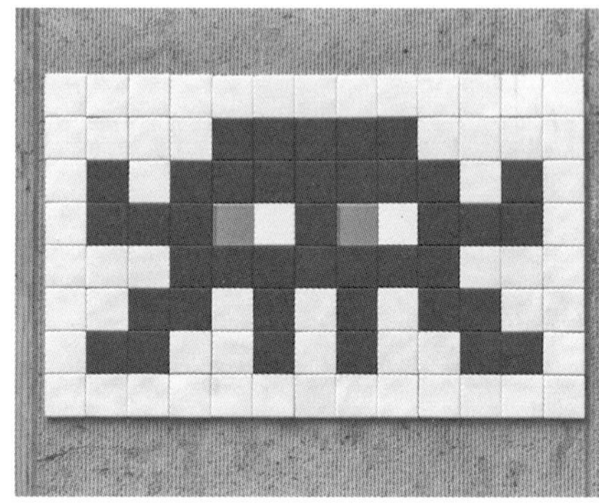